suhrkamp taschenbuch
wissenschaft 2333

John Rawls, der vielleicht wichtigste politische Philosoph des 20. Jahrhunderts, galt zeitlebens als »religiös unmusikalisch«, doch nach seinem Tod wurden zwei Texte entdeckt, die zu einer gründlichen Revision dieses Bildes zwingen. Seine »Senior Thesis« aus dem Jahr 1942 zeigt einen brillanten Studenten, der Politik, Ethik und Theologie dadurch gekennzeichnet sieht, daß sie versuchen, mit der Sünde – dem Bösen – in der Welt fertig zu werden. Im zweiten, fast 50 Jahre später entstandenen, sehr persönlichen Text gewährt uns Rawls einen bewegenden Einblick in »seine Religion« und schildert auf eindringliche Weise, wie er als Soldat im Zweiten Weltkrieg den Glauben seiner Jugend verlor.

John Rawls (1921-2002) war Professor für Philosophie an der Harvard University. Im Suhrkamp Verlag sind erschienen: *Eine Theorie der Gerechtigkeit* (1975), *Die Idee des politischen Liberalismus. Aufsätze 1978-1989* (1992), *Politischer Liberalismus* (1998), *Geschichte der Moralphilosophie. Hume – Leibniz – Kant – Hegel* (2002), *Gerechtigkeit als Fairneß. Ein Neuentwurf* (2003) und *Geschichte der politischen Philosophie* (2008).

John Rawls
Über Sünde, Glaube und Religion

Herausgegeben von Thomas Nagel

Mit Kommentaren von
Joshua Cohen, Thomas Nagel
und Robert Merrihew Adams

Mit einem Nachwort
von Jürgen Habermas

Aus dem Amerikanischen
von Sebastian Schwark

Suhrkamp

Titel der Originalausgabe:
A Brief Inquiry into the Meaning of Sin and Faith. With »On My Religion«
Erstmals veröffentlicht 2009 bei Harvard University Press

Das Nachwort von Jürgen Habermas ist erschienen in:
Deutsche Zeitschrift für Philosophie, Band 58 (2010), Heft 5,
Akademie Verlag, Berlin.

Bibliografische Information der Deutschen Nationalbibliothek
Die Deutsche Nationalbibliothek verzeichnet diese Publikation in der
Deutschen Nationalbibliografie; detaillierte bibliografische Daten
sind im Internet über http://dnb.d-nb.de abrufbar.

Erste Auflage 2021
suhrkamp taschenbuch wissenschaft 2333

Umschlag nach Entwürfen
von Willy Fleckhaus und Rolf Staudt
Druck und Bindung: C. H. Beck, Nördlingen
Printed in Germany
ISBN 978-3-518-29933-3

Inhalt

Über Sünde, Glaube und Religion

Joshua Cohen und Thomas Nagel

Einleitung

1. Als John Rawls 2002 starb, wurde unter seinen Dateien eine kurze Stellungnahme mit dem Titel »Über meine Religion« gefunden, der zweite der beiden Texte, die in diesem Buch erscheinen. Er hatte ihn anscheinend in den 1990er Jahren geschrieben,[1] nicht zur Veröffentlichung, vielleicht aber für Familie und Freunde – auch wenn er ihn nicht verbreitet hat. Rawls beschreibt die Geschichte seiner religiösen Überzeugungen sowie seiner Einstellungen zur Religion und verweist auch auf eine Phase während seiner letzten beiden Jahre als Bachelorstudent in Princeton (1941-42), in denen er sich »tiefgreifend mit Theologie und ihrer Glaubenslehre« befaßte und erwog, ein Priesterseminar der Episkopalkirche zu besuchen. Er entschied sich stattdessen, in die Armee zu gehen, »wie es so viele meiner Freunde und Klassenkameraden taten«. Bis Juni 1945 hatte er seine orthodoxen christlichen Überzeugungen aufgegeben. Mit der für ihn typischen Zurückhaltung und unter dem Vorbehalt mangelhafter Selbstkenntnis mutmaßt Rawls, daß seine Überzeugungen sich in Folge seiner Erlebnisse im Krieg und seiner Reflexion über die moralische Bedeutung des Holocausts wandelten. 1946 kam er nach Princeton zurück, allerdings um einen Doktor in Philosophie zu erlangen.

Freunde von Rawls wußten, daß er vor dem Krieg die Priesterlaufbahn erwogen hatte, aber sie hatten keine Kenntnis von irgendwelchen erhaltenen Schriften, in denen sich seine religiösen Auffassungen aus der Zeit niederschlugen, und auch in »Über meine Religion« wurden solche nicht erwähnt. Kurz nach Rawls' Tod machte allerdings Professor Eric Gregory vom Prin-

1 Die hier publizierte Version entstammt einem Dokument, das 1997 auf Rawls' Computer angelegt wurde.

ceton Religion Department die aufsehenerregende Entdeckung, das eben ein solches Dokument, der umfangreichere der beiden Texte in diesem Band, in der Bibliothek von Princeton lagerte. »Eine kurze Untersuchung über die Bedeutung von Sünde und Glaube: Eine Auslegung anhand des Begriffs der Gemeinschaft« ist Rawls' Abschlußarbeit, eingereicht am Philosophy Department im Dezember 1942, kurz vor dem beschleunigten Abschluß seines Bachelorstudiums.[2] Gregory stieß auf die Arbeit, als er im Bibliothekskatalog nach Abschlußarbeiten berühmter Princeton-Absolventen stöberte. Als er aber das Exemplar bestellte und las, erkannte er sofort dessen Bedeutung und entschloß sich darüber zu schreiben.[3]

Gregory hat festgestellt, daß Walter Stace und Theodore M. Greene die beiden Prüfer waren und die Arbeit mit 98 von 100 Punkten bewertet wurde. Rawls dankt auch dem Reformationshistoriker E. Harris Harbison in einer Fußnote. Es war bisher nicht möglich, Rawls' Betreuer zu identifizieren. (Stace hat seine Doktorarbeit betreut.)

2006 trat Gregory an die Witwe von John Rawls, Margaret Rawls, mit dem Vorschlag heran, die Arbeit zu publizieren. Das

---

2 In einem kurzen, unveröffentlichten autobiographischen Essay schreibt Rawls, daß er ein Semester früher als vorgesehen in Princeton seinen Abschluß machte, »das ganze Studium und alle Prüfungen waren vor den Weihnachtsferien im Dezember [1942] abgeschlossen«, er verweist aber nicht auf die Abschlußarbeit. Thomas Pogge erwähnt die Arbeit in einem biographischen Kapitel seines Buches über Rawls, das auf Interviews mit Rawls im Sommer 1993 basiert. Er sagt lediglich, daß sie ein religiöses Thema behandelte und aus einem Kurs über das menschliche Böse bei Norman Malcolm entstanden ist, den Rawls im späten Frühling 1942 besucht hatte. Die Leseliste umfaßte Platon, Augustinus, Philip Leon, Reinhold Niebuhr und Bischoff Butler. Alle außer Butler spielen eine wichtige Rolle in der Arbeit. Vgl. Thomas W. Pogge, *John Rawls: His Life and Theory of Justice*, New York 2007, S. 11 [dt.: *John Rawls*, München 1994, S. 18 f.].

3 Das Ergebnis ist sein erhellender Essay »Before the Original Position: The Neo-Orthodox Theology of the Young John Rawls«, in: *Journal of Religious Ethics* 35.2 (2007), S. 179-206.

stellte Frau Rawls und den zweiten Nachlaßverwalter seiner Schriften, T. M. Scanlon vor eine schwierige Entscheidung. Ein zweites Exemplar der Arbeit, das Rawls von den beiden Prüfern zurückerhalten hatte, war in seinem Besitz geblieben, mit ihren mit Initialen versehenen Kommentaren am Seitenrand. Obwohl es im Rawls Archiv in der Harvard-Bibliothek verfügbar war, hatte es noch keine Aufmerksamkeit erregt. Nun aber wurden Kopien gemacht, die unter zahlreichen Freunden und Schülern zirkulierten.

In Rawls' letzten, von schwerer Krankheit gezeichneten Lebensjahren sowie nach seinem Tod wurden viele Arbeiten publiziert, die mit Hilfe Dritter abgeschlossen wurden. Dies waren aber alles Bücher, denen Rawls zugestimmt hatte. Der Fall nun war etwas vollkommen anderes: Ein Jugendwerk, unter Zeitdruck als Leistungsnachweis im College geschrieben, nur für die Augen der beiden Prüfer gedacht, in dem zudem noch Auffassungen zum Ausdruck gebracht wurden, die er schon lange hinter sich gelassen hatte. Es schien klar, daß Rawls nie mit dem Gedanken gespielt hatte, daß die Arbeit eines Tages publiziert werden könnte, und wenn man ihn gefragt hätte, hätte er dies gewiß abgelehnt. Das war ein ernsthafter Grund gegen die Veröffentlichung und ein Argument dafür, die Arbeit nur über den viel limitierteren und mühsameren Weg einer Anfrage an die Bibliotheken von Princeton und Harvard zugänglich zu machen.

Jenseits dessen, was Rawls gewollt hätte, war eine weitere Frage, ob die Veröffentlichung, angesichts ihrer Unausgereiftheit und ihrem gelegentlichen Mangel an Schliff ihm zum Schaden geraten würde. Während es einige Meinungsverschiedenheiten über die Frage der Gewichtung der allgemein anerkannten hypothetischen Wahrheit gab, daß Rawls, wenn er gefragt worden wäre, einer Veröffentlichung nicht zugestimmt hätte, schien uns diese Überlegung allerdings deutlich weniger ins Gewicht zu fallen als eine faktisch nicht erteilte Einwilligung. Daraus entstand die Notwendigkeit, uns direkter die Frage zu stellen, ob die Veröffentlichung mit unseren Loyalitätsverpflichtungen gegenüber Rawls und der Achtung seines Andenkens in Einklang zu bringen wäre.

Eine positive Antwort auf diese Frage ergibt sich aus dem Charakter der Arbeit selbst. Sie zu lesen ist ein bewegendes Erlebnis: Die Arbeit ist außergewöhnlich für einen Einundzwanzigjährigen, voller jugendlicher Leidenschaft und kraftvoller ethischer Überzeugungen, die oft lebhaft zum Ausdruck gebracht werden, sowie geprägt von Belesenheit und tiefer philosophischer Reflexion. Die Qualität ist zwar nicht durchgängig auf dem gleichen Niveau (Kapitel zwei und drei sind schwächer als die übrigen), aber die intellektuelle Kraft und der moralische und geistige Antrieb, die Rawls zu dem machten, was er ist, sind bereits gegenwärtig. Die Arbeit wurde mitten im Krieg, in den Rawls bald als Frontkämpfer eintreten sollte, geschrieben, und dieser düstere Hintergrund wird durch seine Überlegungen zum Faschismus und Nazismus greifbar. Aufgrund der beachtlichen intellektuellen und persönlichen Qualitäten, welche die Arbeit zeigt, kann man nicht sagen, daß es seinem Andenken schadet, wenn wir die Arbeit breiter verfügbar machen.

Wenn die Veröffentlichung Rawls' Interessen nicht entgegensteht, so kann sie gerechtfertigt werden, wenn sie einer breiteren Öffentlichkeit nützt, was offensichtlich der Fall zu sein scheint. Jenseits ihrer rein biographischen Bedeutung ist die Arbeit eine bemerkenswerte Quelle für das Verständnis der Entwicklung seines Denkens. Auch wenn sie keinesfalls als Veröffentlichung von John Rawls präsentiert werden darf, scheint es zulässig, sie als Veröffentlichung einer wichtigen Schrift von Rawls durch andere herauszubringen – vergleichbar mit der Veröffentlichung von Briefen eines Autors, die Licht auf sein veröffentlichtes Werk werfen.

Es gab die Überlegung, die Arbeit auf der Internetseite des Harvard Philosophy Departments verfügbar zu machen, aber es schien wünschenswert, sie in Buchform zusammen mit »Über meine Religion« herauszubringen und sie mit Kommentaren sowohl über ihre Beziehung zu Rawls' späterem Werk und, noch wichtiger, über ihren theologischen Inhalt und Hintergrund zu versehen. Letzteres ist insbesondere das Anliegen von Robert Adams' Essay in diesem Band.

Nach langen Beratungen kamen die Nachlaßverwalter der Schriften zu dem Schluß, daß eine Veröffentlichung berechtigt sei, und Harvard University Press hat dem Vorschlag zugestimmt. Dieses Buch ist das Ergebnis.

2. Denen, die Rawls' Werk genau gelesen haben, und mehr noch denen, die ihn persönlich kannten, ist das tiefe religiöse Naturell bewußt, das sein Leben und seine Schriften durchdrang, was auch immer seine Überzeugungen gewesen sein mögen. Er sagt zum Beispiel, die politische Philosophie ziele auf eine Verteidigung vernünftigen Glaubens, insbesondere den vernünftigen Gauben an die Möglichkeit einer gerechten konstitutionellen Demokratie;[4] er sagt, die Anerkennung dieser Möglichkeit präge unsere Einstellung »gegenüber der Welt als ganzer«;[5] er legt nahe, daß, wenn eine auf vernünftige Weise gerechte Gesellschaft nicht möglich ist, man sich berechtigterweise fragen könnte, ob »es für sich für Menschen lohnt, auf Erden zu leben«;[6] und er beschließt *Eine Theorie der Gerechtigkeit* mit den kraftvoll bewegenden Bemerkungen darüber, wie der Urzustand uns dazu befähigt, die soziale Welt und unseren Platz in ihr *sub specie aeternitatis** zu betrachten.[7] Diese und

---

4 John Rawls, *Political Liberalism*, New York 1996, S. 172 (im Folgenden als *PL* zitiert) [dt.: *Politischer Liberalismus*, Frankfurt/M. 2003, S. 265. Rawls' Schriften werden nach den deutschen Ausgaben zitiert, und in den Fußnoten wird auf das englische Original und die deutsche Übersetzung verwiesen. A. d. Ü.].

5 John Rawls, *The Law of Peoples, with »The Idea of Public Reason Revisited«*, Cambridge, Mass. 1999, S. 128 (im Folgenden als *LP* zitiert) [dt. *Das Recht der Völker.* Enthält: *Nochmals: die Idee der öffentlichen Vernunft*, Berlin 2002, S. 162].

6 *PL*, S. lx [dt. S. 63]; *LP*, S. 128 [dt.: S. 163].

* Deutsch: Unter dem Gesichtspunkt der Ewigkeit.

7 John Rawls, *A Theory of Justice*, Revised Edition, Cambridge, Mass. 1999,

verwandte Überlegungen drücken ein Streben nach einem umfassenden Blick auf die Welt aus, der ein Teil dessen ist, was wir religiöses Naturell genannt haben.

Religion und religiöse Überzeugungen sind auch wichtige Themen in Rawls' politischer Philosophie. Seine Begründung für das erste Prinzip der Gerechtigkeit – gleiche Grundfreiheiten – zielt auf »die Verallgemeinerung des Prinzips der religiösen Toleranz.«[8] In einem ganz allgemeinen Sinn ist seine Theorie der Gerechtigkeit eine Antwort auf das Problem, wie politische Legitimität trotz religiöser Konflikte erreicht werden kann und wie eine politische Rechtfertigung unter Bürgern mit unterschiedlichen religiösen Bekenntnissen vorgehen kann, ohne auf religiöse Überzeugungen zu verweisen. Und diese Anliegen bilden den Kern von Rawls' Fassung des politischen Liberalismus, dessen grundlegende Frage er wie folgt formuliert: »Wie können auch diejenigen, die eine auf einer religiösen Autorität, wie zum Beispiel der Kirche oder der Bibel, beruhende religiöse Lehre bejahen, eine vernünftige politische Konzeption haben, die eine gerechte demokratische Ordnung stützt?«[9] Aus diesen Gründen sind Rawls' eigene Haltungen zur Religion und ihre zeitliche Entwicklung von herausragendem Interesse, sowohl in bezug auf seine Person als auch für das Verständnis seiner Texte.

Die hier veröffentlichten Texte sind für ein solches Verständnis in zweifacher Weise relevant. Erstens zeigen sie die tiefgreifende Beschäftigung mit und Kenntnis der Religion, die den Hintergrund für Rawls' spätere Auffassungen über die Notwen-

---

S. 514 (im Folgenden als *TJ* zitiert) [dt. *Eine Theorie der Gerechtigkeit*, Frankfurt/M. 1979, S. 637].

8 *TJ*, S. 180, Fn. 6; auch S. 181 [dt. S. 234, Fn. 6, auch S. 235].

9 Dies entstammt der Einleitung zur Taschenbuchausgabe von *Political Liberalism*, in der Rawls erklärt, daß die erste Auflage die Schwierigkeit besitzt, »daß das philosophische Problem, um das es sich dreht, dort nicht ausdrücklich genannt wird,« weil in ihr zu allgemein von »vernünftigen religiösen, philosophischen und moralischen Lehren« die Rede war und nicht die besondere Sorge um religiöse Glaubenslehren und Autoritäten herausgestellt wurde. *PL*, Taschenbuchausgabe, S. xxxvi f. [dt. S. 35 f.].

digkeit der Trennung von Religion und Politik bilden. Im Gegensatz zu vielen Liberalen war Rawls kein Kind einer säkularen Kultur. Auch wenn seine episkopale Erziehung nur, wie er sagt, konventionell religiös war, hat sich all das in den letzten beiden Jahren in Princeton verändert. Dort entwickelte er die religiösen Überzeugungen, die so lebhaften Ausdruck in der Abschlußarbeit finden. In ihr ist ein feines Gespür für die Wirklichkeit der Sünde, des Glaubens und der göttlichen Gegenwart zu erkennen, und ihre erste »grundsätzliche Annahme« ist, »daß es ein Wesen gibt, das die Christen ›Gott‹ nennen und das sich im Christus Jesus offenbart hat« (135).[10] Rawls' wiederholte Betonung der Bedeutung religiöser Überzeugungen im Leben der Gläubigen in seinem späteren Werk – er beschreibt sie als »nicht verhandelbar« und als »absolut bindend«[11] – und die Notwendigkeit einer Theorie der Gerechtigkeit, diese Überzeugungen ernst zu nehmen, wurden aus seiner persönlichen Glaubenserfahrung gespeist.

Zweitens sind die moralischen und sozialen Überzeugungen, die in der Abschlußarbeit in religiöser Form Ausdruck finden, auf komplexe und erhellende Weise mit den zentralen Ideen von Rawls' späteren Schriften über Moraltheorie und Politische Philosophie verbunden. Seine Auffassungen der Sünde, des Glaubens und der Gemeinschaft sind gleichzeitig moralisch und theologisch und kündigen trotz grundlegender Unterschiede den moralischen Ausblick aus *Eine Theorie der Gerechtigkeit* an. Die wichtigsten Verbindungspunkte sind: (1) Die Auszeichnung einer durch zwischenmenschliche Beziehungen definierten Moralität im Gegensatz zum Erstreben eines höchsten Gu-

10 Verweise auf Seitenzahlen der Abschlußarbeit und »Über meine Religion« werden im Text in Klammern gesetzt.

11 Vgl. *PL*, S. 311 [dt. S. 429; dort steht »nicht verhandlungsfähig«, was hier dem Kontext gemäß unter Berücksichtigung des englischen Originals korrigiert wurde, A. d. Ü.] und *TJ*, S. 182 [dt. S. 236]. Es sollte angemerkt werden, daß beide Ausdrücke sowohl zur Charakterisierung moralischer Auffassungen und Verpflichtungen als auch spezifisch religiöser Bindungen und Verpflichtungen verwendet werden.

tes; (2) ein Beharren auf der Eigenständigkeit von Personen, so daß die moralische Gemeinschaft oder die Glaubensgemeinschaft eine Beziehung zwischen Individuen im starken Sinne ist; (3) eine Zurückweisung der Vorstellung, Gesellschaft sei ein Vertrag oder Handel zwischen egoistischen Einzelpersonen; (4) eine Verurteilung der auf Ausschluß und Hierarchie basierenden Ungleichheit; (5) eine Zurückweisung der Idee des Verdienstes.

Der auffälligste Unterschied zwischen der Abschlußarbeit und dem späteren Werk besteht darin, daß in ersterer eine politische im Gegensatz zu einer rein moralischen Konzeption der Gesellschaft völlig fehlt. Ideen von Rechten, dem Gesetz, Verfassungen und Demokratie spielen in der frühen Arbeit keine Rolle. Konkret gibt es weder einen Hinweis darauf, daß Wert- und Glaubenskonflikte selbst unter vernünftigen Personen unvermeidbar sind, noch daß wir einige unserer grundlegendsten Überzeugungen zur Seite schieben müssen, um Gerechtigkeitsprinzipien zu erarbeiten – Ideen, die bei der Gerechtigkeit als Fairneß und im politischen Liberalismus eine zentrale Rolle spielen. Anstatt eine Gerechtigkeitsvorstellung in Teilen als eine Antwort auf selbst unter günstigen sozialen und politischen Bedingungen unvermeidliche Meinungsverschiedenheiten zu begreifen, behauptet Rawls hier: »Das Kernproblem der Politik ist daher, ein System gesellschaftlicher Vorkehrungen zu entwikkeln und dadurch die menschliche Sünde so einzuhegen, daß die natürliche Wechselbeziehung von Gemeinschaft und Personalität ermöglicht wird.« In der Theologie, der Ethik und der Politik ist die Frage gleichermaßen, »wie die Sünde gemäßigt und aus der Welt geschafft werden kann.« (155 f.)[12]

Unsere Untersuchung wird bei diesen philosophischen Kontinuitäten und Brüchen anfangen und dann zu Rawls' späteren Auffassungen von Politik, Religion und öffentlicher Vernunft zurückkehren.

---

12 Vergleiche allgemeiner die kurze Behandlung von Implikationen für die politische Theorie, S. 154-156.

3. In der Arbeit stellt Rawls seine eigenen ethischen Überzeugungen in einen Gegensatz zu einer Position, die er Naturalismus nennt. Mit »Naturalismus« bezeichnet er nicht das, was im gegenwärtigen philosophischen Diskurs so genannt wird, nämlich die Position, daß die ganze Wirklichkeit vollständig in naturwissenschaftlichen Begriffen beschrieben werden kann. Das kann er schon deshalb nicht meinen, weil er unter anderem bei Platon, Aristoteles, Augustinus und Thomas von Aquin einen Naturalismus am Werk sieht. »Naturalismus in unserem Sinne,« sagt er, »ist kein Materialismus, sondern eine Sichtweise, die den Kosmos in natürlichen Begriffen rekonstruiert« (146). In seiner Darstellung unterscheidet Rawls zwei Beziehungstypen – natürliche und personale –, und man kann am besten verstehen, was er mit dem »Natürlichen« meint, wenn man es mit dem Personalen kontrastiert.

Die natürliche Welt ist räumlich ausgedehnt und umfaßt Objekte, einschließlich der Körper von Personen. Dinge in der natürlichen Welt interagieren auf vielfältige Art miteinander. Aber während alle Objekte in kausalen Beziehungen stehen können, unterhalten Personen darüber hinaus auch mit anderen Objekten psychologische Beziehungen der Wahrnehmung, des Verlangens, der Abneigung und so weiter. Diese Kategorie der Beziehungen zwischen Personen und Objekten – insbesondere Beziehungen wie Wahrnehmung und Begierde – nennt Rawls »natürlich«.

Es gibt allerdings ein ganz anderes Beziehungssystem zwischen den Personen in der Welt. Im Gegensatz zu natürlichen Beziehungen zwischen Personen und Objekten sind diese Beziehungen im Kern interpersonal oder gemeinschaftlich und durch wechselseitige Achtung gekennzeichnet:

> Die Beziehung zwischen dem »Ich« und dem »Du« ist daher personal, diejenige zwischen dem begehrenden »Ich« und dem Begehrten, etwa Speis und Trank, ist natürlich, während die Beziehung zwischen zwei beliebigen Dingen kausal ist, wie die Beziehung zwischen Speis und Trank und dem Tisch, auf dem diese stehen. (140)

Das ist ziemlich vorläufig, aber man versteht, was Rawls meint. Die Ich-Du-Beziehung ist nicht die Beziehung einer Person zu einem Objekt in der Welt, sondern die Anerkennung eines einzigartigen Selbst als eine Person mit personalen Fähigkeiten, die den eigenen ähnlich sind:

Eine persönliche Beziehung ist durch ein »Du« auf der »anderen« Seite gekennzeichnet. Eine natürliche Beziehung hat als ihr »Äußeres« ein »Das« oder ein »Es«, das heißt irgendein Objekt. Die Tatsache, daß ein »Du« uns gegenübersteht und nicht ein Objekt, ändert den ganzen Charakter der Beziehung. Es gibt keinen Menschen, der sich gegenüber Gegenständen genauso verhält wie gegenüber Personen. In personalen Beziehungen sind wir uns darüber bewußt, daß wir in bezug zu »anderen« stehen, die uns ähnlich sind. (141)

Personale Beziehungen sind also im Gegensatz zu natürlichen Beziehungen auf beiden Seiten aktiv, und die Aktivität des anderen, des »Du«, umfaßt sowohl das Urteilen als auch die Selbstoffenbarung.[13]

Unter Bezug auf diese Unterscheidung von natürlich und personal kritisiert Rawls bestimmte ethische Ansichten, die er naturalistisch nennt, weil sie alle Beziehungen als natürlich im definierten Sinne begreifen und zudem unterstellen, es sei das Ziel der Ethik, das angemessene Objekt des menschlichen Strebens und Verlangens zu identifizieren. Diese Systeme unterscheiden sich hinsichtlich dessen, was dieses angemessene Objekt ist (Glückseligkeit, die Idee des Guten, Gott) und was die Menschen aufweisen müssen, um das verherrlichte Objekt zu erlangen (Wissen, Erziehung und Gewöhnung oder Gottes rettende Gnade). Sie basieren aber alle auf dem Verlangen nach einem Objekt, nicht auf interpersonalen Beziehungen. Der Naturalismus, so argumentiert er in der Arbeit, reduziert das geistige Leben auf »die Ebene von Verlangen und Begierde« (131), als ob »das ganze Universum, einschließlich Gott, naturalisiert werden kann« (188).

13 Rawls nennt acht Merkmale der personalen Beziehungen, S. 115-118.

Wahre christliche Ethik basiere statt dessen auf der Anerkennung der unabhängigen Wirklichkeit und grundsätzlichen Bedeutung von Personalität und Gemeinschaft (136f.). Sie drehe sich um die angemessenen Beziehungen von Personen untereinander; außerdem bilden diese personalen Beziehungen einen Zusammenhang (141f.), so daß unsere Beziehung zu einer Person in unseren Beziehungen zu anderen, einschließlich Gott, mitschwingt. »[D]as Universum [ist] von Grund auf ein geistiges oder personales. [...] Die Welt ist in ihrem Kern eine Gemeinschaft, eine Gemeinschaft von Schöpfer und Erschaffenen, und sie hat ihren Ursprung in Gott« (138). Personale Beziehungen können entweder positiv oder negativ sein: Sie umfassen den Haß ebenso wie die Liebe, Neid und geltungssüchtigen Stolz ebenso wie die Verbundenheit von Personen untereinander in der Gemeinschaft. Weder Ethik noch Religion sollten sich mit dem Streben nach dem Guten befassen, sondern mit dem Aufbau angemessener interpersonaler Beziehungen: der Gemeinschaft. »Richtige Ethik ist nicht der Bezug einer Person zu einem objektiven ›Guten‹, nach dem diese Person streben sollte, sondern die Beziehung von einer Person zu einer anderen Person und letztlich zu Gott« (139).

Im Rückgriff auf die Arbeiten Anders Nygrens kritisiert Rawls die Infizierung des Christentums mit den naturalistischen Vorstellungen Platons und Aristoteles' durch Augustinus und Thomas von Aquin, denen zufolge die Ethik sich nicht mit interpersonalen Beziehungen auseinanderzusetzen hat, sondern damit, daß jedes Individuum für sich nach dem Guten strebt. In seiner hellenisierten Form behandelt das Christentum Gott als das höchste Objekt des Verlangens. Rawls verwirft dies als eine theistische Form des Naturalismus: »Gott ist nicht bloß ein zufriedenstellendes Objekt von höchster Begehrtheit. Ebensowenig können Personalität und Gemeinschaft in natürlichen Begriffen erklärt werden. [...] Alle naturalistischen Denker haben das geistige und persönliche Element, das den inneren Kern des Universums bildet, verfehlt« (147).

Die Idee, daß Ethik im Grundsatz eine Frage der Sicherstellung angemessener interpersonaler Beziehungen statt des Erstrebens höchster zu begehrender Ziele darstellt, ist eng mit Rawls' späterer Auffassung verwandt, wonach Gerechtigkeitsgrundsätze nicht auf einer Darstellung des anzustrebenden Guten beruhen, sondern vielmehr faire Kooperationsbedingungen zwischen freien und gleichen Personen angeben. Obwohl der Naturalismus, den Rawls in der Arbeit kritisiert, metaphysische und ethische Behauptungen umfaßt, läßt sein Widerstand gegen dessen zielgerichtete Struktur bereits seinen späteren Widerstand gegen teleologische Moralkonzeptionen, seien sie utilitaristisch oder perfektionistisch, erahnen.

Auch wenn Rawls nur zwei beiläufige Bemerkungen zu Kant macht (215, 231), erinnert sein Entwurf stark an das Kantische Ideal, daß wir Personen immer als Zwecke an sich betrachten sollten und die Gesamtheit der Personen, menschlich wie göttlich, als Reich der Zwecke. In Rawls' späteren Schriften verleiht die Behauptung vom Vorrang des Rechten vor dem Guten einer erklärtermaßen kantianischen Moralitätskonzeption Ausdruck, die auf bestimmten Beziehungen zwischen Personen beruht statt auf der Relation zwischen einer Handlung und einem Zweck, und sei es ein gemeinsamer Zweck aller Personen. Das Recht maximiert nicht das Gute, sondern es schafft gleiche Achtung für alle Personen als eigenständige Individuen.[14]

4. Die moralische Bedeutung der Eigenständigkeit von Personen, ein grundlegendes Motiv in Rawls' Werk,[15] wird durch die moralische und religiöse Konzeption der Gemeinschaft, die im Zentrum der Abschlußarbeit steht, auf erstaunliche Weise vorweggenommen. Rawls schlägt vor, unsere Befähigung zur Gemeinschaft als entscheidendes Merkmal des menschlichen We-

14 *TJ*, Abschnitt 6.

15 *TJ*, Abschnitt 5.

sens anzusehen,[16] die Sünde als Entstellung unserer eigentlichen Natur und Zerstörung der Gemeinschaft zu verstehen, und schließlich den Glauben als Verwirklichung unserer Natur durch die Integration in die Gemeinschaft zu begreifen: unsere »Offenheit« gegenüber Gott und anderen Personen überwindet das schreckliche Alleinsein, das die Konsequenz der Sünde ist (151, 252, 284-294). Obwohl der Ausdruck »Gemeinschaft« womöglich etwas anderes suggeriert, zerstört die menschliche Verbundenheit, in der wir unsere Natur verwirklichen, nicht die Individualität einzelner Personen, sondern bekräftigt sie. Die folgende Passage gibt darüber Aufschluß:

> [Wir] weisen [...] den Mystizismus zurück, weil dieser eine Einheit unter Ausschluß aller Besonderheiten anstrebt und alle Unterscheidungsmerkmale überwinden will. Weil das Universum aber seinem Wesen nach gemeinschaftlich und personal ist, kann der Mystizismus nicht akzeptiert werden. Die christliche Lehre von der Auferstehung ist diesbezüglich besonders bedeutsam. Die Doktrin besagt, daß wir alle mit unserer vollen Personalität und Besonderheit wiederauferstehen werden und daß die Erlösung gerade in dieser vollen Wiederherstellung der ganzen Person besteht und nicht im Wegwischen aller Besonderheiten. Erlösung integriert Personalität in die Gemeinschaft; sie zerstört Personalität nicht, um sie in ein mystisches und bedeutungsloses »Eines« aufzulösen (153 f.).[17]

Die Bedeutung der Eigenständigkeit der Personen wird ferner durch die Idee ausgedrückt, daß wir Körper und Gesichter bedürfen, um mit anderen kommunizieren und uns gegenseitig anerkennen zu können (144, 183-187). Sie ist zudem für das Verständnis des Stellenwertes der Inkarnation wesentlich, die des-

16 Rawls' Darstellung unserer Natur als für die Gemeinschaft geschaffen hängt mit seiner Interpretation der *Imago Dei* zusammen. Menschliche Wesen sind nach dem Ebenbild eines Gottes geschaffen, der durch seine Dreieinigkeit auch wesentlich gemeinschaftlich ist: eine Substanz, die drei Personen umfaßt. Vgl. 148, 228, 244. Insbesondere die Beziehungen des vollkommenen Gehorsams und der Liebe zwischen Gottvater und Gottessohn liefern »das Vorbild für jede Gemeinschaft«.

17 Vgl. auch die Kritik der Vorstellung eines »allgemeinen Willens«, S. 154 f.

halb wichtig ist, weil sie eine direkte personale Beziehung zwischen uns und Gott schafft (144). In Distanzierung zum Deismus betont Rawls, wir könnten durch natürliche Religion oder Vernunft allein kaum etwas über Gott erfahren (184f., 263), und die Gemeinschaft mit Gott setze voraus, daß er sich uns als Person offenbart. Natürliche Religion kann uns den Namen Gottes nicht verraten, es ist vielmehr die Offenbarung, die uns sagt, daß der Name Gottes Christus ist, damit wir ihn direkt ansprechen können, wie wir andere Personen mit den Namen ansprechen, die sie uns vorher gesagt haben und die sie als eigenständige Individuen erkennbar machen (185).

Als späteres, säkulares Analogon zu dieser Vorstellung der Gemeinschaft als eines Systems von Beziehungen, das die moralische Bedeutung eigenständiger Individuen aufrechterhält, kann Rawls' Widerspruch gegen die Aggregation, Maximierung und Austauschbarkeit von Personen in der moralischen und politischen Theorie gelten. »Das Aufrechnen der Vorteile und Nachteile verschiedener Menschen, so als ob es sich um einen einzigen handelt, ist ausgeschlossen.«[18] Denn Moralität setzt eine bestimmte Beziehung zu jeder Person als eigenständigem Individuum voraus und nicht zu einem Aggregat von Personen. Es muß allerdings betont werden, daß wesentliche Teile von Rawls' Darstellung von Individuen in der liberalen politischen Moralität an keiner Stelle der Arbeit auch nur angedeutet werden: die Idee zum Beispiel, daß Personen selbst beglaubigende Quellen gültiger Ansprüche sind, mit der Fähigkeit, Konzeptionen des Guten zu bilden und abzuändern, und der Fähigkeit, Verantwortung für die eigenen Ziele zu übernehmen.[19] Dennoch verallgemeinert Rawls' späteres Beharren auf der Bedeutung der Unterscheidung individueller Personen die in dieser frühen Arbeit vorgetragene Behauptung, personale Beziehungen seien »Ich-Du«-Beziehungen und das »Du« sei nicht austauschbar (143f.).

18 *TJ*, S. 25 [dt. S. 46].
19 Vgl. *PL*, S. 29-34 [dt. S. 97-105].

5. Die Arbeit geht nicht sonderlich ins Detail, was die Bedingungen der Verbundenheit und der interpersonalen Offenheit angeht, die uns von der Sünde und dem Alleinsein erlösen (243-251). Insbesondere entwickelt sie keine ausgearbeitete positive Moralität, weder in individueller noch in sozialer oder politischer Hinsicht. Vielleicht wäre eine Moralität mit Regeln oder Prinzipien unvereinbar mit den Ich-Du-Beziehungen, aus denen die Glaubensgemeinschaft gebildet wird, oder mit dem Ideal der christlichen Liebe, das »die ganze Person in ihr Geben ein[schließt]« (292). Dennoch macht die Arbeit einige starke negative Punkte, die mit Rawls' späteren Auffassungen in Einklang zu bringen sind.

Dazu gehört der Angriff auf kontraktualistische Theorien, die der junge Rawls als die Behauptung verstand, daß die Gesellschaft auf einer Abmachung zwischen eigennützigen Individuen gründet (154, 266-268). »Die Idee der Gerechtigkeit in den politischen Theorien von Hobbes und Locke, die Auffassung von Adam Smith, daß wir unseren Mitmenschen am besten durch unser aufgeklärtes Eigeninteresse dienen, all dies sind falsche Ansichten über die Gemeinschaft. Jede Gesellschaft, die sich in Begriffen wechselseitiger Selbstsucht erklärt, geht der sicheren Zerstörung entgegen« (223).

In seinem späteren Werk ist Rawls kein Theoretiker des Gesellschaftsvertrags in diesem Sinn, weil seine Darstellung der Gerechtigkeit als Fairneß die Idee des Vertrages unter dem Schleier des Nichtwissens vornehmlich als Mittel zur Repräsentation des Wertes der Fairneß und der gleichen Freiheit moralischer Personen heranzieht. Die wohlgeordnete Gesellschaft der Gerechtigkeit als Fairneß fußt nicht auf einer Abmachung; sie ist ein sozialer Zusammenschluß, in dem die Institutionen, die unserer sozialen Natur Ausdruck geben, als Gut an sich angesehen werden. Die Menschen werden, folgt man den späteren Theorien Rawls', nicht durch ihr Eigeninteresse an diese Institutionen gebunden, sondern durch ihre Treue gegenüber Gerechtigkeitsprinzipien, die auf gegenseitiger Anerkennung als Gleiche basieren. Diese Anerkennung zeigt sich durch die Bereitschaft, an Prinzipien festzuhalten, die unter fairen Bedingungen in einer Situation gewählt würden, in der die Individuen ihren Rang in der Gesellschaft oder die Besonderheiten ihrer Begabungen und Überzeugungen nicht kennen.

Die Arbeit trägt auch ein wichtiges Argument gegen traditionelle Theorien des Gesellschaftsvertrags vor, das später einer von Rawls' Gründen für die Entwicklung seiner eigenständigen Version war, in der die Gerechtigkeitsprinzipien unter einem Schleier des Nichtwissens gewählt werden: daß Personen keine Personen losgelöst von der sozialen Welt sind, die sie formt und erhält. Wir können die Gesellschaft daher nicht als einen Vertrag zwischen Individuen begreifen, deren Hoffnungen und Identitäten unabhängig von ihr existieren. Seltsamerweise wurde Rawls manchmal vorgeworfen, das im Kern soziale Wesen von Personen zu vernachlässigen. Er hat aber nie die Art von Individualismus vertreten, die er in seiner Abschlußarbeit angreift; wenn er seine spezielle Auffassung des Vertrages erklärt, stellt er dementsprechend fest: »Daher spiegeln nicht nur unsere letzten Ziele und Erwartungen, sondern auch unsere verwirklichten Anlagen und Talente in hohem Maße unseren persönlichen Werdegang, unsere Chancen und unsere soziale Stellung wider. Wir können nicht wissen, was unter anderen Umständen aus uns geworden wäre.«[20]

Trotz dieser Gemeinsamkeiten unterscheidet sich die Vorstellung der Gemeinschaft in der Arbeit stark von der Gerechtigkeit als Fairneß. Die Arbeit unterstellt, daß die Probleme der Gesellschaft überwunden werden könnten, wenn die menschliche Sünde unter Kontrolle gebracht werden würde. Sünde wird als die »Verleugnung der Gemeinschaft« definiert. Geltungssucht (*egotism*) – das Verlangen, andere zu beherrschen und auszubeuten – ist die Wurzel der Sünde, weil sie notwendigerweise menschliche Beziehung verunstaltet. Der Geltungs-

20 Ebd., S. 270 [dt. S. 381].

süchtige verehrt sich selbst und behandelt andere als potentielle, stets untergeordnete Verehrer, als Publikum für die eitle Selbstdarstellung. Selbstsucht (*egoism*) – verstanden als die Sorge um die eigenen Interessen und Projekte – kann auch zur Sünde werden, insbesondere wenn sie durch die Geltungssucht für die Ausbeutung anderer eingespannt wird. Rawls wehrt sich aber stark gegen die Idee, die Sünde sei das Ergebnis natürlichen Verlangens, sogar selbstsüchtigen natürlichen Verlangens: die Natur ist gut (Kapitel zwei), der Körper ist der Tempel des Geistes und die Begierden sind weder für noch gegen das Soziale (221). Alle Erklärungen der Sünde als etwas anderes als die Verunstaltung unser sozialen Natur – alle Versuche, »äußere Quellen« (224-227), einschließlich der natürlichen Begierden, verantwortlich zu machen – sind Spielarten der manichäischen Ketzerei. Die Erklärung für die Sünde lautet nicht, daß wir von unseren Begierden überwältigt oder angesichts einer Welt voller Versuchung schwach werden, sondern einfach und irreduzibel, daß »der Geist sich selbst verdirbt« (227).

Rawls scheint geglaubt zu haben, angemessene Beziehungen der Gemeinschaft könnten und würden nur entstehen, nachdem die Geltungssucht (und mit ihr die entstellte Selbstsucht) unter Kontrolle gebracht wurde. Das setzt Gottes Gnade voraus und die Bemühungen der Erwählten, andere in eine Gemeinschaft des Glaubens zu führen. Eine wahre Gemeinschaft, sagt er, ist eine »im Glauben unter Gott vereinte Gemeinschaft [...]. Die Sünde einer Gruppe, die andere beherrschen will, nährt die Furcht vor Abhängigkeit in der Gemeinschaft; aber in der Gemeinschaft an sich und in der göttlichen Gemeinschaft im besonderen haben wir diese Furcht nicht« (155).

Auch der spätere Rawls hat sich mit der Geltungssucht auseinandergesetzt – allgemeiner mit dem sozialen Schaden, der durch die Sorge um die jeweilige gesellschaftliche Stellung entsteht. Er dachte aber, eine gerechte Gesellschaft könne dem Schaden zuvorkommen, indem sie »Gleichheit der gesellschaftlichen Grundlagen des Ansehens«[21] schafft – besonders indem gleiche Grundfreiheiten und faire Chancengleichheit garantiert werden und durch das Differenzprinzip auch »die Verteilung der natürlichen Fähigkeiten in gewisser Beziehung als öffentliches Gut«[22] behandelt wird. All das kann auch ohne eine auf Gnade basierende Bekehrung oder eine Glaubensgemeinschaft erreicht werden. Im sozialen Zusammenschluß der Gerechtigkeit als Fairneß akzeptieren die Bürger außerdem, daß Konflikte über letzte Werte unvermeidlich und die hartnäckigsten Konflikte weder selbst- noch geltungssüchtig sind, sondern aufgrund von konfligierenden Idealen entstehen. In Rawls' ausgereifter Theorie sind die miteinander im Konflikt stehenden Interessen und Ideale, welche die Notwendigkeit für eine spezifisch politische Konzeption der Gerechtigkeit schaffen, kein Ausdruck der Sünde, sondern die Folge menschlicher Vernunft und Urteilskraft, die unter günstigen Bedingungen arbeiten.[23]

6. Obwohl dieser Aspekt von Rawls' späterem Liberalismus in der Arbeit fehlt, ist das Ideal der Gleichheit sehr gegenwärtig, was insbesondere in der engen Verbindung von Geltungssucht und der Kardinalsünde Stolz Ausdruck findet. Stolz scheint hier nicht – wie in Miltons Beschreibung – als ein Streben nach Göttlichkeit und als Wurzel des Aufstands gegen die göttliche Ordnung verstanden zu werden, sondern als Überlegenheitsgefühl gegenüber anderen Personen, das sich in der Forderung nach unterwürfiger Bewunderung ausdrückt. So verstanden festigt

21 *TJ*, S. 478 [dt. S. 592].

22 Ebd., S. 156 [dt. S. 205].

23 Eine andere bedeutsame Passage: »Die Tatsache, daß alle personalen Beziehungen einen solchen Nexus bilden, macht eine Trennung zwischen Religion und Ethik unmöglich. Was oberflächlich wie eine rein in der ethischen Sphäre angesiedelte Handlung erscheint, besitzt religiöse Bedeutung, weil Gott der Souverän der Gemeinschaft ist und keine Handlung von der Beziehung zu Ihm getrennt werden kann. […] weil Gott der höchste Bezug der Gemeinschaft ist, ist jede Sünde eine Sünde in Beziehung zu Gott.« (243)

der Stolz bekanntere Laster wie Egoismus und die Verweigerung zu teilen, denn Besitz ist ein Zeichen der Überlegenheit. Egoismus und das Verlangen, Besitz anzuhäufen, gründen nicht in einer moralisch uneingeschränkten Begehrlichkeit oder in einfacher Gleichgültigkeit dem Schicksal anderer gegenüber, sondern in dem sündhaften Festhalten an entstellten personalen Beziehungen, in denen es Höherstehende und Untergebene gibt. Das ist der Stolz des Kapitalisten, dessen Selbstsucht ein Widerschein der tieferen, viel zerstörerischeren Geltungssucht ist.

Stolz führt auch zur Bildung geschlossener Gruppen, die das Überlegenheitsgefühl einer Gruppe ausdrücken und noch verstärken. Es gab geschlossene religiöse, ökonomische und kulturelle Gruppen, nun aber sind wir mit einer besonders gewalttätigen Form des Stolzes konfrontiert: »Im Nazismus entdecken wir, daß es die Sorte des Blutes in unseren Venen ist, die uns entweder verdammt oder auszeichnet. Diese letzte geschlossene Gruppe stellt Stolz in seiner dämonischsten Form dar« (233) – dämonisch deshalb, weil der Nazismus durch seine rückhaltlose Bejahung der exkludierenden Geltungssucht die Wurzel des Bösen zu seinem Guten macht.

Was Rawls hier über den Nazismus sagt, nimmt seine Bemerkungen im *Das Recht der Völker* vorweg, daß der Nazismus eine »dämonische Konzeption der Welt« befördert und in »einem perversen Sinne« eine religiöse Auffassung ist, die Rettung und Erlösung bietet.[24] »Der Nazismus ist tiefgründig, aber tiefgründig in dem Sinne, in dem der Teufel tiefgründig ist. Er hat ein Gespür für Spiritualität, kennt aber nur die Spiritualität der Geltungssucht, die in die Zerstörung führt« (256).

Stolz ist allerdings nicht das Monopol des Dämonischen. Er ist weit verbreitet und infiziert bevorzugt die Aufrechten, Gesetzestreuen und Frommen: »Es gibt immer die Neigung, die unteren Schichten der Gesellschaft die schlimmsten Sünder zu

24 *LP*, S. 20 [dt. S. 23].

nennen. Die Straßenmädchen, die Bettler, die Ausgestoßenen, die Räuber und Trinker sind die üblichen Sündenböcke. Die wirklichen Sünder sind aber diejenigen, die stolz darauf sind, anders zu sein« (238).

7. Dies führt uns zu einer besonders auffälligen Kontinuität zwischen der Arbeit des Studenten Rawls und seinen späteren Auffassungen: das Zurückweisen des Verdienstes. Eine der berühmtesten und umstrittensten Forderungen aus *Eine Theorie der Gerechtigkeit* lautet, eine gerechte soziale Ordnung solle nicht darauf zielen, Erträge nach dem Verdienst zu verteilen.[25] Rawls weist dort die Idee des moralischen Wertes oder des Verdienstes nicht vollständig zurück, aber er hält sie für unbrauchbar, um nicht nur Verteilungsanteile, sondern auch alle anderen Ansprüche von Personen in einer wohlgeordneten Gesellschaft zu bestimmen. Unschwer ist dahinter die allgemeine Aussage zu erkennen, daß diejenigen Faktoren, die gewöhnlich den Verdienst auszeichnen, nicht hinreichend unter unserer Kontrolle stehen, um als Quellen moralischer Ansprüche dienen zu können: »Selbst die Bereitschaft zum Einsatz, zur Bemühung, die im üblichen Sinn verdienstvoll ist, hängt noch von günstigen Familienumständen und gesellschaftlichen Verhältnissen ab.«[26]

Rawls' Widerspruch gegen pelagianische und semi-pelagianische Lehren in der Abschlußarbeit führt uns diese Sicht der Dinge machtvoll vor Augen (203-207, 268 f.). Er leugnet mit Augustinus, daß wir Erlösung durch unseren eigenen Verdienst erlangen könnten – durch freie gewählte Tugend oder irgendwelche Wohltaten:

Es gibt kein Verdienst vor Gott, und es sollte vor Ihm kein Verdienst geben. Wahre Gemeinschaft zählt nicht die Verdienste ihrer Mitglie-

25 Vgl. *TJ*, Abschnitt 48. Für eine vertiefende Behandlung vgl. John Rawls, *Justice as Fairness: A Restatement*, Cambridge, Mass. 2001, S. 72 f. [dt.: *Gerechtigkeit als Fairneß: Ein Neuentwurf*, Frankfurt/M. 2003, S. 120-122].

26 *TJ*, S. 64 [dt. S. 94]; vgl. auch S. 274 [dt. S. 345 f.].

der. Verdienst ist eine Vorstellung, die in der Sünde wurzelt und deren man sich besser entledigt (282).

Dies ist zwar eine theologische Behauptung, die mit einer Interpretation der göttlichen Gnade verknüpft ist, aber die folgende Passage gibt weiteren Aufschluß:

Sobald die menschliche Person realisiert hat, daß die Offenbarung des Wortes eine Verurteilung des Selbst ist, verwirft sie alle Gedanken an das eigene Verdienst. [...] Je mehr sie ihr Leben betrachtet, je mehr sie mit vollständiger Aufrichtigkeit in sich geht, desto deutlicher nimmt sie wahr, daß alles, was sie hat, ein Geschenk ist. War sie ein aufrichtiger Mensch in den Augen der Gesellschaft, so wird sie nun zu sich sagen: »Du warst also ein gebildeter Mensch, ja, aber wer hat für deine Erziehung bezahlt, Du warst also ein guter und aufrechter Mensch, ja, aber wer hat Dir gute Manieren beigebracht und Dich in die glückliche Lage versetzt, nicht stehlen zu müssen; Du warst also ein liebender Mensch und nicht hartherzig, ja, aber wer hat Dich in einer guten Familie erzogen, wer hat Dir Fürsorge und Zuneigung gezeigt, als Du jung warst, damit Du im Erwachsenenalter Liebenswürdigkeit schätzen würdest – mußt Du nicht zugeben, daß alles, was Du hast, Dir gegeben wurde? Dann sei dankbar und höre auf mit der Prahlerei.« (280 f.).

Diesen Überlegungen kann eine rein säkulare Bedeutung gegeben werden, auch wenn sie hier auf die Offenbarung bezogen sind. Sie führen direkt zu der moralischen Sensibilität, die dem Differenzprinzip zugrunde liegt.

Rawls ordnet markanterweise pelagianische Ideen der Erwählung durch Verdienst dem individualistischen Kontraktualismus zu, den er durchweg zurückweist. Beide Auffassungen behandeln unsere Beziehungen – entweder mit Gott oder mit anderen in der Gemeinschaft – als eine Art Handel und unterstellen somit am Grund dieser Beziehungen eine feststehende Individualität, die der Gemeinschaft vorausgeht. Diese »Handelsgrundlage« macht echte Gemeinschaft unmöglich (266-270).

8. Wie wir bereits gesagt haben, sind die Ideen des Pluralismus und des Konfliktes zwischen dem Guten und dem Glauben un-

ter vernünftigen Menschen für den Rawlsschen Liberalismus wesentlich, fehlen aber in dieser frühen Arbeit. Das in ihr entfaltete Ideal der Gemeinschaft setzt ein Ausmaß von Harmonie und eine Universalität interpersonaler Beachtung voraus, das Politik und vielleicht auch Gerechtigkeit unnötig machen würde – denn beide drehen sich um kollektive Entscheidungen angesichts von Interessenkonflikten und widerstreitenden Überzeugungen. Im Gegensatz dazu treibt in Rawls' veröffentlichten Schriften die Unvermeidbarkeit von widerstreitenden Interessen und einem dogmatischen Dissens, selbst unter wohlmeinenden Menschen, die Suche nach Gerechtigkeit und Legitimität an. Wir können eine gerechte Gesellschaft nicht dadurch schaffen, daß wir einfach die Sünde beseitigen, weil Gerechtigkeit eben keine Antwort ist, weder auf die Sünde noch auf die Geltungssucht; sie ist überhaupt kein Heilmittel für menschliche Fehler.

Die Anerkennung des Politischen als ein eigenständiges moralisches Problem ist daher ein entscheidender Bruch in Rawls' Entwicklung, und es wäre interessant herauszufinden, wann und wie er sich vollzogen hat. Rawls schreibt in seiner Einleitung zu *Politischer Liberalismus* (1993), daß er in *Eine Theorie der Gerechtigkeit* (1971) keine Unterscheidung »zwischen Moralphilosophie und politischer Philosophie« getroffen hat;[27] er hat sich aber schon früh mit den spezifischen moralischen Problemen einer politischen Gesellschaft beschäftigt. Bereits seit seiner Doktorarbeit (1950 eingereicht, über die Rolle der Vernunft in ethischen Argumenten) war sein philosophisches Werk von einem Gespür für das Politische geprägt, das in seiner Bachelorarbeit noch nicht erkennbar ist. So schreibt er in seiner Doktorarbeit, daß eine »demokratische Konzeption der Regierung [...] das Recht als das Ergebnis einer öffentlichen Diskussion darüber ansieht, welche Regeln zwanglos und konsensuell als solche betrachtet werden, die für die Regierung und die Bürger glei-

27 *PL*, S. xvii [dt. S. 11].

chermaßen bindend sind«. Aus diesem Grund, so fährt er fort, »[stellt] die vernunftgeleitete Debatte [...] eine wesentliche Voraussetzung eines vernünftigen Rechtes dar« und eine Untersuchung der »vernünftigen Grundlagen der ethischen Prinzipien« dient »als Ergänzung der Demokratietheorie ebenso wie der ethischen Philosophie«.[28] Die hier postulierte enge Verknüpfung von Fragen der philosophischen Ethik mit einer Sorge um die öffentliche Auseinandersetzung in einer Demokratie markiert eine scharfe Abkehr von seinen Überzeugungen in der Bachelorarbeit und gibt einen Vorausblick auf die Idee, daß Gerechtigkeit als Fairneß »die beste moralische Grundlage für eine demokratische Gesellschaft«[29] ist.

Während Rawls jedoch zu der Einsicht gelangte, daß eine gerechte Gesellschaft keine Gemeinschaft »vereint im Glauben unter Gott« sein konnte, waren seine persönliche Kenntnis und Erfahrung der Religion wichtig für die Herausbildung seiner späteren Auffassungen, insbesondere jener über die Art des öffentlichen Räsonnements, das wir vernünftigerweise in einer demokratischen Gesellschaft erwarten dürfen. Rawls' Liberalismus fußt im Gegensatz zu dem vieler anderer Liberaler, die kaum etwas über Religion wissen, auf einem lebhaften Sinn für die Bedeutung religiösen Glaubens und einem Verständnis des Unterschieds zwischen überzeugter und bloß konventioneller Religion. Er weiß, wovon er spricht, wenn er sagt, daß durch die Reformation »in den Vorstellungen, die die Menschen sich von ihrem Wohl machen, ein transzendentales Element auftritt, das keinen Kompromiß zuläßt«; daß »dieses Element [...] uns entweder zum tödlichen Konflikt [zwingt], der nur durch die jeweiligen Umstände und durch die eintretende Erschöpfung entschärft wird, oder zur Gewissens- und Gedankenfreiheit für

28 John Rawls, *A Study in the Grounds of Ethical Knowledge: Considered with Reference to Judgements on the Moral Worth of Character* (Ph.D. diss., Princeton University 1950), S. 7f. Zu beziehen über UMI Dissertation Services, Ann Arbor, Michigan.

29 *TJ*, S. xviii [dt. S. 12].

alle«; und daß politisches Denken »den Abgrund dieses unversöhnlichen latenten Konflikts« verstehen muß.[30]

Durch sein Beharren auf der Wichtigkeit eines Bereiches der politischen Rechtfertigung, der mit solchen letzten Überzeugungen vereinbar, aber nicht auf sie angewiesen ist, hat Rawls die Religion nicht entwertet. Im Gegenteil. Die Bedeutung der Freiheit und der Trennung von Staat und Religion besteht darin, daß sie Platz schaffen für ein Bekenntnis aller Mitglieder einer pluralistischen Gesellschaft zu allgemeinen politischen Institutionen und zu einem gemeinsamen Unternehmen öffentlicher Rechtfertigung, ungeachtet ihrer unauflösbaren Meinungsverschiedenheiten über das Wesen der Welt, den Sinn des Lebens und den Weg zur Erlösung. Solche Meinungsverschiedenheiten, betont er, sind kein Unglück, sondern die natürliche Folge der Vernunftausübung unter freien Bedingungen.

»Über meine Religion« beschreibt vielleicht das erste Stadium von Rawls' Überzeugungswandel: Seine Auseinandersetzung mit der Geschichte der Inquisition in den Jahren kurz nach dem Krieg. Seine Zurückweisung des orthodoxen Christentums ging Hand in Hand mit der Zurückweisung von dessen langer Geschichte, in der es politische Macht benutzt hatte, um seine »Vormachtstellung zu festigen und andere Religionen zu unterdrücken« (307). Er vertrat aber während seiner ganzen Laufbahn entschlossen die Überzeugung, daß Toleranz nicht zwingend auf religiösem Skeptizismus basiere – daß sie mit Glauben im umfänglichsten Sinn vereinbar sei und von Gläubigen angenommen werden könne.

Mit der Entwicklung einer spezifisch politischen Form des Liberalismus antwortet Rawls auf den Einwand, eine liberale politische Auffassung sei einfach der politische Arm einer umfassend liberalen Lebensphilosophie – säkular, skeptisch und gegen die Idee gerichtet, eine moralische Ordnung könne dem menschlichen Willen vorrangig sein – und daher gläubigen

30 *PL*, S. xxvi [dt. S. 23].

Bürgern gegenüber feindlich eingestellt. Rawls widerspricht; er glaubt, daß es für die Bürger verschiedene Wege zur Anerkennung allgemeiner politischer Prinzipien gibt, von denen keiner Vorrang genießt: »Eine religiöse Lehre mag, wenn sie eine konstitutionelle demokratische Ordnung bejaht, sagen, daß dies die Grenzen seien, die Gott unserer Freiheit setzt; eine nichtreligiöse Lehre würde es anders formulieren.«[31] Wir lernen aus der »Geschichte der Religion und der Philosophie«, daß »es viele vernünftige Möglichkeiten gibt, den weiteren Bereich der Werte so zu verstehen, so daß er entweder mit den für den besonderen Bereich des Politischen angemessenen Werten – sie werden durch eine politische Gerechtigkeitskonzeption bestimmt – zusammenfällt oder diese unterstützt oder jedenfalls nicht in Konflikt mit ihnen gerät«[32]

Rawls' Behandlung von Bodins Auffassung der Toleranz in »Über meine Religion« ist in diesem Zusammenhang aufschlußreich. Bodin, schreibt er, »gehörte nicht zu jenen, die – wie etwa Spinoza – zur Toleranz kamen, nachdem sie ihrer Religion den Rücken gekehrt oder die Religion gewechselt haben«. Statt dessen begründete Bodin Toleranz religiös, als Katholik, und nicht nur aus politischen Motiven; Bodin empfahl zudem, daß eine anständige Religion »Toleranz als Teil einer Glaubenslehre und unabhängig von politischen Ideen« zustimmen muß (309).

In seinen letzten Schriften versuchte Rawls seine Auffassungen von der politischen Rechtfertigung anhand des Begriffs der öffentlichen Vernunft zu entwickeln. Er meinte damit einen allgemeinen Raum der politischen Auseinandersetzung, der relativ entspannt von vernünftigen Anhängern unterschiedlicher religiöser Überzeugungen und moralischer Positionen bewohnt werden könnte und der selbst nicht von einer umfassenden philosophischen oder religiösen Meinung abhängig war. Wie sein ganzes Werk hat auch dieser Vorschlag scharfen Widerspruch

31 »The Idea of Public Reason Revisited«, in: *LP*, S. 151 [dt. S. 188].
32 *PL*, S. 140 [dt. S. 227].

hervorgerufen. Aber seine Motivation, wie der innere Antrieb seines Liberalismus insgesamt, entspringt nicht einer Abwertung der Religion, sondern einem Verständnis ihrer tiefen Bedeutung.

Rawls sagt uns, daß »[v]on den vielen Texten, die ich über Religion gelesen habe, [...] mich wenige so sehr berührt [haben] wie Bodins Auffassungen und die Art und Weise, wie er sie in seinem *Kolloquium der Sieben* zum Ausdruck bringt« (308). Am Ende des Kolloquiums schließen die sieben Teilnehmer des Dialogs – Katholik, Jude, Lutheraner, Calvinist, Muslim, philosophischer Naturalist und Skeptiker – ihr Gespräch und »umarmen einander in gegenseitiger Liebe«. Aber die »bemerkenswerte Harmonie« beruht nicht etwa auf Bekehrung oder einem gemeinsamen Säkularismus. Wir erfahren statt dessen, daß »sie danach keine weiteren Gespräche über Religionen mehr führten, obwohl jeder seine eigene Religion mit der höchsten Heiligkeit seines Lebens verteidigte«.[33]

33 Jean Bodin, *Colloquium of the Seven about the Secrets of the Sublime*, Princeton 1975, S. 471.

Robert Merrihew Adams

Die theologische Ethik des jungen Rawls und ihr Hintergrund

Ich möchte in diesem Essay den Inhalt der Abschlußarbeit, die John Rawls als Bachelorstudent in Princeton im Herbst 1942 geschrieben hat, und die Verwendung der Autoren, auf die er sich bezieht, erhellen. Der Horizont der Arbeit ist weiter als ihr Titel, »Eine kurze Untersuchung über die Bedeutung von Sünde und Glaube«, es nahelegt. Im Herzen der Theorie steht ein Gegensatz zwischen dem, was Rawls »Naturalismus« nennt, und einer »richtigen Ethik«, die auf personale Beziehungen und Gemeinschaft fokussiert ist. In Abschnitt 2 werde ich die Begriffe (insbesondere Selbstsucht [*egoism*] und Geltungssucht [*egotism*]) untersuchen, mit denen dieser Gegensatz gefaßt wird; in Abschnitt 3 werde ich Rawls' Kritik des Naturalismus unter die Lupe nehmen, und in Abschnitt 4 einen Blick auf die Wert- und Zielvorstellungen werfen, die aus dieser Kritik entstehen. Gemeinschaft ist der Zweck, den Rawls am höchsten bewertet. Seine Darstellung davon läßt viel zu viele Fragen offen, aber ich versuche in Abschnitt 5, die in der Arbeit entfalteten Ansichten über die Gemeinschaft so deutlich wie möglich herauszuarbeiten. Rawls' Begriffe von Selbstsucht und Geltungssucht helfen, seine Darstellung des moralischen und religiösen Bösen bzw. der Sünde zu strukturieren, was mein Anliegen in Abschnitt 6 sein wird. Eng mit seiner Darstellung der Sünde verbunden und meiner Meinung nach der eindruckvollste Teil der Arbeit, in dem viele ihrer Motive zusammengeführt werden, ist seine Darstellung der Bekehrung, des Übergangs von Sünde zum Glauben, den ich in Abschnitt 7 untersuchen werde.

Das Erstaunlichste an dieser Bachelorarbeit, die von einem geschrieben wurde, der weithin als der bedeutendste Moralphilosoph seiner Generation angesehen wird, dürfte für viele der unmißverständlich theologische Charakter der darin dargelegten ethischen Theorie sein. Es wird schlicht behauptet, daß es »keine Trennung von Religion und Ethik geben« kann (139), und eine Form protestantischer Theologie ohne eine ernsthafte Diskussion religiöser Alternativen vorgetragen. Abschnitt 8 meines Essays befaßt sich mit den in der Arbeit getroffenen Aussagen über Gott.

Ich beginne, in Abschnitt 1, mit einigen Beobachtungen über das historische Umfeld, in dem Rawls seine Bachelorarbeit geschrieben hat.

1. 1942 und Neoorthodoxie

Der kulturelle und intellektuelle Hintergrund der von Rawls 1942 geschriebenen Arbeit unterscheidet sich recht deutlich von dem der Moralphilosophie und politischen Philosophie, die er in den späteren Jahren veröffentlichte. Einige der erwähnten Autoren werden den ansonsten mit Rawls' Schriften vertrauten Lesern womöglich unbekannt sein. Das Register von *Eine Theorie der Gerechtigkeit* (1971) verzeichnet beispielsweise keinen der Autoren, die in der Bachelorarbeit als »Hauptquellen« für Rawls' Auffassung benannt werden. Einer von ihnen, Philip Leon, der meiner Einschätzung nach einen ziemlich starken Einfluß auf die Arbeit hatte, ist heute praktisch vergessen. Die Bewegung, die als »analytische Philosophie« bekannt wurde, hatte 1942 schon eine bedeutsame Geschichte in Europa, war in Amerika aber noch nicht etabliert und am Princeton Philosophy Department noch nicht dominant. Sie hinterläßt kaum eine Spur in Rawls' Bachelorarbeit, obwohl seine Beschäftigung mit dem Thema ihren Anfang im Kurs eines begeisterten Anhänger Wittgensteins, Norman Malcolm, nahm.

Die Arbeit wurde aber offensichtlich von der bekanntesten protestantischen theologischen Bewegung der damaligen Zeit beeinflußt. Rawls verfaßte sie in der Blütezeit der Neoorthodoxie. Die Bezeichnung »neoorthodox« wurde für eine recht disparate Gruppe protestantischer Theologen verwendet, die in Europa und Nordamerika mehrere Jahrzehnte nach Ende des Ersten Weltkrieges aktiv waren. Die Gruppe verlor ihre Meinungsführerschaft während der sozialen und kulturellen Umbrüche der 1960er und 1970er Jahre, wenngleich der berühmteste neoorthodoxe Theologe, Karl Barth, nie seine Anhängerschaft verlor.

Der Ausdruck »neoorthodox« verweist offensichtlich auf eine Wiederbelebung oder eine Erneuerung der Orthodoxie – eine Orthodoxie mit einem neuen Dreh. Typische neoorthodoxe Theologen waren von der »liberalen« oder modernisierenden Form der protestantischen Theologie, in der sie ausgebildet wurden, desillusioniert und wollten Aspekten einer älteren Orthodoxie wieder zu Ansehen verhelfen – im Falle Barths insbesondere auch die »Orthodoxie« protestantischer Theologen des siebzehnten und achtzehnten Jahrhunderts. Wie das Präfix »neo« nahelegt, blieben sie in mancherlei Hinsicht der liberalen Theologie ihrer Lehrer verpflichtet, während sie gleichzeitig heftig gegen sie polemisierten.

Die neoorthodoxe Theologie berief sich auf eine biblische Grundlage, wies aber jeglichen »Fundamentalismus« oder Literalismus bei der Auslegung der Bibel zurück. Wie einer der ersten neoorthodoxen Theologen, Emil Brunner, es formulierte:

> Was ich über den fleischgewordenen Gott sagte, triff auch auf die Offenbarung in der Bibel zu; als echte Offenbarung, muß sie verschleiert sein. [...] Die Worte der Schrift sind menschlich; das bedeutet, Gott benutzt menschliche, also schwache und fehlbare Worte von Menschen, die irren können. Menschen und ihre Worte sind aber das Mittel, anhand dessen Gott zu den Menschen und in den Menschen spricht. Nur durch ein grobes Mißverständnis kann echter Glaube mit der Theorie einer wörtlichen Auslegung der Bibel zufrieden sein. [...] Wer die Worte der Schrift mit dem Wort Gottes gleichsetzt, hat das Wort Gottes nicht richtig verstanden; er weiß nicht, was die Offenbarung ausmacht.[1]

---

1 Emil Brunner, *The Theology of Crisis*, New York 1929, S. 19.

Eines der wichtigsten Anliegen der Neoorthodoxie war, weniger wörtliche, aber nicht weniger ernsthafte Wege der Bibelauslegung als ein Mittel göttlicher Selbstoffenbarung zu entwikkeln.

Eine ältere Bezeichnung für die neoorthodoxe Bewegung war »Theologie der Krise«. »Krise« hat in diesem Kontext eine doppelte Bedeutung. Einerseits verweist es auf die Krise der europäischen Zivilisation, von der viele glaubten, daß sie vom Ersten Weltkrieg herbeigeführt oder wenigstens offengelegt wurde.[2] Andererseits bezieht es sich auf Gottes *Urteil* (*krisis* im Griechischen von Paulus' Römerbrief). In seinem Kommentar zum Römerbrief, mit dem die Theologie der Krise zuerst auf die protestantische Bühne tritt, spricht Barth von

> der Tatsache, daß die ganze gegenständliche Welt offenbar einer letzten Krisis und Problematik unterworfen ist. [...] Wäre Gott [...] ein Gegenstand unter Gegenständen, wäre er also selbst dieser Krisis unterworfen, so wäre er offenbar gar nicht Gott, sonder der wahre Gott wäre im Ursprung dieser Krisis zu suchen. [...] Der wahre Gott ist aber der aller Gegenständlichkeit entbehrende Ursprung der Krisis aller Gegenständlichkeit, der Richter, das Nicht-Sein der Welt (mit Einschluß jenes »Gottes« menschlicher Logik). Eben von diesem wahren Gott, dem Richter der Welt, der selber nicht Partei ist in der Welt, reden wir.[3]

Die Erhabenheit Gottes – Gottes vollständige Andersartigkeit, so Barth – ist eines der Hauptmotive der neoorthodoxen Theologie.[4]

Barths Begriff der Krisis verbindet das Wissen um die Erhabenheit Gottes mit der Anerkennung von Negativitäten im menschlichen Leben.

---

2 Ebd., S. 1ff.

3 Karl Barth, *The Epistle to the Romans*, London 1933, S. 82 [dt.: *Der Römerbrief*, München [4]1926, S. 56f.]. Barth hat das Buch für die zweite Auflage 1921 vollständig überarbeitet, und diese umgeschriebene Form bildet die Grundlage für die englische Übersetzung.

4 Ebd., S. 115 [dt. S. 90].

Die höchste Entfernung zwischen Gott und Mensch ist ihre wahre Einheit. [...] Hinweis, Gleichnis, Möglichkeit, Erwartung ist alles »Gesetz«, alles Sein, Haben und Tun des Menschen, alles Da-Sein und So-Sein der Welt und insofern immer auch Entbehren, Ungenügen, Hohlraum und Sehnsucht. Aber indem es als solches erkannt wird, leuchtet darüber die Treue Gottes, der freispricht, indem er verurteilt, lebendig macht, indem er tötet, Ja sagt, wo doch nur sein Nein zu hören ist. Als der unbekannte Gott wird Gott in Jesus erkannt – [Angesichts dieser Krisis wird] auch die höchste Verbindung zwischen Mensch und Mensch [wahrgenommen].[5]

Ich habe keinen Anlaß zu der Vermutung, daß der junge Rawls Barth gelesen hat. Zudem sieht die Art der Beziehung zwischen menschlichen Wesen und Gott, die Barth uns in dieser Passage präsentiert, anders aus als diejenige, die Rawls in seiner Abschlußarbeit bevorzugt.[6] Die Idee eines Gottes, der ein »Ja« äußert, indem er »Nein« sagt, findet dennoch in Rawls' Darstellung der Bekehrung ihren Widerhall;[7] sie ist ein neoorthodoxes Motiv.

Im Vorwort seiner Abschlußarbeit sagt Rawls, er halte Brunner für denjenigen Theologen, von dem er am meisten gelernt habe (108). Brunners Theologie war keine Kopie von Barths; und obwohl er mit Barth übereinstimmte, daß die Kenntnis Gottes von Gottes Selbstoffenbarung abhängt, hatten beide in den 1930er Jahren einen heftigen öffentlichen Streit über die natürliche Theologie, die Brunner nicht so grundsätzlich zurückwei-

---

5 Ebd., S. 114 [dt. S. 88]. Die Idee einer göttliche Affirmation, die nur dann geäußert wird, wenn ein »Nein« zu hören ist, wird in anderen Form und ausführlicher entwickelt von Paul Tillich, *The Courage to Be*, New Haven 1952 [dt. *Der Mut zum Sein*, Stuttgart 1953].

6 Ich finde es normal, »Hohlraum und Sehnsucht« in dem Zitat als Ausdruck einer Form der platonischen Eros-Frömmigkeit zu lesen, die Rawls in seiner Abschlußarbeit zurückgewiesen hat. 1942 hätte Barth seinem älteren Buch diesbezüglich vielleicht ebenso widersprochen.

7 »Aus dem Gefühl des Aufgelöstwerdens heraus«, sagt Rawls, »wächst also diese Wahrnehmung des Gegebenseins, des großzügigen Erbarmens und der Liebe Gottes, die sogar angesichts des Verleugnens gibt, und die Einsicht in die Abhängigkeit von Gott« (279).

sen wollte wie Barth.[8] Brunner war in Europa weniger einflußreich als Barth und zieht auch heute (womöglich unverdienterweise) relativ wenig Aufmerksamkeit auf sich. Aber insbesondere in Amerika gelangten viele über Brunner zur neoorthodoxen Theologie. Er hatte lange vor Barth ein amerikanisches Publikum, und 1942 mag sein Werk in Amerika immer noch bekannter gewesen sein als das von Barth.

Die Lektüre von Brunners Werken hatte ihre Vorteile, zum Beispiel, daß er in einem zugänglicheren Stil als Barth schrieb. Ich würde auch sagen, daß die Theologie in Brunners damaligen Schriften tiefer in die Ethik eingebettet ist als in den wichtigsten Arbeiten von Barth, die 1942 auf englisch vorlagen. Für Rawls und andere wäre dies günstig gewesen. Wie Rawls bemerkt, sprach ihn auch Brunners enthusiastischer Personalimus stark an. Er hätte möglicherweise Brunner auch dann den Vorzug gegeben, wenn er Barth gelesen hätte.

Brunner hat sich selbst zu einem amerikanischen Publikum verholfen, indem er in den 1920er und 1930er Jahren Vorlesungen in Amerika hielt, was Barth erst ab 1962 tat. Insbesondere in Princeton wuchs Brunners Bekanntheitsgrad durch seinen Aufenthalt als prominenter Gastprofessor am Princeton Theological Seminary während des akademischen Jahres 1938-39, also kurz bevor Rawls als Bachelorstudent nach Princeton kam. Auch wenn Rawls Brunner wahrscheinlich nicht persönlich erlebt hat, lagen dessen Ideen in Princeton ziemlich sicher »in der Luft«. Kaum vorstellbar, daß ein Student mit den Interessen des jungen Rawls nicht mit Menschen am Seminar gesprochen hat, die Brunners Vorträge gehört hatten. Obwohl Rawls also drei von Brunners Büchern in der Arbeit zitiert, könnte er durch mündliche ebenso wie schriftliche Quellen beeinflußt worden sein.

---

8 Die Texte sind in der englischen Übersetzung als *Nature and Grace* von Brunner und *No* von Karl Barth gemeinsam unter dem Titel: *Natural Theology* von Peter Fraenkel veröffentlicht worden, London 1946. Vgl. auch John W. Hart, *Karl Barth vs. Emil Brunner. The Formation and Dissolution of a Theological Alliance 1916-1936*, New York 2001.

Es ist verlockend, Rawls' Bachelorarbeit als eine Abhandlung neoorthodoxer Theologie zu beschreiben.[9] Ich bin mir nicht sicher, ob das angemessen ist. Diese Unsicherheit speist sich aus der Unschärfe des Begriffs »Neoorthodoxie«, der derartig verschiedene Ansichten abdeckt, daß er wenig genaue Information bietet. Manchmal bezieht sich er sich auf eine recht gut definierte Bewegung oder Denkschule, mit Barth als dem wichtigsten Denker und mit Brunner, trotz seiner Differenzen mit Barth, als einem herausragenden Vertreter. Häufig (vielleicht sogar häufiger) wird der Ausdruck aber verwendet, um auf ein intellektuelles Klima zu verweisen, in dem sich alle protestantischen Theologen, außer den konservativsten und den modernsten, von den 1920er bis in die 1960er Jahre mehr oder weniger bewegten.

Diejenigen, die beispielsweise Reinhold Niebuhr und Paul Tillich als neoorthodoxe Theologen bezeichnet haben, was viele getan haben, dachten dabei wahrscheinlich eher an ein intellektuelles Klima als an eine eng zusammenhängende Bewegung oder Schule. Denn Tillich galt als weit weniger orthodox als Barth und Brunner, und Niebuhr hatte, anders als sie, kein großes Interesse an theologischer Methodologie und der Epistemologie religiösen Glaubens, ja, er hat sogar einmal in bezug auf die kontinentalen neoorthodoxen Theologen die Vermutung geäußert, »eher zu der liberalen Tradition als zu ihrer« zu gehören.[10]

Insofern es ein theologisches Klima namens »neoorthodox« gab, kann man Rawls' Bachelorarbeit als neoorthodoxes Dokument charakterisieren, denn sie wurde mit Sicherheit von diesem Klima geformt. Wenn wir aber mit Neoorthodoxie eine Be-

9 So beschreibt Eric Gregory die Arbeit in seiner verdienstvollen Abhandlung: »Before the Original Position: The Neo-Orthodox Theology of the Young Rawls«, in: *Journal of Religious Ethics* 35 (2007), S. 179-206. Ich danke Gregory für die hilfreiche Korrespondenz.

10 In einem Brief vom 13. März 1943 an John Bennett, zitiert nach Richard Wightman Fox, *Reinhold Niebuhr. A Biography*, San Francisco 1985, S. 214.

wegung oder Schule bezeichnen, sieht die Sache anders aus, denn Rawls gibt in ihr keinen Hinweis, daß er sich einer solchen Bewegung zugehörig fühlt.

Das theologische Schaffen von Barth und Brunner in den 1920er und 1930er Jahren war durch einen ungemein polemischen Impetus gekennzeichnet, und die Idee einer Theologie der Krise bzw. Neoorthodoxie als Bewegung wurde daher in einem aufgeheizten Klima entwickelt, das durch die Opposition gegen den theologischen Liberalismus auf der linken und den Fundamentalismus auf der rechten Seite bestimmt war. Schließlich brach sogar ein erbitterter Streit zwischen Barth und Brunner aus. Rawls' Abschlußarbeit scheint von diesen Streitigkeiten eher unberührt. Er eignet sich zwar Ideen von Brunner an, zeigt aber geringes Interesse an den Kontoversen, in die Brunner verstrickt war, ja, er scheint nicht viel davon gewußt zu haben. Rawls ist vielen neoorthodoxen Autoren sehr nah, wenn er sagt, eines seiner Hauptziele sei, »ein spezifisch christliches Problem [...] anhand von Begriffen aus dem biblischen Denken anzugehen«, anstatt anhand der »griechischen Tradition« (131) (womit er, wie die meisten, de facto die platonische Tradition meinte). Und seine Vorstellung vom Wort Gottes als eines Akts der Selbstoffenbarung (dazu mehr in Abschnitt 8) ist den Auffassungen von Brunner und Barth sehr ähnlich. Aber Rawls' Umgang mit Bibelzitaten erscheint methodisch wenig reflektiert. Und die Schlachten über die Autorität und die Auslegung der Bibel, die damals im amerikanischen Protestantismus ausgefochten wurden, werden in seiner Abschlußarbeit kaum thematisiert.

Rawls stimmte zwar in vielen Punkten mit Brunner – eine der zentralen Figuren in der neoorthodoxen Bewegung – überein, aber seine Schriften, wie auch die von Niebuhr und Anders Nygren Beispiele für die Neoorthodoxie als theologisches Klima – wurden von Rawls offenkundig lediglich als Schrot für seine eigene Mühle verwendet. Im Zentrum seines Interesses standen, wie ich in den folgenden Abschnitten darlegen werde, andere Dinge, etwa, so meine ich, in erster Linie die Entwicklung eines eigenen religiösen und ethischen Standpunktes. Rawls war weder Teil einer polemischen Bewegung in der Theologie, noch hat er ihre Schlachten geschlagen, und vielleicht wußte er nicht einmal sehr viel von diesen Schlachten.

Die Arbeit kann selbstverständlich als theologischer Essay eingestuft werden, vom Genre her ist sie aber eher eine Abhandlung in ethischer Theorie, genauer: eine Abhandlung in theologischer ethischer Theorie. Und auch wenn ihre ethische Theorie theologisch ist, sind ihre theologischen Voraussetzungen weit weniger entwickelt als ihre ethischen Schlußfolgerungen. Sie ist von einem explizit christlichen Standpunkt geschrieben, beinhaltet aber nur einen Bruchteil der christlichen Theologie. In deutlichem Unterschied zum bekanntermaßen christozentrischen Charakter, den Brunners und auch Barths Theologie in weiten Teilen aufweisen, enthält Rawls' Arbeit weder eine entwickelte Christologie noch eine ausformulierte Lehre von »der Person und dem Werk von Jesus Christus«. Die ethische Theorie scheint sogar in keinem besonders starken Zusammenhang mit irgendeiner christologischen Auffassung zu stehen.

Das primäre Untersuchungsobjekt in dieser ersten der ethischen Theorien von John Rawls sind nicht Handlungen, sondern geistige Zustände. Er schlägt kein Kriterium für richtige Handlungen vor, sondern kritisiert und empfiehlt bestimmte Haltungen und Motive. Das ist kein ungewöhnlicher Fokus für eine protestantische »Untersuchung über die Bedeutung von Sünde und Glaube.« Im Denken Luthers und anderer protestantischer Reformer ist Sünde in erster Linie ein Geisteszustand, ein Zusammenhang von Haltungen und Motiven, und weniger ein direkter willentlicher Akt oder ein Handlungsmuster. Vorstellungen von der Sünde nicht als Tat, sondern als Zustand waren charakteristisch für neoorthodoxe Theologen, können aber auch im liberalen Protestantismus gefunden werden.[11] Dement-

11 Insbesondere auch bei dem bekanntesten Prototyp einer liberalen prote-

sprechend hatte die Bewertung von Haltungen und Motiven einen zentralen Platz im ethischen Denken des Protestantismus inne. Dieser Fokus ist ein klassisch protestantisches Merkmal von Rawls' Abschlußarbeit.

2. *Das Natürliche und das Personale*

Wenn Rawls in seiner Abschlußarbeit in eine Polemik involviert ist, dann in eine gegen den »Naturalismus.« Das erste seiner beiden in der Arbeit angeführten Hauptziele ist, »scharfen Widerspruch einzulegen gegen ein bestimmtes Denkschema, das ich Naturalismus genannt habe«. Er bietet sogleich eine Erläuterung des Begriffs:

> Mit Naturalismus bezeichne ich etwas deutlich weiter Gefaßtes, als üblicherweise mit dem Ausdruck gemeint ist. Naturalismus ist das Universum, in dem alle Beziehungen natürliche sind und das geistige Leben auf die Ebene von Verlangen und Begierde reduziert wurde.

Er fügt hinzu, daß der Naturalismus in diesem Sinne »im Westen seit Augustinus vorherrschend ist«, so daß sein Widerspruch dagegen »mehr oder weniger eine ›Revolution‹« darstellt (131). An anderer Stelle sagt er vom »Naturalismus«:

> Wir werden das Wort also in einem anderen Sinne verwenden, als dies gewöhnlich der Fall ist. Wenn wir an Naturalismus denken, sind wir geneigt, uns eine Position vorzustellen, die an den Materialismus oder verwandte Philosophien erinnert. Für uns aber ist der Naturalismus eine Denkweise, die alle Beziehungen in natürlichen Begriffen ausdrückt. (145 f.)

Zwei Hauptmerkmale von Rawls' Naturalismusbegriff werden in diesen Erläuterungen angedeutet. Erstens versteht er den Naturalismus in erster Linie als eine Auffassung von *Beziehungen*.

---

stantischen Theologie, Friedrich Schleiermacher, *The Christian Faith*, Edinburgh 1928, S. 273 (§ 66) [dt. *Der christliche Glaube*, 2. Auflage, *Kritische Gesamtausgabe*, Abteilung I, Bd. 13, 2 Teilbände, Berlin 2003].

Auch wenn er häufig von »Natur« oder »dem Reich der Natur« oder von einem »natürlichen« Universum oder Kosmos spricht, verwendet er den Ausdruck »natürlich« auf eine Weise, die es fast unmöglich macht, etwas anderes als eine Beziehung als natürlich zu betrachten. Zweitens verbindet Rawls den Naturalismus auch mit einer bestimmten *Motivation* – die nicht über »Verlangen und Begierde« hinausgeht. Wir müssen daher nun zum einen versuchen zu bestimmen, welche Art von Beziehung »natürlich« ist oder so genannt wird und welche Art von Beziehungen Rawls den natürlichen Beziehungen entgegensetzt; und zum anderen müssen wir klären, was für ihn als »Verlangen und Begierde« zählt und welche Motive er als diesen überlegen ansieht.

Rawls meint, daß es »zwei Arten von Beziehungen [gibt], natürliche und personale« (137). Anhand des Gegensatzes von natürlichen und personalen Beziehungen ist die Art der Ethik, die er vertritt, von der Alternative, die er polemisch angreift, zu unterscheiden. Seine eigene Perspektive, sagt er,

> wird einem anderen Standpunkt gegenübergestellt, den wir »natürliche Ethik« nennen, die Ethik von Platon und Aristoteles, und dem wir die christliche oder »gemeinschaftliche« Ethik entgegensetzen. Richtige Ethik ist nicht der Bezug einer Person zu einem objektiven »Guten«, nach dem diese Person streben sollte, sondern die Beziehung von einer Person zu einer anderen Person und letztlich zu Gott. (139)

Naturalismus ist also die Art von Ethik, die Rawls Platon und Aristoteles zuschreibt, und er kontrastiert sie mit einer »gemeinschaftlichen« Ethik personaler Beziehungen.

Ein derartiger Gegensatz zwischen dem »Natürlichen« und dem »Personalen« – oder dem »Geistigen«, für Rawls synonym mit dem Personalen – war natürlich nicht ohne Vorläufer. Er konnte Polaritäten dieser Art sowohl bei Brunner als auch bei Nygren finden, zwei seiner Hauptquellen.[12] Anders als Rawls

12 Emil Brunner, *Man in Revolt: A Christian Anthropology*, London 1939,

schreiben aber weder Brunner noch Nygren einer in relationalen Begriffen definierten Konzeption des Naturalismus eine zentrale theoretische oder polemische Rolle zu. Wir müssen letztlich nicht bei diesen Vorläufern suchen, sondern nach dem, was Rawls über den Naturalismus sagt, um zu verstehen, was er mit dem Ausdruck meint, von dem er sagt, daß er ihn in einem ungewöhnlichen Sinn verwenden würde.

Eine erste Aussage legt nahe, daß Rawls den Unterschied zwischen natürlichen und personalen Beziehungen einfach an der Art der Relata festmacht:

> Die Erfahrung, so wie wir sie kennen, sagt uns, daß es genaugenommen drei Beziehungstypen gibt: (a) personale und gemeinschaftliche, (b) natürliche und (c) kausale. Der erste Typus besteht zwischen zwei Personen, der zweite zwischen einer Person und irgendeinem Objekt, sofern Personalität in der Beziehung eine Rolle spielt, und der dritte ist die Beziehung zwischen zwei Objekten. (140)

Leider stellt sich bald heraus, daß dies für Rawls' Theorie zu einfach ist. Denn er hält fest, daß es eine »Art von Beziehung« gibt, »in der das ›Du‹ als Ding benutzt wird«, was »eine unpersönliche personale Beziehung« ist, die »nicht intrinsisch personal« ist. Obwohl sie offensichtlich zwischen zwei Personen besteht, ist sie nicht personal genug, um den Anforderungen zu genügen, die Rawls an eine »richtige« Ethik stellt. Sie ist eine »Art von Sünde« (143), und die Billigung einiger ihrer Merkmale ist meiner Ansicht nach eines der Hauptziele von Rawls' Angriff auf das, was er »Naturalismus« nennt.

Seine ausführlichere Behandlung des Unterschieds zwischen natürlichen und personalen Beziehungen in Abschnitt II.2 des

---

S. 364 [dt.: *Der Mensch im Widerspruch. Die christliche Lehre vom wahren und vom wirklichen Menschen*, Berlin 1937, S. 376], spricht davon, »ins Tierisch-Naturhafte zurückzusinken«, wenn man »die geistige Bestimmung« vernachlässigt oder ignoriert. Anders Nygren, *Agape and Eros*, New York 1969, S. 287-288, spricht von einer Vorstellung der Erlösung, die eher »naturalistisch« als »personal oder ethisch« gedacht ist; vgl. auch ebd., S. 225.

ersten Kapitels ist raffinierter und überzeugender. Dort entwickelt er den wichtigen Gedanken, daß man in einer Beziehung, die in dem genannten Sinn personal ist, der anderen Person als »Du« gegenübertritt und das »Du« nicht nur »gibt, teilt und liebt« sondern »dieses ›Du‹ [...] der Richter in personalen Beziehungen« ist (142). In vollgültigen personalen Beziehungen ist man mit anderen Worten der anderen Person gegenüber moralisch verantwortlich; und personale Beziehungen sind, wenigsten zum Teil, »moralische Beziehungen«, wie Rawls sie an einer Stelle nennt (176), und zwar in einem Sinn, in dem »moralisch« nicht »unmoralisch« entgegensteht, sondern »amoralisch.«

Das zweite Hauptmerkmal des »Naturalismus« ist, wie oben angemerkt, daß er menschliche *Motivationen* auf »Verlangen« und »Begierde« reduziert. Auch bei diesem Punkt gibt es große Verständnisprobleme. Denn sowohl »Verlangen« als auch »Begierde« werden häufig verwendet, um Beweggründe zu benennen, die auf jedes mögliche Ziel gerichtet sein können, einschließlich personaler Beziehungen. Zudem gibt es bei beiden jeweils einen engeren Sinn oder eine engere Verwendung – oder wenigstens von »Verlangen« und »Begehren«, wenn nicht von »Begierde« –, aber meines Erachtens gibt es jedenfalls in der Alltagssprache keine eindeutige Bedeutung, die ihnen zugeschrieben wird. Um Rawls' Polemik gegen den »Naturalismus« zu verstehen, brauchen wir also ein hinreichend präzises Verständnis der Beweggründe, die er jeweils dem Reich des Natürlichen und dem Personalen zuschreibt, und des Unterschieds zwischen beiden. Unter anderem könnten wir uns ebensogut fragen, was denn die dem Reich des Personalen zugeordneten Beweggründe sind, wenn Verlangen und Begierde ausscheiden, und ob Rawls über einen allgemeinen Begriff verfügt, der auf beide Reiche anwendbar ist, das heißt auf Beweggründe, die auf jedes mögliche Ziel gerichtet sein können.

Rawls scheint mit seiner Behandlung dieser Fragen im ganzen nicht zufrieden gewesen zu sein. In Kapitel 5 versucht er einen »undeutlichen« Punkt aufzuklären. Er sagt:

Unser natürliches Wesen wird frustriert, als Person werden wir aber enttäuscht; Begierden werden befriedigt, als Personen sind wir glücklich und froh; Impulse und Instinkte treiben uns in einem bestimmten Sinne voran, Personalität aber sehnt sich nach etwas, und wo die Natur jagt, da strebt die Personalität (258 f.).

Im nächsten Absatz jedoch, nachdem er Ähnliches weiter ausgeführt hat, fühlt er sich verpflichtet hinzuzufügen: »Diese Ausführungen sind undeutlich und vage, und wir sollten uns daher nicht zu lange mit ihnen aufhalten« (259).

Direkter und überzeugender werden diese Fragen am Anfang von Kapitel 4 angesprochen:

In den folgenden Abschnitten werden wir diese Definitionen verwenden: (a) Natürliche Beziehungen grenzen den Erfahrungsbereich ab, in dem eine Person ein Objekt oder einen konkreten Prozeß begehrt, danach trachtet oder dessen bedarf. Die Tätigkeit kann als Verlangen, Wollen oder Trachten beschrieben werden. (b) Personale Beziehungen grenzen jenen Erfahrungsbereich ab, in dem eine Person eine bestimmte Beziehung oder ein bestimmtes Verhältnis zwischen einer anderen Person und sich selbst aufzubauen erstrebt. Die Tätigkeit kann nicht als Verlangen oder Wollen oder Brauchen im begehrlichen Sinn verstanden werden. Die Tätigkeit ist kein Trieb oder Impuls, sondern etwas anderes. Sie ist das Teilen von Verbundenheit, von Gemeinschaft und gegenseitiger Präsenz; oder sie ist ein Geben, Lieben und Teilen, sie kann aber auch darin bestehen, was meistens der Fall ist, zu hassen, neiden, verachten, sich einem anderen überlegen zu fühlen und so weiter (213 f.).

Diese Definitionen bieten eine recht deutliche Unterscheidungsmöglichkeit anhand der *Ziele*, auf welche die Beweggründe gerichtet sind. Die zur Sphäre des Personalen gehörenden Beweggründe zielen auf die Etablierung (oder, wie wir annehmen können, die Aufrechterhaltung) einer personalen Beziehung. Die zur Sphäre des Natürlichen gehörenden Beweggründe zielen auf etwas, das als »ein Objekt oder ein konkreter Prozeß« beschrieben wird. Gleichzeitig sagt Rawls, es sei »das Kriterium für Begierde [...], daß sie nach einem *Objekt* strebt, nach etwas Nichtpersonalem, Objektivem und natürlicherweise Selbstoffenbarendem« (214). Die Definitionen enthalten auch Material, das dazu gedacht sein könnte, die beiden Klassen von Beweggründen hinsichtlich ihrer *Modalität* zu unterscheiden; mir scheint aber an dieser Stelle keine solche Unterscheidung besonders überzeugend entwickelt zu werden. Uns wird gesagt, daß die »natürlichen« Beweggründe (wie wir sie kurzfristig nennen können) oder ihre »Tätigkeit« oder Ausübung »als Verlangen, Wollen oder Trachten beschrieben werden« können und daß die Tätigkeit der »personalen« Beweggründe nicht anhand ähnlicher Ausdrücke beschrieben werden kann; das hilft uns aber wenig, wenn uns nicht klar ist, welche Modalität durch die Ausdrücke gekennzeichnet wird, die von der einen Seite bestätigt, von der anderen aber verneint werden. Und auch die positiven Ausdrücke, die für die Sphäre des Personalen im letzten Satz des Zitates nahegelegt werden, sind kaum hilfreich. Denn es ist überhaupt nicht klar, warum das erwähnte »Teilen« nicht auch eine Tätigkeit oder ein Ziel des »Strebens« sein kann. Und während »Lieben«, »Hassen«, »Neiden«, »Verachten« und »Stolzsein« in der Tat eine emotionale Modalität darstellen, die anders als die Modalität von Verlangen und Begierde ist, scheint es auch wahr zu sein, daß es die emotionale Modalität von Lieben und Hassen außerhalb des Reiches personaler Beziehungen gibt – zum Beispiel als Lieben und Hassen bestimmter Lebensmittel oder Musikstile.

Rawls' Definitionen am Anfang des vierten Kapitels zeugen vom Einfluß des britischen Philosophen Philip Leon und seines Buches *The Ethics of Power.* Der erwähnte »konkrete Prozeß« erinnert an Leons von Rawls beschriebene Auffassung (181), daß Begierde auf konkrete Prozesse aus ist. Und die Einstufung von »hassen, neiden, verachten, sich einem anderen gegenüber überlegen zu fühlen und so weiter« in die Sphäre des Personalen ist Teil von Leons Konzeption der Geltungssucht (*egotism*), die Rawls rekapituliert und sich zu eigen macht (180-182). In seiner Taxonomie der Beweggründe ist Rawls tatsächlich näher an Leon als an jeder anderen von ihm genannten Quelle. Eine Skizze von

Leons Taxonomie, die schärfer definiert ist, kann uns helfen, wenigstens die richtigen Fragen über Rawls' Taxonomie zu stellen. Leon faßt es sehr klar und prägnant zusammen:

> Begierde oder biologisches Streben oder das Verlangen nach Prozessen oder Erfahrungen an sich in einem selbst und bei anderen nähren das selbstsüchtige Leben oder Selbstsucht (*egoism*), was Selbstlosigkeit (*altruism*) oder Selbstliebe in anderen (*alteregoism*) einschließt. [...] Ehrgeiz ist das Verlangen nach einer Stellung (oder Beziehungen) und nach Prozessen oder Erfahrungen als bloße Symbole für diese. Er strebt nach [...] Alleinsein und Allheit [...], Unterscheidung und Abgrenzung, Identität, Vorherrschaft, Überlegenheit, Gleichheit. Er schafft das Geltungssüchtige (*the egotistic*) oder Geltungssucht (*egotism*). [...] Das moralische Verlangen oder *nisus* strebt nach den richtigen Strukturen oder Situationen (Einheit, In-Einssein, Kommunikation), die Tugend verkörpern oder ausdrücken, und nach Prozessen lediglich als Zutaten zu diesen. Es schafft das wirklich moralische Leben und den moralischen bzw. den guten Menschen.[13]

Die Hauptunterscheidung in Leons Taxonomie der Beweggründe ist also die Trichotomie von Selbstsucht (*egoism*), Geltungssucht (*egotism*) und dem moralischen Verlangen oder *nisus*. Rawls' Taxonomie unterscheidet sich davon dahingehend, daß ihre Hauptunterteilung die Dichotomie von Beweggründen ist, die entweder zur »natürlichen« oder zur »personalen« Sphäre gehören. Beweggründe, die auf personale Beziehungen zielen, seien sie gut oder schlecht, werden um ihrer selbst willen allen anderen zielgerichteten Beweggründen gegenübergestellt. Meines Erachtens ist dies ein Punkt, der in Rawls' Behandlungen dieser Ideen wirklich neu ist. Die Bedeutung dieses Unterschiedes sollte allerdings nicht überbewertet werden. Sowohl Geltungssucht als auch der moralische *nisus* werden von Leon so konzipiert, daß sie Zustände oder Situationen in personalen Beziehungen als Zwecke an sich betrachten, und gehören daher

13 Philip Leon, *The Ethics of Power: or the Problem of Evil*, London 1935, S. 23f.

zu dem, was Rawls die personale Sphäre nennen würde.[14] Und Rawls unterteilt, zweifellos unter dem Einfluß von Leon, die zur personalen Sphäre gehörigen Beweggründe in zwei Hauptklassen: die geltungssüchtigen und die auf die Gemeinschaft gerichteten. »[P]ersonale Beziehungen«, sagt Rawls, sind »durch Geltungssucht oder durch Partnerschaftlichkeit und Liebe motiviert« (144).

Der prominente Platz, welcher der Geltungssucht zugewiesen wird, ist ein ungewöhnliches Merkmal einer Taxonomie der Beweggründe, in der Rawls Leon folgt. »Geltungssucht« wird hier in einem recht breiten Sinn verwendet. Sie bezeichnet nicht nur Einbildung oder eine übertrieben hohe Meinung von einem selbst. Für Rawls wie auch für Leon bezeichnet sie aus meiner Sicht alle Arten von Gier nach gesellschaftlicher Stellung oder dem Anschein gesellschaftlicher Stellung. Formen der Geltungssucht umfassen Stolz, Einbildung, Konkurrenzdenken und Machtgier – letzteres ein besonders wichtiges Thema für Leon, dessen Buch ziemlich unverhohlen als antifaschistische Polemik angelegt war. Die Gier nach gesellschaftlicher Stellung ist natürlich eher ein Verlangen nach einer Art Beziehung zwischen Personen als nach einem einzelnen Prozeß.

Rawls' Verwendung von »Selbstsucht« und »Begierde« ebenso wie »Geltungssucht« folgt in weiten Teilen Leon (vgl. 180-182). Das gilt aber eindeutig nicht für seinen Gebrauch von »Verlangen.« Für Rawls kennzeichnet »Verlangen« grundsätzlich die »natürliche« Sphäre, für Leon gehört es hingegen zu Selbstsucht, Geltungssucht und moralischem Handeln. Er verwendet es als recht allgemeinen Ausdruck für zielgerichtete Beweggründe jeglicher Art und sagt, daß es »jedes Drängen, jedes ›Ansetzen auf‹ oder jeden ›hormonellen Trieb‹ bezeichnen«[15] kann. Diese Funktion übernimmt in Rawls' Abschlußarbeit noch am ehe-

---

14 Bezüglich der Geltungssucht ergibt sich dies klar aus der oben zitierten Definition des Ehrgeizes. Bezüglich des moralischen *nisus* vgl. etwa Leon, ebd., S. 282.

15 Ebd., S. 295 f.

sten der Ausdruck »Streben«. In einer Passage, die ich bereits zitiert habe, ordnet er das Streben etwas zögerlich der personalen Sphäre zu (259); tatsächlich verwendet er es aber sowohl dort als auch in der natürlichen Sphäre.[16]

In Abschnitt I.3 von Kapitel vier (214-217) teilt Rawls Begierden in vier »Kategorien« entsprechend dem Objekttyp ein, auf den sie gerichtet sind. (a) »Konkrete« Begierden sind ein Verlangen nach körperlichen Zuständen oder Vorgängen. (b) »Rationale« Begierden umfassen »das Verlangen oder die Sehnsucht nach Wahrheit, Kohärenz oder Notwendigkeit in der Erfahrungsauslegung«. Rawls glaubt, daß es rationale Begierden gibt, gesteht aber ein, daß ein »Pragmatist« das verneinen würde. (c) »Ästhetische« Begierde bedeutet, »ein schönes Objekt zu genießen«. Typischerweise »genießen wir es [...] um seiner selbst willen«. Rawls räumt ein, nicht viel von Ästhetik zu verstehen, und verhält sich in bezug auf die Frage, ob es ästhetische Begierden tatsächlich gibt, eher agnostisch. Schließlich ist (d) die »religiöse« Begierde »die Begierde, die als Objekt Gott erstrebt, oder die Idee des Guten, des Einzigen und so weiter. Sie ist auf das höchste Objekt gerichtet, die Quelle aller Schönheit, Wahrheit und Güte«. Zweifel sind angebracht, ob diese Einteilung wirklich alle Arten von Begierden umfaßt. Insbesondere fallen viele Begierden für mentale Prozesse nicht zweifelsfrei oder offensichtlich in eine von Rawls' vier Kategorien.

Rawls sieht die ersten drei Typen »als legitim und dem Menschen angemessen [an]; sie bilden die Grundlage der natürlichen Tätigkeit im natürlichen Bereich unserer Erfahrung« (217). Aus meiner Sicht gibt es hier eine grundsätzliche Übereinstimmung mit Leons Auffassung, daß das begehrliche Leben eine unverzichtbare Grundlage des moralischen Lebens ist, weil »wir kein

---

16 In der personalen Sphäre zum Beispiel: »[...] weil [...] Liebe nach Gleichheit mit jenen Personen strebt, auf die ihre Gegebenheit gerichtet ist.« (244). In der natürlichen Sphäre: »Das Kriterium für Begierde ist, daß sie nach einem *Objekt* strebt, nach etwas Nichtpersonalem, [...]« (214); dies ist kein außergewöhnlicher Fall.

moralisches Leben haben können ohne [natürliche] Prozesse und das Verlangen nach solchen Prozessen«, denn »Prozesse sind das Leben, und das moralische Leben ist Leben.«[17]

Rawls weist aber die vierte Kategorie der Begierden, die »religiöse«, zurück. »Ob es eine solche Begierde gibt«, sagt Rawls, »weiß ich nicht; wenn es sie aber gibt, sollte das nicht erlaubt sein. Eine solche Begierde zu haben bedeutet, zu sündigen. [...] [D]enn eine Spielart der Sünde besteht, wie wir sehen werden, darin, eine personale Beziehung in eine natürliche Beziehung zu verwandeln,« und es ist besonders sündhaft, »diese Missetat in bezug auf Gott zu vollbringen« (216).

Rawls lehnt die religiöse Begierde ab, »weil sie eine sündhafte Ausweitung der natürlichen Beziehungen auf Bereiche darstellt, in denen sie nicht gelten« (217). Die »Ausweitung«, auf die Rawls sich bezieht, ist ohne Zweifel die Vergrößerung des Bereiches der natürlichen Beziehungen, deren Ergebnis »der erweiterte natürliche Kosmos« ist, den er in Kapitel drei untersucht und der das bloß Natürliche zu jenem Natural*ismus* macht, den er angreift. Sollten wir aus der Art und Weise, in der er die religiöse Begierde zurückweist, folgern, daß die einzige illegitime Ausweitung der natürlichen Beziehungen, die im Naturalismus und im erweiterten natürlichen Kosmos eine Rolle spielt, deren Ausweitung auf unsere Beziehung zu Gott ist? Es ist schwer zu glauben, daß Rawls das so meinte. Seine Diskussion »des erweiterten natürlichen Kosmos« ist gewiß nicht besonders kosmisch, was die darin angesprochene Bandbreite der Themen angeht.[18] Aber er erkennt »entpersonalisierte« Beziehungen zwischen menschlichen Wesen, die er mit Sicherheit als illegitime »Ausweitung der natürlichen Beziehungen« auffaßt.

Rawls' Einwand gegen die Ausweitung natürlicher Beziehungen paßt nicht sehr gut zu der Beobachtung, daß im wirklichen

---

17 Leon, *The Ethics of Power*, S. 244f.

18 Wie einer der Prüfer der Abschlußarbeit, T. M. Green, in einem Kommentar in Rawls' Exemplar hervorgehoben hat.

menschlichen Leben das Interesse an personalen Beziehungen auf komplexe und umfassende Weise mit Begierden verwoben ist. »In der Sinnlichkeit suchen wir« unter anderem, so Rawls, »Gemeinschaft und Verbundenheit« (180). Bei diesem Verweis auf Sinnlichkeit hat Rawls vermutlich sexuelle Begierden im Sinn. Er sagt, daß »die sexuelle Begierde [...] völlig einzigartig [ist], weil das Objekt der Begierde eng mit einer anderen *Person* verbunden ist« (222). Diese Formulierung unterstellt, daß »das Objekt der Begierde« nicht mit der anderen Person identisch ist. Und in der Tat scheint das, oder eine Verallgemeinerung davon, die (wenn auch nicht vollständig ausbuchstabierte) Hauptthese in seinen Ausführungen zu sexuellen Beziehungen zu sein. Rawls vertritt offenbar den Standpunkt, daß, obwohl es sozusagen Mischungen von natürlichen und personalen Beweggründen gibt, sie niemals ein organisches Ganzes bilden. Insbesondere scheint er die Möglichkeit eines einzigen Beweggrundes ausschließen zu wollen, der sowohl auf eine moralische personale Beziehung im weiteren Sinne als auch auf einen physischen sexuellen Vorgang als einen mehr als instrumentellen Teil der Beziehung zielt. Das stärkste Argument, das er – in bezug auf die Prostitution – vorträgt, scheint nicht zu zeigen, daß ein einzelner Beweggrund nicht zugleich sexuell und personal sein kann, sondern nur, daß eine Person Sex wollen *kann*, ohne eine personale Beziehung anzustreben, die über das Sexuelle hinausgeht (222f.).

Jedenfalls findet sich in der Abschlußarbeit kein systematischer Versuch zu erläutern, wo in menschlichen Beziehungen Begierde legitim ist und wo nicht. Rawls' systematisches Argument gegen die illegitime Ausweitung der natürlichen Beziehungen dreht sich nur um Beziehungen zu Gott. Dementsprechend wird das unser Fokus sein, wenn wir uns nun Rawls' Kritik des Naturalismus zuwenden.

3. Die Kritik des Naturalismus

Die historischen Hauptziele von Rawls' Kritik des »Naturalismus« sind Platon und Augustinus, die er ausführlich im dritten Kapitel bespricht. Ich werde mich auf Augustinus konzentrieren, weil die Auseinandersetzung mit Platon weniger theologisch ist und ich aus Gründen, die ich gerade dargelegt habe, glaube, daß Rawls die Frage der illegitimen Ausweitung der »natürlichen« Beziehungen am gründlichsten auf theologischer Ebene entwickelt. Seine Haupteinwände gegen Augustinus werden in einer Zusammenfassung im letzten Absatz von Kapitel 3 hinreichend deutlich:

> Der natürliche Kosmos zeichnet sich durch die folgenden Eigenschaften aus: (a) Alle Beziehungen sind Beziehungen zu Objekten; selbst Gott darf wie ein Objekt behandelt werden; (b) das begehrende Verlangen ist die Triebkraft hinter jeder Beziehung, und die Liebe ist immer besitzorientiert, also keine Liebe im christlichen Sinn; (c) auch von Gnade wird (im christlichen System) in Begriffen eines Objektes gesprochen, das dem Willen als Objekt des Verlangens präsentiert wird; und (d) sämtliche natürlichen Systeme verlieren Gemeinschaftlichkeit, Personalität und die wahre Natur Gottes und sind daher nicht wirklich christlich, sondern individualistisch (212).

Hier werden zwar vier Merkmale aufgeführt, die aber auf zwei Hauptkritikpunkte verweisen, von denen einer mit der Idee einer illegitimen Ausweitung natürlicher Beziehungen am offensichtlichsten verknüpft ist: daß »Gemeinschaftlichkeit, Personalität und die wahre Natur Gottes« in einem System verlorengehen, wie es Rawls Augustinus zuschreibt. Im Grunde wirft er Augustinus vor, er habe die Sünde begangen, die Beziehung eines menschlichen Wesens zu Gott in eine »natürliche«, nichtpersonale Beziehung verwandelt zu haben.

Es muß gesagt werden, daß Rawls' Interpretation von Augustinus an dieser Stelle weder überzeugend noch fair ist. Rawls benutzt nicht wirklich die Terminologie der »personalen Beziehung« in seiner Auseinandersetzung mit Augustinus. Prominent verwendet er statt dessen den Begriff »Objekt« – manchmal in dem gut bekannten Sinn, in dem »Objekt von« eine Beziehung von etwas zu einer Handlung oder Haltung anzeigt; manchmal auch in dem Sinn, den er etwas früher in dem Kapitel definiert hat, wo »Objekt« »als das ›andere‹ in dem existiert, was wir eine ›natürliche Beziehung‹ genannt haben« (191). Und er behauptet dementsprechend, daß Augustinus zufolge Gott als ein »Objekt« geliebt werden soll (208). Im Lichte von Rawls' Definition ist dies gleichbedeutend mit der Behauptung, nach Augustinus solle die Liebe zu Gott nicht als das Erstreben oder Teilhaben an einer personalen Beziehung zu Gott verstanden werden. Rawls liefert kaum Argumente für diese interpretative Behauptung. Augustinus sagt in Wirklichkeit nicht, daß Gott ein Objekt im Rawlsschen Sinne ist (auch schreibt Rawls ihm eine solche Behauptung nicht zu). Ich denke, es ist tatsächlich sogar recht deutlich (in den *Bekenntnissen* zum Beispiel), daß Augustinus die Beziehung zu Gott als eine personale, allgemeiner: moralische Beziehung denkt – auch wenn er gelegentlich nichtpersonale Modelle verwendet, um sie zu beschreiben (wie es die Bibel auch tut). In dieser Hinsicht ist Rawls' historisches Argument schwach. Dieser Mangel berührt aber nicht die systematische Behauptung in seiner eigenen Theorie, wonach es vernünftig ist, jede Auffassung abzulehnen, in der Beziehungen zwischen Menschen und Gott als gänzlich nichtpersonal behandelt werden.

Der zweite Hauptkritikpunkt, der in der Zusammenfassung am Ende des dritten Kapitels aufgezeigt wird, lautet, daß in einem vollständig natürlichen Beziehungssystem (und damit, nach Rawls' Lesart, auch in Augustinus' Sichtweise) alle Liebe, sogar die Liebe zu Gott, auf Erwerb ausgerichtet sei und daher keine wahre christliche Liebe sein könne. Diese Kritik läßt sich wohl besser historisch als systematisch begründen. In meinem Verständnis meint die Aussage, die Liebe zu Gott sei nach Augustinus »auf Erwerb ausgerichtet«, daß in ihr Gott als *eigenes* höchstes Gut geliebt wird und die Beziehung zu Gott als gut für einen selbst und erfüllend angesehen wird. Das trifft gewiß auf Augustinus zu, der von der eudaimonischen Konzeption der antiken griechischen und römischen Ethik stark beeinflußt war. Ob Augustinus aber gedacht hat, daß Gott *nur* als das eigene Gute geliebt wird, ist strittiger. Wenn das nicht der Fall ist, scheint viel weniger klar, inwieweit Rawls ihm an dieser Stelle widerspricht. Denn in den Kapiteln 4 und 5 behauptet Rawls, wie ich darlegen werde, daß unsere Erlösung (und damit in einem Sinn sicher auch unser Gutes) von der Verbundenheit mit Gott abhängt. Und er scheint das als eine Überlegung aufzufassen, die uns bis zu einem gewissen Grade auf angemessene Weise motivieren kann.

Der historische Rahmen von Rawls' Kritik an Augustinus ist in weiten Teilen von Anders Nygren entliehen. Insbesondere folgt Rawls Nygren, wenn er Augustinus vorwirft, eine Vorstellung des Strebens nach dem höchsten Gut von Platon zu übernehmen, die für das Christentum schlecht geeignet ist. Die Anleihe bei Nygren diesbezüglich räumt Rawls ein (207, Fn. 37). Er weicht aber auch von Nygrens Auffassungen und Argumenten in wichtigen Hinsichten ab.

Nygrens *Eros und Agape*,* zuerst auf schwedisch in zwei Teilen 1930 und 1936 veröffentlicht, ist die berühmteste und einflußreichste Studie über die christlichen Ideen der Liebe des 20. Jahrhunderts. Ihr durchweg strukturbildendes Element ist der Kontrast zwischen zwei Liebesidealen; Nygren nennt sie Eros und Agape und ordnet ihnen Platon und Paulus als jeweils archetypische Protagonisten zu. Nicht zufällig ist *eros* das griechische Wort für Liebe, das in vielen wichtigen Zusammenhängen in Platons Dialogen verwendet wird, und *agape* das übliche

* Alle englischen Ausgaben sind mit *Agape and Eros* betitelt, während die deutsche Ausgabe dem schwedischen Original, *Den kristna kärlekstanken genom tiderna: Eros och Agape*, Stockholm 1930-1936, folgt, und *Eros und Agape* heißt: *Eros und Agape. Gestaltwandlung der christlichen Liebe*, 2 Bände, Gütersloh 1930 und 1937. Alle Zitate folgen der englischen Ausgabe und sind Übersetzungen aus dem Englischen ins Deutsche. A. d. Ü.

Wort für Liebe im griechischen Neuen Testament. Nygren verzichtet aber klugerweise darauf, seine historische Analyse oder seine theologische Argumentation auf derartigen lexikographischen Fakten aufzubauen.[19] Als Historiker argumentiert er, daß viele christliche Denker versucht haben, Agape und Eros zu synthetisieren – und so nach Nygrens Meinung das Wesen des Christentums kompromittiert haben. In ihrer ausgeprägtesten Version liege eine solche Synthese in der von Augustinus entwickelten Konzeption der christlichen Liebe oder Barmherzigkeit (*caritas*) vor, die von den nachfolgenden mittelalterlichen Theologen übernommen wurde. Am Ende von Nygrens Erzählung betritt Luther die Bühne, um das Agape-Motiv wieder zu reinigen.

Rawls' Vorwurf, Augustinus habe die Liebe zu Gott als erwerbsorientiert und selbstsüchtig dargestellt, findet sich auch bei Nygren. Rawls' anderer Hauptkritikpunkt aber – jener, der am engsten mit seiner Polemik gegen den »Naturalismus« verknüpft ist –, daß die menschliche Gemeinschaft mit Gott in Augustinus' Darstellung verlorengeht, spielt bei Nygren keine Rolle. Obwohl Nygren sagt, daß »das griechische Denken keinen Ort für die Verbundenheit mit Gott im strengen Sinne des Begriffs hat«, meint er dies als Anklage gegen die *reine* platonische Form des Eros-Motivs. Er richtet diese Anklage nicht gegen die Augustinische *Caritas*-Synthese, wie er sie versteht, sondern lokalisiert ausdrücklich (wenn auch nicht häufig) die »Verbundenheit mit Gott« korrekterweise in Augustinus' theologischen Ansichten.[20]

Beruht Nygrens Kritik an Augustinus also allein auf dem Vorwurf der Selbstsucht? Keineswegs. Mindestens ebenso wichtig ist für Nygren ein anderes Argument, das in Rawls' Polemik

---

19 Nygren, *Agape and Eros*, S. 33. Ich glaube, daß *agape* und sein verwandtes Verb *agapan* einfach die allgemeinsten Worte für Liebe im biblischen Griechischen sind. Vgl. z. B. die »Septuaginta«-Übersetzung aus dem Griechischen [ins Englische] von 2 Samuel 13:1.

20 Nygren, *Agape and Eros*, S. 528 f.

gegen den »Naturalismus« keine offensichtliche Rolle spielt. Nygren war ein lutherischer Bischof und Theologe, und sein Buch atmet den Geist der Luther-Renaissance des frühen 20. Jahrhunderts, die der Neoorthodoxie verwandt war. Der tiefste Beweggrund seiner Argumentation ist, so meine ich, Luthers Überzeugung, daß Erlösung allein durch Gnade erfolge, und dieser Überzeugung versucht Nygren durch seine Darstellung des Begriffs der Agape eine ethische Form zu geben. Für Nygren »ist Agape Gottes Gnade« sowie »Gottes Weg zum Menschen« und in Agape »ist Erlösung das Werk göttlicher Liebe«; während »Eros ein menschliches Bemühen ist« sowie »des Menschen Weg zu Gott« und im Eros »die Erlösung des Menschen sein eigenes Werk ist«.[21] Wie Platon im *Gastmahl* (Symposion) nimmt Nygren Eros als einen Ausdruck der *Bedürftigkeit* wahr, so daß Gottes Liebe nicht Eros sein kann, weil Gott niemals bedürftig ist. Im Gegensatz dazu ist Agape ein Ausdruck überfließender Fülle und kann daher auf ganz grundlegender Ebene nur Gottes Liebe sein.[22]

Aus diesem Begriff der Agape zieht Nygren den bemerkenswerten und vielleicht paradoxen Schluß, daß »in dem von Agape regierten Leben das handelnde Subjekt nicht der Mensch selbst ist«, sondern Gott. Auf dem Weg zu dieser Schlußfolgerung vertritt Nygren ein auffallend nichtpersonales Modell der betreffenden Beziehung von Gott und Mensch – ein Modell, das kaum zu Rawls' strengem Personalismus paßt, obwohl es biblischen Ursprungs ist. Nygren sagt: »Gottes Agape kann von Paulus recht realistisch als eine Art ›pneumatische Flüssigkeit‹ beschrieben werden, die ›ausgegossen in unser Herz [ist] durch den heiligen Geist, welcher uns gegeben ist‹ (Römer 5:5).« In der Agape gegenüber dem Nächsten ist daher »Gott nicht das Ziel, das höchste Objekt, sondern der Anfangspunkt und die ständige Grundlage« – nicht die Finalursache, sondern die Wirk-

21 Ebd., S. 210.

22 Ebd., S. 211 f., 219.

ursache. Vielmehr ist die Agape in der Nächstenliebe »auf den Nächsten selbst gerichtet«.[23]

Nygren macht hier einen polemischen Punkt gegen Augustinus, der mit einiger Plausibilität so interpretiert werden kann, daß er (zumindest in bestimmten Passagen) behauptet, in der christlichen Liebe (oder *caritas*) sollte man zu seinem Nächsten nicht als höchstes Objekt der Liebe in Beziehung stehen, sondern habe diese Beziehung vielmehr als Mittel zu nutzen, um in den Genuß von Gott als dem höchsten Ziel zu kommen.[24] Diese augustinische Sicht der Dinge ist nicht besonders ansprechend. Sollten wir unseren Nächsten nicht um seiner selbst willen lieben? Christen könnten ebensogut denken, daß Christen selbst, und nicht nur Gott, aktive Subjekte einer solchen Liebe sein können und auch sollen. In vielen anderen Zusammenhängen scheint allerdings auch Nygren anzunehmen, daß es sich so verhält und menschliche Wesen ihre Nächsten manchmal im Sinne der Agape lieben.

Des weiteren auffallend an Nygrens Betonung von Gottes Gnade ist sein Beharren darauf, daß Agape »spontan und unmotiviert, unkalkuliert, unbegrenzt und bedingungslos sein muß«.[25] Anders als der Eros, der letztlich eine Antwort auf einen wahrgenommenen Wert darstellt, ist Agape insofern »unmotiviert«, als der Wert ihres Objektes kein Motiv für sie darstellt. Sie ist Gnade nicht einfach in dem Sinn, daß sie vergibt, über Fehler hinwegsieht und nicht exakt entlang des Wertes ihres Objektes proportioniert ist, sondern auch insofern, als sie überhaupt keine Antwort auf einen Wert ist, den sie in ihrem Objekt sieht. Agape ist *»dem Wert gegenüber indifferent«* und *»jeder Gedanke einer Bewertung welcher Art auch immer* ist im Zusammenhang mit der Verbundenheit mit Gott fehl am Platz«.[26] Es ist tatsäch-

23 Ebd., S. 129, 215 f.

24 Augustinus, *De Doctrina Christiana*, I.xxii.20. Vgl. auch Robert Merrihew Adams, *Finite and Infinite Goods*, New York 1999, S. 185-187.

25 Nygren, *Agape and Eros*, S. 91.

26 Ebd., S. 77; Hervorhebung im Original.

lich Nygrens Auffassung, daß das Objekt der Agape keinen der Agape vorausgehenden Wert hat:

> Gott liebt nicht das, was schon an sich der Liebe würdig ist, sondern im Gegenteil das, was an sich keinen Wert hat, gewinnt an Wert nur, indem es das Objekt von Gottes Liebe wird. [...] Agape erkennt den Wert nicht, sie schafft ihn.[27]

Dies unterstellt offensichtlich eine göttliche Liebestheorie über die Natur des Wertes; aber *Eros und Agape* zeigt recht geringes Interesse an Metaethik und entwickelt keine Theorie dieser Art.

Aus der These, Agape müsse »unmotiviert« sein, zieht Nygren unter anderem den Schluß, daß Gott wohl kaum ein unmittelbares Objekt unserer Agape sein kann. Es gibt ein »Problem« in der Vorstellung einer auf Gott gerichteten Agape: »Agape ist spontane, unmotivierte Liebe. Aber in der Beziehung zu Gott kann des Menschen Liebe nie spontan und unmotiviert sein.« »Ist unsere Liebe zu Gott nicht in Wirklichkeit in höchstem Maße »motiviert« [...] durch die Agape, die er uns gegenüber gezeigt hat?«[28]

Trotz dieser Problematik behauptet Nygren, es gebe eine Art menschlicher Agape gegenüber Gott. Sie ist nicht völlig unmotiviert, und wenn sie ein Ausdruck überbordender Fülle ist, dann kann dies nur Gottes eigene Fülle sein, die zurück auf Gott reflektiert wird. Es gibt allerdings eine wichtige Hinsicht, in der die menschliche Agape Gott gegenüber wie Gottes Liebe ist: Sie »ist kein begehrliches Verlangen.« In der Agape »zeigt des Menschen Liebe zu Gott« vielmehr«, daß der Mensch, durch [Gottes] Liebe bewegt, dankbar völlig zu Gott gehören möchte«. Dies sagt uns wenig darüber, was die Haltung der Agape zu Gott ist. An anderer Stelle gibt Nygren Anlaß zu der Vermutung, daß sie eine des *Gehorsams* ist. Er sagt, daß in der Agape die Liebe zu Gott »ihre ganze Aufmerksamkeit auf die Ausführung von Got-

27 Ebd., S. 78, vgl. auch S. 86-91.
28 Ebd., S. 92, 213, 93.

tes Willen legt. Sie ist Gehorsam gegenüber Gott ohne jeden Gedanken an eine Belohnung.«[29]

Als Kontrast zur Agape dienen der platonische Eros gegenüber dem höchsten Wesen (die Idee des Guten) und die augustinische *caritas* gegenüber Gott, beides Formen des begehrlichen Verlangens und Ausdruck menschlicher Bedürftigkeit. Aus Sicht der Agape ist Gott »nicht das »höchste Gut«, in dem Sinn, daß Er begehrenswerter als alle anderen Objekte des Verlangens wäre, sondern Er darf einfach nicht mit irgendwelchen anderen Objekten des Verlangens auf eine Stufe gestellt werden«.[30] An dieser Stelle ist Nygrens Kritik an Eros und *caritas* durch seine Festlegung auf eine sehr starke Form der Erlösungslehre allein durch Gnade motiviert. Er denkt, daß der Eros, indem er überhaupt nach Gott *strebt*, das Primat der Gnade nicht hinreichend anerkennt. Es gehört nämlich zu Nygrens Auffassung der Gnade, daß *»es von seiten des Menschen keinen Weg gibt, der zu Gott führt«*, sondern »Gott selbst kommen muß, um den Menschen zu treffen«.[31]

Sollte Rawls' Angriff auf das, was er »Naturalismus« nennt, in Nygrens Begriffen als ein Argument für »Agape« im Gegensatz zu »Eros« aufgefaßt werden? Rawls selbst verwendet die Begriffe »Agape« und »Eros« nicht,[32] aber dieser terminologische Punkt beantwortet noch nicht die Frage, inwieweit er Nygren folgt. Wir können uns insbesondere fragen, ob Rawls die Begriffe »Verlangen« und »Begierde«, die er mit dem »natürlichen« Reich verbindet, verwendet, um Eros zu kennzeichnen, und ob die »christliche Liebe«, die eine wichtige Rolle in dem in seiner Abschluß-

29 Ebd., S. 213, 94 f.

30 Ebd., S. 213.

31 Ebd., S. 80; Hervorhebung im Original.

32 Sie kommen in seiner Abschlußarbeit nur in Zitaten von Nygren vor. Ebensowenig gibt es einen Hinweis auf Nygrens Interpretation der Augustinischen *caritas* als einer Synthese von Eros und Agape an den Stellen, an denen Rawls den lateinischen Ausdruck *caritas* zitiert oder Augustinus entsprechend paraphrasiert.

arbeit entwickelten motivationalen Ideal spielt (291-295), eine Spielart der Agape ist.

Nygren jedenfalls verbindet Verlangen und Begierde mit Eros.[33] Und Rawls stellt Verlangen und christliche Liebe auf eine Weise gegenüber, die eindeutig etwas mit dem Nygrenschen Gegensatz von Eros und Agape als auf Erwerb orientiert beziehungsweise gebend zu tun hat. Rawls sagt: »Das Verlangen führt uns dazu, etwas zu erwerben. Die christliche Liebe andererseits erstrebt nichts für sich; in ihr manifestiert sich der Geist des Gebens« (292). Ich meine dennoch, daß es irreführend wäre, Rawls' Gegensatz des Natürlichen und des Personalen als eine Version von Nygrens Eros und Agape zu lesen, weil sich die beiden Gegensätze sowohl strukturell als auch inhaltlich unterscheiden.

Die strukturellen Unterschiede sind recht grundsätzlicher Natur. Bei Nygren besteht der Gegensatz genau zwischen Eros und Agape. Für Rawls hingegen ist die christliche Liebe der eine Pol einer binären Polarität, Geltungssucht der andere; zudem besteht diese Polarität *innerhalb* des Reiches personaler Beziehungen. Und die binäre Polarität, zu der Verlangen und Begierde gehören, hat in Rawls' Augen nicht die christliche Liebe, sondern das generelle Interesse an personalen Beziehungen als anderen Pol.

Ein noch wichtigerer struktureller Unterschied betrifft die Stärke des Gegensatzes zwischen Verlangen und Eros und dem jeweils entgegengesetzten Pol. Nygren hält Agape und Eros für »zwei vollkommen einander entgegenstehende Motive«, »zwei grundsätzliche Lebenseinstellungen.« Er erklärt, daß »es keine wirkliche Synthese zwischen zwei so vollkommen entgegengesetzten Kräften wie Agape und Eros geben kann«, auch wenn es in der christlichen Geschichte wiederholt Versuche gegeben hat, sie zu vereinen.[34] Rawls auf der anderen Seite nimmt trotz des

33 Nygren, *Agape and Eros*, S. 175, 180.
34 Ebd., S. 227, 209, 231 f.

Gegensatzes zwischen dem Natürlichen und dem Personalen an, daß es im menschlichen Leben neben den personalen auch natürliche Beziehungen mit den damit verbundenen Begierden gibt. Das gilt sogar für das Leben im Zeichen der christlichen Liebe. Verlangen und Begierden, die in ein solches Leben integriert und auf diese Weise gekennzeichnet werden können, sind nicht mit Nygrens Erosbegriff vereinbar, der in erster Linie in religiöser Hinsicht definiert ist, die mit Agape unvereinbar ist. Für Nygren ist Eros eine »Kraft [...] die, ausgehend von einem Gefühl der Armut und Leere Gott erstrebt, um in ihm Befriedigung ihrer eigenen Wünsche zu finden«, während in Gegensatz dazu »Agape sich gesättigt mit der Gnade Gottes in Liebe ergießt«.[35]

Auch inhaltlich ist Rawls' Begriff von Begierde oder Verlangen keine Version von Nygrens Erosbegriff. Rawls definiert Verlangen und Begierde anhand ihres Objektes: Sie sind nicht auf personale Beziehungen als Zweck an sich gerichtet. Das ist für Nygren kein Kriterium für den Eros, denn für ihn ist der Unterschied zwischen Eros und Agape »nicht eine Frage des Objektes der Liebe, sondern ihrer Natur und ihres Grundes«.[36] Augustinus' Verlangen und Suche nach Gott hat in Nygrens Augen den Charakter von Eros, selbst wenn dabei die Verbundenheit mit Gott als letztendlicher Zweck gilt, weil diese Verbundenheit von Augustinus als das eigene Gute aufgefaßt, die Suche (zumindest von Nygren) aber als »des Menschen Weg zu Gott« verstanden wird.

Trotz einiger Überschneidungspunkte[37] unterscheidet sich Rawls' Begriff der christlichen Liebe ebenfalls grundsätzlich von Nygrens Agapebegriff. Rawls' Begriff ist nämlich nicht durch Nygrens Konzeption der göttlichen Gnade begrenzt. Rawls betont die »Gegebenheit« der christlichen Liebe als »Frucht des

35 Ebd., S. 232.

36 Ebd., S. 142.

37 Zum Beispiel die Betonung des »Geistes des Gebens« (292).

Glaubens, die uns durch das Hereinbrechen des Wortes gegeben wird« (293). Er geht davon aus, daß die Errichtung der Gemeinschaft ein Geschenk Gottes ist und ohne Gottes Gnade unmöglich (271). Aber Rawls versteht dies nicht als einen Ausschluß unserer aktiven Teilhabe an der Errichtung der Gemeinschaft. Vielmehr sagt er: »Die Erwählten werden ausgesucht, um die Gemeinschaft wiederzubegründen. Die Wiederherstellung der Gemeinschaft ist ihre primäre Absicht bzw. sollte es sein.« Er stellt sich vor, daß sie mit Gott bei diesem Vorhaben kooperieren: »[D]urch ihre Bemühungen, zusammen mit dem Heiligen Geist, können andere in die Gemeinschaft gebracht werden« (289 f.).

Ebensowenig geht Rawls davon aus, daß Gott im Grunde der einzige Liebende in der christlichen Liebe ist. Meines Erachtens findet die antipelagianische Betonung unseres Bedürfnisses nach Gnade in seiner Abschlußarbeit ihren Platz eher in einer Theologie der Bekehrung durch den Zorn Gottes als in einer Theorie der Liebe, in der wir als bloße Kanäle fungieren und keine Subjekte sind. Rawls' Alternative zur (»natürlichen«) »Begierde« wird durch ihre Phänomenologie und die Art der Beziehung, auf die sie aus ist, definiert und nicht dadurch, wer oder was ihr Subjekt ist; er scheint uns als ihre potentiellen Subjekte vor Augen zu haben.

Des weiteren betrachtet Rawls unsere Abhängigkeit von der Gnade Gottes nicht als einen Grund, die Beweggründe und Tätigkeiten des *Erstrebens* einer Gemeinschaft mit Gott zu diskreditieren. Er spricht vom »sehnsüchtige[n] Alleinsein des Menschen« in der Sünde und sagt: »Der Mensch will nicht in Seine Privatsphäre eindringen oder sollte dies wenigstens nicht tun; aber er will *etwas* über Seine Person erfahren.« Rawls verurteilt diese Sehnsucht und dieses Erstreben nicht, für das er einen sehr guten Grund nennt: »Der Mensch braucht dieses Wissen über Gott, um wiederhergestellt werden zu können. Wenn der ›andere‹ sich nicht selbst offenbart, muß die Gründung der Gemeinschaft scheitern.« Er fügt hinzu: »Derartiges Wissen über

Gott kann nur von Gott selbst kommen«, scheint aber keine ethischen Schlüsse daraus zu ziehen außer: »Der Mensch muß daher warten, bis Gott zu ihm spricht« (263 f.).

4. *Werte und Zwecke*

In seiner Abschlußarbeit entwickelt Rawls keine Theorie des Wertes oder des Guten. In bezug auf die Güte an sich macht er lediglich deutlich, was sie nicht ist, und in seiner vielleicht klarsten Aussage zu diesem Thema in der Arbeit sagt er:

> Der erste überflüssige Begriff ist, wie wir bereits angedeutet haben, der Begriff des Guten als ein Objekt des Verlangens. Wir bleiben dabei, daß Objekte des Verlangens rein gar nichts mit Erlösung zu tun haben außer insofern, als sie zum natürlichen Wesen des Menschen dazugehören, das aber erst berücksichtigt wird, wenn Personalität und Gemeinschaft in Ordnung gebracht sind. Gemeinschaft im vollen Sinn, die himmlische Gemeinschaft also, ist der Zweck an sich. Sie ist das Ziel der Schöpfung, und auch wenn es richtig sein mag, daß das natürliche Sein des Menschen in ihr erfüllt wird, ist dieses Erfüllen gegenüber der Gemeinschaft selbst zweitrangig (258).

In negativer Hinsicht sagt Rawls, das Gute dürfe nicht mit einem Objekt der Begierde gleichgesetzt werden. In positiver Hinsicht könnte man aus der zitierten Passage den Eindruck gewinnen, Rawls meine, das wahrhaft Gute sei die Gemeinschaft. Allerdings ist das nicht genau das, was er hier sagt. Auf eine aus meiner Sicht für den gesamten Text typische Art vermeidet er das Vokabular von Güte und Wert in allen seinen konstruktiven Aussagen über die Gemeinschaft. Der Vorrang, den er der Gemeinschaft zuschreibt, wird durch die Art und Weise zum Ausdruck gebracht, auf die wir sie wertschätzen sollen (als *Zweck* an sich), anstatt anhand ihres objektiven Wertes (als *Gut* an sich). Ich werde zunächst untersuchen, wie er Objekte des Verlangens mit dem Guten in Beziehung setzt, und danach seine Behandlung der Gemeinschaft als Zweck an sich.

Die Zurückweisung des »Begriffs des Guten als ein Objekt des Verlangens« paßt zu Rawls' Polemik gegen den »Naturalismus.« Sie ist der Ausgangspunkt der Verbannung »alle[r] Begriffe des natürlichen Kosmos« aus der Untersuchung der Erlösung (258). Die Verbindung zur Frage der Erlösung ist bedeutsam. An vielen Stellen in der Abschlußarbeit sagt Rawls: »Verlangen nach Speis und Trank, nach Schönheit und nach Wahrheit, also nach den Gütern der Natur im ganzen [...] ist gut und seine Objekte sind gut« (147). Es ist sogar eine Hauptthese seiner Abhandlung, daß »der natürliche Kosmos gut und nicht schlecht ist« (213), auch wenn er diesbezüglich nicht immer konsistent ist. Von Begierden sagt er, »wir [können] auch annehmen, daß sie nicht zum Guten führen«, und er verwendet Anführungszeichen, wenn er über das »›Gute‹, das als der richtige Zweck des natürlichen Verlangens verstanden wird«, spricht (221, 146). Ich denke aber, daß es ihm hierbei darum geht, den Unterschied zwischen den Begierden und dem Erstreben der Gemeinschaft zu unterstreichen, das er am höchsten bewertet. Die stärkste Zurückweisung erfährt aus meiner Sicht die (Platon zugeschriebene) Idee, unseren höchsten Zweck durch »natürliche« und nicht durch personale Beziehungen anzustreben (vgl. auch 191). Als »Teil des natürlichen Wesens des Menschen« müssen die Objekte des Verlangens angemessen berücksichtigt werden, aber erst, »wenn Personalität und Gemeinschaft in Ordnung gebracht sind«. Rawls macht hier einen Vorrang geltend – nicht gerade den Vorrang des Rechten vor dem Guten, aber doch den Vorrang der Zwecke der Gemeinschaft vor den Zwecken des »natürlichen« Verlangens.

Er sagt uns nicht, *wie* das »natürliche Wesen des Menschen erfüllt« wird in der Gemeinschaft oder *was* dem Konto des natürlichen Verlangens gutgeschrieben wird. Soweit ich es überblicken kann, läßt sich seine Auffassung in zwei Richtungen weiterentwickeln. Er könnte annehmen, daß der Anteil des natürlichen Verlangens durch die Zwecke der Gemeinschaft begründet werden muß und nur insofern befriedigt werden sollte, als er diesen Zwecken dient. Oder er könnte unterstellen, natürliches Verlangen sei um seiner selbst willen zu befriedigen und nicht auf Kosten der Gemeinschaft. Sein Anteil wäre dann zwar begrenzt, aber nicht zwingend in den Zwecken der Gemeinschaft begründet. Rawls' Verteidigung des natürlichen Verlangens in Kapitel zwei insinuiert, daß er auf Nachfrage dem zweiten Ansatz zugestimmt hätte, der offensichtlich dem natürlichen Verlangen gegenüber großzügiger ist, weil er keiner positiven, auf der Gemeinschaft basierenden Rechtfertigung jeder Befriedigung eines natürlichen Verlangens bedarf.

Im Rahmen beider Ansätze ließe sich plausibel behaupten, daß es zumindest *etwas* im natürlichen Verlangen gibt, dessen Befriedigung in bestimmten Zusammenhängen von den Zwekken der Gemeinschaft unterstützt oder sogar gefordert wird. Insbesondere leuchtet der Gedanke ein, daß gute gemeinschaftliche oder interpersonale Beziehungen uns zu dem selbstlosen Versuch verpflichten, einen Teil des natürlichen Verlangens des jeweils *anderen* zu befriedigen. Die Schlußfolgerung, für den jungen Rawls sei es ganz unproblematisch gewesen, von einem Altruismus auszugehen, wäre allerdings vorschnell. Der Altruismus stellte ihn durchaus vor Probleme, die wir mit Blick auf die Schwierigkeiten erörtern können, die er Leon und sogar Nygren bereitete.

Nygren schreibt, daß für die antike griechische philosophische Ethik »das Problem des Guten [...] das Problem eines ›höchsten Guten‹ war – das heißt von etwas, das eine Einzelperson in jeder Hinsicht zufriedenstellen konnte«. Es geht also darum, so können wir sagen, was das höchste Gute *für* eine Einzelperson ist. Damit sind wir bei der zentralen Frage des Eudaimonismus (in dem das ethische Kriterium die Glückseligkeit des Handelnden ist) und des Utilitarismus (in dem das ethische Kriterium das größte Gut der größten Anzahl von Personen ist) angelangt. So versteht Nygren auch den Eros als das Streben nach dem höchsten Gut, und er bestreitet, daß in diesem Sinn Gott das höchste Gut ist. Die Agape hingegen sei weniger individualistisch, sondern vielmehr »eine soziale Idee [...], und wenn die Frage des Guten vom Standpunkt sozialer Beziehungen angegangen wird [...], wird sie von Eudaimonismus und Utilitarismus gelöst und in die vollkommen eigenständige Frage des ›Guten-an-sich‹ verwandelt«.[38]

Was ist das Gute-an-sich, aus einer solchen sozialen Perspektive betrachtet? Indem Nygren es von Eudaimonismus und Utilitarismus abtrennt, legt er offenbar nahe, daß es etwas ist, das nicht als Güte *für* bestimmte Personen verstanden werden darf, weder individuell noch im Zusammenschluß. Was könnte das Gute-an-sich sonst noch sein? Nygrens Antwort: »Das Gute ist Agape.«[39] Meines Erachtens ist damit gemeint, daß die entscheidende Güte der Agape nicht eine Güte *für* Personen ist, sondern eine nichtpersonenbezogene intrinsische Güte eines Merkmals personaler Beziehungen, eine bestimmte Form der Liebe.

Agape bzw. christliche Liebe gilt prinzipiell als selbstlos. Läßt sie sich, oder irgendeine Form des Altruismus, wirklich vollständig von »Eudaimonismus und Utilitarismus lösen«? Ist sie wirklich völlig gleichgültig gegenüber dem, was *für* Personen gut ist? Auf etwas Derartiges scheint Philip Leons Darstellung der Beziehung zwischen dem moralischen Motiv und den Begierden hinauszulaufen.

Leon meidet den Ausdruck »gut« (ohne Anführungszeichen), wenn er den Begriff der Güte *für* eine Person beschreibt. Güte, richtig verstanden (und stets großgeschrieben) ist für ihn »das, was wir in einzelnen Situationen der Richtigkeit verkörpern«,[40] die er zumindest im großen und ganzen als Situationen personaler Beziehungen versteht. Er verortet sie aber nicht exakt in der Liebe. Leon glaubt, daß »wenn [der Leser] mit dem Ausdruck ›Güte‹ das benennt, was in personalen Beziehungen aus-

38 Nygren, *Agape and Eros*, S. 44 f.; vgl. auch S. 213.

39 Ebd., S. 48.

40 Leon, *The Ethics of Power*, S. 297. Er fügt hinzu, »oder in Situationen die Güte verkörpern;« die (ansonsten wenig erhellende) Zirkularität, sagt er, ist gewollt, »um zu zeigen, daß keine Definition [der Güte] intendiert ist.«

gedrückt wird, und feststellt, wie unterschiedlich diese Form der Güte von allen anderen ist, wird er den Ausdruck allem anderen verweigern«. Diese Erwägung »mag ihn des weiteren davon überzeugen, daß der ganze Bereich der sogenannten ›Werte‹ ein Seitenarm [...] der Psychopathologie ist«.[41]

Nach Leons Auffassung »gibt es keine Klasse von wirklich guten Begierden oder Vorgängen«. Der moralische Beweggrund, so meint er, beruhe zwar auf Begierden nach Vorgängen, die aber nicht denselben Wert wie das moralische Motiv selbst haben. Er geht davon aus, daß

> Moralität keine »Güter« voraussetzt. [...] Wenn etwas von der Moralität vorausgesetzt wird, sind es nicht gute und schlechte Vorgänge, sondern Vorgänge, die gemocht und gewollt werden, und Vorgänge, die nicht gemocht werden und die Gegenstände der Abneigung sind.

Wenn meine Lesart von Leons Ausführungen stimmt, verpflichten die (mehr oder weniger sozialen) Voraussetzungen der »richtigen Situation« uns nicht dazu, die begehrten Objekte – unsere eigenen oder die anderer – als wirklich gut anzusehen, sondern lediglich darauf, in bestimmten Weisen wechselseitig für unsere Begierden empfänglich zu sein.[42]

Den Altruismus als Empfänglichkeit gegenüber den Präferenzen anderer Leute anstatt einer Sorge für ihr Wohlergehen (oder das, was man dafür hält) zu verstehen, mag für Denker, denen der Paternalismus Kopfzerbrechen bereitet, attraktiv sein. Aber ist das auch eine überzeugende Theorie des Altruismus? Hinreichend selbstlose Eltern junger Kinder zum Beispiel müssen gewiß darüber nachdenken, was für ihre Kinder gut ist, und zwar nicht nur anhand der Vorlieben ihrer Kinder. Wenn die Eltern Philosophen sind, mögen sie vielleicht das, was für eine bestimmte Person gut ist, anhand von deren hypothetischen Präferenzen analysieren; das allerdings berührt nicht unsere gegenwärtige Argumentation. Denn hypothetische Präferenzen

41 Ebd., S. 23.

42 Ebd., S. 285, 287 f., vgl. auch S. 289 f.

sind nicht tatsächliche Präferenzen, und die Eltern stützen sich in einem solchen Fall immer noch auf eine Vorstellung davon, was für ihre Kinder gut ist.

Weil Rawls der Überzeugung ist, daß die Objekte vieler Begierden gut sind, legt ihn seine Abschlußarbeit jedenfalls nicht darauf fest, die Vorstellung, etwas sei gut für eine Person, zurückzuweisen oder zu leugnen, daß die Befriedigung von Begierden für Menschen wirklich gut sein kann. Unklar bleibt allerdings, wieviel Raum in seiner Argumentation tatsächlich für die Wertschätzung der altruistischen Sorge um die Befriedigung der materiellen Bedürfnisse einer anderen Person bleibt. Der Zweck, auf den eine solche Sorge zielt, ist dem einzelnen Selbst der anderen Person, um die der Selbstlose sich sorgt, nicht äußerlich; er ist, in Leons Worten, ein »Vorgang« in dieser Person. Ein solch altruistisches Motiv, so scheint daraus zu folgen, muß in dem »natürlichen« Teil von Rawls' Taxonomie der Beweggründe angesiedelt werden, in der alle Beweggründe, die nicht auf eine personale Beziehung bezogen sind, als natürlich klassifiziert werden.

Ebenfalls scheint zu folgen, daß eine selbstlose Sorge um die Befriedigung des materiellen Bedürfnisses anderer als Zweck an sich von Rawls entschieden geringer bewertet werden muß als die Sorge um die Qualität personaler Beziehungen als Zweck an sich. Beweggründe, die materiellen Bedürfnisse anderer zu befriedigen, auf einer niedrigeren Bewertungsstufe anzusiedeln, sind im christlichen Denken natürlich nicht ohne Vorläufer. Aber eine solche Bewertungshierarchie erscheint angesichts der Betonung der Befriedigung materieller Bedürfnisse im Neuen Testament in einer Theorie der christlichen Liebe zumindest fragwürdig.[43] Ich bezweifle, daß sich Rawls diesem Problem ernsthaft stellen wollte; und ich habe keinen Hinweis darauf in der Abschlußarbeit gefunden, daß er sich der problematischen Implikationen bewußt war, die ich herausgearbeitet habe.

43 Zum Beispiel Lukas 10:25-37 und Matthäus 25:31-46.

Rawls sagt wenig über den Altruismus an sich und umgeht die Frage, welcher Platz in seiner Taxonomie der Beweggründe dem selbstlosen Interesse an möglichen Tatsachen über eine andere Person, die keine Tatsachen personaler Beziehungen wären, eingeräumt werden sollte. Aber vielleicht können wir einige Schlußfolgerungen aus dem ziehen, was er über andere Themen sagt. Bezüglich der Beweggründe, die zur »natürlichen« Sphäre gehören, sagt Rawls, sie seien alle erwerbsorientiert, selbstsüchtig oder egozentrisch. Im natürlichen Kosmos ist das »begehrende Verlangen [...] die Triebkraft hinter jeder Beziehung, und die Liebe ist immer besitzorientiert« (212). »[N]atürliche Beziehungen [scheinen] selbstsüchtig zu sein. [...] Verlangen und Begierde sind ihrem Wesen nach selbstsüchtig und selbstzentriert« (144).

Was würde Rawls also über ein selbstloses Interesse an einem Vorgang sagen, der sich innerhalb einer anderen Person abspielt, etwa ihre Erholung von einer Krankheit, und die nicht unbedingt eine personale Beziehung berührt? Würde Rawls leugnen, daß jemand derartige selbstlose Interessen hat? Würde er sie wie Leon als genuin oder durch andere ermöglichte selbstsüchtige Beweggründe einstufen?[44] Oder würde er behaupten, daß solche Interessen eigentlich zur Sphäre personaler Beziehungen gehören, einfach deshalb, weil man interessiert am Wohlergehen anderer ist, selbst wenn einem nichts an einer Interaktion mit der anderen Person liegt oder man nicht anderweitig mit ihr verbunden ist, außer daß man ihr Gutes wünscht? Diese Alternativen scheinen alle problematisch, und keine wird von Rawls ins Spiel gebracht.

Wie bereits erwähnt, neigt Rawls in seiner Abschlußarbeit dazu, seine Bewertung der Gemeinschaft anhand der Art und Weise auszudrücken, auf die wir sie wertschätzen sollten (als *Zweck* an sich), anstatt anhand ihres objektiven Wertes (als *Gut* an sich). Er verknüpft den Ausdruck »gut« viel enger mit seiner

44 Leon, *The Ethics of Power*, S. 23.

untergeordneten Bewertung von Objekten »natürlicher« Begierde als mit seiner hohen Bewertung der Gemeinschaft. Das soll nicht heißen, er mache nirgendwo deutlich, daß die Gemeinschaft gut ist, und zwar in höchstem Maße. Vielmehr verleiht er einer Ambivalenz bezüglich der Verwendung von »gut« Ausdruck. Dies wird in einem Satz besonders deutlich, in dem Rawls die Wendung »gutes Leben« verwirft und sie zugleich benutzt, um seine höhere Wertschätzung von personalen Beziehungen gegenüber »jedem Objekt« auszudrücken. Er sagt: »Wir glauben nicht, daß das sogenannte ›gute Leben‹ (eine abscheuliche Phrase) darin besteht, irgendein Objekt zu erstreben, sondern daß es etwas völlig anderes, eine Sache personaler Beziehungen ist« (193).

Rawls sagt: »Gemeinschaft im vollen Sinn, die himmlische Gemeinschaft also, ist der Zweck an sich. Sie ist das Ziel der Schöpfung [...]«. Daraus folgt klarerweise, daß als »Ziel der Schöpfung« Gemeinschaft der wichtigste und finale Zweck ist, den Gott mit der Schöpfung der Welt anstrebte. In diesem Zusammenhang wird auch sehr stark suggeriert, daß Gemeinschaft *unser* höchster Zweck insofern ist, als »Erlösung« oder die Erfüllung unserer personalen Natur nur in der Gemeinschaft gefunden werden kann (258). Rawls legt nahe, daß Gemeinschaft als Zweck an sich gewollt werden muß – daß sie streng genommen nicht existieren kann, wenn sie nicht als Zweck an sich von denen gewollt wird, die an ihr teilhaben. »Keine Gemeinschaft kann [...] auf Selbstsucht aufbauen« (222). Eine Gesellschaft auf Grundlage eines Gesellschaftsvertrages ist »überhaupt keine Gemeinschaft«, wenn der Gesellschaftsvertrag (wie der junge, nicht aber der reife Rawls unterstellt) ein »Arrangement zum gegenseitigen Vorteil [ist], das die Gesellschaft als bloßes Mittel benutzt« (268).[45]

---

45 Dieses Verständnis des Sozialvertrages könnte nicht nur von Hobbes, sondern auch von Leons Darstellung des Vertrages (in: *The Ethics of Power*, S. 174-177) als »gegenseitiges Ausbalancieren von Geltungssüchten« beeinflußt sein.

Rawls besteht darauf, Gemeinschaft als Zweck an sich zu bewerten. Nygren auf der anderen Seite scheint die Analyse hinsichtlich der Zwecke völlig auszuschließen, wenn die Agape betroffen ist. Er erklärt, daß »keine teleologische Erklärung oder Motivation von [Gottes] Liebe in Betracht gezogen werden kann«. Und er sagt über Luther, den er als paradigmatischen Agape-Ethiker begreift: »Die ganze Anlage seiner Ethik ist nicht teleologisch, sondern kausal.« Diese Feststellungen können mit Nygrens Zurückweisung des Eudaimonismus und Utilitarismus in Zusammenhang gebracht werden. Ich glaube dennoch, daß sie irreführend sind, weil wichtige Unterscheidungen nicht gemacht werden. Der Punkt, um den es Nygren zu gehen scheint, kann präziser gefaßt werden und ist relativ eng. Er besteht darin, daß Agape in gewisser Hinsicht keinen *anderweitigen* Zweck hat. Insbesondere »liebt Gott nicht, um dadurch einen Vorteil zu erlangen, sondern einfach, weil es seiner Natur entspricht zu lieben«. Und in der Agape gegenüber dem Nächsten ist es die Rolle Gottes, die Ursache der Agape zu sein, und nicht eine Belohnung, für die der Nächste als Mittel benutzt wird.[46] Nichts davon besagt, daß die Struktur der Agape nicht in Begriffen von Zwecken analysiert werden darf, die in der Agape gesucht werden. Und tatsächlich läßt sich die Agape in Nygrens Darstellung nur so verstehen, daß die Verbundenheit und das Wohlergehen des Nächsten als Zwecke an sich anzusehen sind.

Weder Nygren noch der junge Rawls beschäftigen sich mit den Alternativen zur teleologischen Motivation, die in der heutigen Moralphilosophie diskutiert werden. Keiner von beiden untersucht expressives Handeln oder Handeln nach einem Prinzip als eine Möglichkeit, einen extrinsischen Zweck des Handelns zuwege zu bringen. Das heißt aber nicht, daß die Abschlußarbeit eine Teleologie richtigen Handelns enthält; an keiner Stelle finden wir eine Definition dessen, was eine richtige Handlung als solche ist. Dennoch bildet das Streben nach dem Aufbau einer

46 Nygren, *Agape and Eros*, S. 201, 737.

Gemeinschaft das Herzstück der Ethik des jungen Rawls, ohne daß irgendwo der Gedanke auftaucht, es könne Situationen geben, in denen der Zweck dieses Motivs weniger teleologischen Erwägungen geopfert werden sollte.

Lohnend ist die Überlegung, inwieweit das Streben nach Gemeinschaft als Zweck an sich ein *selbstloser* Beweggrund in den Augen des jungen Rawls ist, der im Werk von Philip Leon eine klare Formulierung, wenn nicht gar eine insgesamt klare Durchdringung des Themas vor sich hatte. Leon ist überzeugt, daß der moralische Beweggrund insofern »objektiv« ist, als er nicht »wesentlich auf das Selbst verweist«. Sein Zweck besteht einfach darin, »daß das Richtige getan oder die Güte in bestimmten Situationen verkörpert werde.« Die Situation wird normalerweise eine sein, in der eine eigene Handlung eine Rolle spielt.

An dieser Theorie der ethischen Objektivität sind Zweifel angebracht. Wie steht es mit *meinem* Wunsch, Richtigkeit und Güte in meinen Beziehungen zu anderen zu verkörpern, und zwar als Zweck an sich und nicht um etwas anderen willen? Dieser Wunsch verweist letztlich auf das Selbst, sieht aber wie ein ziemlich moralisches Motiv aus, ja, er erinnert sogar stark an Leons Begriff des moralischen Beweggrundes, wenn er sagt, daß »der wirklich moralische Mensch danach strebt, mit der Güte eins zu sein, durch die Güte inspiriert zu werden, Güte zu verkörpern«.[47] Denn mit Sicherheit hat man, insofern man danach strebt, die Güte zu verkörpern, als (letztlich selbstreferentiellen) Zweck das *eigene* Verkörpern der Güte. Rawls' spätere Moralphilosophie legt einen ähnlichen selbstreferentiellen Beweggrund nahe: das Interesse, sein eigenes Wesen als freie und gleiche Person auszudrücken.[48]

In seiner Abschlußarbeit ist Rawls in seiner Behandlung selbstreferentieller Beweggründe in bezug auf das von ihm entfaltete

---

47 Leon, *The Ethics of Power*, S. 196.

48 John Rawls, *A Theory of Justice*, Cambridge, Mass. 1999 (revised edition), S. 417 [dt.: *Eine Theorie der Gerechtigkeit*, Frankfurt/M. 1979, S. 517 f.].

ethische Ideal weniger deutlich als Leon, dafür argumentiert er aber behutsamer und wohl auch sauberer. Er betont, daß sein Ideal nicht selbstsüchtig ist. »Die christliche Liebe«, sagt er, »erstrebt nichts für sich. [...] Ihr Zweck besteht darin, der anderen Person als Person etwas zu geben« (292). Dieser Wunsch zu geben würde normalerweise nicht als selbstsüchtig oder eigennützig gelten. Sein Zweck ist nicht ein Vorgang in einem selbst, sondern eine Tatsache einer personalen Beziehung. Die Tatsache der Beziehung aber, der erklärte Zweck, ist im Kern selbstreferentiell und besteht nicht allein darin, daß die andere Person ein Geschenk erhält, sondern daß sie ein Geschenk von *mir* erhält, wenn ich der Liebende bin. Das ist gemeint, wenn etwas einer anderen Person *zu* geben der Zweck ist.

Darüber hinaus sagt Rawls, die christliche Liebe übersehe, »[o]bwohl sie ein Geben ist, [...] nicht die Personalität des Gebenden. Das Selbst wird beim Geben nicht zerstört, sondern es wird vervollständigt.« Und er fügt sogleich hinzu, daß in der christlichen Liebe das Selbst des Liebenden »allerdings weder in einem begehrlichen noch, natürlich, in einem geltungssüchtigen Sinne vervollständigt [wird], das heißt, es wird nicht verherrlicht«. Das jedoch bedeutet einfach, daß das Selbst nicht »begehrlich« vervollständigt wird, also durch Befriedigung eines Verlangens nach »konkreten nichtpersonalen Vorgängen«, oder »geltungssüchtig«, also durch die Befriedigung einer Gier nach Überlegenheit. Es wird vielmehr durch die Teilhabe an der Gemeinschaft vervollständigt, eine Teilhabe, die im Grunde genommen zum Teil gerade im Lieben besteht. »Der Geist vervollständigt sich im Glauben und in der Liebe, weil er von Natur aus gemeinschaftlich ist und Glaube und Liebe in all ihrer Intensität ihm angemessen sind« (292).

Ich glaube, Nygren würde sich immer noch gegen eine Liebe aussprechen, die auf diese Weise über das Selbstsein des Liebenden »nicht hinwegsieht.« Er denkt womöglich, dies käme einem Aspekt der Selbstliebe zu nahe, die aus seiner Sicht rein gar nichts mit der Agape zu schaffen hat, weil diese nur die Liebe zu Gott und dem Nächsten umfaßt; sie wäre auch zu nahe an jenem »Seitenblick«, der für ihn nicht zur Nächstenliebe der Agape gehört.[49] Aber Nygrens Ideal mag an dieser Stelle unhaltbar streng sein. Wenn es für ihn zum motivationalen Ideal einer Person gehört, schlußendlich Teil einer guten Gemeinschaft zu sein und seinen Beitrag dazu zu leisten – was selbstverständlich ein Merkmal von Rawls' motivationalem Ideal sowohl seiner Abschlußarbeit als auch seiner Theorie der Gerechtigkeit ist –, dann wird ein Zweck idealisiert, der wesentlich selbstreferentiell ist (auch wenn man ihn normalerweise nicht »eigennützig« nennen würde.)

Ein weiterer Punkt in bezug auf Werte muß hier kommentiert werden. Sowohl Nygren als auch der junge Rawls weigern sich, von Gott als *schön* zu sprechen. Nygren macht dies am Gegensatz von Eros und Agape fest, unter besonderer Berücksichtigung der Frage, »was es wohl ist, das die Liebe im Menschen erweckt«. Im Rückgriff auf Motive Platons sagt er, daß »Eros einen ausgesprochen ästhetischen Charakter aufweist. Die Schönheit des Göttlichen zieht das Auge der Seele an und setzt die Liebe in Bewegung.« Bei der Agape hingegen »ist es nichts als die Agape, die Gott dem Menschen zeigt, welche die Liebe in ihm erweckt«. Wahrscheinlich führt die Vorstellung, Schönheit sei untrennbar mit dem rivalisierenden Wertesystem des Eros verbunden, zu der ansonsten überraschenden Heftigkeit von Nygrens Aussage, es klinge »sehr nach Blasphemie [...], von der ›Schönheit‹ Gottes im Kontext der Agape zu sprechen«.[50]

Es ist gut möglich, daß Rawls genau dies vor Augen hatte, als er schrieb: »Von Gott als dem schönsten Objekt, dem zufriedenstellendsten Objekt, dem am stärksten begehrten aller Objekte zu sprechen heißt zu sündigen«; und: »[W]enn man nicht an Gott glauben kann, weil Er unser Vater im Himmel ist [...], sondern dem hinzufügen muß, daß Er am zufriedenstellendsten in

49 Nygren, *Agape and Eros*, S. 215 f.
50 Ebd., S. 223 f.

Seiner Schönheit ist und ein *Objekt* von der Art, daß wir niemals nach etwas anderem verlangen sollten –, dann ist es vielleicht besser, überhaupt kein Christ zu sein.« Wie Rawls' Hervorhebung des Worts »Objekt« nahelegt, wurzelt seine Behauptung durch und durch in dem Gegensatz, den er zwischen dem »Natürlichen« und dem Personalen sieht, und nicht in dem von Agape und Eros, der Nygrens Ausführungen zugrunde liegt. Weil es eine Sünde ist, »eine personale Beziehung in eine natürliche Beziehung zu verwandeln und diese Missetat in bezug auf Gott zu vollbringen«, ist es auch eine Sünde, von Gott als dem schönsten Objekt zu sprechen (216 f.).

Hier zeigt sich Rawls' Klassifizierung der Schönheit als ein Objekt der Begierde – der »ästhetischen Begierde«, die wie jede Begierde für Rawls zum Reich des Natürlichen gehört (215). Demnach führe die Rede von Gott als schön zur Kategorie der »religiösen Begierde« und dazu, daß die Begierde jenseits ihres angestammten Territoriums, nämlich des Natürlichen, unzulässig auf das Gebiet des Persönlichen erweitert wird. Rawls' Behauptung, es sei Sünde, Gott schön zu nennen, ist expliziter Bestandteil seiner Zurückweisung der »religiösen Begierde«.

An dieser Stelle stoßen wir auf Fragen, die Rawls nicht thematisiert. Ist es Sünde, zu sagen (oder zu denken), menschliche Personen seien schön? Verwandelt das »eine personale Beziehung in eine natürliche Beziehung?« Ein »Ja« auf diese Fragen sieht ziemlich unmenschlich aus. Mit Blick auf sexuelle Beziehungen könnte dies wie Prüderie aussehen – eine spezielle Form der Unmenschlichkeit. Nach meiner Auffassung sollte man die Abschlußarbeit so lesen, daß sie menschlichen Personen Schönheit auf eine mehr oder weniger unschuldige Weise zuschreibt, als Teil der normalen Mischung des Natürlichen und Personalen in unserer Motivation. Ich vermute, daß Rawls hier lediglich an Mischungen dachte und nicht in Erwägung zog, daß natürliche und personale Beweggründe ein organisches Ganzes miteinander bilden könnten – auch wenn er (soweit ich sehen kann) keine guten Gründe gegen ein solches organisches Ganzes anführt. Wie dem auch sei, Rawls sagt tatsächlich nur bezogen auf Gott, es sei sündhaft oder gegen die Gemeinschaft gerichtet, von Schönheit zu sprechen.

Dies legt nahe, daß die Behauptung in bezug auf Gott nicht nur damit zu tun hat, eine Entpersonalisierung zu vermeiden. Das wahrscheinlichste Motiv hierfür ist wohl einfach der Wunsch, keinerlei Zuschreibung eines ästhetischen Wertes auf der höchsten Wertebene zuzulassen. Ich halte es für plausibel, die Abschlußarbeit im Lichte der Überzeugung zu lesen, daß mehr oder weniger moralische Beziehungen zwischen Personen auf einer Wertebene angesiedelt sind oder sein können, die alle anderen Typen von Werten transzendiert, einschließlich der intellektuellen und ästhetischen. Diese Überzeugung könnte kompromittiert werden, wenn dem höchsten Wesen (auch) ein ästhetischer Wert zugebilligt wird. Warum aber sollte man sich dieser Überzeugung anschließen, die tatsächlich unterstellt, daß der Wert der besten personalen Beziehungen keine ästhetische Dimension haben kann? Zwei Erklärungen sind möglich.

(1) Es besteht die Gefahr, die Unbedingtheit der Liebe zu beschädigen, wenn die Schönheit des Geliebten als Teil der Liebe eingestanden wird. Dies wirft ein ernsthaftes Problem auf. Auf der anderen Seite kann ebenso befürchtet werden, daß andere wichtige Aspekte der Liebe kompromittiert werden, wenn man sich weigert, die Schönheit als Faktor anzuerkennen.

(2) Die andere Erklärung hat damit zu tun, daß ästhetische Werte auf Kontemplation abzielen; und viele eifrige Moralisten sowie Interpreten der christlichen Ethik sind davon überzeugt, daß die aktiveren Momente ethischen und religiösen Entscheidens und Handelns höher als eher kontemplative Momente eingestuft werden müssen. Die Bibel legt dies zwar nicht zwingend nahe, aber man muß einen Vers aus den Psalmen zur Kenntnis nehmen, der in einer Textstelle von Augustinus enthalten ist, die Rawls zitiert: »Eins bitte ich vom HERREN, das hätte ich gerne: daß ich im Hause des HERREN bleiben möge mein Leben lang,

zu schauen die Schönheit des HERREN« (208 f.).[51] Hier wird Gott Schönheit als Motiv religiöser Hingabe zugesprochen und eine eindeutig kontemplative Bestrebung ausgedrückt, dies zu tun. Motive wie dieses waren in vielen Strömungen biblisch inspirierter Frömmigkeit wichtig. Hingegen waren die Betonung des religiösen und ethischen Entscheidens und Handelns sowie ein gleichzeitiger Verdacht gegen das »kontemplative Leben« und gegen das Vermischen des Ästhetischen mit dem Religiösen im Protestantismus wohl einflußreicher als in anderen Ausprägungen des Christentums.

Vielleicht sollte man in diesem Zusammenhang darauf hinweisen, daß Rawls nicht Nygren, sondern Kierkegaard als denjenigen zitiert, der in bezug darauf, daß es besser sei, kein Christ zu sein, als zu behaupten, Gott sei »am zufriedenstellendsten in Seiner Schönheit« (216), eine sehr ähnliche Auffassung aufweist. Kierkegaard ist der Meinung, es sei für das Christentum sowie für Religion und Ethik im allgemeinen wichtig, ästhetischen Werten keinen Platz auf der höchsten Wertebene einzuräumen. Und er verbindet dies mit der Auffassung, daß eine Einstellung der Entscheidung, und nicht der Kontemplation, den Mittelpunkt religiöser und ethischer Lebensformen bildet.[52]

In welchem Umfang bleibt Rawls' Überzeugung, ästhetische Werte gehörten auf eine niedere Ebene, bei der Zurückweisung des »Perfektionismus« in seiner Theorie der Gerechtigkeit wirksam? Die erste und offensichtlichste Antwort lautet, daß der vom älteren Rawls zurückgewiesene Perfektionismus eine *politische* Lehre ist, die Vortrefflichkeit in ästhetischen oder anderen nichtpolitischen Dimensionen als Erwägungen auffassen wür-

---

51 Es ist möglich (ich bin mir aber nicht sicher, wie wahrscheinlich), daß die biblische Quelle Rawls nicht aufgefallen ist. Der Verweis (Psalm 27:4) wurde von den Herausgebern in die vorliegende Ausgabe der Abschlußarbeit eingefügt, wurde aber von Rawls nicht gegeben.

52 Rawls zitiert Søren Kierkegaard, *Concluding Unscientific Postscript*, Princeton 1941, S. 221 f. Aussagen zu den relevanten Fragen sind in Kierkegaards Schriften breit gestreut, insbesondere in *Postscript* und *Either/Or.*

de, die politische Entscheidungen hinreichend begründen können. In seiner zuletzt entwickelten Auffassung, im *Politischen Liberalismus* und später, findet Rawls es nicht völlig verwerflich, wenn Individuen Schönheit als einen der höchsten Werte in ihrer persönlichen »umfassenden Auffassung« ansehen, solange die Wertung weiterhin so funktioniert, daß sie dem »übergreifenden Konsens« zustimmen können, der die liberalen politischen Gerechtigkeitsprinzipien stützt, die Rawls vertritt. Ich glaube gleichwohl nicht, daß jemand, der Schönheit als einen seiner höchsten Werte begreift, genau so schreiben würde wie Rawls in *Eine Theorie der Gerechtigkeit.*[53] Wir können in jedem Fall festhalten, daß Rawls in der Abschlußarbeit eine religiöse Perspektive entwickelt, die Kraft des extremen Vorrangs, den sie moralischen personalen Beziehungen einräumt, bereits einen Weg für die Teilnahme an einem übergreifenden Konsens über politische Prinzipien der Gerechtigkeit ebnet.

5. *Gemeinschaft*

Von Bedeutung für Rawls' Denken der damaligen Zeit war offenkundig das Werk Emil Brunners. Als besonders bewundernswert spricht Rawls von der »klaren und unverzagten Anerkennung [...], daß das Universum eine *Gemeinschaft* von Schöpfer und Erschaffenen ist« (132, Hervorhebung R. M. A.). Brunner unterstreicht die Vorrangstellung der Gemeinschaft in Worten, die Rawls zitiert und denen er enthusiastisch zustimmt:

Wie Brunner sagt: »Nicht die Freiheit, nicht die geistige Schöpferkraft, nicht die Vernunft sind das Eigentlich-Menschliche. Sie sind vielmehr die Verwirklichungsbedingungen seines eigentlichen Menschseins, das in der Liebe besteht. Ihren Sinn tragen sie nicht in sich selbst, ihr Sinn ist die Liebe, die wahre Gemeinschaft.«[54] Der

53 Vgl. z. B. Rawls, *Theory of Justice*, S. 387 f. [dt. S. 480-482].

54 Brunner, *Man in Revolt*, S. 63 [dt. S. 63].

Mensch ist also geschaffen, in der und für die Gemeinschaft zu leben. Seine Begabungen sind Mittel zu diesem Zweck (228).

Rawls' Verwendung des Wortes »Gemeinschaft« (*community*) war wahrscheinlich von (der englischen Übersetzung) von Brunners *Der Mensch im Widerspruch* inspiriert, zumal es in den anderen von Rawls in der Arbeit zitierten Quellen weniger prominent zum Einsatz kommt. Die englische Übersetzung von Nygrens *Eros und Agape* zum Beispiel zieht für gewöhnlich den Ausdruck »*fellowship*«* vor.

Anders als man es vielleicht von einem Essay erwarten würde, der behauptet, »das Problem der Ethik« sei ein Problem des Herstellens von Gemeinschaft (156), liefert Rawls praktisch keine Definition oder Erklärung des Begriffs. Er erklärt, »Gemeinschaft« sei »ein [...] schwer zu definierendes Wort« (136). Ich bin mir nicht sicher, ob Rawls an die Unterscheidung von *Gemeinschaft*** und *Gesellschaft*** in der deutschen Sozialtheorie gedacht hat, auch wenn sein Begriff von Gemeinschaft mit der Standardauffassung von *Gemeinschaft*** dahingehend übereinstimmt, daß sie von ihren Mitgliedern um ihrer selbst willen geschätzt wird und nicht bloß aufgrund ihrer Nützlichkeit für das Eigeninteresse (223, 268). In krassem Gegensatz zu Rawls' späterem Werk sagt die Abschlußarbeit praktisch nichts über die Gemeinschaft strukturierenden *Institutionen*. Dennoch wirft ein Hauptthema seiner späteren politischen Philosophie schon hier seinen Schatten voraus, und zwar in dem Kommentar über die traditionelle christliche Lehre der *Gleichheit* der drei Personen, die die göttliche Trinität bilden: Er sagt, sie seien »jede der anderen gleich, weil diese vollkommene Gemeinschaft von der vollkommenen Liebe und dem vollkommenen Glauben zusammengehalten wird und die Liebe nach Gleichheit mit jenen Personen strebt, auf die ihre Gegebenheit gerichtet ist« (244).[55]

---

* Durchgehend mit »Verbundenheit« übersetzt. A. d. Ü.

** Im Original deutsch. A. d. Ü.

55 Daß die Liebe Gleichheit mit dem Geliebten erstrebt, ist eine zentrale

Die besten Hinweise darauf, welche Art von personaler Beziehung oder welches System solcher Beziehungen Rawls im Sinn hat, wenn er von der Gemeinschaft spricht, finden sich in seiner Darstellung der christlichen Liebe (291-295). Liebe ist ein »Geben«, nicht Eigennutz (vgl. auch 220-221). »In der Liebe [...] gibt es Zuneigung.« Mehr als das, »Liebe ist ein intensiver und vollständiger personaler Kontakt«, sie »drückt [...] das Zentrum des Geistes aus« und »kratzt nicht nur an der Oberfläche der involvierten Person.« Sie ist auf die andere Person gerichtet, vervollständigt aber die Personalität oder das Selbst des Liebenden. Sie ist nicht geltungssüchtig und daher nicht daran interessiert, eine wie auch immer geartete Überlegenheit über andere Personen zu erlangen.

Andere Merkmale der Gemeinschaft sind nach Rawls »Verantwortlichkeit und Verpflichtungen« sowie Vertrauen und nicht Furcht und Mißtrauen (291, 268). Eine Gemeinschaft, so behauptet er, könne nicht auf Verdienst aufgebaut werden, ja, das Interesse an Verdienst sei ein Hemmnis für die Gemeinschaft (268-270, 281 f.) – ein Punkt, den ich ausführlicher in Abschnitt 7 untersuchen werde. Er betont, daß Gemeinschaft von »Offenheit« und Kommunikation bzw. dem gegenseitigen Offenlegen von Gefühlen und Gedanken gekennzeichnet sei (291, 183-186). Wie Brunner, den er als seine Quelle für den Gedanken zitiert, daß »Sprache [...] etwas für die Gemeinschaft [ist]« (185), sieht er einen engen Zusammenhang zwischen Gemeinschaft und Kommunikation. Brunner spricht von der Sprache als »Vernunft-in-Gemeinschaft«.[56]

Indem er die Geltungssucht ausschließt und die Bedeutung der Kommunikation unterstreicht, steht Rawls' Gemeinschaftsbegriff in loser Verbindung zu Leons Begriff der guten oder richtigen Beziehungssituation:

Idee des zweiten Kapitels von Kierkegaards *Philosophical Fragments*, die Rawls an dieser Stelle zitiert.

56 Brunner, *Man in* Revolt, S. 176 f. [dt. S. 173].

Die richtige Situation ist [...] aus personalen Beziehungen gebildet [...,] so daß in ihnen diese Personen weder gegenseitige Separation noch gegenseitige Identifikation erstreben oder aufrechterhalten, keine Form der Unterwerfung, sondern In-Einssein in Unterscheidung, Zusammenarbeit durch Komplementierung, Harmonie durch Vielfalt, Kommunikation ohne Fusion oder Konfusion.

Und ganz am Ende seines Buches beschreibt Leon »die Entwicklung von freien Persönlichkeiten, die leben und wachsen und ihr Freisein in der freien, vollen und intimen Kommunikation miteinander haben, in der die Güte verkörpert ist«.[57]

Die Betonung des »In-Einsseins in Unterscheidung« von »freien Persönlichkeiten« ist hier wichtig, weil eine ähnliche Hervorhebung in Rawls' Abschlußarbeit zu finden ist; und sie ist von herausragender Bedeutung für die richtige Einordnung dieses Dokumentes mit Blick auf die populäre Unterscheidung von Individualismus und Kommunitarismus. Das Wort »Individualismus« kommt in der Arbeit einige Male vor, und zwar stets als etwas, gegen das Rawls sich ausspricht (z. B. 266, 288). Es wird explizit mit der Sünde in Verbindung gebracht (269) und als Gegenteil des »gemeinschaftlichen Denkens«* (132) präsentiert. Das Wort »Kommunitarismus« hingegen taucht in der Arbeit nicht auf.

Nichts in der Arbeit verteidigt Rawls stärker als die Gemeinschaft, und so lautet eine explizite und eindringliche Lehre der Arbeit: »Wenn wir keine Gemeinschaft haben, haben wir keine Personalität. Individuen werden zu Personen, sofern sie in einer Gemeinschaft leben« (137). Viele, die sich zu den Kommunitaristen zählen, stimmen dem zu, und es wird häufig als kommunitaristische Lehrmeinung angesehen. Rawls begründet dies nicht wirklich, zitiert auch keine Quelle dafür. Vielleicht wurde er von Kierkegaards Behauptung inspiriert, der zufolge »der Maßstab für das Selbst immer das ist, angesichts dessen es ein

57 Leon, *The Ethics of Power*, S. 282, 309.

* Bei Rawls ist »gemeinschaftlich« an dieser Stelle in Anführungszeichen gesetzt. A. d. Ü.

Selbst ist«.[58] Aber auch hier halte ich Brunner für die wahrscheinlichste Quelle, der sagt: »Ich bin gar nicht Mensch ohne den anderen. Ich bin nicht ›Ich‹ ohne das ›Du‹«. Und: »Der Mensch [kann] nur in der Liebe ganz ›er selbst‹ sein.«[59] Dies folgt aus Brunners Interpretation der Vorstellung von der menschlichen Person als ein Abbild Gottes, die Rawls übernimmt. Anders als die meisten traditionellen Darstellungen, die das Bild Gottes in uns mit unserer Vernunft gleichsetzen, identifiziert Brunner diese Vorstellung mit unserer Fähigkeit zu personalen Beziehungen sowie mit deren göttlich bestimmter Vorsehung – mit verantwortlichen, im weiten Sinne moralischen Beziehungen in erster Linie mit Gott, aber auch untereinander.[60]

Rawls behauptet jedoch auch: »Alle Personen sind Einzeldinge, das heißt abgegrenzte und klar unterscheidbare Einheiten«. Und er sagt: »Wenn wir keine Personalität haben, haben wir keine Gemeinschaft« (136 f.). Wie Leon weigert er sich ausdrücklich, die Werte der Gemeinschaft und der Personalität gegeneinander auszuspielen:

Ebenso falsch ist die Furcht jener, die die zwingende Abhängigkeit dieser Person von der Gemeinschaft leugnen, weil sie die Unabhängigkeit der Person von der Gemeinschaft erhalten wollen. Sie sehen nicht, daß eine Person losgelöst von der Gemeinschaft nicht mehr Person ist und eine wahre Gemeinschaft das Individuum nicht absorbiert, sondern seine Personalität erst ermöglicht. Wahre, im Glauben

58 Søren Kierkegaard, *The Sickness unto Death*, Princeton 1954, S. 210. *The Sickness unto Death* wird mit einem Gedanken in der Arbeit zitiert (285), der eindeutig auf Kierkegaard zurückgeht, sowie mit einem weiteren Gedanken (246), der sich um das »Alleinsein« dreht, wo Kierkegaard vielmehr »Verzweiflung« im Sinn hat.

59 Brunner, *Man in Revolt*, S. 140, 291, dt. S. 134, 296. [Brunner setzt im deutschen Original »Ich« und »Du« im Gegensatz zur englischen Übersetzung nicht in Anführungszeichen. Er entwickelt das zuerst Zitierte zudem in der Auseinandersetzung mit Kierkegaards *Begriff der Angst*. A. d. Ü.]

60 Ebd., S. 91-113, dt. S. 81-104, Rawls' Übernahme von Brunners Auffassung wird klar ersichtlich auf S. 227 f., 243 f.; vgl. auch 238 f., 242.

unter Gott vereinte Gemeinschaft löst die Person nicht auf, sondern erhält sie (155).

Die Abschlußarbeit spricht nicht von einem Gut der Gemeinschaft als ganzem, dem individuelle Interessen geopfert werden müssen – noch nicht einmal von Prinzipien der Gerechtigkeit oder des Rechts auf seiten der Gemeinschaft, die Begriffe dessen, was für ein Individuum gut ist, einschränken würden, wie es in Rawls' späterer Theorie der Gerechtigkeit der Fall ist. Wenn solche Überlegungen dem jüngeren Rawls nicht notwendig erschienen, so ist dies mit Sicherheit vor allem der Tatsache geschuldet, daß sein Begriff des Strebens, das einem individuellen Leben angemessen ist, vom Streben nach Gemeinschaft überwölbt wird. Daß Ideale individueller Autonomie aus Rücksicht auf die *Autorität* der Institutionen oder Traditionen einer Gemeinschaft mit Mißtrauen betrachtet werden sollten, spielt in dieser Arbeit des jungen Rawls keine Rolle und könnte für die gegenwärtigen Debatten über Individualismus und Kommunitarismus bedeutsam sein.

All dies spiegelt eine Tendenz in Rawls' Abschlußarbeit, Gemeinschaft mittels interpersonaler Beziehungen von Person zu Person zu beschreiben anstatt in stärker holistischen Begriffen. Eine ähnliche Tendenz findet sich bei Brunner, dessen Untersuchung »des einzelnen und der Gemeinschaft« Rawls sicherlich beeinflußt hat. Beiden läßt sich eine gewissermaßen »individualistische« Konzeption der Gemeinschaft unterstellen. Brunner bekräftigt zudem mit Nachdruck eine positive und eben keine negative Beziehung zwischen individueller Autonomie und Gemeinschaft. »Wahre Selbständigkeit«, so sagt er, kann sich nur in der richtigen Gemeinschaft »entwickeln«, die für ihn ebenso wie für den jungen Rawls eine ist, die im Kontakt mit Gott lebt. Und: »Liebe [...] ist freie Selbstsetzung im Hören des Gottesanspruchs, der uns im anderen begegnet.« Brunners schärfste Polemik in seiner Diskussion der Gemeinschaft richtet sich gegen den »Kollektivismus«, der seines Erachtens die »Bestimmung zur Gemeinschaft« mißachtet und eine »Verkehrung« ist, die das »Personsein« dem unterordnet, was bloß Mittel für das personale Leben hätte sein sollen. Diese »Mittel« umfassen »Verbandformen der Zivilisation«, die Kultur und die Institutionen, die dem personalen Leben hätten dienen sollen, den Staat und sogar, oder insbesondere, »die Kollektivgröße Kirche«.[61] Geschrieben 1937 auf deutsch, hat Brunner hier zweifellos (aber nicht nur) den Nazismus im Sinn. Für mich steht außer Frage, daß Rawls, als er die Abschlußarbeit schrieb, voll und ganz mit Brunners Angriff auf den Kollektivismus sympathisierte (auch wenn seine eigene Kritik des Nazismus dort in der Zurückweisung der Geltungssucht gründet und er in dieser Hinsicht daher eher auf einer Linie mit Leon als mit Brunner liegt).

Man darf festhalten: Rawls erkennt in seiner Abschlußarbeit insgesamt gesehen sowohl Individualität als auch Gemeinschaft als sehr große Werte an; dasselbe auch für seine reiferen Schriften, wie in der Einleitung zu diesem Band dargelegt wird. In der frühen Arbeit und besonders in der späteren Theorie der Gerechtigkeit sind Motive von Individualität und Gemeinschaft auf komplexe und subtile Weise miteinander verknüpft. Wenn wir überhaupt von Rawls als einem »Individualisten« oder »Kommunitaristen« sprechen wollen, dann wäre es meiner Ansicht nach am präzisesten, die beiden Begriffe auf eine Art zu verwenden, in der er sowohl Individualist als auch Kommunitarist ist. Das gilt in ähnlicher, wenn auch nicht identischer Weise sowohl für seine Abschlußarbeit als auch für seine späteren Theorien der Gerechtigkeit und des politischen Liberalismus.

6. *Sünde und Geltungssucht*

Rawls definiert Sünde als »Zurückweisung und Verneinung der Gemeinschaft«. Wir dürfen annehmen, daß er hierin Brunner folgt, der sagt:

---

61 Brunner, *Man in Revolt*, S. 292-295 [dt. S. 297-301].

Die Sünde Adams ist die Zerstörung der Gemeinschaft mit Gott [...], das Wider-Gott-sein, das zugleich ein Wider-einander-sein ist. Wie wir uns in Christus [...] als Gemeinschaft der Erwählten erkennen, so erkennen wir in ihm auch die Sünde als den Gegensatz zum erwählenden Wort und die Auflösung dieser in der Erwählung gemeinten und bereiten Gemeinschaft.[62]

Brunners Formulierungen in dieser Passage sind theologischer als die Definition, die ich von Rawls zitiert habe, der aber seine Definition mit theologischen Ideen untermauert, die denen Brunners ähnlich sind. Wenn »›Sünde‹ [...] ein Wort [ist], das wir nur in Relation zu Gott verwenden«, stellt sich die Frage, so Rawls, »warum [dann] das Wort ›Sünde‹ verwenden?« Er widmet mehrere Absätze der Beantwortung dieser Frage: »Die Zurückweisung eines anderen, die Negation der Gemeinschaft »ist daher auch eine Zurückweisung Gottes. Der Mißbrauch unseres Nächsten impliziert eine Sünde gegen Gott« aufgrund des »nexusgleichen Charakters personaler Beziehungen«. Er verknüpft Gottes Teilhabe an diesem Nexus mit dem Gedanken, daß »wir alle mit Gott verbunden sind, da wir Personen nach seinem Ebenbild sind.« Weitere theologische Argumente für Rawls' Definition der Sünde werden in seiner Aussage angedeutet, daß »die Geltungssucht eine Sünde ist, weil sie die Negation und Zerstörung der geistigen Gemeinschaft ist, für die der Mensch geschaffen wurde«; und: »Die Zurückweisung der Gemeinschaft ist folglich die Zurückweisung des menschlichen Zweckes und seines Schöpfers« (240-242; vgl. auch 228).

Zusätzlich zu seiner auf diese Weise gestützten Definition der Sünde legt Rawls eine zweiteilige Darstellung der Sünde vor: zum einen, im dritten und letzten Abschnitt von Kapitel vier, ein lebhaftes Porträt des »Alleinseins« als »Konsequenz der Sünde« für den Sünder. Zum anderen eine ausführliche Begründung der Auffassung, daß das moralisch Böse oder die Sünde seine Wurzel hauptsächlich oder sogar ausschließlich im

62 Ebd., S. 141 [dt. S. 134f.].

geistigen Teil einer Person hat – nicht im »natürlichen« Teil und seinen »Begierden«, sondern im Interesse an personalen Beziehungen und speziell in Geltungssucht und Stolz. Dieses große Argument erstreckt sich über die ersten drei Abschnitte von Kapitel zwei und die ersten beiden Abschnitte von Kapitel vier und widmet sich in weiten Teilen den ergänzenden Begründungen von drei Thesen, die diese Auffassung von der Sünde untermauern sollen.

Im ersten Schritt setzt sich Rawls mit der Auffassung auseinander, daß physische Begierden als solche moralisch schlecht sind bzw. etwas, vor dem man sich hüten sollte. Rawls macht kurzen Prozeß mit dieser Auffassung, die er vermutlich nicht als ernstzunehmende Option betrachtet, indem er in den ersten beiden Abschnitten von Kapitel zwei Hinweise von den frühen »Kirchenvätern« zum Beleg der These anführt, das Christentum sei historisch betrachtet der Auffassung gewesen, daß der menschliche Körper und seine physischen Begierden gut und nicht schlecht sind. Rawls' historische Darstellung in diesen Abschnitten bietet nichts Neues, vielmehr folgt er einer Interpretationslinie, die in der christlichen Theologie Mitte des 20. Jahrhunderts äußerst einflußreich war. Selbstverständlich haben die christlichen Theologien, die weithin als orthodox angesehen werden, daran festgehalten, daß der menschliche Körper prinzipiell eine gute Schöpfung Gottes ist und daß seine normalen und natürlichen Vorgänge ebenfalls prinzipiell gut sind. Dieses historische Argument taugt allenfalls dazu, ziemlich extreme Auffassungen in die Schranken zu weisen. Selbst unter den orthodoxen »Kirchenvätern« trifft man häufig recht negative oder zumindest ambivalente Haltungen gegenüber den physischen Begierden, wie Rawls bis zu einem gewissen Grad anerkennt. Und die meisten zeitgenössischen Gelehrten wären weniger bereit als ihre Kollegen vor einem halben Jahrhundert, die Orthodoxie die Erzählung dominieren zu lassen.[63]

63 Peter Brown, *The Body and Society. Men, Women and Sexual Renuncia-*

Die Alternative zu seiner eigenen Auffassung, die Rawls zu Recht ernster nimmt, ist die aristotelische. Sie betrachtet physische Begierden zwar als notwendig und angemessen für das menschliche Leben, wenn sie von der Vernunft und einem ethischen Verständnis auf umsichtige Weise regiert werden, meint aber auch, daß sie gelegentlich die Form von Leidenschaften annehmen können, welche eine solche umsichtige Regierung des Selbst zu stürzen oder zu durchkreuzen imstande sind. Dementsprechend hat die Idee des Kampfes der moralischen Vernunft, diese Leidenschaften und physischen Begierden zu beherrschen, beharrlich eine Hauptrolle in vielen geistig-moralischen Strömungen gespielt. Gegen diese Auffassung sind die anderen beiden ergänzenden Argumente von Rawls gerichtet, die ohne Berufung auf kirchliche Autorität auskommen und sich um folgende Frage drehen: »Verdirbt der Geist das Fleisch, oder verdirbt das Fleisch den Geist?« (178). Oder in Leons Terminologie, auf die Rawls in Teilen seiner Untersuchung der Sünde zurückgreift: Entsteht die selbstsüchtige Sünde aus der somit fundamentaleren geltungssüchtigen Sünde, oder verhält es sich umgekehrt? Anders formuliert: Entsteht ein exzessives, eigennütziges oder anderweitig verdorbenes Interesse an »Vorgängen« in Individuen aus einem verdorbenen (Überlegenheit anstrebenden) Interesse an personalen Beziehungen, oder entsteht letztere Art des sündhaften Interesses aus ersterer?

Rawls zitiert Leon mit der Behauptung, daß »es [...] nichts in der Begierde selbst [gebe], was die Geltungssucht in einer ihrer Formen hervorbringen könnte«, und stimmt dem vom ganzen Herzen zu (181, 217).[64] Sein vor allem gegen Ende des ersten Abschnitts von Kapitel vier zu findendes Argument, daß geltungssüchtige Sünde nicht auf bloß selbstsüchtiger Sünde beruhen kann, besteht hauptsächlich aus phänomenologischen

tion in Early Christianity, New York 1988, ist ein hervorragendes Beispiel für neuere Auseinandersetzungen mit dem Thema.

64 Er zitiert Leon, *The Ethics of Power*, S. 158.

Überlegungen, mittels deren er den Unterschied zwischen Interessen an personalen Beziehungen (auch Interessen an Überlegenheit) und »begehrlichen« Interessen an Vorgängen in den Leben einzelner herausarbeitet. Wenn wir dessen Prämissen akzeptieren, könnte uns dieses Argument davon überzeugen, daß die Begierde kein Interesse an sozialer Überlegenheit ganz oder hauptsächlich um ihrer selbst willen, also an dem, was sowohl Leon also auch Rawls mit »Geltungssucht« meinen, begründen kann. Rawls beschäftigt sich nicht ernsthaft mit der Hypothese, der zufolge etwa das augenscheinlich »geltungssüchtige« Streben nach Überlegenheit durch Reichtum oder Macht de facto ganz oder überwiegend instrumentell motiviert sein könnte, weil es durch die »selbstsüchtige« Sorge um die Befriedigung der eigenen Lebensbedürfnisse angeregt wurde. Eine solche Hypothese hätte aber in dem theologischen Kontext, in dem Rawls 1942 schrieb, als ernstzunehmende Kandidatin anerkannt werden müssen. In Niebuhrs theologischer Theorie der Sünde im ersten Band seines Buches *The Nature and Destiny of Man* etwa spielt sie eine wichtige Rolle, in einer Untersuchung also, die damals in Amerika zu den am stärksten diskutierten gehörte und auf die sich Rawls explizit bezogen hat.

Für Rawls das wichtigste der drei unterstützenden Argumente war aus meiner Sicht jenes für die Erklärung der selbstsüchtigen Sünde durch die geltungssüchtige Sünde, das vor allem im dritten Abschnitt von Kapitel zwei zu finden ist und in Kapitel vier bekräftigt wird. Das Argument in Kapitel zwei wird anhand recht spekulativer psychologischer Erklärungen von konstruierten oder allgemeinen Fällen sexueller Verfehlungen sowie Völlerei und Trunksucht entwickelt, die zum großen Teil Niebuhrs Versuchen entstammen, die offenkundig »sinnliche« Sünde als in einer tieferen geistigen Sünde wurzelnd zu erklären. Für Rawls sind sinnliche Sünden Manifestationen zugrundeliegenden Stolzes oder der Geltungssucht. Er gesteht ein, daß diese Argumente »oberflächlich« sind, und so führt ihr mehr oder weniger anekdotenhafter Charakter (zumal die Anekdoten in weiten Teilen fiktional sind) dazu, daß sie schlicht unzureichend sind, um seine weitreichende Schlußfolgerung zu stützen, daß »Sinnlichkeit [...] sich immer dann, wenn sie zur Sünde wird, als völlig durchdrungen von jenen geistigen Perversionen und Bestrebungen erweisen [wird], von denen kein Mensch frei ist« (180). Auch die ähnlich gelagerte Verwendung des fiktionalen Beispiels vom geltungssüchtigen Kapitalisten in Kapitel vier bietet keinen besonders starken Beleg für eine derartige Konklusion in bezug auf die Motivation des Geizes (230 f.). Klarerweise haben viele Fälle von Gier, Trunksucht und sexueller Aggressivität oder Unersättlichkeit tiefere Wurzeln in einem Verlangen nach sozialer Überlegenheit; fraglich bleibt aber, ob das für jedwede Laster dieser Art gilt. Und Rawls bietet noch nicht einmal ein zwingendes Argument für die viel vorsichtigere Schlußfolgerung, der zufolge es »[zwar] vorstellbar [ist], daß Begierden zur Sünde führen, [...] (a) das [aber] nicht oft der Fall [ist]; und (b) die Begierde selbst jedenfalls [...] nicht böse [ist], sondern [...] allenfalls die Situation, zu der sie führt« (182).

Zweifel an der These des abgeleiteten Charakters der selbstsüchtigen Sünde weckt womöglich auch Rawls' Argument für die Unterscheidung zwischen Begierde und Interessen in personalen Beziehungen. In der Diskussion der »reinen« Begierde eines frierenden und erschöpften Menschen nach Erholung und Wärme stellt er sich vor, daß dieser einen anderen bittet, ihm eine Tasse Kaffee zu machen, und bemerkt dazu, daß »andere Personen nur als Mittel zur Erlangung des begehrten Zwecks in sein Bewußtsein vordringen [können]. Die anderen kommen nicht als Personen, sondern bloß als Mittel zur Geltung« (222). Ein Kantianer könnte durchaus denken, daß ein Bewußtseinszustand, in dem man andere als bloße Mittel und nicht als Personen ansieht, schon ein sündiger Zustand ist, der leicht zur unmoralischen Mißachtung ihrer Interessen und ihres Wohlbefindens führen könnte, ohne daß dabei irgendein geltungssüchtiger konkurrenzieller Beweggrund eine Rolle spielte.

Rawls' Marginalisierung der Selbstsucht wirft zudem ein

Konsistenzproblem auf, das seine Darstellung des geistig-spirituellen Lebens in ihrem Kern affiziert. Im ersten Abschnitt von Kapitel vier wendet sich Rawls, wie bereits erwähnt, gegen das, was er die »religiöse Begierde« nach Gott als Quelle persönlicher Befriedigung nennt. Er klassifiziert sie als Sünde, gerade weil er sie als eine Begierde ansieht und *nicht* als das Streben nach einer personalen Beziehung; sie entpersonalisiert die Beziehung zu Gott. Er unterstellt nicht, daß diese Sünde in einem geltungssüchtigen Interesse an sozialer Überlegenheit begründet liegt. Ich denke, Rawls hätte zugestimmt, daß eine derartige Erklärung die augustinische Frömmigkeit, die er bei dieser Kritik religiöser Begierden im Blick hat, auf unplausible Weise trivialisieren würde. Vielmehr geht es ihm hier wohl eher darum, einen eigenen Begriff nicht einer nebensächlichen, sondern einer fundamental selbstsüchtigen Sünde zu entwickeln.

Dennoch bin ich der Auffassung, daß der Wunsch, sowohl das moralisch Gute als auch das moralisch Böse als primär in Interessen an sozialen Beziehungen verwurzelt zu sehen, sehr eng mit den zentralen Motiven von Rawls' Abschlußarbeit und wohl auch seiner späteren Arbeiten verbunden ist. Dieser Punkt wird sichtbar, wenn man Niebuhrs Darstellung der Sünde zum Vergleich heranzieht. Niebuhr beginnt ein Kapitel über die Wurzeln der Sünde mit der Feststellung, daß »die Einzigartigkeit des biblischen Ansatzes für das menschliche Problem in der Unterordnung des Problems der Endlichkeit unter das Problem der Sünde liegt«.[65] Rawls hätte nicht vollkommen danebengelegen, wenn er in dieser Feststellung (die er mit Sicherheit gelesen hatte) eine erkannt hätte, die, ähnlich seiner eigenen, den Vorrang des Ethischen als eines Bereiches menschlicher Sorge betont. Es bestehen allerdings wichtige Unterschiede in bezug auf die Sünde, und zwar sowohl in bezug darauf, was sie ist, als auch darauf, in welcher Hinsicht sie wichtig ist. Niebuhrs Konzeption

65 Reinhold Niebuhr, *The Nature and Destiny of Man*, 2 Bände, New York 1941, hier Band 1, S. 178.

der Natur der Sünde ist, kurz gesagt, metaphysischer als Rawls' und nicht so durch und durch sozial; und der Vorrang, den Niebuhr dem Problem der Sünde einräumt, ist einer auf der moralisch-spirituellen Agenda und kein explanatorischer. Tatsächlich ist er der Überzeugung, daß es das Problem der Endlichkeit ist, welches die Sünde überhaupt erst veranlaßt und motiviert.

Die grundlegendste Sünde ist nach Niebuhrs Auffassung die Weigerung, unsere eigene Endlichkeit zu akzeptieren. Dies ist der »Stolz«, den er im Sinn hat, wenn er davon spricht, es sei die vorherrschende »biblische und christliche« Auffassung, »daß Stolz grundlegender als Sinnlichkeit ist und letztere in gewisser Weise von ersterem abgeleitet ist«.[66] Dieser Stolz kann die Form annehmen, daß man die sozialen Grenzen im Wettstreit mit anderen überschreitet; aber er kann genausogut als willkürlicher Kampf um Ressourcen auftreten, um sein eigenes Leben zu verlängern, oder als Flucht vor dem Wissen um die eigene Endlichkeit. Daher ist er nur insofern ein sozialer Stolz, als er ein Aufbegehren in der Beziehung zu Gott ist; und sogar diese Rebellion muß an sich nicht zwingend Bestandteil der Intention der stolzen Person sein, weil die Weigerung, die eigene Endlichkeit zu akzeptieren, ein Beweggrund ist, den Atheisten ebensogut wie Theisten haben können.

Rawls zitiert Niebuhr mit der Frage: »Strapaziert der Trinker oder der Vielfraß lediglich die Selbstliebe über alle Grenzen und verliert die Kontrolle über sich selbst, indem er versucht, ein bestimmtes Verlangen so uneingeschränkt zu befriedigen, daß dies mit anderen Bedürfnissen in Konflikt gerät? Oder ist in der fehlenden Mäßigung der Versuch zu erkennen, sich selbst zu entkommen?«[67] In der Paraphrasierung von Rawls (»in unseren Worten«, wie er es ausdrückt) klingt das dann allerdings so: »Ist [Sinnlichkeit] nur eine Sache natürlicher Beziehungen, oder sind auch personale Beziehungen betroffen? Und wenn

66 Ebd., S. 186.
67 Ebd., S. 233.

beide betroffen sind, welche spielt die Hauptrolle?« (179). Die Flucht vor dem Selbst ist aus dem Argument verschwunden und wurde durch ein Interesse an personalen Beziehungen ersetzt, das in der zitierten Erklärung von Niebuhr keine Rolle spielt.

Die Unterschiede zwischen Niebuhr und Rawls hinsichtlich des Begriffs der Sünde sind aus meiner Sicht enorm. Rawls übt scharfe Kritik an Niebuhr, wenn er schreibt, dieser wolle behaupten,

> der Mensch in seiner Eigenschaft, sowohl gefesselt als auch frei, sowohl begrenzt als auch unbegrenzt zu sein, [befinde sich] in einem Zustand der Angst, der inneren Unruhe [...]. Auch wenn diese Angst keine Sünde ist, ist sie deren Voraussetzung. Der Mensch sündigt, wenn er durch Stolz seine Kontingenz zu leugnen versucht und auf dem Wege der Sinnlichkeit seiner Freiheit entkommen will. (226)[68]

Rawls erhebt gegen diese Vorstellung vom Ursprung der Sünde (die augenscheinlich von Kierkegaards Buch *Der Begriff Angst* inspiriert wurde) auf zweierlei Weise Einspruch.

Der stärkere Einspruch könnte eher auf einem Mißverständnis beruhen als auf wirklicher Uneinigkeit. Rawls betrachtet Niebuhrs Darstellung als ein Paradebeispiel für das »manichäische« Bemühen, etwas uns Äußerliches für unsere Sünde verantwortlich zu machen. Statt dessen sagt Rawls: »Wir müssen zugeben, daß der Geist sich schlicht selbst verdirbt. Personalität korrumpiert sich selbst ohne einen äußeren Grund.« Niebuhr ist im großen und ganzen ebenfalls der Meinung, daß der menschliche Geist sich selbst verdirbt. »Sünde setzt sich selbst«, sagt er; und: »[D]ie Situation der Endlichkeit und der Freiheit würde nicht zur Sünde führen, wenn Sünde nicht schon in die Situation eingeführt wäre. [...] Aus diesem Grund löscht sogar das Wissen um die Unvermeidlichkeit [der Sünde] nicht das Verantwortungsgefühl aus.«[69] Und insgesamt scheint Rawls Niebuhrs Auffassung bezüglich der Unvermeidlichkeit der Sünde

68 Rawls zitiert ebd., S. 182-186.

69 Ebd., S. 181, 254.

mehr oder weniger zu teilen. Er verweist auf die »offenkundig unvermeidliche Tendenz« des Geistes, sich zu verderben, und erklärt, daß »[d]er Ursprung der Sünde [...] als unfaßbar ›grundloses‹ Ereignis begriffen werden [muß]«. Das ist im wesentlichen auch das, was Niebuhr sagt (227).

Rawls' zweiter Einspruch gegen Niebuhr verweist allerdings auf einen gravierenden Dissens. Anstatt ein Teil der Erklärung der Sünde zu sein, sei »Angst [...] eine Folge der Sünde. Sie ist der Zustand des Sünders in seinem selbsterschaffenen Kosmos, dem Kosmos des Alleinseins.« Für Rawls ist die Hölle sozusagen das Alleinsein. Er selbst verwendet das Wort »Hölle« nicht, zitiert aber Verse von T.S. Eliot, der von den »tätigen Gestalten der Hölle« spricht, die weniger zu fürchten seien als »Leere, Abwesenheit, Geschiedensein von Gott« (226, 245). In dieser Charakterisierung des Alleinseins drückt sich eine leidenschaftliche persönliche Überzeugung von Rawls aus. Ich meine, wir können mit Fug und Recht sagen, daß die Abschlußarbeit für eine Auffassung plädiert, der zufolge unsere menschliche Natur sich am vollständigsten in Präferenzen bezüglich personaler Beziehungen ausdrückt und es Rawls nicht einleuchten will, warum solche Präferenzen in noch tieferen, weniger sozialen, eher metaphysischen oder physischen Sorgen bezüglich unserer Endlichkeit oder konkreter bezüglich des Todes und materieller Not begründet liegen sollen.

Das gilt in weiten Teilen auch für Rawls' reifere Arbeiten. *Eine Theorie der Gerechtigkeit* hält selbstverständlich eine ernsthafte Berücksichtigung der vernünftigen materiellen Versorgung für eine notwendige Bedingung einer wohlgeordneten Gesellschaft. Aber Rawls erwartet von denen, die in einem guten und gerechten sozialen und politischen System leben dürfen, sich in bezug auf nichtsoziale Güter eher rasch zu bescheiden. In *Das Recht der Völker*, also am Ende seiner Laufbahn, sagt er das ganz deutlich in dem Argument, daß liberale Völker »befriedigte Völker« sein werden; weil sie von den Versuchungen des sozialen Überlegenheitsstrebens durch die gerechte innere Struktur ihrer Gesellschaften befreit sind, »haben [sie] nichts, worüber sie einen Krieg führen könnten«.[70]

An dieser Stelle wird einer der bemerkenswertesten und wichtigsten Unterschiede zwischen Rawls' und Niebuhrs Auffassungen der Sünde sichtbar. Niebuhrs Ausführungen zum Zusammenhang zwischen Sinnlichkeit und Stolz sind nicht besonders spezifisch, und die über die Angst als Ursprung der Sünde bzw. unvermeidlicher Versuchung ist in weiten Teilen Kierkegaard entlehnt. Was also bleibt von Niebuhr in diesem Bereich? Ich glaube, es ist seine dezidierte Überzeugung von der *Beständigkeit* der Sünde, die auch am stärksten mit dem »christlichen Realismus« verknüpft ist, den er in seiner Rolle als einer der einflußreichsten politischen Denker im Amerika der Mitte des 20. Jahrhunderts verfocht. »Es gibt«, erklärt er, »keine historische Entwicklung, welche schrittweise diese sündhaften Korrumpierungen der Brüderlichkeit beseitigen wird, die im Gegensatz zum Gesetz der Liebe stehen«.[71]

Sowohl auf einer individuellen als auch auf einer soziopolitischen Ebene sieht Niebuhr echte Chancen, wichtige Etappensiege über die Sünde zu erringen, aber er hält es für ausgeschlossen, die Sünde als schreckliche Herausforderung ein für allemal zu beseitigen. Auf individueller Ebene, sagt er, sei es »logisch anzunehmen, daß, wenn der Mensch auf den Charakter seiner Selbstliebe und ihrer Unvereinbarkeit mit dem göttlichen Willen aufmerksam geworden ist, diese Aufmerksamkeit ihre Macht brechen würde«. Die Darstellung der Bekehrung in Rawls' Abschlußarbeit kann leicht als ein solches Brechen der Macht der Sünde gelesen werden. Niebuhr sagt: »[D]iese Logik wird wenigstens teilweise durch Erfahrung belegt. Reue regt ein neues Leben an.« Aber er glaubt nicht, daß irgendeine historisch nachweisbare Bekehrung dem Auslöschen der Sünde aus dem Leben

70 John Rawls, *The Law of Peoples*, Cambridge, Mass.: 1999, S. 47 [dt.: *Das Recht der Völker*, Berlin 2002, S. 54].

71 Niebuhr, *Nature and Destiny*, Bd. 2, S. 96.

einer Person auch nur nahe kommt: »Die traurigen Erfahrungen der christlichen Geschichte zeigen, wie der menschliche Stolz und die geistige Arroganz genau an der Stelle zu neuen Höhen aufsteigen, wo Ansprüche der Heiligkeit ohne angemessene Qualifikation gestellt werden.«[72]

Mit Blick auf die kollektive Ebene behauptet Niebuhr einerseits, es gebe »keine soziale oder politische Problemlage, in der Menschen nicht neue Möglichkeiten des Guten vor Augen haben und damit die Verpflichtung, sie zu verwirklichen«. Er besteht darauf, daß es Annäherungen an die Gerechtigkeit gibt, die erreichbar und der Mühe, sie zu erreichen, wert sind. Niebuhr hätte Rawls' Abschlußarbeit sicherlich dahingehend kritisiert, daß sie zuviel von der individuellen Bekehrung erwartet und zu wenig von der Reform der Institutionen. Andererseits sagt er: »Keine menschliche Gemeinschaft ist [...] eine einfache Konstruktion des Bewußtseins oder der Vernunft. Jede Gemeinschaft [...] wird von Macht regiert.« Im Herzen der Demokratie sieht er einen Konflikt, der jedoch so eingehegt ist, daß er nicht zu Anarchie oder Gewalt führt: »Es ist die größte Errungenschaft demokratischer Gesellschaften, daß sie das Prinzip des Widerstands gegen die Regierung in das Prinzip der Regierung selbst überführen.«[73]

Der Unterschied zwischen Niebuhrs Hoffnungen auf eine demokratische politische Ordnung und jenen des reifen Rawls liegt auf der Hand, selbst wenn es bis zu einem gewissen Grad einer der Nuancierung und Akzentuierung ist, und er hängt auch damit zusammen, daß sie unterschiedliche politische Pro-

---

72 Ebd., S. 121 f.

73 Ebd., S. 207, 257, 268. Der zweite Band von Niebuhrs Werk wurde erstmals im Januar 1943 veröffentlicht, also vier Wochen nachdem Rawls seine Abschlußarbeit eingereicht hatte; Niebuhrs Ansichten über die Permanenz der Sünde in der Politik waren allerdings schon in einer noch düstereren Form aus seinem Buch *Moral Man and Immoral Society*, New York 1932, bekannt. Vgl. auch Fox, *Reinhold Niebuhr*, S. 212-214.

bleme ins Zentrum ihrer Arbeit stellen. Im ersten Kapitel von *Eine Theorie der Gerechtigkeit*, wo er seine Entscheidung erklärt, sich auf eine ideale Theorie und auf Fälle zu konzentrieren, die in »vollständiger Konformität« mit Gerechtigkeitsprinzipien stehen, räumt Rawls ein, daß »die Probleme der Theorie der unvollständigen Konformität die dringlichen [sind]. Ihnen stehen wir im täglichen Leben gegenüber«. Er behauptet, wenn er »mit der idealen Theorie anfange«, bieten sich die besten Voraussetzungen für eine »systematische Behandlung dieser dringenderen Probleme«.[74] Niebuhrs voluminöse Schriften über Politik hingegen konzentrieren sich überwiegend auf nichtideale Situationen, was zum Teil daran liegen mag, daß er sich stärker in der (partei-)politischen Praxis engagiert hat. Niebuhrs pessimistischerer Blick auf die Aussichten ideal-gerechter politischer Systeme hat ihn jedoch zweifellos in die Lage versetzt, dem Problem moralischer Klugheit im Umgang mit nichtidealen Situationen größere Dringlichkeit beizumessen und es als schwieriger anzusehen, als Rawls es tat.[75]

All diese Unterschiede stehen in direktestem Zusammenhang mit dem Dissens, der zwischen Niebuhr und dem jungen Rawls in bezug auf den Ursprung der Sünde herrscht. Das Problem der Endlichkeit, für Niebuhr die größte Versuchung zur Sünde, wird nicht verschwinden. Es ist kein Problem, das wir *lösen* könnten, sei es individuell oder kollektiv. Ebensowenig glaubt Niebuhr, daß Gott uns von diesem Problem irgendwann im Lauf der menschlichen Geschichte befreien wird. Unsere moralische und geistige Aufgabe besteht in Niebuhrs Augen nicht darin, dieses Problem zu lösen, sondern zu lernen, mit ihm zu leben. Damit meint er nicht, wir sollten lernen, mit den besten erreichbaren sozialen und politischen Bedingungen *zufrieden* zu sein, im Gegenteil: ihm zufolge sollten wir diese Bedingungen einer permanenten Kritik im Lichte eines Standards tran-

---

74 Rawls, *A Theory of Justice*, S. 8 [dt. S. 25].

75 Vgl. z. B. Niebuhr, *Nature and Destiny*, Bd. 2, S. 88.

szendentaler Güte (das heißt, eines Standards opfernder Liebe) unterziehen. Die Vorstellung, wir könnten dieses Ideal tatsächlich realisieren, hält er allerdings für eine gefährliche Illusion.

Das Problem der Geltungssucht, in dem Rawls die Wurzel der Sünde sieht, scheint dem individuellen oder sozialen moralischen Fortschritt zumindest zugänglicher zu sein als das Problem der Endlichkeit. Und Rawls könnte durchaus davon ausgehen, dies sei ein Vorteil beim Schaffen einer Grundlage jener Hoffnung, von der sowohl er wie auch Niebuhr sagen, daß sie für moralisches und politisches Bestreben notwendig sei. Ich halte die Grundlegung der Hoffnung wirklich für einen der schwierigsten Punkte in Niebuhrs Denken. In dem Maße, in dem er davon ausgeht, daß die Angst vor unserer Endlichkeit von der »Tendenz zur sündhaften Selbstbehauptung« gereinigt werden kann, geschieht dies durch den »Glauben an die unerschütterliche Sicherheit von Gottes Liebe«. Wie erreicht Gottes Liebe die Quelle der Angst? Niebuhr spricht zum Beispiel von einer Hoffnung, daß »die Ewigkeit den Reichtum und die Vielfalt, die der zeitliche Prozeß geschaffen hat, erfüllen und nicht aufheben wird«. Seine Äußerungen hierzu sind aber nur vage, und er ist weit weniger bereit, in klaren Worten die traditionelle christliche Hoffnung auf ein zukünftiges Leben jenseits der Unbeständigkeit der Geschichte zu bekräftigen, als Rawls es in seiner Abschlußarbeit war.[76] Andererseits würde Niebuhr sicher sagen, daß seine Sicht auf den Ursprung der Sünde realistischer ist als Rawls' und es insbesondere als Vorzug sowie als einen Indikator für den Realismus seiner Darstellung ansehen, daß sie den Interessen an personalen Beziehungen keine alleinige grundlegende Rolle zuschreibt; er muß daher auch nicht leugnen, daß wir ganz unabhängig von Wettbewerbsinteressen in sozialen Beziehungen zur Selbstsüchtigkeit mit Blick auf ökonomische Güter befähigt bleiben.

76 Ebd., Bd. 1, S. 183; Bd. 2, S. 295. Vgl. auch Fox, *Reinhold Niebuhr*, S. 215.

7. *Bekehrung und das Zurückweisen des Verdienstes*

Der Abschnitt über Bekehrung (Kapitel fünf, Abschnitt III) ist vielleicht der eigenständigste und interessanteste in der gesamten Abschlußarbeit. Rawls bestätigt emphatisch die zentrale Rolle der Bekehrung im christlichen Denken: »Es ist ohne Zweifel wahr, daß ein umfassendes Verständnis der Bekehrung vollkommen unerläßlich für das Verständnis des Christentums ist. [...] Deshalb ist die Bekehrung entscheidend, weil ihr Wesen der Mutterschoß der christlichen Theologie ist. Erst in diesem Erlebnis bekommen Offenbarung, Sünde und Glaube ihre volle Bedeutung und Kontur.« Er sieht in ihr »die eigentliche Quelle der Lehre[n] von der Erwählung« und der Schöpfung sowie, allgemeiner, der »wahre[n] Vorstellung von Gott« (273, 283).

Die prominente Rolle der Bekehrung ist für bestimmte Traditionen des Protestantismus kennzeichnend. Und Rawls' Darlegung, wie im Rahmen des Ereignisses einer Bekehrung »das Wort Gottes in die Geschlossenheit der Sünde eindringt«, ist klassisch protestantisch (273). In auffallend persönlicher und meines Erachtens auch sehr origineller Weise entfaltet Rawls jedoch eine Phänomenologie der Bekehrung etwa anhand des Begriffs der »Flachheit« oder mit Formulierungen wie »dem Wort Gottes ausgeliefert zu sein« (273-277). Die Bekehrungserfahrung ist äußerlich undramatisch, innerlich aber umwälzend. Rawls sagt sogar: »Die Sünde kann angesichts der Gnade des Wortes nur zerstört werden. [...] Das Hinein-Kommen des Wortes hat die Sünden derart offengelegt, daß sie kein Versteck mehr haben« (279).

Dies scheint einer radikaleren Ausrottung der Sünde das Wort zu reden, als Niebuhr sie je ohne ausdrückliche Vorbehalte behauptet hätte. Brunner glaubt zudem, daß die Bekehrung von der Sünde in diesem Leben niemals abgeschlossen wird: »[Der Person, die Gott im Glauben geantwortet hat,] hängen noch die Eierschalen des alten Wesens an, zwar als ein Überwundenes, aber doch auch immer wieder zu Überwindendes.«[77] Bei genauerem Nachdenken hätte Rawls vielleicht eingesehen, daß er seine Behauptungen über die Wirksamkeit der Bekehrung besser etwas eingeschränkt hätte, aber in der Abschlußarbeit finden sich kaum Indizien dafür, daß dies notwendig sein könnte. Ein Zeichen der Vorsicht zeigt sich, wenn er sagt, wir würden als Folge des Erlebnisses, »[Gottes] Wort gehört zu haben [...], analog zu Seiner Gnade [handeln] *oder* [...] *dies wenigstens [versuchen]*« (291, Hervorhebung R. M. A.). Aber im selben Zusammenhang stellt er schlicht fest, daß der bekehrte Sünder »nun sein Leben im richtigen Verhältnis zu anderen führt. [...] Daher erwachsen aus dem Bekehrungserlebnis jene Handlungen, welche die Gemeinschaft wiederherstellen und wiederaufbauen. Verpflichtungen sind nun also erfüllt« (290).

Die Theorie der Bekehrung ist ein zentraler Knotenpunkt in einem Argument und einer theoretischen Struktur, welche die wichtigsten inhaltlichen Aussagen der Arbeit zusammenführt. Zumindest die folgenden Punkte werden hier miteinander verknüpft:

(1) Die grundlegende Sünde, die uns von der Gemeinschaft ausschließt, ist die Geltungssucht (das heißt die Sünde des Stolzes – bzw. und vielleicht allgemeiner, das Verlangen nach gesellschaftlicher Stellung).

(2) Obwohl die Bekehrung, die für die Erlösung notwendig ist, in mancher Hinsicht niederdrückend ist, ist nicht der Schmerz das, worauf es in ihr ankommt, sondern daß die Geltungssucht ganz undramatisch »in die Flachheit des Entblößtseins« zerfällt (278), ganz ohne theatralisches Getue.

(3) Darin (und sogar davor, beim Hören von Gottes Wort) ist die Bekehrung eine Begegnung mit der Großzügigkeit, der sanft urteilenden Liebe und dem Erbarmen Gottes. »Es ist das Erbarmen und nicht der Zorn, das die stärkste Verdammung ist« (280). Erst das Wahrnehmen des Gegensatzes zwischen

77 Brunner, *Man in Revolt*, S. 488 [dt. S. 510].

Gottes Liebe und der Geltungssucht des Sünders führt zur Auflösung oder zum Zerfall der Geltungssucht. Die Vorstellung, daß wir erst angesichts der Offenbarung von Gottes Erbarmen unsere Sünde wirklich erkennen können, war in der protestantischen Theologie der 1930er Jahre nicht neu,[78] aber Rawls entwickelt sie in der Arbeit ungewöhnlich prächtig und kraftvoll (277-282).

(4) Rawls' Theorie der Bekehrung wendet sich eindeutig gegen die Vorstellung von einem wütenden oder strafenden Gott. Dies spiegelt sich in der emotionalen Flachheit wider, die er der Bekehrung zuschreibt, und in seiner Behauptung, Gottes *Erbarmen* mache unsere Sünden zunichte. »Furcht«, sagt Rawls mit Verweis auf William Temple, »[ist] das am stärksten auf sich selbst bezogene Gefühl«. Weil er Furcht hervorruft, ist der (Rawls zufolge falsche) Glaube, daß Gott wütend sei, ein Hemmnis für den Glauben und führt zu dem weiteren Hemmnis, das Rawls die »Handelsgrundlage« interpersonaler Beziehungen nennt. Aushandeln, sagt er, ist »eine Methode, die der Sünder verwendet, um den ›anderen‹ zu binden und sich selbst zu schützen«, und es »hat seinen Ursprung in der Furcht«. Dies trifft auch, wie Rawls betont, auf den Hobbesschen Gesellschaftsvertrag zu, kann aber nicht zu wahrer Gemeinschaft führen, die in gegenseitigem Vertrauen gründen muß und nicht in Mißtrauen. Ebenso führt in der Religion Mißtrauen gegenüber Gott zum Feilschen mit Gott und ist die Quelle von jedem »›Verdienstprinzip‹ der Erlösung« (266-270).

(5) Die Abschlußarbeit liefert zwei Gründe, warum *Verdienst* nicht als Grundlage der Erlösung oder sogar als ein Objekt jedweden legitimen Interesses taugt, und beide stehen in Zusammenhang mit der Bekehrungserfahrung. Der eine Grund besteht darin, daß mit dem Zerfall der Geltungssucht »die mensch-

78 Diese Idee wird zum Beispiel prägnant ausgedrückt in Emil Brunners christologischem Buch *The Mediator: A Study of the Central Doctrine of the Christian Faith*, New York 1934, S. 602 [dt.: *Der Mittler. Zur Besinnung über den Christusglauben*, Tübingen 1927].

liche Person erkennt, daß alles, was sie hat, ein Geschenk ist, und sie nichts hat, was ihr nicht geschenkt worden ist«. Zum einen gibt es das, was Eltern, Freunde und die »Gemeinschaft« ihr gegeben haben; aber auch »das Land« und »die Natur« und »die Totalität dessen, was sie besessen und genossen hat, [ist] ein Geschenk Gottes gewesen« (278-281).

(6) Der zweite Grund gegen den Verdienst besteht darin, daß »[g]ute Taten als Verdienst zu vollbringen, [...] nur dem Dämon des geistigen Stolzes« dient, und daher »Verdienst [...] für das Schaffen einer Gemeinschaft unerheblich [sogar kontraproduktiv] ist« (282, 269). Verdienst wird hier als eine Art sozialer Überlegenheit angesehen. Und wenn das Interesse an sozialer Überlegenheit stets Geltungssucht ist und die Bekehrung vor allem und im wesentlichen eine Abkehr von der Geltungssucht ist, dann beinhaltet die Bekehrung auch eine Abkehr vom Interesse am Verdienst.

Rawls identifiziert »fehlende[n] Glauben und Vertrauen«, was sich in dem Verlangen äußert, »Verdienste vor der göttlichen Erwählung zur Schau [zu] stellen«, als den »Kern des pelagianischen Irrtums« (269). Ich verstehe dies nicht als einen Beitrag zur Pelagius-Exegese, sondern als Rawls' Diagnose dessen, was mit sogenannten pelagianischen Auffassungen nicht stimmt. Im Grunde handelt es sich um den authentischen Ausdruck des paulinischen Themas, von der Erlösung durch Gnade allein aufgrund des Glaubens, eines Themas also, das für die Theologien von Augustinus und Luther zentral war; sie wird hier von Rawls auf eine Art weiterentwickelt, die mir originell und interessant erscheint. Daß »Gott [...] kein Verdienst [will], das Er belohnen kann« (281 f.), steht nicht in den Paulusbriefen im Neuen Testament, bringt allerdings eine Vorstellung zum Ausdruck, die durchaus den Hintergrund für eine Bibelstelle wie etwa Römer 10:3-4 bilden könnte.

In seiner Kritik des Interesses an Verdienst hat Rawls mehr mit Leon gemein als mit den traditionelleren theologischen Autoren Brunner und Niebuhr. Daß das Interesse an Verdienst ein

Ausdruck der Geltungssucht ist, geht auf eine von Leon in aller Breite entwickelte Idee zurück. Leons Diskussion bietet sogar eine Erklärung für eine kuriose Ausweitung dieser Idee, die in Rawls' Arbeit nur in einer beiläufigen Redewendung auftaucht: »Geltungssucht versucht das ›Du‹ unter sich zu stellen, das ›Du‹ zu einem Bewunderer oder zu einem Objekt der Bewunderung zu machen« (230, vgl. auch 239 f.). Es ist leicht zu sehen, wie einem das »Du« durch die Verwandlung in einen Bewunderer untergeordnet wird, aber ebenso könnten wir erwarten, daß das »Du« durch die Verwandlung in ein Objekt der Bewunderung *über* einen gestellt würde – das »Du« auf einen Sockel heben, wie man so schön sagt. Rawls liefert hierfür keinerlei Erklärung, aber Leon hat dafür um so mehr dazu zu sagen. Die Bewunderung des anderen erläutert er als Zeichen einer verdeckten Geltungssucht, die sich durch die Identifikation mit dem Bewunderten erhöht. Er führt aus, daß Bewunderung inkompatibel mit der Gemeinschaft ist, weil sie sich nicht der Individualität der Person, sondern »allgemeinen Attributen« zuwendet, die Abstraktionen vom Individuellen sind.[79] Seines Erachtens kann

> es keine Intimität mit Abstraktionen (Qualitäten, Attributen) geben, welche die Objekte der Wertschätzung sind. Es gibt auch keine Intimität mit Personen, die wir achten, respektieren, ehren, preisen, bewundern oder auf andere Weise rühmen (wir rühmen ihre Attribute oder ihren »Charakter«).[80]

Leon führt diese Idee zu einem Punkt, der im Kontrast zur Tradition und Praxis praktisch aller theistischen Religionen steht: Er wendet sich gegen das Bewundern und Loben Gottes und fragt: »Schließt das moralische oder objektive Leben also Verehrung, Ehrfurcht, Ehrerbietung, Hochachtung aus, die alle preisende Haltungen genannt wurden?« Seine Antwort lautet:

> Es schließt nur das In-Einssein mit und die Inspiration durch Gott nicht aus, die als Güte und Liebe erlebt wird, was sicher nicht be-

79 Leon, *The Ethics of Power*, S. 196-201; vgl. auch S. 98 f.
80 Ebd., S. 201.

schreibbar ist oder beschrieben wird durch die Begriffe »Verehrung«, »Ehrfurcht«, »Ehrerbietung«, »Hochachtung«, »der Sinn des Nouminosen«, so wie sie üblicherweise gebraucht werden.

In einer Anmerkung fügt Leon hinzu, daß er »darauf vorbereitet ist, zum Scheiterhaufen geschickt zu werden« für »die Behauptung, daß jede Religion, die sich um Vorstellungen von Macht, Absolutheit und Vorherrschaft dreht, reine Geltungssucht ist.«[81]

Ich glaube nicht, daß der junge Rawls die Absicht hatte, Leon in dieser Hinsicht zu folgen. Isoliert betrachtet könnte Rawls' Aussage, »Gottes Ruf ist kein Aufruf zum Preisen, sondern ein Ruf zur Reue«, in diesem Sinn gelesen werden. Im Kontext ist ihr Sinn aber ziemlich eindeutig: Wir sollen nicht gepriesen *werden*, sondern Reue zeigen. »Gottes Motiv in den Dienst von Gottes Ehre zu stellen heißt, aus Gott einen Geltungssüchtigen zu machen«, sagt Rawls; und er lehnt es ab, »sich Gott als einen verherrlichten Geltungssüchtigen [vorzustellen]«. Auch wenn es nicht Gottes Motiv ist, »Seine eigene Herrlichkeit zu sehen«, wird dennoch »Seine Gemeinschaft, Seine Herrlichkeit offenbaren«. Und im letzten Absatz seiner Abschlußarbeit stellt er sich die fröhliche Vollendung der Gemeinschaft als eine vor, in der »alle Geschöpfe Gottes [...] zu Seinen Füßen knien [werden]« (282, 287, 266, 295).

Wie in der Einleitung dieses Buches herausgearbeitet wurde, ist die Zurückweisung des Verdienstes ein Punkt »besonders auffälliger Kontinuität zwischen der Abschlußarbeit und Rawls' späteren Auffassungen«. Es gehört zu den charakteristischen und kontrovers diskutierten Merkmalen von Rawls' Theorie der Gerechtigkeit, daß weder die Belohnung eines Verdienstes noch die Bestrafung eines Fehlers als eine grundlegende Anforderung der Gerechtigkeit in Betracht gezogen werden, und zwar aufgrund von Argumenten, denen zufolge die Quellen moralischen Verdienstes auf Vorteilen beruhen, die nicht erarbeitet wurden, und daß kein einzelnes Individuum mehr verdient als

81 Ebd., S. 196 f.

alle anderen. Das erinnert an das Argument in der Abschlußarbeit, wonach jeder Vorteil, in dessen Genuß wir gekommen sein mögen, ein »Geschenk Gottes« gewesen ist. Das weniger theologische Argument der Abschlußarbeit, das Interesse an Verdienst sei als geltungssüchtiges Interesse an sozialer Überlegenheit der Gemeinschaft abträglich, kommt in *Eine Theorie der Gerechtigkeit* nicht vor, vielleicht weil es weniger direkt und offensichtlich mit Vorstellungen von Fairneß und Verdiensten verknüpft ist.

In *Eine Theorie der Gerechtigkeit* wird das Argument gegen Belohnung natürlich nicht theologisch begründet, sondern in Begriffen einer natürlichen Lotterie, der Idee, Glück zu haben oder von der Natur bevorzugt worden zu sein.[82] Rawls hatte natürlich Grund genug, in Rahmen seiner Theorie der Gerechtigkeit bei der Bestimmung dessen, was eine politische Theorie ist und welche Ziele sie verfolgen sollte, auf theologisches Vokabular zu verzichten. Vielleicht spielte aber auch ein gewisser persönlicher Widerwille eine Rolle, »die Geschichte als Ausdruck des Willens Gottes [zu] interpretieren«, wie er es Jahrzehnte später in »Über meine Religion« formulierte (305).

Ich habe allerdings meine Zweifel, ob der Zug, alles als Geschenk Gottes anzusehen, wirklich so wirkungslos ist, wenn es darum geht, einen auf Verdienst basierenden Perfektionismus zurückzuweisen. Es liegt nicht auf der Hand, daß die bloß negative Überlegung, die Aneignung einer Perfektion sei nie ganz auf das eigene Tun zurückzuführen, das perfektionistische Denken wirklich zu fassen bekommt. Denn diejenigen Ansprüche der Perfektionisten, denen Rawls unbedingt widersprechen möchte, haben aus Sicht der Perfektionisten typischerweise ihren Grund im tatsächlichen oder möglichen *Besitz* der betreffenden Perfektion und nicht darin, daß die Art des Erwerbs der betreffenden Perfektion irgendeine Belohnung *verdienen* würde. Betrachtet man hingegen alles als ein Geschenk Gottes, so hat man ein positives Motiv der Dankbarkeit, Gott etwas zu-

---

82 Rawls, *A Theory of Justice*, §17 und §48 sowie S. 64 [dt. S. 94f.].

rückzugeben, indem man es der Gemeinschaft gibt, die von Gott errichtet wurde.

8. Gott und Offenbarung

Die Art und Weise, in der Rawls in seiner Abschlußarbeit von Gott spricht, bestätigt seine Erinnerung in »Über meine Religion«, daß er zum Zeitpunkt des Verfassens der Arbeit ein »gläubiger, orthodox-episkopaler Christ« war (303). In der Arbeit wird zwar keine Lehre von Gott systematisch entwickelt, aber viele Bruchstücke eines Gottesbegriffs werden beiläufig erwähnt, und diese sind in der Mehrzahl von einem traditionellen Standpunkt betrachtet recht orthodox. Von der Schöpfungslehre wird gesagt, daß sie ihre Quelle, wie oben erwähnt, in der Bekehrungserfahrung hat, und in der sehr knappen Erläuterung wird gesagt, sie bedeute »vor allem [...] erstens, daß der Mensch von Gott abhängig ist, und zweitens, daß alles ein Geschenk Gottes ist« (283). Eine solche Schöpfung verlangt gewiß einen sehr mächtigen Gott, und Rawls bestätigt daher auch die göttliche Allmacht mit der biblischen Formulierung »mit Gott [sind] alle Dinge möglich« (294).[83] Die orthodoxe Bekräftigung, daß »Gott [...] Drei Personen in Einer [ist], jede der anderen gleich«, findet sich inmitten seiner Überlegungen zur menschlichen Gemeinschaft (244, vgl. auch 228). Die verbindende Behauptung, daß »Gott gemeinschaftlich ist«, paßt allerdings zu manchen Traditionen der christlichen Orthodoxie besser als zu anderen.

Ein modernisierender Aspekt des Gottesbegriffs, der in der Abschlußarbeit entwickelt wird, ist das Zurückweisen der Lehre von der göttlichen Unveränderlichkeit, die, wie Rawls darlegt, eher philosophische als biblische Wurzeln hat (288). Dies ist keine überraschende Position. Die Unveränderlichkeit Gottes, die

83 Markus 10:27; vgl. Lukas 1:37; 1 Mose 18:14.

in der mittelalterlichen und frühmodernen Theologie fast universelle Zustimmung fand, wurde in der Theologie des 20. Jahrhunderts weithin (wenn auch nicht generell) in Frage gestellt. Rawls formuliert keine positive Theorie von Gottes Verhältnis zur Zeit und zum Wandel.

Interessanter ist vielleicht die Frage nach der *Neo*orthodoxie von Rawls' Gottesbegriff, der kaum etwas von Barths eifriger Betonung der Transzendenz und »Andersheit« Gottes erkennen läßt. Zumindest in bezug auf zwei voneinander unabhängige Punkte – die Erwählungslehre und den Begriff der Selbstoffenbarung Gottes – zeigt Rawls' Darstellung von Gott aber den Einfluß neoorthodoxer Theologen, insbesondere von Brunner.

(1) Einer der Aspekte eines protestantischen Gottesbegriffs, den Rawls in seiner Arbeit ausgiebig bespricht, ist die *Erwählungs*lehre – also die Überzeugung, daß Gott diejenigen erwählt oder aussucht, die die Objekte von Gottes erlösendem Handeln sind. Rawls hält fest, daß er den »Begriff der Erwählung aus dem Neuen Testament [...] in vollem Sinne« zwar akzeptiert, aber »schroffe Schlußfolgerungen im Stile der Prädestinationslehre« vermeiden möchte,* die er mit Augustinus und Thomas von Aquin verbindet, die aber ebensogut Luther und Calvin zugeschrieben werden können. Dieses Unterfangen, eine Lehre der göttlichen Erwählung ohne eine strenge Prädestinationslehre zu formulieren, findet sich in der modernen Theologie schon bei Schleiermacher, dem Prototyp des liberalen Theologen; es ist daher kein Merkmal der Neoorthodoxie, obwohl Brunner und Barth es gewiß ebenfalls anstrebten. Das fünfhundert Seiten starke Kapitel, in dem Barth dieses Ziel zu erreichen versuchte, ist einer der anregendsten und innovativsten Teile seiner *Kirchlichen Dogmatik*. Rawls hat aber wahrscheinlich eher Brunners zweiseitige Behandlung des Themas gelesen; und

---

* An dieser Stelle fehlen bei Adams die Quellenangaben. Die Zitate finden sich auf S. 287 f. A. d. Ü.

er hat mehr über die Erwählung zu sagen, als dort zu finden ist.[84]

Rawls' erster Versuch, die strengen Schlußfolgerungen zu vermeiden, besteht darin, den unveränderbaren Gottesbegriff aufzugeben. Indem er diesen Vorschlag mit Fragen der Vorsehung verknüpft, will er wohl zeigen, daß Gottes Erwählung veränderliche Umstände und kontingente Entscheidungen der erwählten Personen reflektieren kann, wenn Gottes Pläne sich im Laufe der Zeit wandeln können. Seine zentrale Idee lautet aber, daß eine Theologie der Erwählung den »radikalen Individualismus« und das falsche Verständnis der Erwählung zurückweisen sollte, denen zufolge diese darauf angelegt ist, »hier und da vereinzelte Personen zu retten«. Rawls hält dem entgegen, daß Gottes Erwählung einen gemeinschaftlichen statt einen individuellen Zweck hat; sie ist darauf angelegt, »eine Gemeinschaft seiner Schöpfungen zu schaffen und zu versammeln«. »Die Erwählten werden ausgesucht, um die Gemeinschaft wiederzubegründen.« Ihre Bekehrung ist der erste Schritt zur Wiederbegründung der Gemeinschaft, die durch ihr Verkünden der »frohen Botschaft« andauert. Gottes Erwählung des Apostels Paulus zum Beispiel bedeutet, daß er »erwählt [ist], um das Wort zu predigen; Gott wird ihn als Mittel für weitere Erwählungen benutzen« (285-289).

Inwiefern stellt dies eine Alternative zu strengen Prädestinationslehren dar? Rawls beantwortet diese Frage nicht in wünschenswerter Klarheit, aber ich glaube, daß in seiner Darstellung die *Absicht* von Gottes Erwählung eher gemeinschaftlich als individualistisch ist. Er bestreitet nicht, daß Personen individuell und zu unterschiedlichen Zeiten durch Bekehrung in die Gemeinschaft gerufen werden. Meiner Meinung nach unterscheidet sich seine Auffassung von einer Vorsehungslehre darin, daß er Gottes Erwählung einer Person nicht als die Wahl dieser

84 Vgl. Brunner, *Man in Revolt*, S. 76-78 [dt. S. 65-68]; Karl Barth, *Church Dogmatics*, Band 2, Teil 2, Edinburgh 1957, S. 3-506 [dt.: *Kirchliche Dogmatik*, Band 2, Teil 2, Zürich [3]1945, S. 1-563].

und nicht einer anderen Person für die spätere Erlösung ansieht, sondern er versteht diese Wahl als Zuweisung einer Rolle, die der Erwählte bei der Errichtung der Gemeinschaft spielen soll, als Verpflichtung auf Mitgliedschaft und Dienst in der Gemeinschaft zu einer bestimmten Zeit.

Es ist schwer zu glauben, daß diese Strategien für Rawls wirklich hinreichend sind, um die strengen Implikationen traditionellerer Prädestinationslehren zu umgehen. Angenommen, er hat recht und wir sind nicht in der Position, Pluspunkte für irgendwelche moralischen Eigenschaften, die wir haben, einfordern zu können, dann scheint die Strenge und sicher auch die Ungerechtigkeit Teil seiner Theologie zu bleiben, solange er nicht die Lehre von der Hölle leugnet, die manche Individuen auf ewig von der Mitgliedschaft in Gottes Gemeinschaft ausschließt. Nicht der göttliche Determinismus, sondern der Glaube an die Hölle oder Verdammnis ist die Hauptquelle der moralischen Anstößigkeit der Prädestinationslehre, wie bereits Schleiermacher klar herausgestellt hat.[85] Barth und Brunner haben die Lehre von der Hölle nicht so eindeutig zurückgewiesen wie Schleiermacher, allerdings meine ich, daß sie ihre Leser sehr wohl dazu einladen, die universelle Erlösung zu *erhoffen*.[86] Andere gingen in den 1930er Jahren noch weiter. In einem von Rawls in der Arbeit (wenn auch nicht an dieser Stelle) zitierten

---

85 Schleiermacher, *The Christian Faith*, S. 536-560 (§117-§120) und S. 720-722 [dt. Band 13.2, S. 244-277 sowie S. 490-493]; und besonders »Über die Lehre von der Erwählung«, in: Schleiermacher: *Kritische Gesamtausgabe*, Abteilung I, Bd. 10, Berlin 1990, S. 145-222. Viel von dem, was Rawls positiv über die Erwählung bestätigt, kann bei Schleiermacher gefunden werden.

86 Barth, *Church Dogmatics*, Bd. 2, T. 2, z. B. S. 477, 496 f., 506 [dt. S. 498 ff.]. Brunner bleibt an der entscheidenden Stelle in *Man in Revolt* vage, vgl. S. 470-477 [dt. S. 489-496]. Überhaupt nicht vage, dafür frisch und inkonsistent ist er in *The Christian Doctrine of the Church, Faith, and the Consummation,* Philadelphia 1962, S. 415-424 [dt.: *Die christliche Lehre vom Glauben, von der Kirche und der Vollendung*, Zürich 1960] – ein Buch, das Jahre nach Rawls' Abschlußarbeit geschrieben wurde.

Kommentar vertritt C. H. Dodd eine unmißverständlich universalistische Lesart des letzten Teils von Kapitel elf von Paulus' Römerbrief.[87] In bezug auf diesen Punkt ist Rawls in seiner Abschlußarbeit vielleicht nicht gerade mehrdeutig, aber auch nicht völlig explizit; manche seiner Aussagen deuten aber auf die Überzeugung hin, daß letztlich alle Menschen errettet werden. Er sagt zum Beispiel, daß diejenigen, die bereits erwählt und wiederhergestellt wurden, »mit [Gottes] Hilfe *all* jene einsammeln [sollen], die noch zurückbleiben, um so zu helfen, die *ganze* Schöpfung zu Ihm zu bringen«. Am Ende wird »[d]ie *ganze* Schöpfung [...] vereint sein und *alle* Geschöpfe Gottes werden zu Seinen Füßen knien. Diese unter Gott vereinigte Gemeinschaft ist das Ziel, zu dem Gott Seine Schöpfung bewegt« (294 f., Hervorhebungen R. M. A.).

(2) In bezug auf die Frage, wie wir Gott kennen können, diskutiert Rawls in seiner Abschlußarbeit mehrere Sichtweisen, hebt aber die Offenbarung besonders hervor, die er als Gottes persönliche Selbstauskunft im kommunikativen Handeln und entsprechend als Diskreditierung der »natürlichen Theologie« versteht. Das sind typische neoorthodoxe Themen, wenngleich sie hier größtenteils weit weniger polemisch präsentiert werden als in den Arbeiten der führenden neoorthodoxen Theologen. In Rawls' Begriff der Offenbarung manifestiert sich jener Personalismus, der die Hauptargumente seiner Arbeit trägt und der ihn in besondere Nähe zu Brunner bringt.

»Es ist zweifelhaft«, sagt Rawls, »ob die natürliche Theologie uns sehr viel dazu sagen kann« (136). Vielleicht gestattet er an dieser Stelle einem Skeptizismus gegenüber philosophischen Argumenten für den Theismus einen gewissen Raum; dafür spricht folgende Aussage:

> Die Vernunft kann uns nicht sagen, ob Gott Schöpfer ist oder Ewigkeit, allmächtig und so weiter. Er selbst kann uns das aber sagen. [...] Das Wesen Gottes, soweit es für uns überhaupt begreifbar ist, ent-

87 C. H. Dodd, *The Epistle of Paul to the Romans*, London 1932.

deckt man nicht durch das Spielen mit metaphysischen Kategorien, sondern es wird uns unmißverständlich im Erfahren Seines Wortes gezeigt. (283)

Ich glaube, man darf sagen, daß Rawls zu keinem Zeitpunkt seines Lebens seine ihm wertvollsten Überzeugungen mit metaphysischen Argumenten begründen wollte.

Allerdings werden die Diskreditierung der natürlichen Theologie und das Beharren auf Offenbarung in dieser Arbeit sehr häufig mit Hilfe des personalen Charakters der Kenntnis von Gott, den er ja nachweisen will, begründet. »Personale Beziehungen verfahren im Modus wechselseitiger Offenbarung. [...] Personale Beziehungen setzen eine derartige selbstoffenbarende Handlung voraus, ansonsten kann kein Kontakt zwischen den Personen entstehen« (144). Dies gilt auch für Gott. »Die natürliche Theologie kann uns nichts über die Person Gott sagen. Seine Personalität muß durch Ihn selbst geoffenbart werden« (152). Rawls erläutert diesen Punkt sehr lebhaft:

Man stelle sich eine Person vor, welche die Gemeinschaft wiederherzustellen sucht und die von den »anderen« keine Antwort bekommt. Angenommen, während all unserer Bemühungen bleibt der »andere« stumm und gibt keine Antwort – was können wir dann tun? Wenn die andere Person sich nicht ihrerseits öffnet, sind unsere Bemühungen zum Scheitern verurteilt. [...] Die natürliche Theologie ist angesichts der Personalität Gottes hilflos. Warum? Weil alles Wissen über andere Personen ein Wissen ist, das uns von ihnen gegeben wurde. Personales Wissen ist offenbartes Wissen. (262 f.)

Rawls erklärt, daß im Bekehrungserlebnis »das Wort Gottes in die Geschlossenheit der Sünde eindringt und ihre Mauern zurückbiegt«. Das ist eine dynamische Auffassung von Gottes Wort. Das Wort ist nicht einfach ein geschriebener Text, sondern auch etwas, das von den menschlichen Wesen gepredigt wird, die es bereits gehört haben. Aber mehr als das: Das Wort Gottes ist eine göttliche Handlung, die uns Gott offenbart und die sogar dafür sorgen kann, daß Gott zu einer bestimmten Zeit für uns erkennbar anwesend ist. Wie Rawls in diesem Zusammenhang sagt: »Offenbarung ist eine Handlung Gottes; sie ist Seine Einkehr bei uns und Sein Sprechen zu uns; sie ist das Hineinplatzen seiner Gegenwart in das Alleinsein der Sünde.« Oder: »[D]as zu uns sprechende Wort Gottes selbst [zerstört] die Sünde [...], [transformiert] den inneren Geist [...] und [öffnet] ihn unmittelbar für die und im Sinne der Gemeinschaft« (273, 289).

Diese Aussagen verleihen einem charakteristisch neoorthodoxen Begriff der Offenbarung und von Gottes Wort Ausdruck. Dieser eröffnete den neoorthodoxen Theologen Wege, um einen »fundamentalistischen« biblischen Literalismus zu vermeiden, auch wenn es Rawls darum nicht geht. Er scheint die wichtigsten Aspekte dieser Auffassung bei Brunner aufgelesen zu haben, einschließlich der Behauptungen, daß das Wort Gottes sowohl gepredigt als auch geschrieben wird, daß »Gott-selbst [...] zu *uns*-selbst reden [will]« und daß die »Kenntnis einer Person nur durch Offenbarung möglich ist und er sich durch das Wort selbst offenbart«.[88] Rawls' Formulierungen haben auch etwas mit denen von Barth gemeinsam, obgleich es unwahrscheinlich ist, daß er Barth gelesen hat.[89]

Bei Barth und Brunner nimmt die Offenbarungslehre eine extrem christozentrische Form an. Beide betonen, daß Jesus Christus als Person die vorrangige Form ist, in der Gottes Wort auftritt. Rawls bekräftigt Gottes Menschwerdung als einen wichtigen Teil von Gottes Selbstoffenbarung, aber er besteht nicht auf ihrem Vorrang. Er kann leicht so interpretiert werden, als räume er der Gegenwart Gottes als Heiliger Geist eine vollständig gleichrangige Rolle ein. Aufgrund der personalen Natur der Offenbarung, so Rawls, »mußte Gott in Seiner eigenen Gestalt kommen«. Er fährt aber fort: »Erst kommt Er in Seiner

---

88 Brunner, *Man in Revolt*, S. 67 [dt. S. 56]; ders., *Theology of Crisis*, S. 32. Die zweite Textstelle wird von Rawls zitiert (272).

89 Vgl. die nun klassische Behandlung in Karl Barth, *Church Dogmatics*, Band 1, Teil 1, Edinburgh 1975, § 4 und § 5 [dt.: *Kirchliche Dogmatik*, Band 1, Teil 1, Zürich ^{7}1955]. Auf deutsch zuerst 1932 veröffentlicht, auf englisch 1936.

eigenen Person als Christus Jesus und bekehrt viele zum Glauben. Dann erwählt Er durch Seine Gegenwart als Heiliger Geist nach der Auferstehung seines Sohnes Apostel, um die ›frohe Botschaft‹ zu verbreiten« (152f.). Ganz ähnlich sagt Rawls an anderer Stelle, daß »die Evangelien [...] das Wort [verkörpern]; Christus ist die Offenbarung des Wortes; und das Kreuz ist das Symbol des Wortes« – er verlegt aber den »Höhepunkt« der bekehrenden Handlung des Wortes in das Neue Testament und das Handeln der Apostel, ohne zu suggerieren, daß Christus dabei der eigentliche Akteur ist (273f.). Dies steht im Einklang damit, daß die Christologie in der Abschlußarbeit generell nicht speziell akzentuiert wird; und es ist als solches das vielleicht am wenigsten neoorthodoxe Merkmal von Rawls' Überlegungen zur Offenbarung.

Eine der verblüffendsten Aussagen über Gott in Rawls' Abschlußarbeit ist meines Erachtens am überzeugendsten als der Versuch zu deuten, seine Polemik gegen den »Naturalismus« mit seinem Begriff der Offenbarung zu verknüpfen. Er behauptet, daß »der erweiterte natürliche Kosmos [...] Gott aus[schließt], auch wenn er Seinen Namen verwendet« (147). Wenn der »erweiterte natürliche Kosmos« das Universum aller Dinge ist, mit denen wir in nichtpersonaler Beziehung stehen bzw. stehen wollen, würde dies bedeuten, daß unser Versuch, mit etwas in nichtpersonaler Beziehung zu stehen (zum Beispiel in Form einer Begierde nach etwas), sich nicht auf Gott erstrecken darf, auch wenn wir es »Gott« nennen.

Das ist verwirrend. Es sagt mehr (und auf gewisse Weise vielleicht weniger) als die Behauptung, daß es falsch und eine Sünde ist, zu Gott auf nichtpersonale Weise in Beziehung treten zu wollen. Wenn dich jemand so behandelt, als ob du keine Person wärst, obwohl du in Wirklichkeit eine (menschliche) Person bist, ändert dies nichts daran, daß du derjenige bist, der so behandelt wird. Wenn es das täte, wäre diese Behandlung nicht so beleidigend für dich. Wenn Rawls in ganz ähnlicher Weise sagt, daß »eine der Spielarten der Sünde darin besteht, [...] eine personale Beziehung in eine natürliche Beziehung zu verwandeln und *diese Missetat in bezug auf Gott zu vollbringen*, [...] mit Sicherheit eine Sünde« ist (216, Hervorhebung R. M. A.), dann scheint er zu unterstellen, daß man letztlich auch Gott nichtpersonal behandeln kann. Es ist nicht schwer zu erkennen, warum Rawls es für eine Sünde halten würde, Gott als eine Nichtperson zu behandeln, warum sollte er aber denken, daß dies einfach unmöglich wäre?

Es besteht eine offensichtliche Analogie zwischen Rawls' Behauptung, daß der »erweiterte natürliche Kosmos« Gott ausschließt, und Martin Bubers Charakterisierung Gottes als das »ewige Du [...], das Du, daß seinem Wesen nach nicht Es werden kann« – eine Behauptung, aus der zu folgen scheint, daß Gott in der Welt des Es nicht existiert.[90] Bubers Behauptung basiert auf einer in epistemologischer und semantischer Hinsicht reich und raffiniert ausgebauten Theorie der Ich-Du- und Ich-Es-Beziehungen; und man versteht sie meines Erachtens nur vor dem Hintergrund seines Gedankens, daß wir keine *Erfahrung** von Gott haben können, und zwar in einem Sinn, den ich für kantisch halte. In der Welt der *Erfahrung*** gibt es sozusagen keinen Gott. Ebenso wichtig: Buber glaubt, daß wir dennoch Gott im Ich-Du-Modus *begegnen* können; eine solche Begegnung verschafft uns eine Art kognitiven Zugang zu Gott und ist in Bubers normaler Terminologie ein *Erlebnis* und keine *Erfahrung*.*** Rawls hatte Buber wahrscheinlich nicht gelesen, aber Brunner hatte dies selbstverständlich getan; und auch wenn sie in ihren Überlegungen zur Offenbarung keinen kantischen Rahmen vorauszusetzen scheinen, bekräftigen beide etwas, das dem zweiten von Bubers Punkten sehr ähnlich ist.

Ich betrachte dies als Fingerzeig auf Rawls' verwirrende Be-

---

90 Martin Buber, *I and Thou*, New York 1958, S. 75 [dt.: *Ich und Du*, Leipzig 1923, S. 89].

* Im Original deutsch als Zusatz in Klammern. A. d. Ü.

** Im Original deutsch. A. d. Ü.

*** Beides im Original deutsch. A. d. Ü.

hauptung, die aus meiner Sicht nicht so sehr in metaphysischen, sondern eher in epistemologischen Überlegungen gründet. Rawls ist hier von einem Verständnis der Offenbarung motiviert, das er mit Brunner teilt. Bereitwillig räumt er ein, daß traditionelle Argumente der natürlichen Theologie »uns vielleicht sagen [können], daß [Gott] intelligent, mächtig und ewig ist«. Wenn wir aber nur solche nichtpersonalen Argumente haben, bleibt Gott »der große Unbekannte«, weil es Rawls in Wahrheit um das Erkennen einer göttlichen *Person* geht und »die natürliche Theologie [...] angesichts der Personalität Gottes hilflos« ist. Das ist deshalb der Fall, weil »[p]ersonales Wissen [...] durch Kommunikation in der Gemeinschaft« entsteht (263). Ich verstehe Rawls so, daß Gott uns nicht als Person bekannt sein kann, wenn wir nicht mit Gott eine Gemeinschaft bilden, und wir daher in diesem Sinne Gott nicht als Person im »erweiterten natürlichen Kosmos« finden können.

Ähnliche Schlußfolgerungen lassen sich aus diversen Aussagen Brunners ziehen. Er erklärt: Der »Inhalt des christlichen Gottesbegriffs [...] kann nicht als Vernunftinhalt gedacht, er kann nur als Offenbarung geglaubt werden.« An anderer Stelle sagt er: »Den lebendigen Gott kann man nicht denken, sondern nur in seinem Wort vernehmen«. Er kontrastiert den »Vernunftgott [...], den ich mir selber sage«, mit dem »Offenbarungsgott [...], der sich selbst mir sagt«, der das »›Du-Gegenüber‹« ist. Ferner: »Nur in meinem Glauben spricht Gott selbst zu mir«, und: »der Glauben ist wirkliche Gemeinschaft mit dem Schöpfer« – das heißt, eine personale Beziehung mit Gott.[91]

Allerdings halte ich Rawls' Behauptung, der erweiterte natürliche Kosmos *schließe* Gott *aus*, auch im Lichte dieser Begründung für einen Fehltritt. Es ist nicht völlig absurd anzunehmen, der kognitive Zugang zu *einigen* Aspekten einer anderen Person sei nur in einer bestimmten Form einer personalen Beziehung möglich. Rawls könnte zum Beispiel durchaus behaupten, daß

91 Brunner, *Man in Revolt*, S. 242 f., 103, 67, 494 [dt. S. 244, 94, 56, 516].

einige Erkenntnisse über Gott ihre Quelle in dem Bekehrungserlebnis haben, das er beschreibt und das nicht voll von jemandem verstanden werden kann, der dieses Erlebnis nicht hatte. Die Annahme, daß eine Person *überhaupt* nur in einer bestimmten Art von personaler Beziehung erkannt werden kann, scheint jedoch sehr viel schwerer zu verteidigen zu sein.

Bestimmte Aspekte von Rawls' eigener Darstellung der personalen Selbstoffenbarung unterstützen den starken Ausschluß von Gott aus dem Reich möglicher Objekte der Begierde nicht. Als Teil seiner Argumentation in Kapitel zwei, der zufolge es eher gut als schlecht ist, daß wir Körper haben, trägt Rawls den Gedanken vor, daß wir »Körper als Zeichen [haben], die Gemeinschaft ermöglichen«. Er erläutert, daß »personale Beziehungen notwendigerweise im Modus der gegenseitigen Offenbarung verfahren«, daß eine Person »uns ihre Gefühle mit Hilfe von Sinnesdaten offenbaren [muß]« und daß wir unsere Körper benutzen, um die Sinnesdaten, mit denen wir kommunizieren, zu produzieren (183). Das sind Umrisse einer plausiblen Theorie, wie wir es schaffen können, miteinander zu kommunizieren, um so Gemeinschaft zu ermöglichen. Der von Rawls skizzierte Kommunikationsprozeß beruht aber darauf, Sinnesdaten als solche zu erkennen, die willentlich verursacht werden, und zwar von Akteuren, die mit ihnen eine kommunikative Absicht verbinden; und diese Erkenntnis ist eine Art von Wissen über andere Personen, das recht unabhängig davon zu sein scheint, ob unsere Beziehung mit ihnen eine natürliche oder eine im weiten Sinne moralische, personale Beziehung ist. Alles in allem glaube ich, daß Rawls' Darstellung der personalen Beziehungen unter Einschluß der Beziehungen zu Gott kohärenter wäre, wenn er einfach behauptet hätte, daß Gott kein *angemessenes* Objekt der Begierde ist, anstatt zu suggerieren, daß Gott noch nicht einmal ein *mögliches* Objekt der Begierde sein kann.

Diese Vereinfachung würde nur sehr wenige Absätze in der Abschlußarbeit betreffen und sich überhaupt nicht auf ihre Hauptziele und Argumente, jedenfalls so, wie ich sie verstehe, auswirken. Buber würde (und sollte zweifellos) seine Behauptung, daß Gott kein Es werden kann, nicht so leichter Hand aufgeben, obwohl auch dies problematisch erscheint. Die Behauptung steht für Buber im Zentrum einer ganzen Theologie. Dieses Gewicht lastet nicht auf Rawls' analoger Behauptung; und er war auch nicht auf eine reiche epistemologische und semantische Theorie der personalen Beziehungen aus. Vielmehr ging es ihm in seiner Abschlußarbeit um die *ethischen* Aspekte seines Gottesbegriffs, die meines Erachtens durch die von mir vorgeschlagene Vereinfachung nicht berührt worden wären.

Eine abschließende Frage über Rawls' Gottesbegriff in der Abschlußarbeit lautet natürlich, inwieweit dieser in seinem späteren Essay »Über meine Religion« verworfen wird. Dort wird zwar kein theistischer Glaube unmißverständlich bekräftigt, aber ebensowenig werden Formen des Glaubens an Gott generell als lebenswerte Alternativen ausgeschlossen. Rawls scheint immer noch sehr an weit verstandenem »religiösen Glauben« interessiert, aber es ist ziemlich eindeutig, daß er sich selbst nicht mehr als Christ begreift, was vermutlich die Preisgabe von christologischen Lehren und der Dreieinigkeitslehre einschließt. Der kurze autobiographische Aufsatz zeigt kein positives und fortgesetztes Interesse am Konzept der Offenbarung, obwohl er keineswegs die Idee verwirft, an die Existenz Gottes zu glauben. Besonders bezeichnend ist, daß Rawls in »Über meine Religion« kein Wort darüber verliert, was es mit der Realität einer persönlichen Begegnung mit Gott im Bekehrungserlebnis auf sich hat, die von so zentraler Bedeutung in der Abschlußarbeit ist. Von jenen nicht spezifisch christlichen Facetten, die in der Abschlußarbeit eindeutig angenommen und in »Über meine Religion« zurückgewiesen werden, ist die Vorherrschaft des göttlichen Willens in der Geschichte wohl die hervorstechendste. Es gibt auch einen ziemlich starken Hinweis darauf, daß der ältere Rawls – anders als der Bachelorstudent – Philip Leons Mißbilligung der Glorifizierung Gottes teilte (306).

Interessanterweise werden viele mit dem Christentum verbundene Lehren, die in dem späteren Essay abgelehnt werden, schon in der Abschlußarbeit verworfen oder zumindest vermieden. Dies gilt offensichtlich für eine starke Prädestinationslehre und ebenso für die Doktrin der Hölle, jedenfalls nach meiner Lesart der Abschlußarbeit. Für den älteren Rawls handelt es sich dabei um Überzeugungen, die »Gott als ein Monster darstellen, das allein von Gottes eigener Kraft und Herrlichkeit angetrieben ist« (306), und die daher abzulehnen seien. Doch während er in seiner Abschlußarbeit ähnliche Einwände gegen derartige Überzeugungen als Überlegungen ansah, die bei der weiteren Formulierung christlicher Lehren zu berücksichtigen seien, behandelt er sie in »Über meine Religion« als Einwände gegen die »wichtigsten Glaubenssätze des Christentums« an sich. Ebenso sagt er in »Über meine Religion«, das Christentum sei »eine einzelgängerische Religion. Jeder wird individuell gerettet oder verdammt, und man richtet seine Aufmerksamkeit natürlicherweise auf die eigene Rettung, so daß alles andere unwichtig erscheint« (307), während der Bachelorstudent ein Christentum vor Augen hatte, auf das dies ganz entschieden nicht zutreffen würde. In dieser Hinsicht scheint der spätere autobiographische Text einen Standpunkt zu repräsentieren, der dem Christentum eher äußerlich ist; und er scheint einer Loslösung von einem Prozeß theologischer Neuauslegung das Wort zu reden, der (ob offiziell oder nicht) ein fortdauernder Bestandteil des Unternehmens »Christentum« als lebendige Religion ist.

Anders als mit Blick auf das Christentum sehe ich in »Über meine Religion« keine dementsprechende Loslösung oder einen ähnlich externen Standpunkt gegenüber einem allgemeinen Theismus. Die Auseinandersetzung mit der Ähnlichkeit von Gottes Willen und Vernunft zur unsrigen sowie ihrer Verbindung mit der Wahrheit moralischer Aussagen im letzten Abschnitt des Essays ist mindestens so gründlich und behutsam durchgeführt wie alles, was er über Gottes Wesen in der Abschlußarbeit zu Papier gebracht hat. Dort scheint er sich nicht mit dem beschäftigen zu wollen, was er anderswo »Vermutung« (*conjecture*) nennt: dem Argumentieren auf Grundlagen von Prämissen, die andere für richtig halten, er aber ausdrücklich nicht, mit dem Ziel, die anderen davon zu überzeugen, daß sie den von ihm unterstützten praktischen Schlußfolgerungen vernünftigerweise zustimmen können.[92] Vielmehr geht es ihm offensichtlich um die Ausarbeitung dessen, was er, wäre er Theist, über Gottes praktische Rationalität sagen würde. Seine Aussage: »Doch Gottes Vernunft ist, glaube ich, insofern dieselbe wie die unsrige, als sie dieselben Schlußfolgerungen als gültig und dieselben Fakten als wahr anerkennt, die wir als gültig und wahr anerkennen«, könnte leicht so gelesen werden, daß er sich immer noch als Theist begreift. Diese Aussage sollte vielleicht im Kontext des Essays insgesamt weniger bekenntnishaft, sondern ambivalenter aufgefaßt werden. Sie ist aber gewiß nicht das Ergebnis einer Loslösung vom konstruktiven theistischen Denken.

92 Rawls, *Law of Peoples*, S. 155 f. [dt. S. 192].

Eine kurze Untersuchung über die Bedeutung von Sünde und Glaube

(1942)

Eine Anmerkung zum Text

Die beiden vorhandenen Exemplare der Abschlußarbeit sind nahezu identisch. Das Exemplar in der Bibliothek der Princeton University, ein Durchschlag, weist eine geringe Zahl handschriftlicher Korrekturen auf, von denen einige in das Exemplar der Harvard-Bibliothek maschinenschriftlich eingefügt wurden. Handschriftliche Korrekturen im Harvard-Exemplar, das im Besitz von John Rawls war, scheinen von den beiden Prüfern in Princeton gemeinsam mit ihren Randbemerkungen hinzugefügt worden zu sein.

Die Arbeit wurde leicht editiert. Die Numerierung der Abschnitte, Untergliederungen innerhalb der Abschnitte und Unterabschnitte wurden angepaßt und einige Absätze hinzugefügt. Ich habe offensichtliche Tippfehler und Irrtümer korrigiert und in wenigen Fällen kleinere Änderungen an unbeholfenen Wendungen vorgenommen, damit es sich flüssiger liest. Aber im wesentlichen habe ich Rawls' Text so belassen, wie er war. Die meisten Änderungen finden sich in den Zitaten und Literaturhinweisen. Fußnoten wurden präzisiert und vervollständigt, einige hinzugefügt. Das Literaturverzeichnis wurde erweitert. Ich habe alle Zitate anhand der Originalstellen überprüft unter Berücksichtigung der jeweiligen Übersetzung, die Rawls verwendet hat, soweit ich diese ermitteln konnte. (Er verwendete zum Beispiel Healys [englische] Übersetzung von *The City of God*, zitierte aber andere Werke von Augustinus aus den *Post-Nicene Fathers*.)

Die einzige Ausnahme ist die Bibel. Auch mit der Hilfe Dritter und der Nutzung verschiedener Datenbanken war es mir nicht möglich, die Bibelübersetzung zu finden, aus der Rawls' Zitate stammen. Also habe ich sie so belassen, wie sie waren, und nur ein offensichtlich falsches Zitat in einer Fußnote angemerkt.

Ich danke Patricia O'Brien für die Transkription der Abschlußarbeit und Robert Adams für seine Hinweise und Ratschläge.

Thomas Nagel

John Rawls rekonstruiert in *Eine kurze Untersuchung über die Bedeutung von Sünde und Glaube* die Hellenisierung des christlichen Denkens. Der Einfluß, den das Denken von Platon und Aristoteles auf christliche Philosophen wie Augustinus, Thomas von Aquin und andere ausübte, hatte nachhaltige Auswirkungen auf die christliche Theologie, Auswirkungen, so der junge Rawls, die den Kern des christlichen Glaubens verstellten. In dieser Rekonstruktion bezieht er sich auf einen theologischen Diskurs aus der ersten Hälfte des 20. Jahrhunderts, der mit dem Begriff »Neoorthodoxie« umschrieben wurde. Genauer: Er bezieht sich auf die englischsprachige Rezeption und Entwicklung dieses theologischen Diskurses, der aber maßgeblich auch in deutscher und schwedischer Sprache von Karl Barth, Emil Brunner und Anders Nygren mitgeprägt wurde. Der junge Rawls hat alle relevanten Texte in englischer Übersetzung gelesen – sowohl die Klassiker als auch die modernen theologischen Texte – und zitiert entsprechend aus diesen Ausgaben.

Für die Übersetzung des Rawlsschen Textes aus dem Englischen ins Deutsche wirft dies eine Reihe von Fragen und Schwierigkeiten auf, die ich an dieser Stelle explizit machen möchte: Legen die englischen Übersetzungen der theologischen Texte aus dem Schwedischen und Deutschen die Verwendung bestimmter Begriffe nahe, die andere Konnotationen haben und damit einen anderen Kontext herstellen als die Originaltexte? Inwieweit hat eine spezifisch englischsprachige Rezeption der klassischen Texte, wenn es so etwas gibt, Rawls' Rekonstruktion beeinflußt? Gibt es in diesem Zusammenhang relevante Spezifika der englischen Klassikerübersetzungen? Wie kann angesichts dieser Herausforderungen die einheitliche Verwendung der zentralen Begriffe sichergestellt werden? Wie soll mit Begriffsverwendungen verfahren werden, bei denen in den englischen, von Rawls gelesenen Texten (beispielsweise einem klassischen Text von Platon oder Augustinus und einem modernen

Text von Brunner oder Nygren) einheitliche Begriffe verwendet werden, die verfügbaren deutschen Übersetzungen und/oder das deutsche Original aber gänzlich disparat sind? Schließlich: Welchen Stellenwert soll die philologische Genauigkeit, welchen die flüssige Lesbarkeit des Übersetzungstextes haben?

Nach Prüfung dieser Fragen habe ich mich für eine pragmatische Lösung entschieden. Die vorliegende Übersetzung versucht den Rawlsschen Text in seinem Sinnzusammenhang und seinen Eigenheiten möglichst flüssig wiederzugeben. Die kritische Rezeptionsgeschichte der klassischen Texte in modernen theologischen Diskursen, sei es in englischer, schwedischer oder deutscher Sprache, für die Rawls' Abschlußarbeit sicher ein interessantes Dokument darstellt, ist keine Aufgabe, die diese Übersetzung zu lösen versucht. Auch das kritische Nachvollziehen des transatlantischen Ideenaustausches am Beispiel dieser modernen theologischen Diskurse kann nicht das Problem dieser Übersetzung sein. In bezug auf den hier vorliegenden Text von John Rawls bleiben dies also Desiderate.

Um eine klare Zitierpraxis zu gewährleisten, werden alle Zitate aus den von Rawls (und den Kommentatoren) verwendeten Ausgaben übersetzt, wenn möglich unter Konsultation der greifbaren deutschen Übersetzungen. Die Verweise in den Fußnoten beziehen sich auf die Ausgaben, die im englischen Original genannt werden. Texte, die im Original in deutscher Sprache erschienen sind, werden nach dem deutschen Originaltext zitiert und gegebenenfalls mit Anmerkungen versehen, um signifikante Abweichungen zwischen dem englischen und deutschen Text zu kennzeichnen und den Sinnzusammenhang zu verbessern. In den Fußnoten wird in diesen Fällen sowohl auf die englische als auch auf die deutsche Quelle verwiesen, letztere wird auch im Literaturverzeichnis ggf. in aktueller Ausgabe ergänzt.

Ausnahmen bilden die Bibel – sie wird nach der modernisierten Übersetzung nach Luther zitiert – und die Texte von Rawls selbst, die, soweit verfügbar, nach den deutschen Ausgaben zitiert werden. Wichtige Abweichungen zwischen dem englischen und dem deutschen Text werden auch hier kommentiert.

Sebastian Schwark

Eine kurze Untersuchung über die Bedeutung von Sünde und Glaube: Eine Auslegung anhand des Begriffs der Gemeinschaft

Von John Bordley Rawls

Abschlußarbeit vorgelegt am
Department of Philosophy
der
Princeton University
Dezember 1942

Vorwort

Um Mißverständnisse zu vermeiden, möchte ich diese Abschlußarbeit mit einigen Bemerkungen einleiten. Erstens möchte ich feststellen, daß ich nicht versucht habe, eine bestimmte theologische Fragestellung zu beantworten. Ich habe eine Reihe von Fragen berührt, ohne daß ich mich gezielt mit ihnen beschäftigt hätte. Was ich versucht habe, läßt sich am besten durch das Nennen der beiden Ziele erläutern, die für mich immer im Vordergrund standen:

(1) Scharfen Widerspruch einzulegen gegen ein bestimmtes Denkschema, das ich Naturalismus genannt habe. Mit Naturalismus bezeichne ich etwas deutlich weiter Gefaßtes, als üblicherweise mit dem Ausdruck gemeint ist. Naturalismus ist das Universum, in dem alle Beziehungen natürliche sind und das geistige Leben auf die Ebene von Verlangen und Begierde reduziert wurde. Ich glaube, daß Naturalismus unausweichlich zu Individualismus führt, daß er Gemeinschaft und Personalität nicht begreifen kann und daß er den inneren Kern des Universums einbüßt. Da diese Denkweise im Westen seit Augustinus vorherrschend ist, schlagen wir mehr oder weniger eine »Revolution« vor, indem wir diese traditionelle Denkrichtung zurückweisen. Ich glaube nicht, daß sich die griechische Tradition sehr gut mit dem Christentum verträgt, und je früher wir aufhören, vor Platon und Aristoteles den Kotau zu machen, desto besser. Eine Unze der Bibel wiegt ein Pfund (möglicherweise eine Tonne) von Aristoteles auf.

(2) Das zweite Ziel ist, ein spezifisch christliches Problem (wie das von Sünde und Glaube) anhand von Begriffen aus dem biblischen Denken anzugehen. Ich habe vorgeschlagen, daß die Rekonstruktion der Theologie mit Begriffen wie »Gemeinschaft« und »Personalität« vorangetrieben werden muß. Die naturalistischen Begriffe haben sich in unser Denken eingeschlichen und verderben es. Das zweite Ziel dieser Arbeit lautet also,

sich eine spezifisch christliche Fragestellung vorzulegen und diese mit Hilfe der richtigen Kategorien zu beantworten. So sehen wir nicht nur den gewaltigen Unterschied zu der Antwort, die naturalistische Denker geben, sondern wir machen uns auch mit diesen Kategorien praktisch vertraut.

Die obigen Ziele umfassen ein breitgefächertes Gebiet, und ich bin mir darüber im klaren, daß meine Abhandlung der Fragestellung nicht angemessen ist. Dennoch glaube ich, daß genug gesagt wird, um dem Leser meine Bedenken gegen den Naturalismus vorzutragen und die Art und Weise zu spezifizieren, wie meiner Überzeugung nach die Rekonstruktion der Theologie vollzogen werden sollte. Ich selbst glaube, daß der Zeitgeist auf eine Wiederbelebung des »gemeinschaftlichen« Denkens nach Jahrhunderten des Individualismus verweist. Ich denke, von den Theologen habe ich am meisten von Brunner gelernt, und sein Werk illustriert am besten, was ich mit einer Theologie der intimen und personalen Qualität des Universums meine, die mit einer klaren und unverzagten Anerkennung einhergeht, daß das Universum eine Gemeinschaft von Schöpfer und Erschaffenen ist.

Wenn der Leser die obigen Bemerkungen im Kopf behält, wird der rote Faden des Argumentes sehr viel deutlicher werden. Kapitel eins gibt eine allgemeine Einführung; Kapitel zwei und drei behandeln vor allem den Naturalismus; Kapitel vier und fünf entwickeln das Argument und enthalten eine Analyse von Sünde und Glaube in Begriffen der Gemeinschaft.

John Rawls

Inhalt

Kapitel eins
Allgemeine Einführung

Abschnitt I

1. Es hat den Anschein, daß jede Theologie und jede Philosophie die Untersuchung von Erfahrung mit bestimmten grundsätzlichen Annahmen angeht. Wenn die Annahmen vernünftig anmuten, ist die Grundlage der Philosophie oder der Theologie solide, sind die Annahmen aber falsch, dann würde die vorgetragene Meinung offenkundig in sich zusammenzufallen. Daher schlagen wir vor, unsere grundsätzlichen Annahmen darzulegen und zu untersuchen, und dadurch anzudeuten, was aus ihnen folgen sollte. Diese Einleitung ist als Hintergrund für alles Folgende gedacht und ist gleichsam eine kurze Zusammenfassung all dessen, was wir zu sagen haben. Wenn unsere Argumentation bisweilen auch etwas langwierig erscheinen mag, ist der Grundgedanke überaus einfach und unmittelbar einleuchtend. Wir wollen nichts Neues, Überraschendes oder Originelles ausführen. Was folgt, ist eine Wiederaufbereitung dessen, was jeder weiß. Aber weil es jeder weiß, sind wir geneigt, es zu vergessen. Durch das Analysieren der Erfahrung mit Hilfe der einfachen Annahmen, die wir heranziehen wollen, werden einige Folgen aufgezeigt, die auf den ersten Blick nicht offensichtlich sind. Unsere Sicht der Dinge hat Auswirkungen auf die politische Theorie, die Ethik und die Theologie, wenngleich wir diese Auswirkungen kaum mehr als andeuten können.

2. Um vier grundsätzliche Annahmen wird sich die gesamte Diskussion drehen.

(i) Zu Beginn wird angenommen, daß es ein Wesen gibt, das die Christen »Gott« nennen und das sich im Christus Jesus offenbart hat. Was für eine Art von Wesenheit Gott ist – ob Er also all die metaphysischen Qualitäten besitzt, die Ihm zugeschrieben werden –, maßen wir uns nicht an zu wissen. Es ist zweifelhaft, ob die natürliche Theologie uns sehr viel dazu sagen kann. Die Bibel hat uns alles gesagt, was wir über Gott wissen müssen, und jeder, der mehr herauszufinden versucht, ist zum Scheitern verurteilt. Wir nehmen also an, daß Gott existiert und daß Er diejenige Art von Gott ist, von der die Bibel spricht, und daß Er sein Wesen in Christus offenbarte.

(ii) Implizit enthalten in der eben genannten Grundannahme sind zwei weitere. Erstens gibt es etwas, was wir »Personalität« nennen. Damit meinen wir nicht etwas »Einzelnes« oder »Individuelles«. Es gibt einzelne Hunde und Bäume, aber nicht unbedingt Hunde und Bäume, die Personen sind. Personalität ist etwas, das über die einzelnen als solche hinausgeht. Alle Personen sind Einzeldinge, das heißt abgegrenzte und klar unterscheidbare Einheiten, aber nicht alle Einzeldinge sind Personen. Personalität entspricht möglicherweise dem, was wir »Geist« (*spirit*) nennen. Wenn wir vom geistigen Leben sprechen, scheinen wir das Leben als Person zu meinen. Personalität und Geist, die wir mehr oder weniger synonym verwenden, sind schwer zu definierende Begriffe. Wir können ihnen kaum eindeutige und objektive Bedeutungen zuschreiben, dennoch scheinen wir alle zu wissen, was sie bedeuten. Unsere zweite Annahme besteht dann also in der Überzeugung, daß es so etwas wie Personalität gibt und daß es Personen als solche gibt. Wir sind überzeugt, daß Personalität etwas Einzigartiges ist und daß sie nicht auf den Besitz eines bestimmten Körpers oder die Summe von mentalen Zuständen reduziert werden kann.

(iii) Die dritte Annahme lautet, daß es etwas gibt, das wir mit dem Terminus »Gemeinschaft« bezeichnen – ein ebenfalls schwer zu definierendes Wort. Wir meinen mit Gemeinschaft sicherlich nicht bloß eine Ansammlung von Einzeldingen. Einen Wald nennen wir gewöhnlich nicht eine Gemeinschaft von Bäumen. Gemeinschaft scheint daher den Begriff der Personalität zu erfordern. Wenn wir keine Personalität haben, haben wir keine Gemeinschaft. Ferner: Wenn wir keine Gemeinschaft haben, haben wir keine Personalität. Individuen werden zu Personen, sofern sie in einer Gemeinschaft leben. Demzufolge besteht unsere dritte Annahme in der Überzeugung, daß Gemeinschaften irreduzibel und einzigartig sind, und zwar in dem Sinne, in dem Personalität einzigartig ist.

(iv) Die vierte Annahme besagt, daß die Sphäre oder die Beschaffenheit des Personalen und des Gemeinschaftlichen sich qualitativ von der Sphäre der Natur unterscheidet. Mit »Natur« meinen wir, was üblicherweise mit dem Begriff gemeint ist, das heißt diejenige räumliche Ausdehnung, die Körper und alles was wir sehen, fühlen, berühren und so weiter zum Inhalt hat. Als Folge dieser Unterscheidung zwischen dem Natürlichen und dem Personalen gibt es zwei Arten von Beziehungen, natürliche und personale. Es wird eine unserer Hauptaufgaben sein, diese Unterscheidung auszuarbeiten und zu klären.

Die obigen vier Annahmen bilden die Kategorien unseres gesamten Denkens. Wir werden unsere Fragestellungen hinsichtlich Gott, Personalität, Gemeinschaft und Natur erörtern. In diesem Prozeß werden wir sehen, wie andere Philosophen und Theologen unterschiedliche Begriffe anwenden und wir daher ihre Analyse zurückweisen müssen. Ferner wird sich aus einer einfachen Ausarbeitung obiger Annahmen unser Begriff des Universums ergeben, das heißt, es wird sich ergeben, daß das Universum in geistiger Hinsicht eine Gemeinschaft von Personen ist, welche die Herrlichkeit Gottes offenbart und mit Ihm verbunden ist. Gott hat die Welt, soweit wir wissen, zur Gründung einer solchen Gemeinschaft geschaffen, und das Ziel, auf das die Schöpfung sich hinbewegt, ist gerade eine solche Gemeinschaft. Der Mensch in seiner Eigenschaft als Person gehört zu dieser Gemeinschaft, und es ist seine Zugehörigkeit zu dieser Gemeinschaft, die das Besondere an ihm ausmacht und die ihn von den Geschöpfen der Natur unterscheidet. Dadurch, daß er eine Person ist, lebt der Mensch in Beziehung zu Gott, den Engeln, zu den Teufeln und seinen

Mitmenschen, und er kann diese Beziehung oder diese Verbundenheit mit der Gemeinschaft nicht zerstören. Folglich ist das Universum von Grund auf ein geistiges oder personales. Es wurde von Gott erschaffen, der ist, wie Er sich offenbart hat, und Teil Seiner Schöpfung sind von Ihm erschaffene Personen. Die Welt ist in ihrem Kern eine Gemeinschaft, eine Gemeinschaft von Schöpfer und Erschaffenen, und sie hat ihren Ursprung in Gott.

3. Bevor wir fortfahren, sollten wir diese Annahmen ein wenig kommentieren.

(i) Es handelt sich bei ihnen nicht um Postulate in dem Sinn, in dem der Ausdruck in der Logik verwendet wird; daher haben wir es nicht mit einem deduktiven System zu tun. Diese Aussagen werden von vornherein gesetzt, weil wir keine Zeit haben, ihre Gültigkeit zu beweisen. Sie haben empirische Bedeutung und sind aus der Erfahrung abgeleitet. Beispielsweise sind die Existenz von Personalität und Gemeinschaft sowie die Unterscheidung zwischen personalen und natürlichen Beziehungen eine Sache der Erfahrungsprüfung. Der Glaube (*belief*) an die Existenz Gottes ist natürlich nicht im strengen Sinn empirisch. Es gibt Gründe zu glauben, daß Er existiert und daß dieser Glaube nicht bloße Einbildung ist. Wir haben obige Bemerkungen gemacht, weil der Zeitgeist dazu neigt, das ganze spekulative Denken entweder als Unsinn abzutun oder als deduktives System zu entwerfen. Wir halten das, was wir sagen, weder für Unsinn noch für eine Deduktion aus arbiträren Postulaten.

(ii) Die genannten Prinzipien sind die Grundlage unserer übrigen Ansichten, und unsere sonstigen Meinungen hängen eng mit ihnen zusammen. Beispielsweise wird Sünde definiert und erklärt als die Zerstörung und Ablehnung der Gemeinschaft; Glaube (*faith*) als der innere Zustand einer Person, die auf die richtige Weise in eine Gemeinschaft integriert und mit ihr verbunden ist; Gnade als eine Handlung Gottes mit dem Ziel, eine Person in die Gemeinschaft zurückzuführen; die

*Imago Dei** als das, was es dem Menschen ermöglicht, in die Gemeinschaft einzutreten, und zwar kraft seiner Ähnlichkeit mit Gott, der als dreieiniger Gott selbst eine Gemeinschaft darstellt.

(iii) Um die zentralen ethischen und religiösen Fragestellungen, mit denen wir es zu tun haben, zu begreifen, müssen wir diese Prinzipien verstehen, weil es unsere Überzeugung ist, daß die ethische Frage eine soziale bzw. die Gemeinschaft betreffende Frage ist. Überhaupt sollte Ethik eine Untersuchung des Wesens der Gemeinschaft und der Personalität sein. Wie man mit sich selbst und anderen Menschen leben soll, ist die zentrale moralische Frage der Menschheit. Auch die religiöse Frage betrifft die Gemeinschaft, denn sie zielt darauf ab, wie der Mensch seine Beziehung zu Gott gestalten soll. Die ethische und die religiöse Fragestellung ähneln einander insofern, als sie beide die Bildung einer Gemeinschaft einschließen. Es kann keine Trennung von Religion und Ethik geben, denn die Probleme, mit denen sie sich befassen, stehen in demselben Zusammenhang von Beziehungen, namentlich jenen personalen Beziehungen, die alle Personen im Universum umfassen, ob im Himmel, in der Hölle oder auf Erden. Die Perspektive, zu deren Akzeptanz uns diese Prinzipien bewegen, wird einem anderen Standpunkt gegenübergestellt, den wir »natürliche Ethik« nennen, die Ethik von Platon und Aristoteles, und dem wir die christliche oder »gemeinschaftliche« Ethik entgegensetzen. Richtige Ethik ist nicht der Bezug einer Person zu einem objektiven »Guten«, nach dem diese Person streben sollte, sondern die Beziehung von einer Person zu einer anderen Person und letztlich zu Gott.

---

* Gottebenbildlichkeit. A. d. Ü.

Abschnitt II

1. Mit unserem vierten Prinzip haben wir einen Unterschied zwischen der Sphäre der Personalität und Gemeinschaft auf der einen und der Sphäre der Natur auf der anderen Seite behauptet. In diesem Abschnitt möchten wir diese Unterscheidung klären, indem wir eine Reihe von zueinander im Gegensatz stehenden Merkmalen eines jeden Beziehungstypus anführen.

Die Erfahrung, so wie wir sie kennen, sagt uns, daß es genaugenommen drei Beziehungstypen gibt: (a) personale und gemeinschaftliche, (b) natürliche und (c) kausale. Der erste Typus besteht zwischen zwei Personen, der zweite zwischen einer Person und irgendeinem Objekt, sofern Personalität in der Beziehung eine Rolle spielt, und der dritte ist die Beziehung zwischen zwei Objekten. Die Beziehung zwischen dem »Ich« und dem »Du« ist daher personal, diejenige zwischen dem begehrenden »Ich« und dem Begehrten, etwa Speis und Trank, ist natürlich, während die Beziehung zwischen zwei beliebigen Dingen kausal ist, wie die Beziehung zwischen Speis und Trank und dem Tisch, auf dem diese stehen. Diese Unterscheidungen scheinen klar und sollten kaum Schwierigkeiten bereiten.

Da unser Thema vor allem die Fragen der Personalität und Gemeinschaft berührt, werden wir kausale Beziehungen nicht behandeln und auch nicht versuchen, sie zu beschreiben. Natürliche Beziehungen werden uns aber ebensosehr interessieren wie personale Beziehungen, und zwar aus zwei Gründen:

(i) Viele Philosophen und Theologen haben natürliche mit personalen Beziehungen verwechselt, und wir sind daher gezwungen, diese Denker zu kritisieren. Wir müssen darauf hinweisen, daß es der Ethik nicht primär um natürliche Beziehungen geht. Zu jenen, die es versäumt haben, zwischen natürlichen und personalen Beziehungen zu unterscheiden, gehören Persönlichkeiten wie Platon, Aristoteles, Augustinus und Thomas von Aquin. Sie alle sind daran gescheitert, das Problem der Gemeinschaft zu verstehen, und verstehen Ethik als eine Sache der Beziehung von Personen zu geeigneten Objekten, etwa zur Idee des Guten, zur Wahrheit oder zu Gott, der von Augustinus und Thomas von Aquin als das begehrenswerteste Objekt überhaupt betrachtet wird.

(ii) Es ist notwendig, die beiden Arten von Beziehungen zu unterscheiden, um zu zeigen, daß die Natur selbst nicht böse, sondern gut ist und daß die Sünde nicht aus Verlangen oder Begierde entsteht, sondern aus der Verdorbenheit des Geistes. Kurz: Um Sünde, Glaube und Gnade zu verstehen, müssen wir diese grundsätzliche Unterscheidung treffen.

2. Wir kommen nun dazu, die zueinander im Gegensatz stehenden Merkmale der personalen und natürlichen Beziehungen aufzuzählen.

(i) Eine persönliche Beziehung ist durch ein »Du« auf der »anderen« Seite gekennzeichnet. Eine natürliche Beziehung hat als ihr »Äußeres« ein »Das« oder ein »Es«, das heißt irgendein Objekt. Die Tatsache, daß ein »Du« uns gegenübersteht und nicht ein Objekt, ändert den ganzen Charakter der Beziehung. Es gibt keinen Menschen, der sich gegenüber Gegenständen genauso verhält wie gegenüber Personen. In personalen Beziehungen sind wir uns darüber bewußt, daß wir in bezug zu »anderen« stehen, die uns ähnlich sind.

(ii) Daher sind personale Beziehungen auf beiden Seiten aktiv. Das »Ich« und das »Du« treffen sich in einem harmonischen Verhältnis oder einem »Mißverhältnis«. In natürlichen Beziehungen ist das Objekt für uns als Personen immer belanglos; das andere ist in der Regel ein Objekt ohne Bewußtsein, unwissend und unpersönlich. Das Objekt ist immer ein blankes Faktum, etwas, das »da« ist, um begehrt oder ergriffen oder ansonsten nicht beachtet und gemieden zu werden.

(iii) Personale Beziehungen bilden einen Zusammenhang, das heißt, sie sind miteinander auf das engste verbunden. Eine Störung in einer führt zu Irritationen in allen anderen und umgekehrt. Außerdem ist der Zusammenhang personal, das heißt, bei den so entstehenden Beeinträchtigungen geht es immer auch um Personalität. Philosophen haben lange vom kausalen Nexus des Universums gesprochen und davon, daß alle Ereignisse kausal miteinander zusammenhängen. Im gleichen Sinne meinen wir, daß personale Ereignisse personal miteinander verknüpft sind. Diese nexusartige Qualität der personalen Beziehungen wird immer wieder sichtbar. Durch den Mißbrauch der Kinder eines Menschen mißbrauchen wir ihn; brennen wir mit der Geliebten eines anderen durch, finden wir uns in beträchtlichen Schwierigkeiten wieder. Letztlich hängen alle personalen Beziehungen deshalb so miteinander zusammen, weil wir alle vor Gott existieren und durch diese Verbindung mit ihm alle miteinander verbunden sind, auch wenn wir uns vielleicht noch nie begegnet sind. Da personale Beziehungen einen solchen Nexus bilden, schlußfolgern wir, daß Religion und Ethik nicht voneinander zu trennen sind. Während personale Beziehungen einen personalen Nexus bilden, verwickeln uns natürliche Beziehungen nicht auf dieselbe Art und Weise. Es ist uns möglich, Bananen nicht zu mögen, ohne die Wut der Äpfel auf uns zu ziehen. Aber es ist uns nicht möglich, Engländer zu mögen, ohne uns die Mißbilligung der Iren einzuhandeln, und so weiter.

(iv) Personale Beziehungen sind, wie wir bereits gesagt haben, durch das »Du« auf der anderen Seite charakterisiert, und dieses »Du« ist der Richter in personalen Beziehungen. Das heißt, wir wissen, daß wir vor jemand anderem existieren und daß dieser jemand uns beurteilt. Ebenso ist es das »Du«, das gibt, teilt und liebt. Letztere Tatsache ist uns allen bewußt. Weniger klar ist uns aber, daß das urteilende »Du« zugleich das gebende ist. Die Bedeutung des Urteils in personalen Beziehungen und seine Verbindung zur göttlichen Selbstgabe werden deutlich werden, wenn wir die Doktrin von Gnade und Erwählung untersuchen. Es muß kaum hinzugefügt werden, daß das »andere« in einer natürlichen Beziehung weder urteilt noch sich selbst gibt. Es ist einfach »da«.

(v) In personalen Beziehungen versucht das »Ich« eine konkrete personale Beziehung mit dem »Du« aufzubauen. Die Beziehungen lassen sich grob in zwei Klassen einteilen: (a) Beziehungen der Verbundenheit und Gegebenheit, das heißt Beziehungen wahrer Gemeinschaft; (b) Beziehungen, in denen das Gegenüber zum Bewunderer oder zum Publikum gemacht wird, wie im Falle der sündigen und antigemeinschaftlichen, durch Stolz infizierten Beziehungen. Es gibt eine dritte Art von Beziehung, in der das »Du« als Ding benutzt wird. Solch eine Beziehung ist eine Art von Sünde, aber sie ist eine unpersönliche personale Beziehung und nicht intrinsisch personal. In personalen Beziehungen manifestiert sich ein bestimmtes Maß an »Gerangel um gesellschaftlichen Rang«, und im Falle der Geltungssucht (*egotism*) wird ein stolzer Mensch oft sein Leben wegwerfen, nur um Bewunderer zu gewinnen. Die dämonischste aller Sünden besteht immer darin, eine Beziehung zu anderen Menschen anzufangen, die ungemein personal ist. In einer Welt von Objekten könnte es keinen Stolz geben. Andererseits schafft die Begierde nach einem Objekt keinerlei Beziehung zwischen sich und ihrem Objekt. Das ganze Phänomen des Verlangens, obwohl es bis zu einem gewissen Grade Personalität einschließt, bewegt sich auf der Ebene biologischer Kausalität, und das angestrebte Ziel ist ein nichtpersonaler Zustand, der das Objekt lediglich als Mittel zum Zweck benutzt.

(vi) Aus dem Obengenannten folgt, daß jede personale Beziehung, die eine Person zu einer anderen unterhält, einzigartig ist, während natürliche Beziehungen ohne weiteres austauschbar sind. Wenn mehrere Äpfel auf einem Tisch liegen, ist ein Apfel so gut wie der andere, vorausgesetzt, daß alle unserem Geschmack genügen. In personalen Beziehungen sollten wir nicht nur jede Beziehung als einzigartig betrachten, sondern wir erkennen die Einzigartigkeit der personalen Beziehungen oft selbst dann, wenn wir sündhaft handeln. Der Geltungssüchtige will eine bestimmte Person zu seinem Bewunderer machen; er will nicht von irgendeiner beliebigen Person bewundert werden, sondern von einer bestimmten. Wir sind eifersüchtig und neidisch auf bestimmte Personen und nicht auf andere, und dies aus spezifischen Gründen. Alle personalen Beziehungen haben die Eigenschaft, in jedem einzelnen Fall einzigartig und daher nicht austauschbar zu sein.

(vii) Personale Beziehungen verfahren im Modus wechselseitiger Offenbarung. Eine Person nimmt mit einer anderen Person nicht direkt Kontakt auf – weil die Beschaffenheit der Umstände dies unmöglich macht –, sondern vermittels Zeichen, also Worten, Gesichtsausdrücken, Gesten und so weiter. Personale Beziehungen setzen eine derartige selbstoffenbarende Handlung voraus, ansonsten kann kein Kontakt zwischen den Personen entstehen. Diese Implikation ist im Kontext der Inkarnation wichtig. Natürliche Beziehungen andererseits sind selbstoffenbarend. Ein Apfel zeigt sich unmittelbar als rund, hart, süß und so weiter. Herauszufinden, was eine Person denkt, setzt hingegen subtile und oftmals hinterlistige Manöver voraus.

(viii) Die dynamische »Energie«, die bei den jeweiligen Beziehungstypen am Werk ist, ist von zweierlei Art: (a) In natürlichen Beziehungen ist diese »Energie« Verlangen, Begierde, körperliches Bedürfnis, Wunsch nach Schönheit und so weiter; und (b) in personalen Beziehungen ist diese »Energie« Haß, Eifersucht, Stolz, Neid und mitunter Barmherzigkeit, Verbundenheit und so weiter. Folglich scheinen natürliche Beziehungen selbstsüchtig (*egoistic*) zu sein (ein Verlangen nach Gegenständen oder gegenständlichen Beziehungen), während personale Beziehungen durch Geltungssucht oder durch Partnerschaftlichkeit und Liebe motiviert sind. Verlangen und Begierde sind ihrem Wesen nach selbstsüchtig und selbstzentriert. Die Machenschaften des Stolzes und der Eifersucht gründen in Geltungssucht, was bedeutet, daß diese Bestrebungen nicht in der Natur vorkommen, sondern allein in der geistigen und gemeinschaftlichen Sphäre. Sie sind nicht rein egozentrisch, weil sie auf die andere Person bezogen sind. Stolz ist, wie wir bereits angemerkt haben, der Stolz gegenüber anderen Personen. Stolz setzt Gemeinschaft voraus, und gleiches gilt für Eifersucht, Haß,

Neid und so weiter. Begierden setzen keine Gemeinschaft voraus. Sie sind rein natürlich, insofern sie auf die Objekte selbst gerichtet sind.

3. Die obige Aufzählung von Merkmalen ist unvollständig. Wir haben lediglich die Oberfläche der Unterscheidung zwischen beiden berührt, den Unterschied zwischen Natur und Geist (*spirit*). Der Dualismus, der unsere Erfahrung durchzieht, besteht zwischen diesen beiden Beziehungstypen, die qualitativ unterschiedliche Erfahrungsbereiche und unterschiedliche Sphären des Universums insgesamt repräsentieren. Es scheint bei weitem angemessener, den Dualismus auf diese Art und Weise zu erklären, als durch Begriffe wie Geist (*mind*) und Körper, Geist (*spirit*) und Materie, rational und irrational, und so weiter. Wir hoffen, daß der Dualismus, den wir alle in unserer Erfahrung empfinden, durch die beiden oben analysierten Beziehungstypen erklärt werden kann. Personale Beziehungen erschließen uns die Sphäre des Geistes (*spirit*); natürliche Beziehungen die Sphäre der Natur; und weil der Mensch an beiden Sphären teilhat, ist er das eigenartige Geschöpf, das er ist.

Abschnitt III

1. In diesem Abschnitt möchten wir kurz auf die Bedeutung des »erweiterten natürlichen Kosmos« hinweisen. Dieses Phänomen wird ausführlicher in Kapitel drei behandelt, aber es ist ratsam, den Begriff jetzt schon einzuführen. Mit dem natürlichen Kosmos meinen wir jedwedes Universum, in dem alle Beziehungen in natürlichen Begriffen aufgefaßt werden. Diese Auffassung werden wir »Naturalismus« nennen. Wir werden das Wort also in einem anderen Sinne verwenden, als dies gewöhnlich der Fall ist. Wenn wir an Naturalismus denken, sind wir geneigt, uns eine Position vorzustellen, die an den Materialismus oder verwandte Philosophien erinnert. Für uns aber ist der

Naturalismus eine Denkweise, die alle Beziehungen in natürlichen Begriffen ausdrückt. Es ist einerlei, welche Klassen von Gegenständen dieses Universum umfaßt. Natürliche Systeme, die Objekte wie Gott oder den Einen umfassen, könnten wir »theistischen Naturalismus« nennen; Systeme, die Ideale als Objekte einschließen, können wir »humanistischen Naturalismus« nennen; und andere, positivistischere Sichtweisen können wir »materialistischen Naturalismus« nennen. Aber diese Begriffe sind vorläufig. Unser Hauptgedanke ist der folgende: Naturalismus in unserem Sinne ist kein Materialismus, sondern eine Sichtweise, die den Kosmos in natürlichen Begriffen rekonstruiert. Für uns sind die Philosophien von Platon und Aristoteles sowie die Theologien von Augustinus und Thomas von Aquin naturalistisch. Diese Aussage mag einige schockieren. Im dritten Kapitel werden wir diese etwas radikale Aussage zu untermauern suchen.

2. Die Terminologie des natürlichen Kosmos wurde bereits skizziert. Seine beliebtesten Wörter sind »Verlangen«, »Objekt«, »Gut«, »Zweck«, »Hunger«, »richtige Handlung« (insbesondere bei Aristoteles und Augustinus), »genießen« (Augustinus) und so weiter. Natürliche Ethik besteht in der Erörterung der richtigen Objekte des Verlangens, der Charakterbildung, um nach der Entwicklung der richtigen Gewohnheiten den richtigen Aktivitäten zu frönen, sowie des Weges zum »Guten«, das als der richtige Zweck des natürlichen Verlangens verstanden wird. Kurz gesagt: Die natürliche Ethik, sei es bei Platon oder Augustinus, bei Aristoteles oder Thomas von Aquin, befaßt sich mit dem Problem, das Verlangen (*caritas*) auf das richtige Objekt und Ziel zu lenken. Irdische Dinge sind unzulänglich für den Menschen, der Mensch sollte himmlische Dinge begehren. Der Mensch sollte danach streben, durch Gott statt durch Speis und Trank befriedigt zu werden.[1] Auf diese Weise wird das ganze Universum naturalisiert.

---

1 Platon vgl. insbesondere *Symposium* und *Phaedrus*. Aristoteles vgl. *Nico-*

3. Das Ergebnis einer vollständigen Naturalisierung des Kosmos ist der Verlust der Gemeinschaft, der Personalität und natürlich des wahren Wesens von Gott. Gott ist nicht bloß ein zufriedenstellendes Objekt von höchster Begehrtheit. Ebensowenig können Personalität und Gemeinschaft in natürlichen Begriffen erklärt werden. Folglich schließt der erweiterte natürliche Kosmos Personalität, Gemeinschaft und Gott aus, auch wenn er Seinen Namen verwendet. Alle naturalistischen Denker haben das geistige und persönliche Element, das den inneren Kern des Universums bildet, verfehlt. Es wird Teil unserer Aufgabe sein, diesen erweiterten natürlichen Kosmos zu kritisieren und Sünde und Glaube nicht anhand dieser natürlichen Begriffe zu analysieren, sondern in bezug auf Gott, Personalität und Gemeinschaft.

4. Wir weisen zwar den erweiterten natürlichen Kosmos zurück, nicht aber die Natur an sich. Der Mensch hat natürliche Begierden und Verlangen nach Speis und Trank, nach Schönheit und nach Wahrheit, also nach den Gütern der Natur im ganzen. Dieses Verlangen ist gut und seine Objekte sind gut. Die erschaffene natürliche Welt ist gut, weil Gott sie geschaffen hat. Wir nennen daher die Natur gut und preisen das Geschenk der Natur, das ein Geschenk Gottes an den Menschen ist.[2] Der Fehler ist nicht, die Natur zu akzeptieren, sondern natürliche Beziehungen auf alle Beziehungen im Kosmos auszuweiten. Wir irren, wenn wir uns Gott als ein bloßes Objekt des Verlangens vorstellen. Dadurch machen wir ihn zum Teil der Natur. Diese Ausweitung des natürlichen Kosmos ist eine Sünde, denn sie mündet in die Transformation personaler Beziehungen zu natürlichen, in einen Prozeß also, der eine Form der Sünde ist,

---

machean Ethics, Buch 10; *Metaphysics*, Buch 12. Augustinus vgl. Buch XV von *City of God*, *Morals of the Catholic Church*, etc. Thomas von Aquin vgl. *Summa contra Gentiles*, Buch III.

2 In Kapitel zwei werden wir die natürliche Welt verteidigen und ihre Güte erörtern.

wie wir später sehen werden. Unsere Fragestellung besteht dann also darin, die Sphäre der Natur auf ihre richtigen Grenzen zurückzuführen und so Raum zu schaffen für das Herz des Universums: Gemeinschaft und Personalität. Dieses geistige Reich ist abhängig von und verbunden mit Gott und darf niemals mit der Natur verwechselt werden. Diese Bemerkungen sollten ausreichen, um zu zeigen, was wir mit dem erweiterten natürlichen Kosmos meinen und welche Fehler er nach sich zieht.

Abschnitt IV

1. In diesem Abschnitt wollen wir kurz unsere eigene Sicht auf Gemeinschaft, Personalität, Sünde und Glaube darlegen und bestimmte, mit diesen Begriffen verbundene Probleme andeuten.

Zuallererst: Was ist der Mensch? Wir glauben, daß der Mensch ein Gemeinschaftswesen ist und daher Personalität besitzt. Die Besonderheit des Menschen sind nicht seine Vernunft, sein Sinn für Schönheit oder seine verschiedenen Fähigkeiten; nein, die Besonderheit des Menschen gegenüber anderen irdischen Geschöpfen ist, daß er auf die Gemeinschaft hin angelegt und als Persönlichkeit zwingend mit der Gemeinschaft verbunden ist. Die Ähnlichkeit des Menschen mit Gott besteht in dieser Fähigkeit, in eine Gemeinschaft einzutreten, denn Gott selbst ist als dreieiniger Gott eine Gemeinschaft. Weil der Mensch ein Gemeinschaftswesen ist, gehört er in die geistige Ordnung des Universums. Der Mensch ist so mit Gott und den Engeln sowie seinen Mitmenschen verbunden und ebenso mit dem Teufel und seinen Engeln.

Da der Mensch nach dem Ebenbild Gottes geschaffen wurde, ist er ein verantwortliches Wesen und eine Persönlichkeit mit Verpflichtungen. Die Ebenbildlichkeit ermöglicht es dem Menschen, auf Gottes Ruf zu antworten, Seine Liebe zu erwidern, an Gott zu glauben und, so Gott will, mit Ihm zu leben. Sie ist die

Grundlage der menschlichen Moralität. Es gibt keine Moralität in der Isolierung, außer im Rahmen der natürlichen Moralität, die sich aber bloß mit den angemessenen Objekten der Begierde befaßt. Christliche Moralität ist eine Moralität der Gemeinschaft, sei es die irdische oder die himmlische Gemeinschaft. Der Mensch ist ein moralisches Wesen, weil er ein Gemeinschaftswesen ist.

Der Mensch ist von Natur aus ein Gemeinschaftswesen. Diese Tatsache bedeutet, daß der Mensch der Gemeinschaft nicht entkommen kann und er daher immer verantwortlich ist und immer Verpflichtungen hat. Viele Heilstheorien zerstören diese gemeinschaftliche Natur des Menschen. Rousseau empfiehlt uns, in die Wälder zurückzukehren, die Epikureer bitten uns, aus der Gesellschaft auszuscheiden, während die Yoga-Philosophie uns dazu drängt, den Zustand eines friedlichen »Nichts« anzustreben. Die wahre Erlösung des Menschen besteht nicht in der Gemeinschaftsflucht, sondern in der richtigen Einbindung in die Gemeinschaft. Erlösung stellt die menschliche Natur wieder her und vervollständigt sie; sie ist kein Vorgang, der diese Natur zerstört.

Obige drei Absätze ergeben folgende Schlüsse: (a) Der Mensch ist natürlicherweise gemeinschaftlich und personal kraft der Gottebenbildlichkeit; (b) in dieser Gemeinschaftlichkeit des Menschen liegt sein moralisches Wesen begründet; und (c) der Mensch kann dieser Natur nicht entfliehen. Gott beansprucht ihn stets, und daher muß die Erlösung des Menschen in der Erfüllung der menschlichen Natur durch die Reintegration in die Gemeinschaft bestehen.

2. Was ist Sünde? Wir glauben, daß Sünde die Zerstörung, Vernichtung und Zurückweisung der Gemeinschaft ist. Jede gemeinschaftszerstörende Handlung ist eine sündhafte Handlung. Das Leugnen von Verpflichtungen, die Weigerung, auf Barmherzigkeit (Liebe) zu hören, und das Zerbrechen einer personalen Beziehung sind daher Taten eines Sünders.

Es gibt zwei Haupttypen der Sünde: (a) Geltungssucht, also die verdorbene Selbstliebe des Geistes, die nach Ehre, Abgrenzung, Ruhm und Lob strebt. Der Geltungssüchtige wird immer wieder bis zum Letzten gehen, offen und verdeckt, um sein Ziel zu erreichen. Seine Handlungen sind von Natur aus gemeinschaftszerstörend; (b) Selbstsucht, die nicht an sich böse ist, soweit sie auf die natürlichen Begierden beschränkt ist, die aber sekundiert von der Geltungssucht personale und gemeinschaftliche Beziehungen in natürliche verwandelt. Der Selbstsüchtige behandelt andere Menschen wie ein beliebiges Objekt, er benutzt sie als Instrument zu seiner Triebbefriedigung und zerstört dadurch die Gemeinschaft. Ein dritter Typus der Sünde ist in der westlichen Kultur nie verbreitet gewesen, im Osten aber häufig vorherrschend: die Sünde der Hoffnungslosigkeit (*despair*), eine Gemeinschaftsflucht ins Nichts. Es ist eine Sünde, die durch Sünde entsteht, das heißt, diese Sünde wird begangen, wenn die Sünden der Geltungs- und Selbstsucht erst einmal die Gemeinschaft zerrissen haben. Weil die Sünde der Hoffnungslosigkeit im Westen nicht verbreitet gewesen ist, werden wir uns mir ihr in dieser Arbeit nicht beschäftigen. Möglicherweise dauert es aber nicht mehr lange, bis auch der Westen seinem Sündenregister diese letzte Sünde der Hoffnungslosigkeit hinzufügt.[3]

Das Ergebnis und die Konsequenz der Sünde ist das »Alleinsein«. Weil der Mensch von Natur aus ein Gemeinschaftswesen ist und weil die Sünde die Gemeinschaft zerstört, vereinsamt der Mensch durch die Sünde; sie isoliert ihn und beläßt ihn dann in seiner Isolation. Diese geistige Abgeschnittenheit, diese verwüstende »Verschlossenheit« ist die unausweichliche Konsequenz der Sünde.

Die letzten drei Absätze bestätigen die folgenden drei Schlüsse: (a) Sünde ist die Zerstörung der Gemeinschaft; (b) es gibt

---

3 Anzeichen dafür können bei Schopenhauer, Nietzsche und Spengler gefunden werden.

drei Arten der Sünde: Geltungssucht, Selbstsucht und die Sünde der Hoffnungslosigkeit; und (c) die Konsequenz der Sünde ist das »Alleinsein«.

3. Was ist Glaube (*faith*)? Glaube ist die geistige Disposition der Gesamtheit einer Persönlichkeit, die voll in eine Gemeinschaft integriert ist und also in der Quelle wurzelt, die sie nährt. Glaube ist die vollkommene Beziehung von Person zu Person. Es ist die Beziehung, aus der die Bindungskräfte einer Gemeinschaft erwachsen. Glaube zu haben heißt, in jener Gemeinschaft verwurzelt zu sein, die Personalität fördert und der Ursprung der geistigen Begabungen ist.

Glaube (*faith*) wird oft mit Überzeugung (*belief*) verwechselt. Wir glauben an Personen, Glaube ist daher eine personale und gemeinschaftliche Beziehung. Eine Überzeugung ist eine kognitive Einstellung, die bestimmte Propositionen für wahr oder falsch hält. Richtig gesagt, glauben wir nicht daran, daß Gott existiert; sondern wir sind überzeugt, daß Er existiert. Sobald wir von Seiner Existenz und der Offenbarung durch Seinen Sohn überzeugt sind, glauben wir an Ihn. Daher sollte der Bestand der christlichen Glaubenslehre strenggenommen nicht »der Glaube« (»*The Faith*«) genannt werden, sondern entsprechend dem, was er ist: Überzeugung. Die Glaubenslehre ist ein Bündel von Aussagen und Propositionen, die gemäß der Kirche ausgelegt werden. Glaube ist die Beziehung einer Person zu anderen und zur Gemeinschaft. An Gott zu glauben heißt, durch den Glauben mit Ihm verbunden zu sein. Es heißt nicht bloß, überzeugt zu sein, daß Er existiert. Ebenso wie Sünde die Zerstörung der Gemeinschaft ist, ist daher Glaube die Einrichtung und der Aufbau der Gemeinschaft. Der Sünder ist abgeschnitten von Gott; der Gläubige bildet mit Gott eine Gemeinschaft. So wie Sünde Verschlossenheit, Abgeschnittenheit und Alleinsein bedeutet, bedeutet Glaube Offenheit, Zurückführung und Zusammensein.

Weil personale Beziehungen sich auf Grundlage der gegenseitigen Offenbarung entwickeln und weil der Mensch sich von Gott abgewandt hatte, mußte Gott in Seiner eigenen Gestalt kommen und die Menschen zum Glauben zurückführen, und zwar sowohl zum Glauben an Ihn als auch an die anderen Menschen. Der Mensch hätte durch seine Vernunftbegabung vielleicht herausfinden können, daß es Gott gibt, aber das wäre nur eine Überzeugung gewesen. Er hätte damit lediglich die Proposition akzeptiert, daß Gott existiert. Um den Glauben des Menschen wiederherzustellen, mußte Gott kommen, Sein wahres Wesen offenbaren und den Menschen anrufen. Die natürliche Theologie kann uns nichts über die Person Gott sagen. Seine Personalität muß durch Ihn selbst offenbart werden. Es ist die Gegenwart Gottes, die in das Alleinsein des Menschen eindringt, es durchbricht und ihn so wiederherstellt und zurück in die Gemeinschaft ruft.

Dieser Prozeß der Zurückführung zur Gemeinschaft heißt Bekehrung. Bekehrung ist die direkte oder indirekte Auswirkung der Erwählung durch Gott. Der Apostel Paulus wurde von Gott erwählt und in die Gemeinschaft aufgenommen. Aber Paulus wollte die »frohe Botschaft« an alle jene weitergeben, die für die Gemeinschaft verloren waren, weil er wußte, daß er nicht um seiner selbst willen erwählt wurde. Paulus, von Gott unterstützt und bestärkt, versuchte möglichst viele Heiden zurück in die Gemeinschaft zu bringen. Als unmittelbar und auf wunderbare Weise auserwählter Apostel kannte er den Ruf Gottes aus erster Hand. Die übrigen von uns, die nicht dieser Gunst in seinem Angesicht teilhaftig wurden, müssen auf Paulus hören und die »frohe Botschaft« von ihm empfangen. Diejenigen, die nicht erwählt sind, empfangen das Evangelium durch seine Predigten. Die »frohe Botschaft«, die Paulus uns predigt, ist die Botschaft von der Ankunft Gottes, der uns durch Seine Gegenwart wiederherstellt. Gott wirkt dadurch, daß das Evangelium oder Sein Wort verbreitet werden. Erst kommt Er in Seiner eigenen Person als Christus Jesus und bekehrt viele zum Glauben. Dann erwählt Er durch Seine Gegenwart als Heiliger Geist nach der Auferstehung Seines Sohnes Apostel, um die »frohe Botschaft« zu verbreiten. Durch die ständige Gegenwart in Seinen Aposteln und ihren Zuhörern führt Er uns alle zurück in die Gemeinschaft. Diese Herabkunft Gottes in unser Alleinsein und unsere Isolation ist ein weiteres Geschenk Seiner großzügigen Liebe. Er kommt nicht zu uns, weil wir es verdient haben. Wir haben keinen Anspruch auf Ihn. Daß er uns in die Gemeinschaft zurückführt, von der wir abgeschnitten waren, ist ein Akt des Erbarmens, der mit Dankbarkeit und Vertrauen angenommen werden muß. Sind wir zurückgeführt, blicken wir als Gläubige zu Ihm auf.

Die letzten vier Absätze machen die folgenden Schlüsse geltend: (a) Glaube zu haben heißt, in die Gemeinschaft zurückgeführt zu werden; (b) wir müssen zwischen Glaube und Überzeugung unterscheiden; (c) Gott selbst muß zu uns in unser Alleinsein herabkommen und uns zurückführen; und (d) Zurückführung heißt Bekehrung und ist das Ergebnis der Erwählung durch Gott und ein Geschenk Seiner Liebe. Ebenso folgt (e), daß die Erwählung durch Gott nicht die Bevorzugung einer Person unter notwendigem Ausschluß anderer bedeutet, sondern daß Gott Seine Erwählten verwendet, um die Verlorenen wieder für Seine Gemeinschaft zu gewinnen. In diesem Sinne benutzte Er Israel und Seine Apostel.

Abschnitt V

1. In diesem letzten Abschnitt möchten wir gerne auf einige Implikationen des oben Dargelegten hinweisen. Zunächst weisen wir den Mystizismus zurück, weil dieser eine Einheit unter Ausschluß aller Besonderheiten anstrebt und alle Unterscheidungsmerkmale überwinden will. Weil das Universum aber seinem Wesen nach gemeinschaftlich und personal ist, kann der Mystizismus nicht akzeptiert werden. Die christliche Lehre von der Auferstehung ist diesbezüglich besonders bedeutsam. Die

Doktrin besagt, daß wir alle mit unserer vollen Personalität und Besonderheit wiederauferstehen werden und daß die Erlösung gerade in dieser vollen Wiederherstellung der ganzen Person besteht und nicht im Wegwischen aller Besonderheiten. Erlösung integriert Personalität in die Gemeinschaft; sie zerstört Personalität nicht, um sie in ein mystisches und bedeutungsloses »Eines« aufzulösen.

2. Bezüglich der politischen Theorie unterstellt unsere Auffassung, daß jede Vertragstheorie der Gesellschaft falsch ist. Daher müssen Theorien in der Art von Hobbes und Locke zurückgewiesen werden. Eine Person bringt schlichtweg nichts in die Gesellschaft ein, weil sie nichts ist, bis sie Teil der Gemeinschaft ist. Sobald die menschliche Person aber in der Gesellschaft ist, kann sie ihr etwas geben; aber sie kann nichts von außen in sie einbringen. Sobald wir in eine Gemeinschaft integriert sind, werden wir zu Personen, und als Personen können wir zum Leben der Gemeinschaft beitragen. Wenn ein neugeborenes Kind in eine Familie kommt, bringt es nichts von außen in die Familie. Seine Gegenwart mag den Eltern und älteren Brüdern und Schwestern Momente der Zufriedenheit bescheren, aber auf sich gestellt, wird es nichts beitragen. Es ist völlig abhängig von anderen. Wir alle beginnen unser Leben auf diese Art. Erst nach einer langen Zeit der Abhängigkeit können wir etwas Eigenes zur Gesellschaft beitragen. Aber selbst dann werden wir nie unabhängig und sollten dies auch nicht anstreben. Wir werden allerdings unabhängig in dem vorläufigen Sinn, daß wir einen positiven Beitrag zur Gemeinschaft leisten können, unsere Verpflichtungen erfüllen und Möglichkeiten der gegenseitigen Koexistenz schaffen.

Es ist auch falsch anzunehmen, daß die Abhängigkeit der Person von der Gemeinschaft ihre Unterwerfung unter einen »Allgemeinen Willen« oder eine »Gruppenseele« der Gemeinschaft beinhaltet. Die Existenz eines solchen allgemeinen Willens ist eine Fiktion. Eine Gemeinschaft ist immer eine Gruppe von

Personen, die durch den Glauben zusammengehalten werden, und es gibt kein mysteriöses Prinzip, das alle Personen zu einer Person zusammenfassen würde. Ebenso falsch ist die Furcht jener, die die zwingende Abhängigkeit dieser Person von der Gemeinschaft leugnen, weil sie die Unabhängigkeit der Person von der Gemeinschaft erhalten wollen. Sie sehen nicht, daß eine Person losgelöst von der Gemeinschaft nicht mehr Person ist und eine wahre Gemeinschaft das Individuum nicht absorbiert, sondern seine Personalität erst ermöglicht. Wahre, im Glauben unter Gott vereinte Gemeinschaft löst die Person nicht auf, sondern erhält sie. Ebenso birgt die wahre Gemeinschaft die einzige Möglichkeit der Personalität. Die menschliche Person wird in der Gemeinschaft nicht durch die Gesellschaft zerstört, sondern durch die Sünde, die jede irdische Gesellschaft infiziert. Die Sünde einer Gruppe, die andere beherrschen will, nährt die Furcht vor Abhängigkeit in der Gemeinschaft; aber in der Gemeinschaft an sich und in der göttlichen Gemeinschaft im besonderen haben wir diese Furcht nicht.

Die Versöhnung der Person und der Gemeinschaft, also des Individuums und der Gesellschaft kann daher durch die Analyse der Begriffe selbst verstanden werden. Sie bedingen sich gegenseitig. Das eine kann nicht ohne das andere existieren. Die Dichotomie zwischen dem Individuum und der Gesellschaft, über die das neuere westliche Denken rätselt, ist in Wirklichkeit überhaupt keine Dichotomie. Die Schwierigkeit besteht allein darin, wie Personalität und Gemeinschaft angesichts der um sich greifenden Sünde in der Welt erreicht werden können. Das Kernproblem der Politik ist daher, ein System gesellschaftlicher Vorkehrungen zu entwickeln und dadurch die menschliche Sünde so einzuhegen, daß die natürliche Wechselbeziehung von Gemeinschaft und Personalität ermöglicht wird.

Wenn unsere Kultur die Frage des Individuums und der Gemeinschaft lösen will, scheint die oben nahegelegte Antwort die richtige zu sein. Wir müssen anerkennen, daß ein Individuum nicht nur ein Individuum, sondern eine Person ist und eine Gesellschaft nicht eine Gruppe von Individuen, sondern eine Gemeinschaft. Sobald wir diese Tatsache anerkennen, kann jede Lösung, die für ein Gleichgewicht zwischen Unabhängigkeit und Absorption plädiert, als falsch erkannt werden. Sie ist falsch, weil es keine unabhängige, von der Gemeinschaft freie Personalität gibt, und ferner die Gemeinschaft Personalität nicht absorbiert, sondern diese erst erschafft und erhält. Die Frage ist, wie bereits gesagt, wie die Sünde gemäßigt und aus der Welt geschafft werden kann. Unsere Antwort darauf besteht darin, herauszufinden, was Gemeinschaft und Personalität wirklich sind, und festzustellen, daß die Spannungen in der Gesellschaft nicht zwischen Personalität und Gemeinschaft bestehen, sondern zwischen unterschiedlichen Arten der Sünde, welche die Gemeinschaft zerstören wollen.

3. Das Problem der Ethik wie auch das der Politik lautet: Wie kann angesichts der Sünde in der Welt Gemeinschaft hergestellt werden? Das ethische Problem ist daher gemeinschaftlich und personal. Jede ethische Theorie, die das »Gute« in einem objektiven Wert, das heißt in einem Objekt, zu finden versucht, nennen wir eine natürliche Ethik. Da der Mensch aber von Natur aus personal und gemeinschaftlich ist, muß die Ethik von der menschlichen Gemeinschaft handeln; und weil der Mensch zur himmlischen Gemeinschaft gehört, darf die Ethik nicht von der Theologie getrennt werden.

Mit diesen Bemerkungen können wir zum nächsten Kapitel übergehen.

Kapitel zwei
Verteidigung des natürlichen Kosmos

Abschnitt I

1. Die Welt ist böse; sie ist die Quelle aller Verdorbenheit und Sünde. Das sichtbare Universum ist ein vom Schicksal kontrolliertes Gebiet, auf dem die geistigen Seelen durch die kosmische Ewigkeit gefangengehalten werden. Die Zeit setzt sich fort in endlosen Zirkeln; Welten und Ereignisse wiederholen sich, und der Mensch ist in diesem frevelhaften Kosmos zum Leiden verdammt.

So war das Urteil vieler, insbesondere der gnostischen Sekten der ersten vier Jahrhunderte unseres christlichen Zeitalters. Es ist ein Standpunkt, dem der Mensch aus Schwäche oft zuzustimmen geneigt ist. Denn so weiß er wenigstens, unabhängig davon, wie hart sein Herz auch werden mag, daß es das Böse und die Sünde in der Welt gibt; und auf die Frage, warum das Böse existiert, antwortet er oft, die Welt sei von Natur aus böse. Eine Konsequenz dieser Auffassung ist die Vorstellung, daß alle körperlichen Dinge böse sind und die Natur bloß von einer niederen Schönheit ist, wenn sie überhaupt Schönheit besitzt; und daß der menschliche Körper als der Teil des Menschen, der den Naturgesetzen unterworfen ist, den Menschen zu dem Sünder macht, der er ist. Die menschliche Sünde ist folglich, als Kreatur geboren worden zu sein, einen Körper zu besitzen und in dieser Sinneswelt zu leben.

Die andere Hälfte dieser Weltsicht behauptet eine andere Welt: eine des Geistes, der Freiheit, der geistigen Schönheit und der Vernunft; eine vollkommen unsichtbare, transzendente, jenseitige Welt, die aber dennoch existiert. In dieses herrliche Reich gehört der Mensch. Hier auf Erden lebt er in einer fremden Welt, einer Welt, in die er durch bösartige Verstrickungen zwischen die Zeitalter gerät; oder einer Welt, in die er wegen seiner vorgeburtlichen Mangelhaftigkeit gefallen ist. Es muß das Ziel des Menschen sein, sich aus dieser sündhaften Existenz in dieser körperlichen Realität zu lösen und in seine Heimat zurückzukehren. Wenn der Mensch sich nicht selbst retten kann, muß er sich einem Heiland zuwenden, einem Erlöser, der Wissen und geheime Paßwörter für die Rückreise vorbei an den bösen Dämonen bereitstellt, auf daß er wieder mit jenem himmlischen Reich vereinigt werde, wo seine unsterbliche Seele in Frieden ruhen wird.

Diese Kosmologie der Welt war in der hellenistischen Welt, als das Christentum sich von der Stadt Jerusalem her auszubreiten begann, weit verbreitet. Von ihren verschiedenen Varianten wollen wir einige kurz untersuchen, auch wenn sie sich im Grunde alle dahingehend gleichen, daß sie die Sinneswelt als die Wurzel des Bösen und die menschliche Geschöpflichkeit als Ursache der Verdorbenheit begreifen. Die Sünde wird einer Art Treuebruch im Wesen des Sünders vor dem »Sündenfall« zugerechnet, ganz unabhängig davon, ob diese Auffassung in einem platonischen Dialog, der vielschichtigen menschenfreundlichen Theologie des Origenes oder den plumpen und synkretistischen Phantasien von Gnostikern wie Basilides und Saturninus vorgetragen wird.

2. Die erste Ketzerei, auf die das Christentum traf, war der Doketismus – die Auffassung, der zufolge Christus keinen wirklichen Körper und keine menschliche Natur besaß, sondern daß seine menschliche Existenz bloß eine Erscheinung gewesen sei. Die Griechen jener Zeit konnten unter Umständen mit der Behauptung leben, daß ein Retter auf die Welt gekommen sei, um die Menschen zu erlösen; aber zu sagen, er habe tatsächlich menschliche Gestalt angenommen, hielten sie für eine Torheit. Für sie war es unvorstellbar, daß ein göttlicher Retter selbst in das unvollkommene und sündhafte Material der Sinneswelt eintauchen würde. Daher drängte sich ihnen unmittelbar die Vorstellung auf, daß es nur so »schien«, als ob Christus eine volle

menschliche Gestalt angenommen hatte; oder es wurde behauptet, daß der Mensch Jesus zu einem Instrument des rettenden Geistes geworden war, während der Geist selbst von der Materie unberührt blieb und in keiner Weise dem irdischen Fleisch unterworfen war.

Diese letzte Spekulation wird von den folgenden Zeilen aus dem Petrusevangelium,* einem von der Kirche früh verdächtigten und später verdammten Dokument, nahegelegt: »Und einer unter ihnen sprach, gebt ihm Galle mit Essig zu trinken. Und sie mischten es und gaben ihm zu trinken und erfüllten alles und machten das Maß der Sünden gegen ihr Haupt voll. Viele aber gingen mit Lichtern umher, da sie meinten es sei Nacht und fielen hin. Und der Herr schrie auf und rief, meine Kraft, meine Kraft, du hast mich verlassen.«[1]

Irenäus hat berichtet, daß nach Meinung von Basilides, »er [Jesus] nicht selbst den Tod erlitten hat, sondern ein gewisser Simon von Cyrene, den man zwang, für ihn das Kreuz zu tragen. [...] Er [Jesus] war ja eine unkörperliche Kraft [...], deswegen konnte er sich nach Belieben verwandeln und stieg so wieder zu dem hinauf, der ihn gesandt hatte, wobei er die [diejenigen, die ihn verfolgten] verspottete, weil sie ihn nicht halten konnten und er unsichtbar für alle war.«[2] Durch solche Spekulationen wollten die hellenistischen Sekten die christliche Lehre von der Menschwerdung vermeiden. Diese dogmatische Tendenz war kein isoliertes Phänomen; sie hat sich bis in die Zeit von Augustinus fortgesetzt, von dem wir wissen, daß er es für nötig hielt, die orthodoxe Lehre gegen die Manichäer zu verteidigen. In dem langen Dialog zwischen Augustinus und Faustus hat der

---

* Apokryphes Evangelium. A. d. Ü.

1 Verse 16-19, in: *Ante-Nicene Fathers: Translations of the Writings of the Fathers down to A. D. 325*, 10 Bände, hg. v. Alexander Roberts and James Donaldson, Grand Rapids 1986, Band X, S. 21, im folgenden zitiert als *ANF* mit Band und Seitenzahl. (Vgl. auch die Einleitung in das Evangelium in *ANF* X.)

2 Irenäus, *Against Heresies*, Buch I, Kapitel 24:4, *ANF* I, S. 349.

berühmte Manichäer die unbefleckte Empfängnis als Hexerei bezeichnet, woraufhin Augustinus antwortete: »Wir leugnen, daß es in den Körpern der Heiligen irgend etwas Beschämendes gibt«,[3] was nur eine andere Art ist, das zu sagen, was er unmittelbar danach kundtut: »Die unzüchtige und unmäßige Verwendung dieser Glieder ist beschämend, aber nicht die Glieder selbst.«[4] Als christlicher Theologe verteidigt Augustinus das Fleisch gegen den Vorwurf, böse zu sein; denn der Haß gegen die Materie, seinerzeit als Enkratismus bekannt, stärkte die doketistischen Tendenzen.[5]

3. Die Mißbilligung dieser Welt manifestierte sich in den ersten paar Jahrhunderten in verschiedenen Strömungen. Die vielleicht bekannteste unter ihnen war der Gnostizismus, der im gesamten Reich weit verbreitet war. Keine zwei Gnostiker stimmen je vollständig miteinander überein, aber sie teilen ausreichend viele Überzeugungen, um als Gruppe gelten zu können. Alles in allem glaubten sie, die Sinnes- oder materielle Welt sei von einem niederen Demiurgen oder durch Emanation geschaffen worden. Materie und Geist stünden in vollständiger Opposition zueinander; und Materie galt als prinzipiell böse. Erlösung bedeutete Erlösung von dieser intrinsisch bösen, materiellen Welt und auch von dem Schicksal, in dem alle, die in dieser Welt lebten, von den kosmischen Zeitaltern gehalten wurden.[6] Die Mittel zur Erlösung würden durch einen Erlöser bereitgestellt, in diesem Fall Christus, der als ein Zeitalter auf die Erde herabgestiegen war, um dem Menschen das Wissen

3 Augustinus, *Reply to Faustus the Manichean*, Buch XXIX, in: *A Select Library of the Nicene and Post-Nicene Fathers of the Christian Church*, 14 Bände, hg. v. Philip Schaff, Grand Rapids 1983-1986, Abteilung I, Band IV, S. 327, im folgenden als *PNF* mit Band und Seitenzahl zitiert.

4 Ebd.

5 Vgl. den Artikel von Adrian Fortescue über *Docetism*, in: James Hasting (Hg.), *Encyclopaedia of Religion and Ethics*, New York 1908-1927.

6 Vgl. den Artikel von Ernest Findlay Scott über *Gnosticism*, in: Hastings, *Encyclopaedia*.

zu geben, wie man dieser Welt entkommen konnte. Nicht alle Menschen würden gerettet werden, sondern allein diejenigen, die einen Funken des Göttlichen enthielten, der manchen Menschen von dem wahren Gott eingepflanzt worden sei, und gerade nicht von dem bösen Demiurgen, der die Welt erschaffen hatte und der mit dem Gott des Alten Testamentes gleichgesetzt wurde.[7] Der Gnostizismus war also wie die meisten antiken Geheimkulte aristokratisch, und vielleicht ist es dieser Aspekt, der am deutlichsten die Verachtung widerspiegelt, die er gegenüber der Welt empfindet. Irenäus berichtet uns von den Gnostikern der valentinischen Sekte, die sich drei Arten von Menschen vorstellten: geistige, materielle und tierische.[8] Die materielle Klasse bezieht sich auf eine gewisse Verdorbenheit; sie ist der Auswuchs der bösen Materie. Der tierische Mensch findet, wenn er sich für das Bessere entscheidet (was auch immer das heißen mag), Ruhe in einem Reich, das zwischen dieser Erde und dem wahren Himmel liegt; der geistige Mensch aber wird, nachdem er hier »diszipliniert und genährt« wurde, eines Tages Vollkommenheit erlangen, und er »soll als Braut den Engeln des Erlösers gegeben« werden. Das sind also diejenigen, die von Natur aus gut sind. Sie werden als Angehörige eines anderen Reiches gerettet werden; die aber von Natur aus böse sind, sind zur Verderbnis verdammt.

Irenäus berichtet uns ebenso, daß die Gnostiker zwei sehr entgegengesetzte Auffassungen des Fleisches vertraten. In beiden Fällen war das Fleisch aber ein Objekt der Schmähung. Sie haben einerseits die Ehe »als pure Verderbnis und Unzucht« verurteilt, anderseits aber extreme Zügellosigkeit und Promiskuität für zulässig gehalten, weil diese den verachteten Körper zerstören helfen; zudem kümmere »Gott sich kaum um diese Dinge.«[9]

---

7 Vgl. Arthur Cushmann McGiffert, *A History of Christian Thought*, New York 1933, Band 1, Kapitel 4.

8 Irenäus, *Against Heresies*, Buch I, Kapitel 7:5, *ANF* I, S. 326.

9 Ebd., Kapitel 28:2, S. 353.

4. Origenes, der größte der alexandrinischen Theologen, hat ebenfalls eine äußerst unorthodoxe Meinung von der Schöpfung der sichtbaren Welt. Für ihn besteht die Schöpfung aus zwei Teilen: (a) aus der geistigen Schöpfung, die ewig ist; und (b) aus der zeitlichen oder materiellen Welt, die nur für eine klar begrenzte Zeit bestehen wird. In der geistigen Schöpfung wurden alle Menschen und Engel als vollkommen rationale Geister erschaffen, die durch ihre Vernunft frei waren und die Gegenwart Gottes genossen. Die materielle Schöpfung entstand, als die freien und rationalen Geister durch einen Treuebruch von Gott abfielen. Origenes legt seine eigene Auffassung wie folgt dar: »Wegen ihrer exzessiven geistigen Mängel brauchten [jene Seelen] gröbere und festere Körper; und für diejenigen, die ein solches Arrangement benötigten, wurde diese sichtbare Welt geschaffen.«[10] Die Welt ist ein Ort, an dem diese unvollkommenen Seelen, die »es verdienten, eingekörpert zu werden«,[11] geschult und diszipliniert werden sollten. »Diese Unterwerfung«, wie Origenes es formuliert, »wird auf bestimmte Weisen, nach bestimmten Regeln und zu bestimmten Zeiten vollzogen«, nicht durch Zwang, sondern durch »Wort, Vernunft, Lehre; eine Aufmunterung zum Besseren, durch die besten Schulungssysteme«,[12] um so, den Anweisungen von Christus folgend, die Seelen zurück zu Gott zu bringen, »jenen Gehorsam zu lehren, die nur durch Gehorsam das Heil erlangen können«.[13]

In der Tat fehlt bei Origenes jede heftige Mißbilligung der materiellen Schöpfung; als christlicher Theologe muß er sich zurückhalten. Er bleibt teilweise orthodox, wenn er sagt, die rationalen Seelen führten ihre Strafe durch ihren freien Willen selbst herbei. Das griechische Element bei Origenes ist jedoch unverkennbar. Die Implikation der Formulierung »es verdienen, eingekörpert zu werden« ist eindeutig; es kann nur heißen,

---

10 Origenes, *De Principiis*, Buch III, Kapitel 5:4, *ANF* IV, S. 342.
11 Ebd., Kapitel 5:5, S. 343.
12 Ebd., Kapitel 5:8, S. 344.
13 Ebd., Kapitel 5:6, S. 343.

daß der Besitz eines materiellen Körpers irgendwie etwas Böses ist, von dem die Seele in ihrer vollen erschaffenen Wesenheit eigentlich frei sein sollte. Die erschaffene Welt ist Gottes Art und Weise, von einer schlechten Situation Gebrauch zu machen; der Zustand, aus dem die Welt entstanden ist, ist ein früher Zustand der Sünde seitens jener Seelen, die mit der Vertreibung in die materielle Natur bestraft wurden. Die Welt ist also etwas Niederes. Kurz gesagt, sie ist bloß ein Mittel zum Zweck, eine Besserungsanstalt für unartige Seelen. Origenes kann also andeuten, daß die Weisheit des Fleisches der Weisheit Gottes feindlich gegenübersteht; und daß diejenigen Seelen schwach sind, die »von der Gier nach dem Sichtbaren hingerissen wurden«.[14]

5. Zweifelsohne hat die Mißbilligung und Verachtung des Fleisches im griechischen Denken eine lange Tradition. Bestimmte griechische Mythen aus dem fünften Jahrhundert v. Chr. überliefern uns einen Dualismus zwischen Geist und Materie, dem Göttlichen und dem Irdischen. Der wichtigste Mythos des Orpheus-Kults[15] war die Geschichte von Zagreus. Der Mythos ist insgesamt zu lang, um ihn hier darzustellen, aber der entscheidende Punkt für uns wie auch für Nygren ist, daß er darauf abzielt, die »Doppelnatur« des Menschen zu erklären. Weil der Mensch aus der Asche der Titanen, die sich gegen Zeus stellten, erschaffen wurde, ist er mit dem Bösen verbunden. Weil sich aber in den Titanen die Natur des von ihnen verschlungenen Gottes bewahrte, trägt der Mensch einen göttlichen Funken in sich. Der Mensch ist also ein Bewohner zweier Welten, der irdischen und der göttlichen, des Bösen wie des Guten. Nygren fährt fort: »Der göttliche Teil des Menschen muß von seiner unpassenden Verbindung mit den irdischen und sinnlichen Elementen befreit werden; er muß das Band zerreißen, sich von der

---

14 Ebd., Kapitel 5:5, S. 343.

15 Anders Nygren, *Agape and Eros*, Philadelphia 1953, S. 163, stellt die Erzählung des Mythos kurz dar. [Rawls bezieht sich auf die Ausgabe von 1932, A. d. Hg.]

sinnlichen Befleckung reinigen, aus diesem Zusammenhang der physischen Natur heraustreten und in das göttliche Leben eintreten, dem er wesensverwandt ist. Der Weg zur Erlösung ist deshalb für den Orphismus der Weg der Reinigung und Ekstase, damit schließlich die Seele mit dem Göttlichen wiedervereinigt wird und in ihm aufgeht.«[16]

Der Platonismus der frühen Dialoge[17] kombiniert mittels der Ideenlehre diesen nach Griechenland vorgedrungenen orientalischen Mystizismus auf bestechende Weise mit Platons Rationalismus. Platons elaborierte Metaphysik verhehlt häufig die Tatsache, daß seine Philosophie ähnliche Ansichten über die Seele enthält, wie wir sie in dem genannten Mythos finden, nur eben sorgsam weiterentwickelt und rationalisiert. Diese grundlegende Vorstellung wird mit der Zeit immer pessimistischer, bis sie zum phantastischen System der Gnostiker mit ihrem ungestümen Haß auf die Sinneswelt degeneriert.

Einige Platonzitate werden genauer zeigen, wie der Platonismus die philosophische Grundlage für das legte, was unter dem Druck des Zerfalls und eines neuen Einflusses von Orientalismus zum Gnostizismus erweitert wurde. Aus dem *Staat*: »Um ihr wahres Wesen zu erkennen, müssen wir sie [die Seele] nicht so betrachten, wie sie jetzt ist, verunstaltet durch die Verbindung mit dem Körper und durch andere Übel, sondern so, wie sie ist, wenn sie ihren reinen Zustand wiedererlangt hat, den das Auge der Vernunft erkennen kann; du wirst sie dann viel schöner finden, und daß sie viel bestimmter Gerechtigkeit und Ungerechtigkeit unterscheidet und alles, was wir eben besprochen haben [...]. Wir müssen unsere Blicke eher [...] auf ihre Liebe zur Weisheit richten und müssen bemerken, wie sie danach trachtet, sich mit dem Göttlichen, dem Unsterblichen und der ewigen Welt zu unterhalten, denen sie wesensverwandt ist, und wie sie sein würde, wenn ihre Gewogenheit ganz und gar dem

16 Ebd., S. 122.

17 Bis zum *Parmenides*.

Antrieb folgen könnte, der sie aus dem Meere heben würde, in das sie derzeit gesunken ist, das Gestein und Muschelwerk abstoßend, dessen irdische Substanz sie umschlossen hält, weil sie erstrebt, was die Menschen Glück nennen, indem sie die Erde zu ihrer Nahrung macht.«[18]

Oder man nehme bestimmte Passagen aus der zweiten Rede des Sokrates im *Phaidros*: »Vergleiche die Seele mit der vereinigten Kraft eines Gespanns geflügelter Pferde und ihres Lenkers. Bei den Göttern sind alle Pferde und Wagenlenker edel, aus sich heraus und aufgrund ihrer Herkunft, während es bei den anderen vermischt ist. Bemerke nun zunächst, daß bei uns der Führer ein Pferdepaar zügelt, und dann, daß eines dieser Pferde schön und gut, das andere aber umgekehrten Charakters und Abstammung ist. [Der Abstieg der Seele ist also das Ergebnis einer Unvollkommenheit ihrer Natur.] [...] Die Seele aber, die ihre Flügel verloren hat, schwebt umher, bis sie auf etwas Festes trifft, wo sie eine Wohnstätte findet und einen irdischen Körper annimmt.«[19] Der irdische Körper der Seele ist also das Ergebnis der vorangegangenen Vertreibung; siehe auch Origenes. »[...] als wir kein Zeichen des Grabes trugen, das wir unseren Körper nennen, unser Gefängnis, das wir mit uns herumtragen, in ihm eingekerkert wie ein Schalentier in seiner Schale.«[20] Demos hat den Stand der Dinge wie folgt zusammengefaßt: Für Platon hat der Mensch etwas Erhabenes, nämlich seine Vernunft; der Mensch als Kreatur ist aber auch irdisch. Also »lassen seine irdischen Aspekte Vielfalt und Verwirrung in der menschlichen Natur anwachsen; und der Schlüssel zur Einheit und Einfachheit findet sich in seiner unsterblichen Natur«.[21]

Diese Zitate untermauern meinen Punkt hinreichend, wenn ich sage, daß die Phantasievorstellungen des Gnostizismus in einem bestimmten Sinn implizit in den Dialogen des enthusia-

---

18 Platon, *Republic*, 611c-612a.

19 Platon, *Phaedrus*, 246a-c.

20 Ebd., 250c.

21 Raphael Demos, *The Philosophy of Plato*, New York 1939, S. 304.

stischen jungen Platon enthalten waren. Der reife Platon schlägt einen anderen Ton an, aber die frühen Dialoge, einmal geschrieben, wurden philosophisches Schrifttum unberechenbaren Einflusses.

Abschnitt II

1. Was hat das Christentum zu diesem Punkt zu sagen? Ist das Fleisch böse, oder ist es gut? Die christliche Antwort auf diese Frage ist so einfach, daß sie oft übersehen wird. Uns wird fortwährend von bestimmten modernen Autoren erzählt, das Christentum habe eine »morbide« Einstellung zum Sex und so weiter. Aber wie wir sehen werden, ging der erste Angriff auf die griechische Sichtweise vom Christentum aus, das am Ende siegreich aus diesem Kampf hervorging. Denn für das Christentum war die Antwort bereits in dem einfachen Diktum aus der Genesis enthalten: »Und Gott sah an alles, was Er gemacht hatte; und siehe da, es war sehr gut.«[22]

Die materielle Welt ist gut; sie ist gut, weil Gott sie erschaffen hat. In allen christlichen Jahrhunderten haben Theologen auf dieses Diktum zurückgegriffen, um Ketzer zu widerlegen; und mehr als einmal bewahrte diese Aussage bestimmte Theologen davor, selbst zu Ketzern zu werden. Wo immer sich der griechische Einfluß Geltung verschafft, taucht die weltverneinende Tendenz auf. Dennoch läßt sich mit Fug und Recht behaupten, daß die Hauptströmung des christlichen Denkens stets ihre Haltung zu diesem Punkt bewahrte.

2. Der heilige Paulus, der einigen als ein Beispiel für den christlichen Asketismus gilt, bekundet im Ersten Korintherbrief eindeutig, daß der Körper nicht verachtet werden soll: »Der Leib

---

22 1 Mose 1:31 [alle Bibelzitate aus: *Die Bibel.* Nach der Übersetzung Martin Luthers, Stuttgart 1985. A. d. Ü.].

aber nicht der Hurerei, sondern dem Herrn, und der Herr dem Leibe. Gott aber hat den Herrn auferweckt und wird auch uns auferwecken durch Seine Kraft. Wißt ihr nicht, daß eure Leiber Glieder Christi sind?«[23] »Oder wißt ihr nicht, daß euer Leib ein Tempel des heiligen Geistes ist, der in euch ist und den ihr von Gott habt, und daß ihr nicht euch selbst gehört? Denn ihr seid teuer erkauft; darum preist Gott mit eurem Leibe.«[24] Der Körper ist also gleichberechtigter Bestandteil unserer Natur, und er ist, wie alles andere auch, darauf angelegt, uns für die Gemeinschaft mit Gott auszurüsten, und der Mißbrauch des Körpers macht eine solche Gemeinschaft unmöglich. Ferner ist anzumerken, daß die Strenge, mit der Paulus die Ehe im siebten Kapitel des Korintherbriefes beurteilt, stark von zwei Fakten gefärbt ist: (a) die offene Sittenlosigkeit der Korinther Kirche und (b) Paulus' Erwartung einer baldigen Rückkehr des Herrn. Im Lichte dieser Erwägungen macht sich Paulus einen »beherzten Realismus« zu eigen. Ferner bringt er seine eigenen Präferenzen zum Ausdruck. Die einzige dogmatische Vorschrift ist, daß das Wort Christi die Dauerhaftigkeit der ehelichen Verbindung verlangt.[25]

Im fünfzehnten Kapitel des Ersten Korintherbriefes spricht der heilige Paulus von der Auferstehung des Leibes, die durch und durch christlich ist. Das griechische Denken wollte dem Körper entkommen; und die Auferstehung galt ihm als Leugnung seiner religiösen Absichten. Für die Hebräer war die griechische Vorstellung der Unsterblichkeit nichts weiter als ein schattenhaftes Überleben. Sie wollten die Wiederherstellung der ganzen Person, einschließlich des Leibes. Die Seele als etwas im Körper Versunkenes und Eingesperrtes war ihnen unbekannt. Paulus' Denken an dieser Stelle ist biblisch. Es ist zwar richtig, daß er von einem geistigen Körper in der Auferstehung spricht;

---

23 1 Korinther 6:13-15.

24 1 Korinther 6:19-20.

25 Siehe den Artikel von Wilbert Francis Howard über den Ersten Korintherbrief, in: Frederick C. Eiselen/ Edwin Lewis/ David G. Downey (Hg.), *Abingdon Bible Commentary*, New York 1929.

aber es wird weiterhin ein Leib auferweckt. Der Leib, der von Gott auferweckt wird, muß der Körper des zweiten Menschen sein, denn wir tragen auch »das Bild des himmlischen«.[26] »Es wird gesät verweslich und wird auferstehen unverweslich. Es wird gesät in Niedrigkeit und wird auferstehen in Herrlichkeit. Es wird gesät in Armseligkeit und wird auferstehen in Kraft. Es wird gesät ein natürlicher Leib und wird auferstehen ein geistlicher Leib«,[27] und so weiter. Wir werden also auf jeden Fall in unserem Körper auferstehen; aber in einem Körper, der seinem neuen Himmelreich angepaßt ist, denn »es gibt himmlische Körper und irdische Körper«,[28] die jeweils ihrer Position angepaßt sind. Unser himmlischer Körper wird den Bedürfnissen des Himmels angepaßt sein; er wird ein geeignetes Instrument sowohl zum Ausdruck unseres Selbst als auch der Verständigung unter den spirituellen Bedingungen des neuen Lebens sein.[29] Der Körper soll also nicht verabscheut, sondern gepriesen werden. Er ist der Tempel des Heiligen Geistes und das gnädigste Geschenk, das der Herrgott uns gemacht hat.

3. Irenäus hat treffend über die Auffassung geurteilt, die das Fleisch verachtet. Er schreibt über die Enkratiten (einschließlich Markion, Tatian und andere), daß sie »gegen die Ehe predigten und so die ursprüngliche Schöpfung Gottes beiseite schieben und indirekt denjenigen anklagen, der Mann und Frau zur Erhaltung des Menschengeschlechtes geschaffen hat. Einige haben auch die Enthaltsamkeit von tierischen Speisen eingeführt und zeigen sich daher undankbar gegenüber Gott, der alles geformt hat.«[30] Diejenigen, die Gottes Schöpfung herabwürdigen, sind

---

26 1 Korinther 15:49.

27 1 Korinther 15:42-44. [A. d. Ü.: »geistlich« entspricht in der englischen Fassung »spiritual«, was hier überwiegend mit »geistig«, gelegentlich auch mit »spirituell« übersetzt wird.]

28 1 Korinther 15:40.

29 Howard, in: Eiselen et al. (Hg.), *Abingdon Bible Commentary.*

30 Irenäus, *Against Heresies*, I, 27:1, *ANF* I, S. 353.

»undankbar«. Die Welt ist ein Geschenk Gottes; sich von diesem Geschenk abzuwenden bedeutet, Gott zu beleidigen. Infolgedessen gibt es zumindest die Verpflichtung, die Welt zu genießen. Aber wir müssen sie richtig genießen; wir dürfen das Geschenk ebensowenig mißbrauchen, wie wir uns ihm gegenüber undankbar zeigen dürfen.

4. Tertullian verteidigt die Ehe trotz seines Montanismus aufrichtig gegen diejenigen, die sie schmähen. Die Ehe ist keine »beschmutzte Sache«; folglich »ist es nicht ihre Institution, die von Natur aus zu tadeln ist, sondern allein ihr ausschweifender Vollzug; und zwar dem Urteil des Gründers selbst zufolge, der nicht nur sagte ›Seid fruchtbar und mehret euch‹ [1. Mose, 1: 28], sondern auch ›Du sollst nicht ehebrechen‹ und ›Laß dich nicht gelüsten deines Nächsten Weibes‹ [2. Mose, 20: 14-17].«[31] Der dann folgende Absatz ist eine der eloquentesten Verteidigungen des Körpers, die man bei den Kirchenvätern finden kann: »Warum, o Seele, solltest Du das Fleisch begehren? Du sollst niemand außer dem Herrn so innig lieben; niemand mehr als einen Bruder, der sogar mit Dir durch Gott geboren wurde. Du solltest eher bei deinen Gebeten gewesen sein und die Auferstehung für sie erlangen: ihre Sünden, was immer sie waren, sind entstanden durch Dich. Es ist daher kein Wunder, wenn Du sie haßt; denn Du hast ihren Schöpfer verstoßen.«[32] Geist und Körper sollen immer als Braut und Bräutigam vereinigt sein; und das Fleisch wird in seiner Vollständigkeit auferstehen.

5. Augustinus ist vielleicht der »jenseitigste« aller großen Kirchenväter. Wenn überhaupt irgendwo, so erwarten wir bei ihm, die Lossagung vom Fleisch zu finden. Er kam mit einem neoplatonistischen Hintergrund zum Christentum und blieb sein ganzes Leben Neoplatoniker. (Dies allerdings ist ein umstrittener Punkt.) Immer wieder lodert ein typisch platonisches Verlan-

31 Tertullian, *Against Marcion*, Buch I, Kapitel 29, *ANF* III, S. 294.
32 Tertullian, *On Resurrection of the Flesh*, Kapitel 63, *ANF* III, S. 594.

gen nach nicht sichtbaren Dingen – nach Schönheit, Wahrheit, Tugend und so weiter – in seinen Schriften auf. In zwei seiner Abhandlungen über die Ehe sieht man, wie er sich dem Gefahrenpunkt nähert, ohne ihn jemals zu überschreiten. Er weiß sehr gut, daß die Ordnung der Natur gut ist. In *De Bono Conjugali*, einer gegen Jovinianus verfaßten Schrift, schreibt Augustinus, daß verheiratete Menschen einander Vertrauen im Verkehr schulden, um Kinder zu zeugen, denn eine solche Verbundenheit war die erste in ihrem sterblichen Zustand. Sie schulden einander auch den gegenseitigen Dienst, sich wechselseitig zu unterstützen.[33] Die Ehe ist daher eine natürliche Bindung.[34] Kinder zu zeugen, ist die natürliche Funktion der Ehe und kein Fehler; die Befriedigung der Lust ist der Fehler. In unmittelbarem Anschluß daran gerät Augustinus fast in die Gefahr, der Ehe ihr Recht abzusprechen, ist aber gezwungen, es ihr zuzugestehen: »Aus diesem Grunde«, so schreibt er »ist die Enthaltsamkeit gewiß höher zu bewerten als selbst der eheliche, der Zeugung dienende Liebesakt. Da indessen jede Enthaltsamkeit einen höheren Wert in sich enthält, aber die Erfüllung der ehelichen Pflicht in keiner Weise einen Vorwurf verdient [...],[35] [...] stellen Ehe und Enthaltsamkeit vielmehr zwei Güter dar, von denen das zweite besser ist«;[36] zu beachten ist jedoch, daß Augustinus darauf besteht, daß die Ehe ein Gut ist. Die Ehe ist eines jener Güter, die als Mittel zu etwas gegeben sind, in diesem Fall zu Freundschaft durch Fortpflanzung. Wenn man die Ehe zu diesem Zweck nutzt, nutzt man sie richtig; wenn man sie aber als Selbstzweck gebraucht, begeht man eine Sünde. Noch besser ist es allerdings, den Zweck gar nicht zu brauchen.[37] Dennoch, solange die Ehe nicht durch die Fleischeslust der Begierde verdorben ist und »natürlich« bleibt, ist sie ein Gut.

---

33 Augustinus, *De Bono Conjugali*, Kapitel 6, *PNF* III, S. 401.

34 Ebd., Kapitel 1, S. 399.

35 Ebd., Kapitel 6, S. 402.

36 Ebd., Kapitel 8, S. 403.

37 Ebd., Kapitel 9, S. 403.

In einem anderen Werk über die Ehe bemüht sich Augustinus, zwischen der Ehe als einem natürlichen Gut und dem, was sie verdirbt, der Lust, zu unterscheiden. Letzteres, behauptet er, ist nicht Teil des natürlichen Zustands der Ehe, sondern eine Folge der Sünde, und bei den Abkömmlingen des ersten Menschen offenbart sie sich als Fleischeslust. Als der Mensch sündigte, begann er die Wirkung eines anderen Gesetzes in seinen Gliedern zu spüren; denn als der Mensch sich weigerte, Gott zu gehorchen, warum sollte dann der menschliche Körper seinem Willen gehorchen? Begierde ist die Weigerung des Körpers, dem Willen zu folgen; es führt zu einem Schamgefühl, ist die Strafe für die Sünden und eben nicht der natürliche Zustand des Körpers, so wie er erschaffen wurde.[38] Augustinus erklärt seine Sicht folgendermaßen: »Fleischliche Begierde [...] darf nicht der Ehe zugeschrieben werden; sie darf in der Ehe nur geduldet werden. Sie ist kein Gut, das aus dem Wesen der Ehe stammt, sondern ein Böses, das ein Unglück der Ursünde ist.«[39] Augustinus war kurz davor, die Ehe zu verwerfen, gab sie aber schlußendlich nicht auf. Seine Sicht erscheint uns heute als harsch, aber zu Augustinus' Zeiten war eine solche Haltung eher »gemäßigt«. An anderer Stelle verteidigt Augustinus beherzt den Körper gegen Origenes[40] und Platon.[41] Trotz seiner Sympathien für den Neoplatonismus, so können wir also schließen, hat Augustinus erkannt, daß die neoplatonische Haltung zum Körper unhaltbar war, und zwar als er entdeckte, daß der katholische Glaube an das fleischgewordene Wort mehr als ein bloßes »Lehrbeispiel« war. Als er im Herzen der Lehre von der Menschwerdung Gottes angekommen war, nahm er den Körper als ein Gut an.[42]

---

38 Augustinus, *De nuptiis et concupiscentiis*, *PNF* V.

39 Ebd., Buch I, Kapitel 19, S. 271.

40 Augustinus, *City of God*, Buch XI, Kapitel 23, *PNF* II, S. 217f.

41 Ebd., Buch XII, Kapitel 26, *PNF* II, S. 243.

42 Vgl. John Burnaby, *Amor Dei. A Study of the Religion of St. Augustine*, London 1938, S. 69.

6. Die christliche Auffassung ist also alles andere als asketisch. Wir können sicher sein, daß es Fremdeinflüsse waren, die zur Abwendung der christlichen Theologen von der Welt führten. Das hebräische Denken hält die Familie durchweg in hohen Ehren. Man muß nur auf die Geschichten in der Bibel über das Leid kinderloser Ehen verweisen, um zu zeigen, was die wahre christliche Haltung sein sollte. Die Geschichten von Hannah, Rebekka und Elisabeth, der Mutter des Johannes, sind für den hebräischen Standpunkt charakteristisch.

Die Welt ist ein Geschenk; eine großzügige Schöpfung Gottes. Wenn wir davon ausgehen, daß es drei zentrale Begriffe gibt, die in das religiöse Denken eingebunden werden müssen – Gott, Natur und Mensch –, dann würde ein Christ sagen, die Natur ist ein Geschenk Gottes an den Menschen. Das menschliche Sein als Teil der Natur ist ein Geschenk, die Natur ist ein Geschenk; die Nahrung, die er ißt, die Kleidung, die er trägt, das Glück, das er erlangt, alles hängt von Gottes Willen zur Gabe ab, und Gott hat, ungeachtet unserer sündhaften Rebellionen, den Willen zur Gabe, weil Er Gott ist.

Abschnitt III

1. Wir müssen uns nun der Auffassung widmen, wonach das Fleisch oder die Begierden oder die Sinneswelt im allgemeinen die Ursache des Bösen sind; man darf sie vielleicht nicht selbst böse nennen, aber sie sind zumindest die Ursache der Schlechtigkeit und der Sünde. Der schlechte Mensch gilt als einer, der von den Leidenschaften überwältigt ist, unfähig, seine Begierden zu zügeln, und im Banne der Liebe zu den sichtbaren Dingen. Auch hier stoßen wir wieder auf die Griechen, und die Auffassung, gegen die wir uns wenden, kann anhand von Aristoteles und Platon veranschaulicht werden.

(i) Im siebten Buch der *Nikomachischen Ethik* untersucht Aristoteles das Problem eines Menschen, der entgegen seinem besseren Wissen handelt. Zur Annahme des Sokrates, daß es so etwas wie Hemmungslosigkeit nicht gibt, das heißt, daß niemand gegen sein eigenes bestes Urteil handelt, bemerkt Aristoteles, daß dieser Gedanke »zu den Tatsachen in einem klaren Widerspruch steht«.[43] Die sokratische Unterscheidung zwischen Meinen und Wissen wird zur Seite geschoben. Aristoteles' Hauptantwort auf dieses Problem findet sich in seiner Behandlung des praktischen Syllogismus. Er weist zunächst darauf hin, daß in einem praktischen Syllogismus zwei Arten von Prämissen stecken, wobei die eine eine Aussage über das Objekt ist, die andere eine Aussage über den Handelnden. Zum Beispiel »Äpfel sind für alle Menschen giftig« und »Ich bin ein Mensch«. Dem unbeherrschten, den Apfel wollenden Menschen würde entweder dieses Wissen fehlen oder er würde sein Wissen nicht anwenden.[44] Wenn man das Wissen hat, es aber nicht anwendet, ist man wie ein schlafender, verrückter oder betrunkener Mensch, denn »in solcher Verfassung befinden sich Menschen unter dem Einfluß der Leidenschaften; Zornesausbrüche, sexuelle Begierde und ähnliche Leidenschaften verändern ja offenbar sogar den Körper und versetzen manchen selbst in Raserei. Es ist offensichtlich, daß der Zustand des Hemmungslosen ganz ähnlich dem des schlafenden, verrückten oder betrunkenen Menschen ist.«[45] Wenn folglich die Begierde in uns hochkommt, werden wir zu dem Objekt entgegen unserer wahren Meinung geführt und verhalten uns also hemmungslos. Sind wir erst einmal an diese Vorgehensweise gewöhnt, passieren wir die instabile Stufe der Hemmungslosigkeit und entwickeln eine schlechte Natur, also eine, die derart charakterisiert ist, daß der schlechte Charakter unheilbar ist. Der ausschweifende Mensch ist der lasterhafte Mensch. Er strebt aus freiem Willen nach anstößigen Vergnügen im Übermaß; der hemmungslose Mensch ist hingegen jemand, der nur vorüberge-

---

43 Aristoteles, *Nikomachean Ethics*, 1145b28.

44 Ebd., 1147a7.

45 Ebd., 1147a14-18.

hend neben sich steht. Er handelt nicht willentlich, sondern wird von seinem Verlangen überwältigt. Zügellosigkeit und Mäßigung sind Stadien, die zwischen Tugend und Laster liegen; man hat sich noch nicht hinreichend an sie gewöhnt, um sich für ihre Handlungsverläufe entscheiden zu können, sondern muß gegen das Verlangen ankämpfen.[46]

(ii) Schon früher in der griechischen Philosophie hatte Platon einen sehr ähnlichen Standpunkt formuliert. Platons Beschreibung des tyrannischen Menschen wird uns dazu dienen, diesen Punkt zu untermauern.[47] Man stelle sich den Sohn des demokratischen Menschen vor, sagt Platon, dessen Vater alt geworden ist, und er (der Sohn) war denselben libertinären Einflüssen ausgesetzt. »Wenn diese schrecklichen Zauberer, die in der Seele des jungen Menschen einen absoluten Herrscher herbeibeschwören, an der Kraft ihrer Banne zu zweifeln beginnen, dann sehen sie keinen anderen Ausweg mehr, als ihm eine herrschaftliche Leidenschaft einzuflößen, um die Meute der nutzlosen Begierden zu verteidigen, die unter sich das Vorhandene verteilen – eine Leidenschaft, die nur mit einem geflügelten Pferd verglichen werden kann. Wie ein Schwarm, der um dieses Geschöpf schwirrt, kommen die übrigen Begierden mit Weihrauch und Düften, Kränzen und Wein und nähren ihr Wachstum zur ganzen Fülle der Leidenschaften des zügellosen Lebens, bis sie den Stachel eines Verlangens eingepflanzt haben, das nicht befriedigt werden kann. Dann nimmt diese Leidenschaft endlich als Führer der Seele den Wahnsinn als seine Leibwache und bricht in Raserei aus; wenn sie dann noch irgendwelche Vorstellungen und Neigungen findet, die gut erzogen und der Scham noch empfänglich sind, tötet sie diese oder treibt sie fort, bis sie jede Spur von Besonnenheit aus der Seele vertrieben hat und die Parteigänger des Wahnsinns die Leerstelle besetzen.«[48]

---

46 Ebd.; vgl. 1150a-1152a.
47 Platon, *Republic*, 562-576.
48 Ebd., 572-573.

Die Geburt des Tyrannen wird also anhand der Leidenschaft illustriert. Man nehme zum Beispiel die Formulierungen »herrschaftliche Leidenschaft«, »eine Meute nutzloser Begierden«, »Begierden mit Weihrauch und Düften«, »Kränzen und Wein«, und so weiter. Die Sphäre der Ethik wird bei Platon wie auch bei Aristoteles häufig nur anhand des Gegensatzes von Vernunft und Begehren beschrieben. Beide mögen viel Tiefgründiges über die Harmonie der Seele im guten Leben und so weiter gesagt haben; aber das, was das gute Leben verdirbt, sind Verlangen, Leidenschaft und die Begierden.

(iii) In gewisser Hinsicht wiederholen Platon und Aristoteles nur die Dichtung des Aischylos in den *Schutzflehenden*. Der Chor sagt:

> Laß den Tod über mich kommen, bevor ich in das Bett des Verführers gestoßen werde;
> Welchen Verteidiger, welchen Retter außer den Tod kann ich finden, oder welche Zuflucht von der Lust?[49]

Später wird die Schönheit als Opfer der Lust dargestellt:

> Lieblich ist das reifende Erntefeld der Schönheit
> Aber schwer zu kontrollieren; und Menschen und Herzen, weiß ich,
> Und Vögel und kriechende Dinge machen es sich zur Beute.[50]

Leidenschaft ist also die Wurzel der Sünde; und eine die Leidenschaft in ihre Schranken weisende Vernunft ist eines der Kennzeichen des tugendhaften Menschen.

2. Was läßt sich dem entgegnen? Zunächst müssen wir zwischen drei Fragen unterscheiden: (a) Wenn die Begierden die Sünde herbeiführen, wie schwerwiegend ist die so verursachte Sünde? (b) Gibt es andere Ursachen, welche die Sünde hervorrufen? (c) Angenommen, die zweite Frage wird positiv beantwortet, welcher der beiden Faktoren, die Begierde oder unser bisher unbekanntes »X«, führt zur dämonischsten aller Sünden,

---

49 Aischylos, *Suppliants*, Verse 806-807.

50 Ebd., Verse 1000-1003.

die uns am meisten beschäftigt? Die erste und zweite Frage sind in der dritten enthalten.

3. (i) Wir müssen zunächst zu zeigen versuchen, daß es einen Faktor in der Erfahrung gibt, der völlig unabhängig von der Begierde – sei es nach Alkohol, Schönheit oder Wahrheit – ist. Ohne Kenntnis dieses Faktors ergibt sich ein völlig falsches Verständnis des ganzen Komplexes moralischer Beziehungen. Das Begehren nach Speis und Trank gemeinsam mit Neid, Haß und so weiter als Teil der sogenannten Leidenschaften zu klassifizieren, war grundlegend falsch. Das Folgende ist zum Beispiel von Aristoteles: »Als Leidenschaften bezeichnen wir: Begierde, Zorn, Furcht, Zuversicht und so weiter [...] und generell die Gefühle, die mit Lust oder Schmerz verbunden sind.«[51]

Schopenhauer wiederum verfällt in denselben Fehler. Im zweiten Buch seines bekanntesten Werkes vertritt er die Ansicht, man treffe auf allen Stufen der Natur auf den permanenten Konflikt zwischen Einzeldingen und Arten; das sei ein natürlicher Ausdruck des Willens, in sich selbst zu leben. Im vierten Buch untersucht er das Problem auf einer höheren Ebene: beim Menschen selbst. Hier findet man dasselbe Phänomen, nur in stärkerer Ausprägung. Der Mensch als ein wissendes Wesen trägt in sich das Wissen, daß er den gesamten Willen zum Leben oder das innere Sein der Welt in sich trägt. Obwohl er in gewisser Hinsicht ein Nichts in einer grenzenlosen Welt ist, macht sich infolgedessen jeder Mensch »zum Mittelpunkt der Welt [...], [berücksichtigt] seine eigene Existenz und Wohlseyn vor allem Andern [...], ja, [... ist] bereit [...] die Welt zu vernichten, um nur sein eigenes Selbst, diesen Tropfen im Meer, etwas länger zu erhalten. Diese Gesinnung ist der Egoismus, der jedem Dinge in der Natur wesentlich ist.«[52]

51 Aristoteles, *Nicomachean Ethics*, 1105b22.

52 Arthur Schopenhauer, *The World as Will and Idea*, Buch IV, Abschnitt 61 [dt. *Die Welt als Wille und Vorstellung*, Zürich 1988, S. 431f.].

Der Fehler besteht hier einfach im Versäumnis, eine qualitative Unterscheidung zwischen dem Willen zum Leben auf der Tierebene und dem Willen zum Leben auf der höheren Ebene der menschlichen Geltungssucht anzuerkennen. Für Schopenhauer ist das Höhere einfach ein weiterentwickelter Zustand des Niederen; das Leiden auf der Ebene der Menschen ist immer noch die Folge des Widerspruchs des Willens, in sich selbst zu leben. Er hat nicht bemerkt, daß Geltungssucht etwas anderes ist – ein Verlangen nach Ruhm und Ehre, wofür der Wille nur allzugern sein Leben preisgibt (das heißt, den »bloßen« Willen zum Leben zerstört und zurückweist).[53] Die Unterscheidung, die Schopenhauer nicht erkennt, ist der qualitative Unterschied zwischen natürlichen und personalen Beziehungen, zwischen Begierde auf der einen Seite und Stolz und Liebe auf der anderen.

(ii) Augustinus sieht die Unterscheidung so klar, daß die Kraft seiner Argumentation in *Der Gottesstaat* von einer scharfen Analyse dieses Unterschieds abhängt. Augustinus nennt unter Bezugnahme auf Paulus[54] als Werke des »Fleisches« (also des irdischen, sündhaften Menschen) Ehebruch, Unzucht, Götzenverehrung, Hass, Neid, Trunkenheit und so weiter; aber, so führt er aus: »Wir finden nicht nur das, was zu den körperlichen und luxuriösen Vergnügen gehört, wie Unzucht, Unsauberkeit, Luxus und Trunkenheit, sondern auch das, was hinter der Lasterhaftigkeit des Geistes steckt und von den fleischlichen Genüssen unterschieden ist. Denn wer denkt nicht, daß Götzenverehrung, Hexerei, Feindseligkeit, Streit, Nacheiferung, Zorn, Neid, Aufwiegelung und Ketzerei vielmehr geistige Laster als körperliche sind?«[55] Augustinus nimmt hier ebendie Unterscheidung vor, nach der wir suchen. Es gibt etwas in der menschlichen Natur, so behauptet er, das völlig anders ist als das Fleisch. Wer möchte,

---

53 Siehe Unterabschnitt (iv) über Leon unten.

54 Galater 5:18-21.

55 Augustinus, *City of God*, Buch XIV, Kapitel 2, *PNF* II, S. 263.

nenne es Geist; was immer es ist, mit Geist meinen wir die Fähigkeit, in eine Gemeinschaft einzutreten, die Möglichkeit, der Liebe zu antworten oder sie zurückzuweisen und so zu sündigen.

Augustinus verwendet vorher ein Argument, das den Unterschied zwischen einer geistigen Sünde und dem Fleisch veranschaulicht. Er diskutiert Origenes' Auffassung des Körpers als eine Strafe für die Sünde und stellt fest, daß diese Behauptung ganz sicher falsch ist, denn die »Teufel (die schlimmsten Tatsachenverdreher) hätten statt der schlimmsten Menschen in die niedersten, das heißt irdischen Körper gesteckt werden sollen. Aber damit wir wissen können, daß die Verdienste des Geistes nicht mit körperlichen Qualitäten belohnt werden, hat der schlimmste Teufel einen luftigen Körper«.[56] Das Entscheidende dieses Argumentes ist nicht die Frage, ob wir an Teufel glauben oder nicht (obwohl der Autor es zufällig tut), sondern daß es zeigt, daß wir uns den Teufel, den schlimmsten aller Sünder, als ein geistiges Wesen vorstellen müssen. Er wird nicht durch einen Körper »niedergedrückt«; er ringt nicht mit Begierden; er hat kein Bedürfnis nach sogenannten Gütern irdischen Glücks. Nein, er ist ein kraftvolles und mächtiges Wesen mit großem intellektuellem Scharfsinn und, da herrscht kein Zweifel, ausgeprägtem ästhetischem Gespür; aber er ist stolz, prahlerisch, voller Boshaftigkeit und Neid, Haß und Eifersucht. Er ist die absolute Verneinung der Liebe, lebt isoliert in seinem kargen, geltungssüchtigen »Alleinsein«. Er ist ein Geschöpf, das alle griechischen Tugenden besitzt, aber dennoch die böseste aller Seelen, die Gott geschaffen hat. Er lebt auf ewig abgeschnitten von Gott, in jenem schlimmsten Abgrund geistiger Abschottung.

(iii) Wir können zum Kern des Problems vordringen, indem wir fragen: »Verdirbt der Geist das Fleisch, oder verdirbt das Fleisch den Geist?« Diesbezüglich werden wir den Hinweisen

56 Ebd., Buch XI, Kapitel 23, *PNF* II, S. 218.

von Niebuhr folgen, da er diese Frage mit beträchtlichem Können behandelt hat. Niebuhr hat es wie folgt auf den Punkt gebracht: »Strapaziert der Trinker oder der Vielfraß lediglich die Selbstliebe über alle Maßen und verliert er die Kontrolle über sich selbst, indem er versucht, ein bestimmtes Verlangen so freimütig zu befriedigen, daß seine Befriedigung mit anderen Bedürfnissen in Konflikt gerät? Oder ist mangelnde Mäßigung der Versuch, sich selbst zu entkommen?«[57] Mit anderen Worten: Ist die Sinnlichkeit in jenen extremen Fällen, in denen sie zur Sünde wird, eine Folge des Verlangens oder einer geistigen Blasiertheit oder des Stolzes? Ist Sinnlichkeit ein Fall bloßer Begierde oder ein Fall geistiger Verdorbenheit? In unseren Worten: Ist sie nur eine Sache natürlicher Beziehungen, oder sind auch personale Beziehungen betroffen? Und wenn beide betroffen sind, welche spielt die Hauptrolle?

Welcher Sicht der Dinge wir uns anschließen, hängt natürlich von unserer Analyse der Erfahrung ab. Sinnlichkeit scheint allerdings immer ein personales Element zu enthalten, und die teuflische Sinnlichkeit ist offenbar immer ein Fall von geistiger Sünde, die sinnliche Mittel zu ihrer Befriedigung verwendet. Niebuhr hat also recht, wenn er sagt: »Der geschlechtliche Trieb ist, wie jeder physische Trieb im Menschen, der Freiheit des menschlichen Geistes unterworfen und mit ihm vermischt. Er ist nicht von der Art, daß ein Mensch ihn eingebettet lassen könnte in irgendeiner natürlichen Harmonie tierischer Impulse. Seine Kraft reicht bis in die höchsten Gipfel des menschlichen Geistes; und die Unsicherheit des Menschen auf den Höhen seiner Freiheit reicht hinab bis zum Geschlechtstrieb als einem Mittel der Kompensation und Fluchtweg.«[58]

Wir können die Gültigkeit dieses Schlusses überprüfen, indem wir fragen, wie Trinker sich verhalten. Soweit ich weiß, fal-

---

57 Reinhold Niebuhr, *The Nature and Destiny of Man*, 2 Bände, New York 1941, hier Band 1, S. 233.

58 Ebd., S. 236.

len sie in zwei große Kategorien: Sie sind entweder extrem jovial, freundlich und geselliger als sonst oder deutlich verschlossener, oft an der Grenze zur Mißmutigkeit. Bei allen Unterschieden im Einzelfall können wir sagen, daß die erste Sorte nicht nach dem bloßen Trinkgenuß strebt, sondern vielmehr nach einer gewissen Gemeinschaft oder Geselligkeit. Unser tägliches Leben ist bisweilen kalt und abgeschieden; Trunkenheit bietet eine Entschuldigung, diesen Mangel zu überwinden. Die zweite Sorte von Trinkern hat in der Regel etwas auf dem Herzen, eine flüchtige Erinnerung an den Ärger versetzt sie sofort in eine ungewöhnlich schlechte Stimmung. Sie versuchen häufig, einen Streit anzufangen, um ihre Überlegenheit zu demonstrieren; oder sie steigern sich in ausgeprägte Beschimpfungen hinein, die ihre innere Spannung etwas lösen. Bei der geschlechtlichen Sinnlichkeit finden wir dieselben Perversionen, so Niebuhr. Es befriedigt die Geltungssucht von Männern, wenn sie ihr angebliches Liebesleben zum besten geben und dem Zuhörer jede eroberte Frau wie einen Kriegsorden oder eine bei einem Leichtathletikwettkampf gewonnene Medaille präsentieren.

Die obige Analyse ist zugegebenermaßen oberflächlich. Das ganze ist wirklich so komplex, daß eine vollständige Untersuchung zahllose Feinheiten und Abweichungen aufzeigen müßte. Ich halte aber zumindest die Hauptlinien unserer Sichtweise für richtig. Sinnlichkeit wird sich immer dann, wenn sie zur Sünde wird, als völlig durchdrungen von jenen geistigen Perversionen und Bestrebungen erweisen, von denen kein Mensch frei ist. In der Sinnlichkeit suchen wir Befriedigung des Stolzes, Flucht aus der Geschlossenheit des Selbst, Zerstreuung,[59] Gemeinschaft und Verbundenheit. Wäre Sinnlichkeit einfach Begierde, wären unsere Schwierigkeiten vergleichsweise gering.

(iv) Philip Leon hat in seiner bewundernswerten Studie über die menschliche Geltungssucht[60] eine sorgfältige Unterscheidung

59 Ebd., S. 236-240.

60 Philip Leon, *The Ethics of Power*, London 1935.

zwischen »Selbstsucht« (*egoism*) und »Geltungssucht« (*egotism*) getroffen. Mit ersterer meint er ungefähr dasselbe wie wir mit natürlichen Beziehungen. Selbstsucht betrachtet er als das biologische Streben nach einem konkreten Vorgang, einem klar definierten Objekt oder Zustand. Mit Geltungssucht beschreibt er etwas völlig anderes, etwa das Verlangen nach einer bestimmten gesellschaftlichen Stellung, der Wunsch, berühmt, mächtig und so weiter zu werden. Dem Geltungssüchtigen geht es nicht um bestimmte Prozesse als solche, wie im Fall der reinen Begierde, sondern um Symbole seiner Überlegenheit und um seiner Überlegenheit willen.[61] Leons Definition der Geltungssucht bezeichnet also das, was wir in personalen Beziehungen Stolz nennen; und er hat richtig erkannt, daß die Geltungssucht nicht nur der Begierde gegenüber indifferent ist, sondern ihr oft sogar völlig entgegensteht. »Die Diktatur des Ehrgeizes über die Begierde«, schreibt er, »ist schließlich am extremsten und deutlichsten, wenn der Geltungssüchtige aufgrund von Stolz, Eitelkeit, Sturheit, Mißgunst oder Haß oder, allgemeiner, aus dem Wunsch heraus, seine Überlegenheit zu bekräftigen oder wenigstens zu retten, sein Leben aufs Spiel setzt oder es wegwirft«.[62]

Leon stellt fest, daß die Begierden nicht die Ursache der Geltungssucht sind. Letztere hat einen vollkommen anderen Charakter oder, wie er es ausdrückt: »Es gibt nichts in der Begierde selbst, was die Geltungssucht in einer ihrer Formen hervorbringen könnte.«[63] Die Begierde kann aber, so fährt er fort, den spezifischen Kanal des geltungssüchtigen Ausdrucks beeinflussen und gelegentlich bestimmen, so wie sie manchmal auch das Vehikel eines solchen Ausdrucks ist. Leon hält die Geltungssucht nicht nur für die Ursache der Sünde, sondern selbst für eine Sünde. In seinen Worten: »Die Wurzel des Bösen, grob gesagt, ist der Wahnsinn […], die Theorie ist folgende: Der eine Pol ist

61 Ebd., S. 87.
62 Ebd., S. 89.
63 Ebd., S. 158.

Heiligkeit oder Vernünftigkeit oder das wirklich moralische Leben; der andere Irrsinn, das triumphierende Extrem der Geltungssucht – Stolz, Arroganz, Ehrgeiz, Machtgier. Zwischen den beiden liegen viele verschiedene Vorhöllen der systematischen Wahnsinnigkeiten oder der irrsinnigen Vernünftigkeiten, sämtliche Zivilisationen und Grausamkeiten, die es jemals gab.«[64]

4. Wir können nun die drei zuvor gestellten Fragen beantworten.[65] Die Antwort auf die zweite Frage lautet: Der für die Sünde verantwortliche und von der Begierde zu unterscheidende Faktor ist jene geistige Verdorbenheit, die personale Beziehungen verdirbt und selbst eine Sünde ist.[66] Die Antwort auf die dritte Frage lautet: Es ist jene geistige Verdorbenheit, die die Sünde dämonisch macht und ihr die zerstörerische Kraft verleiht. Daraus ergibt sich die Antwort auf die erste Frage: Es ist vorstellbar, daß Begierden zur Sünde führen, allerdings mit folgenden Einschränkungen: (a) Das ist nicht oft der Fall; und (b) die Begierde selbst jedenfalls ist nicht böse, sondern böse ist allenfalls die Situation, zu der sie führt. Als Reaktion auf den griechischen Vorwurf, mit dem wir unsere Ausführungen begonnen haben, können wir nun mit Berdyaev sagen: »Der Geist, der zu den höchsten Graden des Seins gehörte, war der erste, der sich durch seine eigene freie Handlung von Gott abgrenzte, und seine Selbstbehauptung und sein geistiger Stolz übten einen schlechten Einfluß auf die geordnete Hierarchie des Seins im ganzen aus. Das Böse zeigte sich zuerst in den höchsten Regionen der geistigen Welt und nicht in den Niederungen der materiellen.«[67] Die griechische Analyse in Begriffen von Vernunft und Verlangen ist völlig unangemessen, um diese Wahrheit zu verstehen. Bei solchen Voraussetzungen ist es nicht überraschend, daß die Griechen nie einen angemessenen oder überzeugenden Begriff der Sünde entwickelt haben.

---

64 Ebd., S. 18 f.

65 Siehe Punkt 2 in diesem Abschnitt.

66 Für die vollständige Analyse der Sünde müssen wir Kapitel vier abwarten.

67 Nicolas Berdyaev, *Freedom and Spirit*, London 1935, S. 161 f.

Abschnitt IV

1. Bisher haben wir uns hauptsächlich kritisch mit der griechischen Auffassung des Körpers auseinandergesetzt, allerdings durchaus im Vorblick auf unsere eigene Theorie der Sünde, indem wir zwischen dem, was Leon »Selbstsucht« und »Geltungssucht« nennt, unterschieden haben. In diesem Abschnitt werden wir kurz skizzieren, was wir für eine geeignete Theorie des Körpers halten, und dabei feststellen, daß unsere Auffassung von der griechischen Haltung, die wir gerade untersucht haben, weit entfernt ist.

2. Wie bereits in unserem Abschnitt über Paulus erwähnt, muß der Körper als der Tempel des Heiligen Geistes und als Geschenk Gottes angesehen werden. Die Natur im ganzen muß berücksichtigt werden. Soviel wurde bereits gesagt. Nun wollen wir einen anderen Begriff des Körpers untersuchen, den Körper als »Zeichen in der Gemeinschaft« und nicht als diese eigentümliche Beschränkung eines Geschöpfes.

(i) Wir haben in unserem Einleitungskapitel behauptet, daß personale Beziehungen notwendigerweise im Modus der gegenseitigen Offenbarung verfahren. Natürliche Objekte enthüllen unmittelbar ihre Beschaffenheit etwa in bezug auf ihre Farbe, ihre Form und so weiter. Personale Beziehungen sind aber anders; was eine Person fühlt, kann nicht als ein Sinnesdatum angesehen werden, sondern diese Person muß uns ihre Gefühle mit Hilfe von Sinnesdaten offenbaren, indem sie genau diejenigen verwendet, die durch Übereinkunft als solche festgelegt wurden, die das fragliche Gefühl und den fraglichen Gemütszustand repräsentieren. Wir sind nun davon überzeugt, daß der Körper eines der für Kommunikation notwendigen Zeichen ist. Wir haben also Körper als Zeichen, die Gemeinschaft ermöglichen. Mein Körper ist ein Zeichen von mir, Ihrer von Ihnen. Wann immer die Sinnesdaten Ihres Körpers in meinem Bewußtsein erscheinen, weiß ich, daß Sie in der Nähe sind und daß ich durch Sprache oder Gestik oder andere mir zur Verfügung stehende Mittel mit Ihnen Kontakt aufnehmen kann. Der Körper ist also ein unverzichtbares Mittel der Kommunikation. Er läßt uns erkennen, wann eine bestimmte Person in einer Position ist, die eine unmittelbare kommunikative Kontaktaufnahme ermöglicht. Wenn jemand stirbt und wir seinen Körper zu Grabe tragen, ist das eine andere Art zu sagen, daß wir ihn in unserem gegenwärtigen Leben nicht mehr wiedersehen werden und daß er für einige Zeit außerhalb der kommunikativen Reichweite steht. Kommunikation ohne irgendeine Art von Zeichen, das heißt ohne eine Art von Körper, erscheint mir nicht denkbar. Eine Gemeinschaft körperloser Geister wäre besonders beunruhigend. Man würde nie wissen, wo die andere Person wäre, wie sie aussähe und was sie dächte, ob sie wütend oder glücklich wäre und so weiter. Anders gesagt: Es wäre überhaupt keine Gemeinschaft. Die Bibel hat somit recht, wenn sie darauf besteht, daß wir in irgendeiner Art Körper, wie auch immer er aussehen mag, wiedergeboren werden, ein Körper, der dem geistigen Reich des Himmels angepaßt sein und für die Kommunikation und den Ausdruck unseres Selbst hinreichen wird; und weil die Form unseres gegenwärtigen Körpers keine Schande ist, können wir davon ausgehen, daß der himmlische Körper hinsichtlich der visuellen Erscheinung nicht großartig verändert sein wird.

(ii) Die herausragende Bedeutung der Zeichen für die Gemeinschaft wird häufig übersehen. Wir können im personalen Leben überhaupt keine Gemeinschaft aufbauen, bevor wir nicht den Namen der anderen Person kennen und und sie nicht den unseren. Wenn zwei Menschen sich also das erste Mal treffen, ist der erste Austausch, der stattfindet, die wechselseitige Bekanntmachung ihrer Namen oder Zeichen. Gerade an diesem Punkt geht die natürliche Religion fehl. Was ist der Name Gottes? Offensichtlich kann der Mensch das nicht herausfinden, denn Namen werden durch das Selbst offenbart. Der Mensch kann Gott als den Einen oder das Alles oder das Prinzip und mit ähnlichen leeren Phrasen benennen, aber über diesen Punkt kommt er nicht hinaus. Die Offenbarung verkündet uns, daß Gottes Name »Christus« ist, so daß wir keine leeren metaphysischen Phrasen murmeln, wenn wir beten, sondern Gott als Christus, als Gottes Sohn, der unser Mittler ist, ansprechen.

Dieses Verlangen, Gottes Namen zu kennen, kommt in der Bibel früh zum Ausdruck. Moses schrie, nachdem Gott ihm im brennenden Dornbusch erschien: Wenn »sie mir sagen werden: Wie ist sein Name?, was soll ich ihnen sagen? Gott sprach zu Mose: Ich werde sein, der ich sein werde. Und sprach: So sollst du zu den Israeliten sagen: »Ich werde sein« [der ich sein werde] hat mich zu euch gesandt [...]. Das ist mein Name auf ewig, mit dem man mich anrufen soll von Geschlecht zu Geschlecht.«[68] Dieser Schrei nach einem Namen ist gerechtfertigt, denn wie könnten wir sonst eine Gemeinschaft gründen?

(iii) Eine weitergehende Analyse der Zeichen würde die verschiedensten Abweichungen aufdecken. Man nehme zum Beispiel Gesichtsausdrücke. Sie stellen das differenzierteste System von Zeichen dar, das man sich vorstellen kann. Die Fähigkeit des Gesichts, die zartesten Gefühle auszudrücken, ist unglaublich. Es ist daher extrem wichtig, daß wir Gesichter haben. Eine Person ohne ein Gesicht oder eine Person, deren Ausdruck sich nie ändert, wäre von der Gemeinschaft abgeschnitten, denn die Gemeinschaft ist davon abhängig, daß wir unsere Gefühle, Gedanken und so weiter wechselseitig offenbaren und als sichtbare Zeichen weitergeben. Gesten erweisen sich als ebenso komplex, und eine Analyse der Sprache würde natürlich zur selben Sichtweise führen. Menschen sprechen nicht, um isolierte Gedanken auszudrücken; Sprache ist vielmehr etwas für die Gemeinschaft.[69] Eine Lüge ist deshalb so

---

68 2 Mose 3:13-15 [Die Wörter in den ersten eckigen Klammern sind nicht Teil des biblischen Textes, sondern wurden von Rawls (ohne Klammern) hinzugefügt, A. d. Hg.].

69 Vgl. Emil Brunner, *Man in Revolt*, New York 1937, S. 176 f. [dt.: *Der Mensch im Widerspruch*, Berlin 1937, S. 173 f.].

verdammenswert, weil sie die Verwendung der Zeichen mißbraucht.[70]

(iv) Der Körper ist also eine unentbehrliche Voraussetzung der Gemeinschaft. Er ist ein Zeichen, mittels dessen Gemeinschaft aufgebaut wird, und er hat im Grunde eine ähnliche Funktion wie Namen, Worte, Gesichtsausdrücke, Gesten und so weiter. Ich bin davon überzeugt, daß Gott selbst gemäß diesem Verständnis des Körpers, das heißt als ein Zeichen und nicht als Instantiierung des Geschöpfs, mit großer Gewißheit ein Zeichen hat.

3. Als weiteren Punkt wollen wir bedenken, daß der Körper als Kennzeichen der Geschöpflichkeit ein Hemmnis für die Sünde ist. Das Vorhandensein des Körpers bewahrt die menschliche Sünde davor, rein teuflisch zu sein. In den menschlichen Widerspruch mischt sich immer etwas Schwäche, etwas Unsicherheit, etwas Zweifel, etwas von jener armseligen »Verlorenheit«, die für Geschöpfe typisch ist. Nur der mächtige und kraftvolle Teufel kann wirklich teuflisch sein. Der Teufel ist sicherlich ein Geschöpf, aber er unterliegt geringeren Beschränkungen als wir, und daher kann sich seine Geltungssucht bis zum Äußersten treiben. Der Mensch ist sozusagen nur ein »kleiner Sünder«. Sein Widerspruch hat immer etwas Mitleiderregendes und Naives. Die Parabel vom verlorenen Sohn[71] veranschaulicht diesen Punkt. Der jüngere Sohn, so wird uns erzählt, ging weg von zu Hause und »verpraßte« sein Vermögen. Bald aber plagte eine Hungersnot das Land, und er »begehrte seinen Bauch zu füllen mit Trebern, die die Säue aßen«; als er erkannte, daß die Knechte auf seines Vaters Anwesen mehr zu essen hatten als er, kehrte er nach Hause zurück, bereit, auf sein Vorrecht als Sohn zu verzichten, und in der Hoffnung, sein Vater würde ihn zu

70 Augustinus hat eine interessante Bemerkung hierzu, in: *Enchiridion*, Kapitel 22, *PNF* III, S. 245.

71 Lukas 15:11-32.

einem seiner Knechte machen und ihm zu essen geben. Er ist sich seiner Sünde gegen den Vater bewußt, aber die Notwendigkeiten seiner Geschöpflichkeit zwingen ihn zur Rückkehr und zur Demut. Nun wird unser Argument deutlich. Wäre er zurückgekehrt, wenn er kein Geschöpf gewesen wäre, das dem Hunger unterworfen ist? Oder um es anders auszudrücken: Angenommen, er hätte die Macht des Teufels besessen und wäre frei von solch extremer geschöpflicher Abhängigkeit, hätte er bereut? Das ist zumindest fraglich. Der Körper ist somit gerade nicht der Anlaß zur Sünde, sondern in zahllosen Fällen jener Teil von uns, der unseren Dünkel einreißt, der uns hilft, unsere Sünden zu erkennen und der uns zur Reue führt. Der natürliche Kosmos ist damit verteidigt.

Kapitel drei
Der erweiterte natürliche Kosmos

Abschnitt I

1. In diesem Kapitel wollen wir die Bedeutung des natürlichen Kosmos untersuchen, auch um zu verstehen, wie das ganze Universum, einschließlich Gott, naturalisiert werden kann. Wir werden versuchen, unser Ziel durch die Untersuchung des Denkens von Platon und Augustinus zu erreichen. Wir beginnen mit der hypothetischen Hypothese aus dem *Protagoras*, der zufolge Tugend Wissen ist, und schreiten dann zum *Staat* und schließlich zu Augustinus fort. Auf diese Weise werden wir die Annahmen und Prinzipien des natürlichen Kosmos enthüllen und erkennen, wie diese fälschlicherweise auf das ganze Universum erweitert werden können.

2. Platon wartet im *Protagoras* mit der Auffassung auf, daß Wissen uns dazu befähigt, Tugend zu erlangen, und daß Unwissenheit die Ursache des Irrtums ist. Der Dialog macht deutlich, daß es sich dabei um eine hypothetische Auffassung handelt, wie Taylor gezeigt hat. Die Gleichsetzung von Lust mit »gut« wird zunächst mit einer problematischen Begründung in die Diskussion eingeführt, und am Ende des Dialogs wird eingeräumt, daß die Frage, was Güte ist, gerade einmal aufgeworfen wurde. Zudem unterstellt der Tenor der Diskussion, daß Platon die Behauptung vertritt, daß Wissen selbst unter der Annahme einer hedonistischen Ethik immer noch Tugend sei.[1] Aus diesen Gründen dürfen wir die Auffassung im *Protagoras* nicht für Platons wahre Auffassung halten, und wir wissen außerdem, daß sich Platons eigene Ethik beträchtlich von der darin dargestellten Philosophie unterscheidet. Da es aber nebensächlich für uns ist,

1 A.E. Taylor, *Plato, the Man and His Works*, New York 1936, S. 258-61.

ob wir es hier mit Platons eigentlicher Meinung zu tun haben, können wir den Dialog nutzen, um unseren Punkt zu veranschaulichen. Es macht wirklich keinen Unterschied, ob Platon den Dialog geschrieben hat oder ob die Schlußfolgerungen nur hypothetisch angenommen wurden.

3. Sokrates eröffnet die Diskussion mit der Frage an Protagoras, ob Tugend gelehrt werden kann, was Protagoras bejaht, denn er glaubt, das sei möglich. Dann wird eine Reihe von Fragen aufgeworfen, mit denen wir uns nicht aufhalten wollen, bis zu dem Punkt, an dem Protagoras zögert, Mut oder Tapferkeit mit Wissen gleichzusetzen. Er gesteht zu, daß die anderen Tugenden zwar eine Frage des Wissens sind, aber neigt zu der Ansicht, daß diejenigen, die kein Wissen haben, dennoch tapfer sein können und vice versa. Sokrates ist bestrebt, alle Tugend oder Güte mit Wissen gleichzusetzen, und nach Anerkennung der Hypothese, daß Lust mit dem Guten und Schmerz mit dem Bösen gleichzusetzen ist, kann er damit fortfahren, Protagoras davon zu überzeugen, daß der tapfere Mensch, im Gegensatz zum Feigling, über angemessenes Wissen verfügt und im Einklang damit handelt.

Der für uns entscheidende Teil der Diskussion kommt gegen Ende des Dialogs.[2] Sokrates setzt an, indem er Protagoras fragt, ob dieser die gängige Meinung bezüglich des Wissens teilt, der zufolge es nämlich unter dem Einfluß der Leidenschaften unter die Räder kommen kann, oder ob er denkt, daß »Wissen etwas Edles ist, das den Menschen regieren kann, und daß derjenige, der lernt, was gut und was schlecht ist, durch nichts dazu beeinflußt wird, anders zu handeln, als das Wissen befiehlt, und daß die Intelligenz ein hinreichender Beistand für die Menschheit ist«.[3] Protagoras als professioneller Lehrer stimmt Sokrates natürlich zu. Aber die »Vielen« halten Wissen nicht für eine so edle

2 Platon, *Protagoras*, 352-358.
3 Ebd., 352c.

Sache, sondern behaupten im Gegenteil, daß die Menschen häufig von den Leidenschaften überwältigt werden und unter ihrem Einfluß spontan gegen ihr besseres Wissen handeln. Sokrates muß also versuchen herauszubekommen, was die »Vielen« meinen, wenn sie davon reden, »von der Leidenschaft überwältigt« zu werden.

Um diese Frage zu beantworten, setzt Sokrates die Gleichsetzung des Angenehmen mit dem Guten und des Unangenehmen oder Schmerzhaften mit dem Schlechten voraus. Handlungsfolgen müssen aber nicht unmittelbar sein. Denn wir nennen etwa Maßlosigkeit und sexuelle Zügellosigkeit nicht deshalb böse, weil sie direkt unangenehm wären, sondern weil sich daraus schmerzhafte Konsequenzen ergeben. Ebenso führen körperliches Training, Militärausbildung und so weiter am Ende zu größerem Glück, obwohl sie nicht unmittelbar angenehm sind. Wenn das der Fall ist, dürfen wir Handlungen nicht nur daran messen, ob sie uns unmittelbar Lust verschaffen oder Schmerz zufügen, sondern wir müssen ihre zukünftigen Folgen genauestens in Betracht ziehen. Die Kunst des Abwägens nutzen wir also im Falle von Lust und Schmerz auf dieselbe Art und Weise wie bei jeder anderen Tätigkeit. Das Abwägen in Angelegenheiten der Tugend ist natürlich eine Frage des Erfahrungswissens. Sokrates kann also folgern, daß »unser Lebensheil von den richtigen Entscheidungen über Lust und Schmerz abhängt – mehr oder weniger, größer oder kleiner, näher oder entfernter«[4] –, was alles durch eine Art verstandesmäßigen »hedonistischen Kalkül« möglich ist.

Sobald der hedonistische Kalkül erst einmal ausgeführt wurde, werden alle Menschen zudem die angenehmste Handlung wählen, denn »niemand ist willentlich hinter dem Bösen her oder was er dafür hält; es entspricht anscheinend nicht der menschlichen Natur, dies zu tun – zu wünschen, was man für böse hält, anstatt dem Guten zu folgen; und wenn man zwi-

4 Ebd., 357ab.

schen zwei Übeln wählen muß, wird niemand das größere wählen, wenn er auch das kleinere wählen darf.«[5] Nun, wenn das der Fall ist, dann ist Wissen fraglos Tugend. Weil alle Menschen das Gute erstreben, werden alle Menschen selbstverständlich das Gute wählen, wenn sie es kennen; Tugend muß demnach eine Suche des Wissens sein sowie der Methoden, Lust und Schmerz zu berechnen. Kein tugendhafter Mensch zu sein muß heißen, nicht zu wissen, wie man mit Lust und Schmerz richtig umgeht. Mit diesen Schlußfolgerungen kann Sokrates Protagoras davon überzeugen, daß Tapferkeit eine Frage des Wissens ist – wie alle anderen Tugenden auch.

4. Welche Bedeutung hat die obige Diskussion für uns? Wenn wir zwei der zugrundeliegenden Voraussetzungen enthüllen, wird das Ziel unser Anstrengungen ersichtlich. Wir behaupten, Platon habe in der obenstehenden Debatte zwei Dinge vorausgesetzt: (a) daß das Gute ein Objekt ist, daß es also als das »andere« in dem existiert, was wir eine »natürliche Beziehung« genannt haben; (b) daß alle Menschen tatsächlich dieses Gute erstreben, da es anscheinend wider die menschliche Natur wäre, dies nicht zu tun. Wenn diese beiden Voraussetzungen richtig sind, wenn das Gute in natürlichen Beziehungen vorkommt und alle Menschen es erstreben, dann hat Platon meines Erachtens vollkommen recht, wenn er behauptet, daß Wissen Tugend sei. Wenn dies der Fall wäre, ließe sich kaum noch leugnen, daß Wissen der Pfad zur Tugend wäre.

Die Stärke des Arguments ist darüber hinaus nicht abhängig von der Gleichsetzung des Guten mit der Lust. Das Gute könnte ebensogut mit Schmerz gleichgesetzt werden, aber wenn alle Menschen tatsächlich das Gute erstreben, dann wäre Wissen eben das Mittel, Schmerzen anstelle von Lust zu erlangen. Diese Alternative wird nicht berücksichtigt, weil es empirisch falsch ist, daß Menschen auf Schmerzen aus sind. Ich möchte jedoch

5 Ebd., 358cd.

aufzeigen, daß, gleichgültig, was das Objekt der Tugend ist, es wahr ist, daß Tugend Wissen ist, wenn Menschen wirklich dieses Objekt erstreben. Das Objekt der Tugend mag Gott sein oder das geschmackloseste Vergnügen. Solange Tugend darin besteht, ein bestimmtes Objekt zu erstreben, und solange behauptet wird, daß dieses Streben Teil der menschlichen Natur ist, meine ich, daß Platon Wissen zu Recht Tugend nennt.

Wenn man Platons Voraussetzungen akzeptiert, dann hat er meines Erachtens recht, weil ein Blick auf unsere Handlungen ihn bestätigt. Wenn ich zum Beispiel Brombeeren suche und sie wirklich ernsthaft begehre, hängen meine Handlungen natürlich von dem Wissen ab, wo ich welche finden könnte. Und wenn ein Mensch nach einem ätherischeren Objekt sucht, etwa nach der Einsamkeit, von der Plotin spricht, und wenn er es ernsthaft begehrt, dann wird eine vernünftige Anleitung gewiß sein zukünftiges Handeln und seine Anstrengungen, es zu erlangen, bestimmen. Wenn wir nach jenem Objekt streben, von dem die Neothomisten behaupten, daß wir es tun, also nach Gott, und wenn all unsere Handlungen Zeichen unserer Suche nach Ihm sind,[6] dann würde Wissen uns zu Ihm führen. Die Neothomisten sind durch die verschiedenen Prädestinationslehren und dergleichen vor dieser Extremform des Pelagianismus geschützt, vor allem aber durch ihre Behauptung, Gott könne als übernatürliches Objekt nicht durch natürliche Handlungen erreicht werden. Daher ihre Gnadenlehre, die im Sinne einer göttlichen Betriebsanleitung und Verhaltensanweisung den Menschen auf die Akzeptanz des »herrlichsten Wertes« vorbereitet.

Was können wir also sagen? Sollten wir mit Platon übereinstimmen? Mit Sicherheit nicht. Wir müssen mit einem energischen »Nein« auf all die vorangegangenen Überlegungen reagieren. Und wie wollen wir ihm antworten? Ganz einfach. Wir

---

6 Etienne Gilson, *The Spirit of Medieval Philosophy*, New York 1940, S. 271-274.

streiten beide Annahmen ab. (a) Wir glauben nicht, daß das sogenannte »gute Leben« (eine abscheuliche Phrase) darin besteht, irgendein Objekt zu erstreben, sondern daß es etwas völlig anderes, eine Sache personaler Beziehungen ist; und (b) wir streiten ab, daß alle Menschen nach dem so benannten »Guten« streben. Unsere eigene Auffassung besteht also darin, beide Annahmen abzustreiten, Was daraus folgt, wird uns in den letzten beiden Kapiteln beschäftigen.

Jetzt ist es aber an der Zeit, sich jener Sichtweise zu widmen, die nur eine dieser Annahmen leugnet. Gemeint ist die Sichtweise von Platon (im *Staat*), Aristoteles, Augustinus und Thomas von Aquin. Wir wollen zeigen, daß diese Männer es zwar für wahr halten, daß das Gute ein Objekt ist, aber zugleich die offensichtliche Tatsache unterstreichen, daß die Menschen tatsächlich nicht danach streben bzw. nicht in der Lage dazu sind. Platon und Aristoteles flüchten sich in das Heilmittel der Erziehung bzw. der Habitualisierung auf der Ebene der Natur; Augustinus und Thomas mit ihrer pessimistischeren Sicht auf die menschliche Natur und beträchtlich höheren Ansprüchen fühlen sich bemüßigt, göttliche Gewöhnung und Anleitung ins Spiel zu bringen. Aufs Ganze gesehen ist der Unterschied zu Aristoteles und Platon aber nur ein gradueller. Ihr Denken bewegt sich grundsätzlich in griechischen Kategorien und muß daher ebenfalls verworfen werden. Augustinus und Thomas leugnen nur die zweite Voraussetzung, das heißt, sie sind der Überzeugung, daß die Menschen nicht das Gute erstreben (und dies aufgrund des Sündenfalls und aus verschiedenen anderen Gründen auch nicht können); sie verfehlen es also, die erste Annahme zu widerlegen. Aus ihrer Sicht ist Gott bloß ein größeres und besseres Objekt unseres Vergnügens, ein Objekt, das unsere diversen Begierden so befriedigen wird, daß wir »Abba Vater!« schreien sollen – und alles wird sich finden.

1. Platon war sich völlig darüber im klaren, daß die zweite hypothetische Voraussetzung, die er im *Protagoras* um des Arguments willen heranzog, falsch ist. Die Menschen erstreben nicht das Gute. Die zahlreichen Kriege zwischen den griechischen Stadtstaaten zu Platons Zeiten haben ihn vielleicht davon überzeugt, daß der größere Teil der menschlichen Anstrengungen dem Gelderwerb gewidmet ist. Die Greuel des Peloponnesischen Krieges hatten gezeigt, daß die Menschen nicht von Natur aus gut sind bzw. zumindest die Natur, wie sie dort an den Tag gelegt wurde, nicht gut ist und daher ein Programm auf den Weg gebracht werden muß, um diese Situation zu verbessern. Im *Staat* legt Platon einen detaillierten Plan vor, wie ein Idealstaat aufzubauen sei, und dieser Plan gestattet es uns, Rückschlüsse darauf zu ziehen, wie er wohl auf die Frage »Wie kann die derzeit fehlgeleitete und verdorbene menschliche Natur gerettet werden?« geantwortet hätte. Platon hätte gesagt, daß wir die Menschen von der Kindheit an ausbilden und erziehen müssen und daß ihre Ausbildung und Erziehung so ablaufen muß, wie die wahre Philosophie es vorschreibt.

2. Wir müssen nun einen kurzen Blick auf Platons Theorie der Erziehung und Ausbildung werfen und wenn möglich ihr Grundprinzip aufzeigen. Platon orientiert sich in groben Zügen an der damaligen Erziehung athenischer Jungen. Sein Erziehungsprogramm setzt sich somit aus zwei Hauptteilen zusammen: Turnen als Ausbildung des Körpers und Musik als Erziehung der Seele. »Musik« wird in einem viel weiteren Sinn als heute verwendet und umfaßt Kunst, Schreiben, Philosophie und alles, was wir heute Allgemeinbildung nennen. Es schloß ebenso Theologie und andere Fragen der Religion ein. Platons Absicht ist es, die Ausbildung der Jugend gründlich zu überwachen, um sie ordnungsgemäß zu formen; aus diesem Grund verbietet er den Dichtern, etwas über Gott zu sagen, weil es junge Menschen

dazu verführt, deren respektlose Darstellungen als Entschuldigungen für ihr Fehlverhalten ins Feld zu führen.[7] Platon rechtfertigt also eine strikte Zensur der Erziehung, was uns heute etwas streng erscheint.

Nicht nur der intellektuelle Unterricht wird sorgfältig kontrolliert, sondern ebenso die Musik (in unserem Sinne) und das Turnen; gleiches gilt für die verschiedenen Arten der Literatur. In bezug auf Melodie und Gesang etwa rät Platon mit Nachdruck dazu, die lydische oder traurige Tonart ebenso zu verbieten wie die ionische oder trunkene, weil sie für die Ausbildung der Krieger nutzlos seien und Trunkenheit, Verweichlichung und Untätigkeit förderten.[8] Dorische und phygrische Harmonien hingegen sollen beibehalten werden, da sie geeignet seien, für den tapferen Menschen zu stehen, Mut und Besonnenheit für den Krieg stärkten und in Friedenszeiten Klugheit hervorbrächten. Die einfachen Harmonien werden also in der Erziehung verwendet. Auch die Musikinstrumente seien streng zu reglementieren. Nur die Lyra und die Harfe sollen erlaubt sein, die Flöte hingegen ist verboten. Der Schäfer mag, wenn er wünscht, seine Flöte haben.[9] Diese beiden Aspekte, Musik (im weiten Sinn) und Turnen, müssen im ausgewogensten Verhältnis miteinander verbunden werden, um der Seele die bestmögliche Harmonie zu verleihen. Platon drückt es folgendermaßen aus: »Es gibt also diese beiden Elemente in der Seele, das Geistige und das Philosophische; und für sie [...] hat der Himmel der Menschheit diese beiden Zweige der Erziehung gegeben. Das Ziel ist, beide Elemente miteinander in Einklang zu bringen, indem die Spannung von jedem richtig eingestellt wird.«[10] Platon drängt auf dieses sorgfältige Gleichgewicht, weil ein Mensch, der sich ganz der Musik hingibt, verweichlicht und

---

7 Platon, *Republic*, 391.
8 Ebd., 398e.
9 Ebd., 399d.
10 Ebd., 411e.

das »Eisen« in ihm schmilzt.[11] Auf der anderen Seite wird der Mensch, wenn er nicht in der Musik ausgebildet wurde, sondern bloß in der Körperertüchtigung, ein Rohling, der alle seine Ziele mit brutaler Gewalt durchzusetzen sucht.[12] Nach Platons Auffassung scheint also der Gegenstand der Erziehung in dieser frühen Phase, aber auch in späteren Entwicklungsstadien, einen Geist der Harmonie zu schaffen, denn eine solche Harmonie der Seele wird sie dazu veranlassen, das Lieblichste zu lieben: Schönheit und Ordnung. Eine solche Seele wird maßvoll, klug und ausgewogen sein. Sie wird weder von exzessiven Leidenschaften entflammt werden noch stumpf und brutal sein.

Die höhere Erziehung der Wächter erfolgt nach demselben Muster. Sobald sie für diese Ausbildung aufgrund ihrer natürlichen Veranlagung ausgewählt wurden, werden sie in der höchsten aller Disziplinen unterrichtet, der Philosophie. Das Ziel ihrer Ausbildung ist, sie zur Schau der Idee des Guten zu befähigen; und durch einen stufenweisen Prozeß des intellektuellen Aufstiegs,[13] entlang des Pfades der reinen Mathematik und der Dialektik, sind sie in der Lage, ihr Ziel zu erreichen. Dann und nur dann ist die Ausbildung der Wächter abgeschlossen. Denjenigen, die zu solchen großen Taten nicht in der Lage sind, wird ein angemessener Platz zugewiesen; denn die menschliche Natur ist so beschaffen, daß sie nur eine Pflicht gut erfüllen kann.[14] Jeder Mensch hat also seinen angemessenen Rang im Staat, für den er ausgebildet werden muß. Die Ausbildung eines jeden bereitet ihn auf den ihm angemessenen Rang vor, vom Händler bis hin zum Philosophenkönig. Dank dieser perfekten Erziehung ist jeder am richtigen Platz und im Einklang mit sich selbst und anderen.

---

11 Ebd., 411ab.

12 Ebd., 411de.

13 Der Umriß der höheren Erziehung erfolgt ebd., 521-541.

14 Ebd., 394e.

3. Auf welchen Annahmen beruht diese Sichtweise? Warum glaubt Platon, daß seine Theorie funktionieren wird? Platon denkt nicht, auch wenn er, wie er zugibt, das im *Protagoras* vielleicht angedeutet hatte, daß alle Menschen von Natur aus das Gute erstreben und dies de facto auch tun. Sein ausgeklügelter Erziehungsplan ist vielmehr ein Mittel, um sie in ebendiesen Zustand zu versetzen. Was, können wir fragen, sind die Grundannahmen seiner Lösung? Zwei lassen sich grob erkennen: (a) Die Seele wird leicht von ihrer Umgebung beeinflußt, insbesondere in jungen Jahren. Wir können auch sagen, die Seele imitiert das, was sie kennt. (b) Wenn der Seele ihr Gutes gezeigt wird, wenn sie mitten im »Fluß« des Lebens das Gute wahrnimmt, dann wird sie dem Guten folgen, danach streben und es in der Welt verwirklichen wollen.

(a) Platon kommt auf diese erste Voraussetzung mehrmals explizit zu sprechen, etwa wenn er darlegt, warum er schlüpfrige Geschichten über Götter für problematisch hält: »Ein Kind kann den allegorischen Sinn nicht vom wörtlichen unterscheiden und die Ideen, die es in diesem Alter annimmt, bleiben wahrscheinlich unauslöschlich fixiert in seinem Denken; es ist daher wichtig sicherzustellen, daß die ersten Geschichten, die es hört, darauf angelegt sind, die bestmögliche Auswirkung auf seinen Charakter zu haben.«[15] Platon spricht auch davon, wie sich die Zügellosigkeit der Vergnügungen auf die Jugend auswirkt, die dann ebenso zügellos wird.[16] Und später, wenn er erklärt, wie aus talentierten und philosophischen Naturen schlechte Charaktere werden, führt er eine Reihe von Gründen an, wie etwa den bösen Einfluß der Sophisten oder Freunde, die sie ausnutzen sowie die Verwirrung der Volksmeinung; der Hauptgrund ist aber, daß es ihnen mißlingt, das ihren Stärken entsprechende Klima und die entsprechende Umwelt zu finden, und sie daher anfälliger als schwächere Naturen sind, durch die Orien-

15 Ebd., 378de.
16 Ebd., 425a.

tierung an den niederen Gütern nachhaltig beschädigt zu werden. Da sie so überaus gut sind, werden sie in einer unangemessenen Umgebung um so schlechter.

Platon schreibt: »Wir wissen, daß jeder Samen oder jedes wachsende Ding, ob Pflanze oder Tier, wenn Versorgung oder Klima oder Boden nicht richtig sind, je mehr die eigentlich zu erwartenden Qualitäten vermissen läßt, je stärker es ist. Das Böse ist ein schlimmerer Feind für das Gute als für das Indifferente; es ist also natürlich, daß schlechte Bedingungen für die besten Naturen besonders unangenehm sind und daß es sie schlimmer trifft als Wesen von unbedeutenderem Rang.«[17] Erziehung und Klima sind ihm also entscheidend für die Entwicklung einer menschlichen Person. Dieses Gesetz gilt sogar für alle Tiere und Pflanzen. Nettleship hat die Schlußfolgerung in den folgenden Zeilen offenkundig gut zusammengefaßt: »Wesen und Erziehung sind die zwei Dinge, die den menschlichen Charakter bilden. Keines ist hinreichend ohne das andere; man kann das erforderliche Wesen nicht erschaffen, aber davon abgesehen läßt sich durch Erziehung alles andere erreichen; und ohne die angemessene Erziehung kann sich das beste Wesen gleichermaßen schlecht wie gut entwickeln.«[18] Wir können also den Schluß ziehen, daß »die von Platon favorisierte Methode auf der Theorie beruht, daß die menschliche Seele im Kern ein nachahmendes Etwas ist, das heißt, daß sie sich natürlicherweise ihrer Umgebung anpaßt.«[19]

(b) Obige Annahme ist aber nicht die einzige, denn Platon unterstellt darüber hinaus, daß die Seele, wenn sie einmal das Gute erkannt hat, auch danach strebt. Er nimmt an, daß die Seele, zumindest die der Wächter, irgendwie ein natürliches Streben zum Guten aufweist, eine bestimmte »Erinnerung« des

---

17 Ebd., 491d.

18 Richard Lewis Nettleship, *Lectures on the Republic of Plato*, London 1937, S. 77.

19 Ebd., S. 78.

Guten,[20] und daß sie es erstrebt wie ein Verlorener sein Zuhause, sobald ihr das Gute erneut vor Augen geführt werden kann. Erziehung schafft also nicht nur eine angemessene Umgebung, die eine Person zu einer angenehmen und gesellschaftsfähigen macht. Sie führt der Seele auch das Objekt vor, das sie erstrebt, wenn sie richtig funktioniert. Erziehung muß die Seele zu ihrem eigentlichen Objekt führen; sie muß die Seele harmonisieren, indem sie ihr dieses Objekt vorführt; »der Philosoph wird in fortdauernder Begleitung der göttlichen Ordnung diese Ordnung in seiner Seele reproduzieren und dadurch, soweit der Mensch dies kann, Gott ähnlich werden«.[21] Wie Nettleship anmerkt, ist daher »das höchste Ziel beider Arten der Erziehung, der Seele das Gute in bestimmten Formen vorzuführen«.[22] Barker macht denselben Punkt auf eine andere Art. Als Antwort auf die Frage, welche Art der Umwelt notwendig ist, schreibt er, Platon sei der Meinung, »der Verstand entwickle sich durch den Kontakt mit den Erzeugnissen des Verstandes.«[23] Die Seele entwickelt sich entsprechend ihres Kontakts mit dem Guten, das letztlich sehr eng mit dem Kern der Seele selbst verbunden ist. Die Erziehung lenkt das natürliche Streben der Seele zum Licht auf das Licht, und um diese Transformation zu bewerkstelligen, »richtet der Lehrer das Licht so aus, daß es ins Auge fällt«.[24]

Der Prozeß der Erziehung ist also sehr empfindlich. Es ist sein Ziel, die Seele irgendwie von den niederen Objekten weg- und zu den höheren hinzulenken, indem ihr die höheren vorgeführt werden. Weil die Seele von Natur aus die höheren Objekte erstrebt, wird sie mit Sicherheit diesem Kurs folgen, sobald sie das Gute erblickt hat. Daß die Seele das Gute sucht, wenn sie es

---

20 Vgl. dazu *Phaedo*.

21 Platon, *Republic*, 500c.

22 Nettleship, *Lectures*, S. 81.

23 Ernest Barker, *The Political Thought of Plato and Aristotle*, London 1906, S. 125.

24 Ebd., S. 123.

erst einmal kennt, steht für Platon außer Zweifel. Im *Staat*[25] erinnert er Glaukon daran, daß die Philosophen gezwungen sein werden, die menschlichen Angelegenheiten wieder zu regeln, obwohl diese Rückkehr ihnen widerwärtig erscheinen wird, sobald sie die Idee des Guten geschaut haben. Die zweite Annahme von Platon ist nun deutlich geworden. Sie besteht darin, daß die Seele, in deren innerster Natur ein natürliches Begehren nach dem höchsten Gut schlummert, nach diesem streben und verlangen wird, sobald es ihr gezeigt wurde, und zwar unabhängig davon, wie sehr dieses grundlegende Bestreben verdeckt sein mag. Das höchste Gut bzw. die Idee des Guten ist das beste und herrlichste Objekt, das die Seele erstreben kann. Die Seele kann also durch stufenweisen »Kontakt« mit dem Guten zu diesem vollkommensten aller Objekte geführt werden.

Wir sind nun wieder bei der Position angelangt, die im *Protagoras* vertreten wird, allerdings mit einem wichtigen Unterschied. Das Ziel der Tugend oder der Güte ist es immer noch, ein Objekt zu erstreben, aber anstatt unrealistischerweise zu behaupten, die Menschen würden dies auch tun, hat Platon erkannt, daß ein langer Erziehungsprozeß die Menschen erst dazu in die Lage versetzen muß. Platon ist einfach pessimistischer geworden, was das Erlangen der Tugend angeht. Gut zu sein ist keine einfache Sache, sondern setzt von Anfang an eine gute Natur und angemessene Erziehung voraus. Wir bewegen uns allerdings immer noch innerhalb derselben Kategorien: das Gute ist nach wie vor ein erstrebenswertes Objekt, und die Menschen (jedenfalls die mit der rechten Natur) besitzen einen natürlichen Drang, dieses Gute zu erlangen.

Aus diesem Grund besteht der Prozeß der Errettung aus Aufklärung (Erleuchtung) und Habitualisierung, um der Seele einen »Geschmack« des Guten zu geben und sie so aufwärts zu leiten. Platon hatte mittlerweile einen realistischeren Blick auf den gegenwärtigen Zustand des Menschen gewonnen und auch

25 Platon, *Republic*, 517cd.

ein klareres Bild von den Schwierigkeiten, den Menschen in Richtung des Guten zu leiten; daher hat er eine Determinante zwischen den gegenwärtigen Zustand der Schlechtigkeit und den zukünftigen Zustand der Güte eingeführt. Wie können diese Determinante den »Willen« nennen (im Sinne eines bestimmenden Prinzips innerhalb der Persönlichkeit), der durch Erziehung konditioniert werden und so mit seinem natürlichen Objekt der Wahl und des Verlangens in Verbindung gebracht werden muß, daß er durch seinen eigenen spontanen Entschluß nach oben gezogen wird. Dieser Begriff des Willens wird bei Platon an keiner Stelle explizit gemacht. Als Determinante zwischen gegenwärtigem und zukünftigem Zustand wird nie offen von ihm gesprochen, aber sein Vorhandensein wird doch eindeutig nahegelegt.

Der Begriff des »Willens« gilt häufig als christlicher Begriff und nicht als griechischer. Augustinus wird als sein größter Verfechter angesehen. Wir aber meinen, daß Augustinus in diesem Sinne immer noch Grieche ist und daß der *einzige* Unterschied zwischen Augustinus und Platon und damit zwischen dem Katholizismus und dem griechischen Denken darin besteht, daß die Konditionierung der Determinante dort stärker akzentuiert wird als hier, weil das Bild der menschlichen Natur pessimistischer ist. Besser als jeder andere kennt der Christ die Schwierigkeit, das sogenannte gute Leben zu führen. Wenn er also mit einem griechischen Hintergrund zum Christentum kommt und versucht, christliches und griechisches Denken in Einklang zu bringen, bewegt er sich immer noch in griechischen Begriffen; er wird aber die Konditionierung dessen, was er »Wille« nennt, unterstreichen, und das ist genau das Ziel von Platons Erziehungsplänen. Der Unterschied zwischen Christentum und Platonismus ist somit ein gradueller. Ersteres sagt, der »Wille« müsse göttlich konditioniert werden; letzterer behauptet, von der natürlichen Bestrebung des Menschen sei ausreichend viel für Erziehung und Erleuchtung übrig, um ihr Ziel zu erreichen.

1. Im vorangegangenen Abschnitt konnten wir sehen, wie Platon die Falschheit der Behauptung, daß die Menschen tatsächlich das Gute erstreben, erkannte und auf einem langwierigen Erziehungsprozeß als Erleuchtung bestand, um die Menschen dazu zu befähigen, das Gute zu erlangen. Der Prozeß der Erleuchtung kann als eine Phase begriffen werden, in der man dem Guten »ausgesetzt« wird, wodurch der Wille konditioniert oder bestimmt oder gedrängt wird, zum natürlichen Objekt seiner Begierde und zum eigentlichen und vollkommenen Objekt seines Bestrebens zurückzukehren. Wir haben auch gesehen, wie Platon auf die Idee kam, dies könne durch die Anstrengungen des Menschen sowie eine intelligente und vernünftige Erziehung erreicht werden, obwohl vielleicht unklar bleibt, ob Platon nicht tatsächlich auf eine Art »göttlichen« Philosophenkönig setzte, um dieses Ziel zu erreichen.[26] Was auch immer die Antwort auf diese letzte Frage sein mag, es scheint durchaus gerechtfertigt, Platon die Überzeugung zuzuschreiben, daß der Mensch sich durch seine eigenen Anstrengungen und durch die Stimulation seiner Neigungen zum Guten retten könnte, und zwar mit Hilfe eines sorgfältig durchgeführten Erleuchtungsprozesses.

2. Was geschieht mit diesem platonischen Programm, wenn Augustinus die Bühne betritt? Verwirft er den griechischen Entwurf vollständig? Reißt er sich wirklich von seinem früheren Neoplatonismus los und, wenn nicht, wie versöhnt er seinen Katholizismus mit seinem griechischen Erbe? Unsere Antwort auf diese Frage sieht grob wie folgt aus: (a) Wir glauben, daß Augustinus in seinem grundlegenden Denken im wesentlichen immer Grieche blieb und die naturalistische Ethik in der Überzeugung annahm, daß Tugend das Erstreben eines bestimmten

26 Vgl. Philip Leon, *Plato*, New York 1940, S. 133.

Objektes durch natürliches Verlangen sei und die Menschen, in ihrer vollkommenen Natur, dieses Gut als ihr eigentliches Ziel erstreben. (b) Augustinus weicht insofern von Platon ab, als er die Konditionierung der Determinante, also des Willens, extrem betont. Platon dachte, der Mensch könne sich selber retten. Augustinus verneint dies und behauptet, der Wille müsse göttlich konditioniert und bestimmt werden, wenn der Mensch das Objekt seines natürlichen Verlangens und damit das höchste Gut erstreben soll. Das ist eine andere Art zu sagen, daß der Wille ohne die Gnade ein Sklave der Sünde ist. In dem, was nun folgt, werden wir uns vornehmlich der zweiten Überlegung widmen.

3. In den ersten vier Jahrhunderten christlicher Theologie drehten sich die wichtigsten Fragen um objektive Glaubenssätze. Die Beziehung von Christus zu Gott, die Beziehung zwischen den drei Personen der Trinität, die Verbindung zwischen dem Menschen Jesus und der zweiten Person der Trinität sowie ähnliche Fragen bildeten das Zentrum der theologischen Diskussion. Gegen Ende des vierten Jahrhunderts aber veränderte sich der Inhalt der Debatte plötzlich in Richtung subjektiver Glaubenssätze, und zur wichtigsten Frage wurde die Beziehung zwischen der Gnade und dem freien Willen. Hauptverursacher dieser plötzlichen Veränderung war ein britischer Mönch, ein gewisser Pelagius, der lehrte, daß man auch ohne Unterstützung der Gnade gute Taten vollbringen und sich selbst retten könne. Er lehrte, daß die menschliche Natur nicht durch Adams Sündenfall verdorben wurde, stritt ab, daß es so etwas wie die Erbsünde gibt, und blieb der festen Überzeugung, daß die zeitgenössische Vorstellung von der menschlichen Lasterhaftigkeit nur als Entschuldigung für die Menschen diente, weiterhin nachlässig zu bleiben. Er glaubte außerdem, daß Christus nur gekommen war, um ein Beispiel zu geben, daß er nicht der Erlöser im orthodoxen Sinn sei und daß der Mensch von Natur aus voll dazu in der Lage sei, den göttlichen Anweisungen zu folgen

und für sich das tugendhafte Leben zurückzugewinnen, in bezug auf das sich alle Christen einig waren, daß der Mensch es verloren habe.

In den vorangegangenen Jahrhunderten war diese Frage zumeist sehr zögerlich behandelt worden, aber alle Christen unterstrichen unisono die Notwendigkeit der Gnade, obwohl ihre Vorstellung davon mitunter sehr verworren war. Infolgedessen erzeugte Pelagius beträchtliche Unruhe und wurde schließlich zusammen mit denen, die sich seiner Meinung anschlossen, verdammt. Als Augustinus von Pelagius' Sicht der Dinge hörte, griff er sofort energisch in den Disput ein. Er erkannte unmittelbar, daß es sich um einen seichten Optimismus handelte, der eine Zurückweisung der ganzen orthodoxen Glaubenssätze über die Menschwerdung bedeutete. Hauptsächlich aber war es Augustinus' eigene Erfahrung, die ihm sagte, daß Pelagius im Unrecht war. Pelagius war im Unrecht, weil Augustinus die Sklaverei der Sünde selbst erfahren hatte und glaubte, nur durch einen Akt göttlichen Erbarmens gerettet worden zu sein. Seine Konversion war derart, daß er davon überzeugt worden war, ohne eigenes Zutun buchstäblich aus dem Sündenkessel gefischt worden zu sein.[27] Als Antwort auf Pelagius schrieb Augustinus eine Reihe von Abhandlungen über die Unfreiheit der Determinante, das heißt des Willens, und die unbedingte Notwendigkeit der Gnade.

4. Augustinus antwortete Pelagius direkt mit einer festen Verneinung der menschlichen Willensfreiheit und mit Äußerungen über die Lasterhaftigkeit und Gebundenheit der gegenwärtigen menschlichen Natur. Er räumte ein, daß Adam redlich und vollkommen geschaffen wurde; aber die redliche Natur des Menschen wurde durch den Sündenfall verdorben. Durch seinen Ungehorsam hatte Adam die ganze Menschheit in Ketten gelegt, eine Sünde, für die wir alle verantwortlich sind, da wir alle durch

27 Augustinus, *Confessions*, besonders Buch VIII.

Adam gesündigt haben; »[...] als er nicht, wie er es wünschte, sein eigener Herr wurde, sondern sogar von sich abfiel und sein Sklave wurde, der ihm die Sünde beibrachte, tauschte er seine süße Freiheit gegen jämmerliche Ketten, willentlich tot im Geiste und unwillentlich bereit, im Fleische zu sterben, das ewige Leben verlassend und zum ewigen Tod verdammt, wenn nicht Gottes gute Gnade ihn erlöst hätte«.[28] Im folgenden Zitat drückt Augustinus diese Meinung sogar noch klarer aus: »Siehe welchen Schaden der Ungehorsam des Willens der menschlichen Natur bereitet hat! Laß es ihm erlaubt sein zu beten, daß er geheilt werden möge. Warum muß er so viel der Möglichkeit der Natur annehmen? Sie ist verwundet, verletzt, beschädigt, zerstört. [...] Es bedarf der Gnade Gottes, nicht um sie zu schaffen, sondern um sie zu erneuern.«[29]

Der Zustand nach dem Sündenfall ist gekennzeichnet durch ein *vitium*, das heißt einen Fehler, den Augustinus, ausgelöst durch die Auseinandersetzung mit Julian, mit der Konkupiszenz gleichgesetzt hat,[30] dem Krieg in unseren Gliedern, wie Paulus es im Römerbrief nannte. Dagegen ist der freie Wille des Menschen machtlos; sie beherrscht seinen Leib und ist darin verwurzelt, jenseits seiner Kontrolle. Die Menschen werden mit dieser sündigen Natur geboren. »Vor Dir ist keiner frei von Sünde, nicht einmal der Säugling, der erst einen Tag auf Erden lebt. [...] in der Schwäche der Glieder des Säuglings, nicht in seinem Willen, liegt seine Unschuld. Ich habe selbst einen eifersüchtigen Säugling gesehen und gekannt, obwohl er nicht sprechen konnte.«[31] Die Menschen sind so gefesselt, daß sie nicht einmal von sich selbst frei sind; sie können ihrem Gewissen nicht entkommen, denn sie müssen es überall mit sich herumtragen. Augustinus kann nur ausrufen: »Böse Ketten!«[32] Das

---

28 Augustinus, *City of God*, Buch XIV, Kapitel 15, *PNF* II, S. 274.

29 Augustinus, *Nature and Grace*, Kapitel 62, *PNF* V, S. 142.

30 Vgl. Burnaby, *Amor Dei*, S. 191.

31 Augustinus, *Confessions*, Buch I, Kapitel 7, *PNF* I, S. 48.

32 Augustinus, *Homilies on the Gospel of John*, Traktat XLI, 4, *PNF* VII, S. 231.

Paradoxe an der ganzen Situation und in gewissem Sinn der finale Schlag kommt in der folgenden Passage zum Ausdruck: »Aber dieser freie Wille, durch den der Mensch sich selbst verdorben hat, reichte aus, um den Menschen in die Sünde zu führen; aber für die Rückkehr zur Rechtschaffenheit braucht er einen Arzt, weil er jetzt krank ist.«[33] Aus freiem Willen verloren wir unsere Redlichkeit in Adam; aber wir können uns nicht selbst durch unseren freien Willen in unseren früheren Zustand zurückversetzen. Dies hat enorme Auswirkungen auf unsere zukünftigen Handlungen. Der Wille wirkt nicht in einem Vakuum, sondern muß für vergangene Fehler bezahlen. Seine Handlungen sind kumulativ. »Wenn aber durch diese Freiheit wir etwas getan haben und die bösartige Lieblichkeit und das Vergnügen dieser Tat unseren Verstand ergriffen haben, ist der Verstand durch seine eigenen Gewohnheiten so verwickelt, daß er später nicht erobern kann, was er durch das Sündigen für sich ersonnen hat.«[34] Die Versklavung ist vollständig: »Denn wie der Mensch, der sich selbst tötet, natürlich am Leben sein muß, wenn er sich tötet, aber nachdem er sich getötet hat, nicht mehr lebt, und sich selbst nicht wieder zum Leben erwecken kann, so bleibt die Sünde siegreich gegenüber dem Menschen, der aus freiem Willen gesündigt hat, so daß der freie Wille verloren ist.«[35] So liegt der Mensch also in Ketten. Es gibt keine Möglichkeit, sich selbst zu retten. Er hat sich an die Sünde verkauft, nur durch Gottes Gnade kann er aus dem Heer der Verdammten gerettet werden.

So liegen wir also in Ketten. Kein Wissen reicht aus, um der Krise entgegenzutreten.[36] Sogar die Kenntnis der Wahrheit muß uns durch Gott gegeben werden. Die Sünde hat unseren Verstand ebenso verdunkelt wie unsere Herzen. Klarerweise haben

---

33 Augustinus, *Nature and Grace*, Kapitel 25, *PNF* V, S. 129.

34 Augustinus, *Disputation Against Fortunatus*, Abschnitt 22, *PNF* IV, S. 121.

35 Augustinus, *Enchiridon*, Kapitel 30, *PNF* III, S. 247.

36 Vgl. Benjamin Breckenridge Warfield, *Studies in Tertullian and Augustine*, New York 1930, S. 135-225.

wir uns von Platon ein beträchtliches Stück entfernt. Die Kranken können nicht mehr einfach durch Erziehung und Erleuchtung verarztet werden. Denn wer sollte sie behandeln, wo doch alle Menschen krank sind? Wer könnte ihnen das Gute zeigen, und wer könnte den Menschen das Gute nahe genug bringen, um sie aus dem Sumpf der Sünde zu ziehen?

5. Augustinus' Genie wird an dieser Stelle wunderbar sichtbar. Angesichts des genannten Problems hatte er die Doktrin der Menschwerdung zur Hand. Gott selbst ist derjenige, der sich uns nähert und somit bestimmt. Gott ist dasjenige Gute, das uns seine Gegenwart in der Seele fühlen läßt und so von der Sünde abbringt. Der Prozeß ist analog zu Platons Theorie der Erziehung, nur daß er sich hier durch göttliches Handeln vollzieht. Für Platon wird die Seele zum Guten geleitet, indem die Seele das Gute mittels der richtigen Erleuchtung erblickt – dadurch, daß die richtigen »Güter« ihr vor Augen geführt werden, auf daß sie nach oben strebt. Bei Augustinus steigt Gott zu uns herab, und durch Sein Handeln kommt er uns entweder nahe und bestimmt uns oder Er stellt Güter, von denen Er weiß, daß wir sie annehmen, vor uns und zieht uns so zu Sich, zu jenem Guten, das wir alle erstreben sollten und das unsere Wünsche und Sehnsüchte voll befriedigen wird.

Augustinus' Auffassung der Gnade paßt also vorzüglich in jenen ethischen Rahmen, der durch natürliche Beziehungen charakterisiert ist und den er von Platon geerbt hat.[37] Ebenso wie bei Platon ist auch bei Augustinus jede Liebe begierige Liebe. Es ist das Erstreben irgendeines Objektes, das ihr Verlangen befriedigen soll. Der Mensch hat sich mit der Sünde vom höchsten Gut abgewendet und hat sich sich selbst sowie niederen Dingen zugewendet. Weil der Mensch vom Guten abgefallen ist, kann er nicht zurückkehren; weder kennt er das Gute, noch kann sein

37 Vgl. Nygren, *Agape and Eros*, S. 530 f. (Ich verdanke diesem Buch sehr viel.)

Wille der Anziehungskraft der vergänglichen Objekte widerstehen. Das höchste Gut, wenn es fern in der anderen Welt ist, kann unmöglich unseren Willen dazu bringen, es zu erstreben. Also muß jenes Gut selbst sich uns nähern und uns bestimmen. In Nygrens Worten: »Gratia [Gnade] ist der Motor, der allein unsern himmlischen Eros in Gang setzen kann.«[38]

Wie bei Platon stellt sich also auch hier das Problem, unser Verlangen (*caritas*) auf die richtigen Objekte zu lenken. *Cupiditas* ist Liebe, die in die falsche Richtung läuft, also eine Liebe, die etwas erstrebt, was in der Ordnung des Seins ihr untergeordnet ist und nicht etwas, das über ihr steht. Augustinus schreibt wie folgt: »Aber wenn diese Liebe [des Geschöpfes] zum Schöpfer weitergeleitet wird, wird es kein Verlangen (*cupiditas*), sondern Liebe (*caritas*) sein. Denn es ist Verlangen, wenn das Geschöpf für sich geliebt wird. Und dann hilft es dem Menschen nicht durch seine Verwendung, sondern verdirbt ihn durch seinen Genuß. [...] Denn wie du dich nicht durch dich selbst, sondern durch Gott, der dich geschaffen hat, genießen sollst, so auch ihn, den du liebst wie dich selbst. Laß uns also sowohl uns selbst als auch unsere Brüder durch den Herren genießen.«[39] (Das heißt, indem wir Gott als Objekt lieben und nicht niedere Objekte, werden wir glücklich; und nur wenn wir nach Gott verlangen, verlangen wir richtig.)

Augustinus kann also vernünftigerweise ausrufen: »Gott, das Ziel unserer Reise [...]«,[40] und durch das Festhalten an Gott werden wir gesegnet und haben Teil an Seiner Seligkeit. Des weiteren: »Wenn daher Gott dir Gnade gab, weil er freigiebig gab, liebe freigiebig. Liebe Gott nicht um einer Belohnung willen; laß ihn die Belohnung sein. Laß deine Seele sagen: ›Eins bitte ich vom Herren, das hätte ich gerne: daß ich im Hause des Herren bleiben möge mein Leben lang, zu schauen die Schön-

38 Ebd.

39 Augustinus, *De Trinitate*, Buch IX, Kapitel 8, *PNF* III, S. 131.

40 Augustinus, *City of God*, Buch XI, Kapitel 2, *PNF* II, S. 206.

heit* des HERREN.‹[41] Fürchte nicht, daß dein Vergnügen durch Sattheit fehlgeht; das Vergnügen der Schönheit wird so sein, daß es dir immer zugegen sein wird.«[42] Und so kommen wir nach einer langen und ermüdenden Reise dort an, wo Platon hin wollte: Bei der Betrachtung des höchsten Gutes, bei seiner Schönheit und Wahrheit, an denen wir uns nun erfreuen können in einem Zustand ewigen Gesegnetseins. Es ist richtig, daß wir auf die Gnade zurückgreifen mußten, aber solange wir nicht dazu bestimmt sind, woandershin zu gehen, sollten wir schlußendlich doch zu guten Platonikern werden.

6. An einem früheren Punkt in seiner Entwicklung, besonders in den anti-manichaischen Schriften, behauptete Augustinus, daß der Wille frei und die Sünde durch einen freien Willensakt des Menschen in die Welt gekommen sei. Später bekräftigte er eine Gnadenlehre sowie eine Auffassung von der Versklavung des Willens, die seiner früheren Auffassung zu widersprechen scheint. Augustinus bekräftigt allerdings nachdrücklich, dies sei nicht der Fall. »Machen wir denn durch Gnade den freien Willen zunichte? Gott bewahre! Nein, eher begründen wir den freien Willen. Denn so wie das Gesetz durch Glauben, so wird auch der freie Wille durch die Gnade nicht zunichte gemacht, sondern begründet.«[43] Oder erneut: »Wenn wir diese Dinge erwähnen, nehmen wir dem Willen nicht die Freiheit, sondern predigen die Gnade Gottes.«[44] Zudem stellt er sich vor, daß der Mensch mit der Gnade zusammenarbeitet, gewissermaßen als Partner auf dem Weg zur Erlösung.[45] Für Augustinus steht

---

* In der Lutherbibel heißt es statt »die Schönheit« »die schönen Gottesdienste.« Das Zitat wurde der englischen Vorlage von Rawls angepaßt, in der es heißt: »that I may behold the beauty of the Lord.« A. d. Ü.

41 Psalm 27:4.

42 Augustinus, *Homilies on the Gospel of John*, Traktat III, 21, *PNF* VII, S. 25.

43 Augustinus, *The Spirit and the Letter*, Kapitel 52, *PNF* V, S. 10.

44 Augustinus, *Nature and Grace*, *PNF* V, S. 134.

45 Augustinus, *Man's Perfection in Righteousness*, Kap. 20, *PNF* V, S. 175.

die Gnade in keiner Hinsicht mit dem freien Willen im Widerspruch. Die beiden sind miteinander vereinbar. Gewöhnlich meint man hier einen Widerspruch bei Augustinus zu entdekken; die folgenden Ausführungen sollten jedoch zeigen, daß das nicht der Fall ist.

Für Augustinus entscheidet der Wille nie ohne Motiv, ohne ein Objekt, das ihm gegenwärtig ist. Man könnte sagen, daß der Wille die Objekte frei wählt, da er sich selbst bestimmt und nicht durch äußerlichen physischen Zwang zu etwas gedrängt wird. Gnade bedeutet, dem Willen bestimmte Objekte zu präsentieren, von denen Gott dank Seines Vorwissens weiß, daß der Wille sie annehmen wird. Gott kann man sich dabei wie einen Redner vorstellen, der dem Willen Motive vorlegt, dies aber so geschickt, daß der Wille sie selbstverständlich annehmen muß. Also gibt es »jedem geschaffenen Willen entsprechend [...] in der Schatzkammer göttlichen Wissens die Vorstellung von einer unbestimmten Anzahl von Motiven zum Guten, die zu einem gegebenen Zeitpunkt, wenn auch freiwillig, so doch tatsächlich vom Willen abgelehnt würden; und ebenso gibt es die Vorstellung von einer anderen Reihe von Motiven, die, wenn auch stets in völliger Freiheit, tatsächlich von ihm angenommen würden.«[46] Objekte, von denen Gott weiß, daß wir sie nicht akzeptieren werden, wurden »hinreichende Gnade« genannt, die andere Art von Objekten wurde »wirksame Gnade« genannt. Der Ausdruck »hinreichend« mutet wie eine Fehlbezeichnung an, aber theoretisch bedeutet er, daß die Gnade dann hinreichend wäre, wenn der Wille nicht in Ketten läge. Wenn der Mensch kein Sünder wäre, würde er sie annehmen; sie wäre dann hinreichend.

Wir werden daher Augustinus' Versöhnung von Gnade und freiem Willen nie verstehen, wenn wir uns die Gnade als etwas vorstellen, das auf uns niederkommt, den Willen ergreift und ihn auf das Gute lenkt oder ihn dorthin zwingt. Gnade ist viel-

46 N. P. Williams, *The Grace of God*, New York 1930, S. 32. (Ich habe viel von Williams' Darstellung profitiert.)

mehr eine Handlung, durch die Gott die Erwählten zu sich zieht, indem Er ihre Willen bestimmt, und zwar nicht durch Zwang, sondern dadurch, daß Er Objekte präsentiert, von denen Er sicher ist, daß sie diese wählen, und die sie zum Guten führen werden. Williams drückt es so aus: »Gott bringt die Erwählten mit sanfter Hand dazu, nach der Güte zu verlangen und ihr nachzugehen, indem er ihnen die Idee der Tugend in ihrem schönsten und verführerischsten Gewand vorführt und sich in gewissem Ausmaß, wenn auch nicht vollständig, in seiner ewigen Anmut und Herrlichkeit offenbart.«[47] Gnade kann ein »*vis a fronte*« genannt werden, eine Zugkraft von vorne, die den Willen dazu anregt, in seiner ganzen und vollkommenen Spontaneität zu folgen.

7. Wir müssen nun kurz das Behandelte zusammenfassen. Wir fingen damit an, die Grundannahmen der im *Protagoras* dargelegten Auffassung freizulegen, namentlich daß Tugend bedeutet, nach irgendeinem Objekt zu streben, und daß die Menschen dies auch tatsächlich tun, wenn auch oft auf eine fehlgeleitete Art und Weise. Wenn dies der Fall wäre, so räumten wir ein, dann wäre Wissen Tugend. Platon und Augustinus haben die zweite Annahme allerdings beide abgelehnt. Sie sind sich darin einig, daß Menschen nicht das Gute erstreben, sondern geringere Güter. Platon verlegt sich auf Erziehung und Erleuchtung, Augustinus auf die göttliche Gewöhnung, um den Willen in die Lage zu versetzen, sein richtiges Objekt zu erstreben. Beide Prozesse sind eine Konditionierung der Determinante; und diese Konditionierung ist notwendig. Um tugendhaft zu sein, bedarf es nicht nur der Kenntnis des Guten, sondern auch einer Handlung des Willens.

Wir haben uns den Ausführungen von Platon und Augustinus gewidmet, um zu erläutern, was wir mit dem natürlichen Kosmos meinen. Dasselbe hätte durch eine Untersuchung von

47 Ebd., S. 33.

Aristoteles und Thomas von Aquin erreicht werden können. Wir haben gezeigt, daß der natürliche Kosmos im Kontext verschiedener Sichtweisen möglich ist, heidnischen wie christlichen. Der natürliche Kosmos zeichnet sich durch die folgenden Eigenschaften aus: (a) Alle Beziehungen sind Beziehungen zu Objekten; selbst Gott darf wie ein Objekt behandelt werden; (b) das begehrende Verlangen ist die Triebkraft hinter jeder Beziehung, und die Liebe ist immer besitzorientiert, also keine Liebe im christlichen Sinn; (c) auch von Gnade wird (im christlichen System) in Begriffen eines Objektes gesprochen, das dem Willen als Objekt des Verlangens präsentiert wird; und (d) sämtliche natürlichen Systeme verlieren Gemeinschaftlichkeit, Personalität und die wahre Natur Gottes und sind daher nicht wirklich christlich, sondern individualistisch.

Kapitel vier
Die Bedeutung der Sünde

Abschnitt I

1. Bisher haben wir drei Dinge versucht: (a) Wir haben den natürlichen Kosmos verteidigt, indem wir uns bemüht haben zu zeigen, daß der natürliche Kosmos gut und nicht schlecht ist und daß das Böse in der Welt nicht der Natur als solcher entstammt. (b) Wir haben gesehen, wie bei Platon und Augustinus vom gesamten Kosmos nur in Begriffen natürlicher Beziehungen gesprochen wird und wie leicht es daher ist, in diese Falle zu tappen. (c) Der erste Punkt hat uns zu dem Vorschlag geführt, nach der Bedeutung der Sünde besser in einem Erfahrungsbereich zu suchen, der nicht natürlich ist, während der zweite uns dem natürlichen Kosmos ausgesetzt hat, uns also gezeigt hat, was das bedeutet, und uns auf diese Weise einen Kontrast zu unser eigenen Auffassung bietet.

2. Im ersten und einleitenden Kapitel haben wir eine Reihe von Kriterien zur Unterscheidung von personalen und natürlichen Beziehungen aufgelistet. Personale Beziehungen wurden als Beziehungen zwischen zwei Personen beschrieben, natürliche Beziehungen als solche zwischen einer Person und einem Objekt. Weil die Merkmale der beiden Beziehungstypen aus dem ersten Kapitel dem Leser vielleicht nicht mehr vollständig präsent sind, ist es angezeigt, einen Blick zurückzuwerfen und sie aufzufrischen. Was wir zu sagen haben, hängt nämlich von einem klaren Verständnis dieses Unterschiedes ab.

Einmal mehr muß bekräftigt werden, daß natürliche Beziehungen vollkommen anders sind als personale Beziehungen. Sie dürfen niemals verwechselt werden. In den folgenden Abschnitten werden wir diese Definitionen verwenden: (a) Natürliche Beziehungen grenzen den Erfahrungsbereich ab, in dem eine

Person ein Objekt oder einen konkreten Prozeß begehrt, danach trachtet oder dessen bedarf. Die Tätigkeit kann als Verlangen, Wollen oder Trachten beschrieben werden. (b) Personale Beziehungen grenzen jenen Erfahrungsbereich ab, in dem eine Person eine bestimmte Beziehung oder ein bestimmtes Verhältnis zwischen einer anderen Person und sich selbst aufzubauen erstrebt. Die Tätigkeit kann nicht als Verlangen oder Wollen oder Brauchen im begehrlichen Sinn verstanden werden. Die Tätigkeit ist kein Trieb oder Impuls, sondern etwas anderes. Sie ist das Teilen von Verbundenheit, von Gemeinschaft und gegenseitiger Präsenz; oder sie ist ein Geben, Lieben und Teilen; sie kann aber auch darin bestehen, was meistens der Fall ist, zu hassen, neiden, verachten, sich einem anderen überlegen zu fühlen und so weiter. Für den Rest des Kapitels werden wir versuchen, diese Unterscheidung zu präzisieren und zu zeigen, daß die Sünde etwas mit personalen Beziehungen zu tun hat.

3. Das Wort »Begierde« hat in seiner geläufigen Verwendung nicht die breite Bedeutung, die wir ihm geben werden. Mit »Begehren« meinen die Menschen meistens körperliche Impulse und Bedürfnisse; ein Begehren wird gewöhnlich der rein körperlichen Natur zugeordnet. Begehren bedeutet für uns den Impuls oder das Streben nach *irgendeinem* wie auch immer beschaffenen Objekt. Das Kriterium für Begierde ist, daß sie nach einem *Objekt* strebt, nach etwas Nichtpersonalem, Objektivem und natürlicherweise Selbstoffenbarendem. Das Objekt einer Begierde kann allein auf der Grundlage von Sinnesdaten angemessen betrachtet oder enthüllt werden. Begierden lassen sich im wesentlichen in vier Kategorien einteilen:

(a) Körperliche Begierden, die zu unserer physischen Natur gehören. Diese Begierden kann man »konkret« nennen. Ein Beispiel für eine solche Begierde ist natürlich jedwedes körperliche Verlangen, Hunger etwa oder Durst. Man kann auch den Wunsch nach Bewegung oder frischer Luft sowie sexuelle Bedürfnisse und so weiter hier einordnen. Kurz gesagt kann jedes Verlangen oder jeder Impuls, sofern ein Objekt erstrebt wird, oder jedes Verlangen, das auf eine Veränderung eines gegebenen Körperzustandes gerichtet ist, als eine »konkrete« Begierde bezeichnet werden.

(b) Die zweite Art von Begierden sind »rationale« Begierden: das Verlangen oder die Sehnsucht nach Wahrheit, Kohärenz oder Notwendigkeit in der Erfahrungsauslegung. Ihr Objekt kann als Wahrheit im emphatischen Sinne aufgefaßt werden. Es ist allerdings einerlei, ob es diese Art der Begierde gibt oder nicht. Wenn es stimmt, was die Anhänger des Pragmatismus sagen, dann existieren keine reinen »rationalen« Begierden. Pragmatisten sehen, wenn ich sie recht verstehe, den Denkprozeß als ein Mittel zur Handlung an oder als ein Mittel, um ein Verlangen zu befriedigen. Das Denken wird häufig als ein Instrument des Verlangens angesehen. Wenn der Pragmatismus recht hat, dann existieren keine »rationalen« Begierden als solche. Ich glaube allerdings nicht, daß der Pragmatismus recht hat. Meiner Meinung nach gibt es so etwas wie das Streben nach Wahrheit um ihrer selbst willen, so etwas wie das Verlangen zu wissen um des Wissens willen. Das Denken kann daher sowohl sein *eigenes* Objekt haben[1] als auch ein intelligentes Instrument anderer Arten der Begierde sein. Erstrebt das Denken sein eigenes Objekt, haben wir es mit einer rein »rationalen« Begierde zu tun.

(c) Es gibt auch eine »ästhetische« Begierde oder das Verlangen, ein schönes Objekt zu genießen. Wenn wir ein schönes Objekt sehen, genießen wir es meines Erachtens um seiner selbst willen; insbesondere bei denjenigen, die für Schönheit empfänglich sind, gibt es eine Sehnsucht nach einem schönen Objekt. Kants Diktum, ein Kunstwerk sei »zweckmäßig, aber ohne Zweck«, drückt einen guten Teil der Wahrheit aus. Wir schätzen und verlangen nach Schönheit um ihrer selbst willen. Es ist nicht gewinnbringend, diese Diskussion fortzusetzen, weil sie uns auf das Gebiet der Ästhetik führen würde, von der ich nichts

1 Vgl. Brand Blanshards Kritik des Pragmatismus, *The Nature of Thought*, New York 1940, Band I, Kapitel 10.

verstehe. Wenn jemand darüber hinaus leugnen wollte, daß es »ästhetische« Begierden gibt, würde uns das nicht im mindesten beunruhigen. Es würde nur bedeuten, daß es eine Klasse von Begierden weniger gibt.

(d) Schließlich gibt es eine Art von Begierde, die wir »religiöse« Begierde nennen könnten. Beispiele dafür lassen sich in den Werken von Platon, Aristoteles, Augustinus und Thomas von Aquin finden. Ebenjene Begierde bildet den Schlußstein des natürlichen Kosmos. Kurz gesagt handelt es sich dabei um die Begierde, die als Objekt Gott erstrebt oder die Idee des Guten, des Einzigen und so weiter. Sie ist auf das höchste Objekt gerichtet, die Quelle aller Schönheit, Wahrheit und Güte. Die Existenz dieser Begierde wurde von vielen Mystikern, vielen großen Philosophen und den beiden größten Kirchenlehrern bestätigt.

Ob es eine solche Begierde gibt, weiß ich nicht; wenn es sie aber gibt, sollte das nicht erlaubt sein. Eine solche Begierde zu haben bedeutet, zu sündigen. Dem Autor erscheint es als reine Gottlosigkeit, nach Gott als Objekt zu verlangen. Es ist die Rückkehr zum Heidentum in einer raffinierten und noch gefährlicheren Form. Von Gott als dem schönsten Objekt, dem zufriedenstellendsten Objekt, dem am stärksten begehrten aller Objekte zu sprechen heißt zu sündigen, denn eine Spielart der Sünde besteht, wie wir sehen werden, darin, eine personale Beziehung in eine natürliche Beziehung zu verwandeln, und diese Missetat in bezug auf Gott zu vollbringen ist mit Sicherheit eine Sünde. Wenn man nicht an Gott glauben kann, weil Er unser Vater im Himmel ist, weil Er aus unsagbarem Erbarmen auf die Erde kam, um uns zu retten, weil Seine Vergebung und Milde unsere größten Erwartungen übersteigt – kurz, wenn man nicht an Gott glauben kann, weil Er ist, was Er ist, sondern dem hinzufügen muß, daß Er am zufriedenstellendsten in Seiner Schönheit[2] ist und ein *Objekt* von der Art, daß wir niemals nach etwas

---

2 Vgl. für eine sehr ähnliche Auffassung Søren Kierkegaard, *Concluding Unscientific Postscript*, Princeton 1941, S. 221 f.

anderem verlangen sollten –, dann ist es vielleicht besser, überhaupt kein Christ zu sein.

Natürliche Beziehungen bestehen in einem Bereich, der gut und nicht schlecht ist, wie wir bereits gesagt haben. Sie sind allerdings auf diesen Bereich beschränkt, und wenn wir uns das Reich jenseits von ihnen als natürliches Reich vorstellen, irren wir. Ein Mensch sollte nach der Wahrheit streben, er sollte Schönheit genießen, er sollte seinen Körper gut behandeln. Er sollte aber auch einsehen, daß er es, wenn er vor Gott steht, weder mit einem Objekt zu tun hat noch mit einer gewöhnlichen Person, sondern mit Gott, und daß er dadurch verpflichtet ist, auf eine Art und Weise zu handeln, die nur Gott selbst ihm zeigen kann und die in keiner Hinsicht der richtigen Haltung gegenüber Objekten ähnelt. Unsere Polemik an dieser Stelle ist ein weiterer Schritt in Richtung unserer Zurückweisung des natürlichen Kosmos.

Unsere Liste der Begierden ist vollständig. Lediglich zwei Kommentare sind angebracht: (a) Wir betrachten die ersten drei als legitim und dem Menschen angemessen; sie bilden die Grundlage der natürlichen Tätigkeit im natürlichen Bereich unserer Erfahrung. Die vierte Art der Begierde wurde zurückgewiesen, weil sie eine sündhafte Ausweitung der natürlichen Beziehungen auf Bereiche darstellt, in denen sie nicht gelten. Eine derartige Begierde mißbraucht die Beziehung zwischen dem Menschen und Gott. (b) Begierden sind die Beziehungen zwischen der menschlichen Person in ihren natürlichen Aspekten und der Natur als einer Schöpfung bzw. eines Geschenks Gottes. Es ist angemessen und notwendig, daß wir die körperlichen Güter der Natur wollen. Es ist angemessen und richtig, daß der Mensch nach der Wahrheit über die Natur sucht und die Schönheit der Natur und der durch ihn selbst geschaffenen Kunst wertschätzt. Rationale und ästhetische Begierden vervollständigen die Entwicklung des natürlichen Menschen.

4. Wir müssen nun zwei Dinge zeigen: (a) daß es nichts in den Begierden gibt, was zur Geltungssucht und daher zur Sünde führt; (b) daß es ebensowenig etwas in den Begierden gibt, was zur Gemeinschaft führt, und daß es daher im natürlichen Kosmos keine Gemeinschaft gibt und also auch keine Sünde.

(a) In einem vorangegangenen Kapitel[3] haben wir Leon mit der Bemerkung zitiert, daß es nichts in der Begierde selbst gibt, was zur Geltungssucht führt. Diese Aussage kann nicht definitiv durch empirische Tatsachen bewiesen werden, weil alle unsere Erfahrungen immer unsere Erfahrungen als Personen sind. Selbst wenn keine andere Person in der Nähe ist, tun wir häufig Dinge in Vorbereitung darauf, andere Personen zu treffen. Wir lernen, weil wir wissen, daß wir irgendwann die Gelegenheit haben werden, unser Wissen vorzuführen. Genau das ist der Grund, warum wir stundenlang Klavierspielen üben. Wir essen, um unseren Körper aufzubauen, damit wir unsere Freunde mit unseren athletischen Fähigkeiten verblüffen können. Kurzum, sogar unsere natürlichen Tätigkeiten sind so eng mit unseren personalen Beziehungen verbunden, daß wir in unserer Erfahrung nie eine *reine* Begierde finden. Wie Niebuhr sagt, ist die Geschöpflichkeit des Menschen immer mit seiner Spiritualität, der Tatsache, daß er ein geistiges Wesen ist, vermischt und darauf bezogen. Es ist daher schwierig für uns, reine Begierden zu finden. Wir werden versuchen, Umstände, in denen wir den reinen Begierden am nächsten kommen, herauszuarbeiten, und uns dann fragen: »Führt dieser Bewußtseinszustand zur Geltungssucht, könnte er *jemals* zur Geltungssucht führen?«

(i) Eine reine Begierde wäre durch die Konzentration der Bewußtseinstätigkeit auf das Objekt des Verlangens und auf den erwarteten Linderungszustand, sobald das Objekt erlangt wurde, gekennzeichnet. Im Brennpunkt einer reinen Begierde stünden dann also das Objekt sowie der erwartete Zustand der Befriedigung. Wir beginnen mit einer körperlichen Begierde. Man

3 Kapitel zwei, Abschnitt III, Unterabschnitt 3 (iv).

stelle sich einen Mann vor, der die ganze Nacht ein Boot gesegelt hat. Die Nacht war kalt und naß. Der Wind wehte recht stark und das Halten der Pinne hat ihn müde gemacht. Bald wird es an ihm sein, in die warme Kabine zu gehen, um einen Kaffee zu trinken und zu schlafen. Stellen wir uns vor, sein ganzes Bewußtsein sei auf diesen wohligen Moment konzentriert. Im Moment ist ihm kalt, er hofft, daß ihm bald wärmer ist; er ist jetzt müde, er will sich ausruhen. Er hat sich einem Zustand reiner Begierde angenähert. Er ist nur ein Bündel von Wünschen und Bedürfnissen, nach Wärme, nach Schlaf. Er ist ein elendes Geschöpf, ein Staubkorn aus dem Staub, müde, frierend und erschöpft. Angenommen, er hat diesen Zustand erreicht, wird er daran denken, stolz zu sein, wird er prahlen, wird er neidisch sein? Wird er nicht viel eher in die Kajüte eilen, sobald er kann, eilig seinen Kaffee aufwärmen und wortlos ins Bett kriechen, sich auf nichts anderes freuen als auf seine warme Decke und den warmen Kaffee in seinem Bauch? Würde diese Person nicht für eine Weile aufhören zu prahlen und den Maulhelden zu spielen? Würde ihr Zustand reiner Begierde so etwas überhaupt zulassen? Ich glaube nicht.

Am Morgen, wenn sein Verlangen gestillt ist, würde der Mann sein Prahlen vielleicht wieder aufnehmen, das ohne Zweifel sein Leben ausgefüllt hat, wie es unser aller Leben ausfüllt. Er würde seine Begleiter Weichlinge nennen. Er würde prahlen, wie er der Kälte widerstand, er würde stolz ausrufen, was für ein harter Kerl er ist. Aber im Zustand reiner Begierde würde er das nicht tun. Das führt uns somit zu dem Schluß, daß die sündhaften Tätigkeiten der Personalität um so mehr in den Hintergrund treten, je näher wir dem Zustand reiner Begierde sind. Das Bewußtsein wird in einen dynamischen Zustand reiner begehrlicher Selbstsucht versetzt. Zahllose weitere Beispiele ließen sich anführen, die unsere Schlußfolgerung wohl stützen würden.

(ii) Im Falle einer ästhetischen oder rationalen Begierde gilt dasselbe. Eine Person, die darin vertieft ist, ein schönes oder ehrfurchterregendes Naturphänomen zu beobachten, ist währenddessen kein Geltungssüchtiger. Ebensowenig schwelgt eine Person, die in eine metaphysische Spekulation versunken ist, gleichzeitig in Selbstverehrung. Insofern sie sich auf ihre Fragestellung konzentriert, ist sie nicht geltungssüchtig. Je mehr sie sich konzentriert, desto geringer ist die Wahrscheinlichkeit, daß sie gleichzeitig stolz auf sich selbst ist.

Wir schließen daraus also, daß wir, insofern wir Objekte um ihrer selbst willen erstreben, wir also im Modus der reinen Begierde sind, keine Geltungssüchtigen sind. Zwar sind wir nur selten, wenn überhaupt, im Zustand der reinen Begierde, aber wenn wir diese begehrliche Tätigkeit in uns erforschen, finden wir nichts, was zu Stolz führen würde. Im Modus der Begierde befassen wir uns mit Objekten, mit Dingen, mit nichtpersonalen »anderen.« Die ganze Tätigkeit ist also selbstsüchtig und nicht geltungssüchtig. Der ganze Prozeß ist objektiv und lediglich eine Frage von Erwartungen und Befriedigungen unserer Bedürfnisse und Wünsche. In einer rein begehrlichen Welt gäbe es keine Geltungssucht.

(iii) Daß Begierden als solche auf keine Weise in Sünde verstrickt sind, wird durch unsere Wortverwendung belegt. Einen Menschen mit starken Begierden nennen wir nicht »Sünder«. Ist jemand besonders hungrig oder durstig, begeht er keine Sünde. Weder den Künstler noch den Metaphysiker bezeichnen wir als Sünder und ebensowenig eine Person, die Schönheit nicht zu schätzen weiß oder die eine schlechte Auffassungsgabe hat. Fast instinktiv reservieren wir das Wort »Sünde« für die willentliche Pervertiertheit, die personale Beziehungen mißbraucht oder zerstört.[4]

(b) Wir kommen nun zu unserem zweitem Punkt: Begierden führen auf keinen Fall zur Geltungssucht (so viel wurde gezeigt), und es ist daher auch richtig, daß Begierden nicht zur Gemeinschaft führen können. Gemeinschaft ist eine personale Beziehung auf Grundlage der Verbundenheit, des Teilens, der

4 Abschnitt II wird Sünde unter diesem Aspekt definieren.

»Gegebenheit«. Weil Begierden nicht zur Geltungssucht führen, die eine Gemeinschaft entzweit, können sie auch nicht zur Verbundenheit führen, die die Grundlage der Gemeinschaft ist. Die zweite Aussage im vorangegangenen Satz ist keine notwendige logische Ableitung aus der ersten. Man kann sich die Welt durchaus so vorstellen, daß Begierden zwar nicht zur Geltungssucht führen, aber gleichwohl zu Verbundenheit und Gemeinschaft. Tatsächlich ist dies allerdings nicht der Fall. Beide Prämissen sind wahr, auch wenn sie nicht auseinander deduzierbar sind. Gemeinschaft kann nicht auf Begierden gründen. Eine Gemeinschaft auf Begierden aufzubauen heißt, das Unmögliche zu versuchen. So wie die Begierden nicht als solche gegen die Gemeinschaft gerichtet sind, sind sie auch nicht der Gemeinschaft dienlich. Die Kraft einer Sache zum Guten kann häufig anhand ihrer Kraft zum Bösen beurteilt werden. Wenn Begierden nicht zum Bösen führen, können wir auch annehmen, daß sie nicht zum Guten führen. Die folgenden Ausführungen werden versuchen, diese Behauptung zu untermauern.

(i) Kehren wir zurück zu dem Fall des Mannes, der die ganze Nacht gesegelt ist, und stellen folgende Frage: »In welcher Weise würde eine andere Person Eingang in sein Bewußtsein finden?« Bzw.: »Was würde die Anwesenheit einer anderen Person für ihn bedeuten, und inwiefern würde er sich für andere Leute interessieren?« In dem Zustand, in dem er sich befindet, könnte er seine Begleiter um eine Reihe von Gefälligkeiten bitten. Er könnte einen von ihnen bitten, den Kaffee aufzuwärmen, bevor er nach unten in die Kajüte kommt; er könnte einen von ihnen bitten, ihm einen Pullover zu leihen; oder er könnte einen von ihnen bitten, ihn sehr bald abzulösen. In allen Fällen bezieht sich die Bitte auf einen Aspekt seiner eigenen Begierde. Die Handlungen der anderen werden als Abfolgen von Sinnesdaten aufgefaßt, von denen er weiß, daß sie zur Befriedigung und zum erwarteten Ziel der Begierde führen. Die Bewegungen seiner Begleiter werden als »gut« oder »schlecht« beurteilt, je nachdem, ob sie die Befriedigung seines Verlangens unterstützen.

Kurz gesagt können andere Personen nur als Mittel zur Erlangung des begehrten Zwecks in sein Bewußtsein vordringen. Die anderen kommen nicht als Personen, sondern bloß als Mittel zur Geltung. Aus seiner Sicht kann die erbetene Handlung von einer Person genausogut wie von einer anderen ausgeführt werden. Wer es tut, ist gleichgültig. Es zählt allein das Ergebnis, die Wirksamkeit der Handlung hinsichtlich des Zwecks. In diesem Zustand der Begierde ist ein Mensch somit auf keinen Fall prosozial. Er ist nicht an Personen als solchen interessiert und benutzt Menschen als bloße Mittel. Keine Gemeinschaft kann daher auf Selbstsucht aufbauen, denn Selbstsucht ist der Gemeinschaft gegenüber gleichgültig. Sie ist weder dafür noch dagegen.

(ii) In keinem Erfahrungsbereich zeigt sich die Gleichgültigkeit der Begierde gegenüber Personalität und Gemeinschaft deutlicher als in geschlechtlichen Beziehungen. Um diesen Punkt zu verstehen, müssen wir begreifen, daß die sexuelle Begierde eine besondere ist. Sie ist völlig einzigartig, weil das Objekt der Begierde eng mit einer anderen *Person* verbunden ist. Keine andere Begierde weist dieses Merkmal auf; sie haben Objekte als Objekte zum Zweck. Weil die sexuelle Begierde so eng sowohl mit Personen als auch mit Objekten verbunden ist, unterliegt sie den ganzen Mißbräuchen und Störungen, die sie stets begleiten. Die Einzigartigkeit dieser Begierde macht sie zum Gegenstand von so viel kindlichem und albernem Gelächter, so viel überernsthafter und pathologischer Aufrichtigkeit. Der Sex ist völlig einzigartig, weil darin die ganze Klaviatur der gemeinschaftlichen und personalen Beziehungen, Geltungssucht und Stolz, Neid und Eifersucht und so weiter involviert ist. Erst wenn wir diese Komplexität verstehen, verstehen wir den Sex.[5]

Aus unserer Sicht entscheidend ist nun die folgende Beob-

---

5 Der Freudianismus weiß um die erstaunliche Komplexität des Sex, gibt aber eine falsche Erklärung. Er versäumt es, die Unterscheidung zwischen dem Personalen und dem Begehrlichen zu treffen.

achtung: Nirgendwo sonst in der Erfahrung zeigt sich der Kontrast zwischen Begierde und Personalität ausgeprägter als beim Sex. Der Kontrast wird durch die Verwirrungen, von denen solche Beziehungen betroffen sind, unmittelbar anschaulich. Gäbe es keine Personalität in der Welt, dann könnten wir erwarten, daß sexuelle Begierden so einfach zu befriedigen wären wie Hunger und Durst. Weil das nicht der Fall ist, müssen wir direkt annehmen, daß ein weiterer Faktor in dieser Situation zum Tragen kommt. Die Gleichgültigkeit der Begierde gegenüber der Personalität wird in solchen Beziehungen anhand des Umgangs deutlich, den Menschen miteinander pflegen. Das immerwährende Phänomen der Prostitution zeigt, daß mit Blick auf die reine Begierde eine Frau so gut wie die andere ist und daß der Begierde die Personalität gleichgültig ist. Die Reaktion der Personalität auf die völlig selbstsüchtige Situation wird später behandelt;[6] wir können hier aber vorwegnehmen, daß es sich dabei um ein Gefühl des Alleinseins, der Geschlossenheit, des Benutztwerdens handelt. Das Selbst ist abgeschnitten, isoliert; es kann keine Gemeinschaft in einer solchen Welt finden und ist daher allein. Dieses Alleinsein ist eine Folge der Sünde und der Zustand, in dem alle Sünder leben.

(iii) Zum Abschluß dieses Abschnitts können wir kurz andeuten, was aus dem bisher Gesagten folgt: (a) Keine Gemeinschaft kann auf wechselseitige Selbstsucht oder wechselseitige Vorteilsnahme gegründet werden. Die Idee der Gerechtigkeit in den politischen Theorien von Hobbes und Locke, die Auffassung von Adam Smith, daß wir unseren Mitmenschen am besten durch unser aufgeklärtes Eigeninteresse dienen, all dies sind falsche Ansichten über die Gemeinschaft. Jede Gesellschaft, die sich in Begriffen wechselseitiger Selbstsucht erklärt, geht der sicheren Zerstörung entgegen. Jede »Vertragstheorie« der Gesellschaft leidet unter diesem fundamentalen Defekt. (b) Wir dürfen ferner unterstellen, daß das Ausnutzen der Gemeinschaft

---

6 Abschnitt III.

für einen selbstsüchtigen Vorteil eine der Hauptformen der Sünde ist. (c) Schließlich können wir Augustinus und Thomas von Aquin fragen, worauf eine Gemeinschaft in ihrem natürlichen Kosmos der richtigen Handlung aufgebaut werden kann. Daß beide kein Verständnis und keine befriedigende Erklärung der Gemeinschaft haben, hat Nygren hervorgehoben.[7] Das Gebot, unseren Nächsten zu lieben, bereitet beiden beträchtliche Schwierigkeiten. Wie könnten wir in einem natürlichen Kosmos etwas anderes erwarten?

Abschnitt II

1. Wir haben die Natur der Begierden untersucht und festgestellt, daß nichts in ihnen entweder für oder gegen die Gemeinschaft als solche spricht. Unserer Auffassung nach kann die Verdorbenheit und Zerstörung der Gemeinschaft, die wir als Sünde definieren werden, von keinem Faktor hervorgerufen werden, der nicht selbst wesentlich gemeinschaftlich ist. Kurzum, die menschliche Befähigung zur Gemeinschaft korrumpiert sich selbst und wird nicht von etwas Äußerem korrumpiert. Im Laufe der Jahrhunderte hat der Mensch seinen Einfallsreichtum dazu genutzt, etwas Äußerem die Schuld zu geben. Nur zögerlich scheint er zugeben zu können, daß er selbst und nicht irgendein äußerer Faktor für die Sünde verantwortlich ist.

Eine kurze Aufzählung von vier derartigen Auffassungen wird helfen, das Gemeinte zu verdeutlichen: (a) Es gibt die Auffassung, daß Begierden böse sind und daß der Mensch ein Sünder ist, weil er einen Körper besitzt. (b) Eng damit verwandt ist die Vorstellung, daß die sinnlich erfahrbare Welt böse ist. Wir haben diese Aussagen bereits behandelt, da es unser Bestreben ist, den natürlichen Kosmos zu verteidigen und unsere Anstrengungen dann auf die personale Gemeinschaft zu konzentrieren.

7 Nygren, *Agape and Eros*, S. 549-555, 641-645.

(c) Die Geschichte kennt zahlreiche Beispiele für den Glauben, daß die Sterne das Schicksal des Menschen bestimmen. Das, was die Menschen taten, war unausweichlich, und das von ihnen begangene Böse ließ sich unter keinen Umständen einer vorsätzlichen Bösartigkeit zuschreiben. Neben vielen anderen mußte Augustinus in seiner langen Laufbahn auch diese Vorstellungen zurückweisen.[8] (d) Es gibt auch den Hang, objektive Institutionen für das Böse in der Welt verantwortlich zu machen. Eine Idee des 18. Jahrhunderts lautete, schlechte Institutionen seien eines der großen Hindernisse zu einer vollständig guten Menschheit. Einzelpersonen können allerdings nicht von Institutionen getrennt werden. Institutionen sind lediglich jene objektiven Regeln und Methoden, die Menschen erschaffen, um soziale Probleme in den Griff zu bekommen. Schlechte Institutionen sind ein sicheres Anzeichen für sündhafte Menschen. Es würde keine unterdrückenden Institutionen geben, gäbe es nicht Gier und Böswilligkeit, um sie zu stärken. Selbst Rousseau räumt das ein.[9] Augustinus begegnete diesem Vorwurf mit einem anderen Argument. Für ihn waren Institutionen diejenigen Mittel, mit denen Gott die Sünde kontrollierte. Die Sündhaftigkeit des Menschen machte die Institutionen notwendig. Gesetze sollten die Ordnung der Natur erhalten und das Ausmaß der menschlichen Rebellion begrenzen.[10]

Diese Beispiele reichen aus, um zu zeigen, wie der Mensch versucht hat, die Schuld einem externen Faktor zuzuschieben. Die immer gegenwärtige Verdorbenheit der menschlichen Natur, auf diese Art zu handeln, drückt sich auch in dem aus, was wir die »manichäische Ketzerei« nennen. Die Manichäer waren eine orientalische dualistische Sekte, die in den ersten Jahrhunderten in das Christentum eindrang. Sie schrieben die Schuld

---

8 Vgl. Augustinus, *Confessions*, Buch VII, Kapitel 6, auch *Homilies on the Gospel of John*, Traktat VIII, 10-11, *PNF* I, S. 105 f.; VII, S. 61 f.

9 Jean-Jacques Rousseau, »Discourse on the Origin of Inequality«, in: *The Social Contract and Discourses*, London 1915, S. 222 f.

10 Augustinus, *City of God*, Buch XIV, Kapitel 15, *PNF* II, S. 274.

für das Böse den Mächten der Finsternis zu, welche die guten Seelen fingen und in Gefangenschaft hielten. Wenn also eine Theorie der Sünde die Ursachen des Bösen in etwas Äußerem ausmacht, so werden wir diese Auffassung »manichäisch« nennen. Selbst Hegel fällt in diese Kategorie. Für ihn ist die Sünde eine Etappe in der notwendigen logischen Entwicklung des Geistes.[11] Insofern Sünde als eine notwendige Etappe betrachtet wird, die notwendigerweise zur Tugend führt, wird die Sünde zu etwas Äußerem gemacht, das sich jenseits der Grenzen der Personalität befindet.

Wir können sogar jeden Versuch, die Sünde aus der Stellung des Menschen im Kosmos abzuleiten, als »manichäisch« bezeichnen. Niebuhr zum Beispiel behauptet, daß der Mensch in seiner Eigenschaft, sowohl gefesselt als auch frei, sowohl begrenzt als auch unbegrenzt zu sein, sich in einem Zustand der Angst, der inneren Unruhe befindet. Auch wenn diese Angst keine Sünde ist, ist sie deren Voraussetzung. Der Mensch sündigt, wenn er durch Stolz seine Kontingenz zu leugnen versucht und auf dem Wege der Sinnlichkeit seiner Freiheit entkommen will.[12] Diese Sicht der Sünde ist höchst anspruchsvoll und stimmt nicht mit den Tatsachen überein. Die Geltungssucht kleiner Kinder, die über solche Dinge nie nachgedacht haben, kann so nicht erklärt werden. Wie wir später[13] zu zeigen versuchen werden, ist Angst außerdem eine Folge der Sünde. Sie ist der Zustand des Sünders in seinem selbsterschaffenen Kosmos, dem Kosmos des Alleinseins. Wir müssen zugeben, daß der Geist sich schlicht selbst verdirbt. Personalität korrumpiert sich selbst ohne einen äußeren Grund. Es gibt nichts im natürlichen Kosmos, nichts in der menschlichen Natur, das Geltungssucht, Neid, Eitelkeit, Stolz und so weiter erklärt. Wir müssen feststellen, wie mysteriös es auch erscheinen mag, daß der Geist sich

---

11 H. R. Mackintosh, *Types of Modern Theology*, London 1937, S. 115 f.

12 Niebuhr, *Nature and Destiny of Man*, S. 182-186.

13 In Abschnitt III.

selbst durch sich selbst verdarb; daß er sich der Selbstliebe auslieferte ohne äußeren Anstoß. Die offenkundig unvermeidliche Tendenz, dies zu tun, können wir, wenn wir mögen, »Ursünde« nennen. Der Ursprung der Sünde muß als unfaßbar »grundloses« Ereignis begriffen werden. Nur wenn wir diese Wahrheit erkennen, sind wir richtig vorbereitet, um der subtilen Perversität der Personalität unserer Tage entgegenzutreten. Wir stimmen also mit Augustinus überein, daß das »Böse des veränderlichen Geistes, das das Gute der Natur verdirbt, aus sich selbst erwächst.«[14] Shakespeare hat ebenfalls dem von uns Gemeinten Ausdruck gegeben:

Aber eifersüchtigen Seelen wird nicht so geantwortet werden;
Sie sind nie eifersüchtig aus dem Grund,
Sondern eifersüchtig, weil sie eifersüchtig sind: Es ist ein Monster
Das sich selbst zeugt und aus sich selbst gebiert.[15]

Wenn diese Auffassung der Personalität seltsam erscheint, dann ist Personalität eben eine seltsame Angelegenheit.

Wir weisen somit die manichäische Tendenz zurück, die Schuld für das Böse oder die Sünde etwas außerhalb des Geistes zuzuschieben. Das Christentum hat in meinem Verständnis gefordert, was wir gefordert haben. Es hat behauptet, daß der Geist sich selbst verdirbt. »Es gibt nichts, was von außen in den Menschen hineingeht, das ihn unrein machen könnte; sondern was aus dem Menschen herauskommt, das ist's, was den Menschen unrein macht.«[16]

2. Nachdem wir festgehalten haben, daß der Geist sich selbst verdirbt, müssen wir nun fragen, wie der Geist in seiner Verdorbenheit handelt. Was ist also die Sünde, was bedeutet und was

---

14 Augustinus, *City of God*, Buch XII, Kapitel 9, *PNF* II, S. 231.

15 William Shakespeare, *Othello*, 3. Akt, 4. Szene, Verse 158-161. [Dt. zitiert nach: Shakespeare, *Othello*, Zweisprachige Ausgabe, Ladolzburg 2003. A. d. Ü.]

16 Markus 7:15. Vgl. auch A. E. Taylor: *The Problem of Evil*, London 1929.

beinhaltet sie? Was die Sünde ist, können wir in bezug darauf definieren, was der Mensch ist. Wie wir im Einleitungskapitel festgehalten haben, ist das Charakteristische am Menschen nicht seine Vernunftbegabung oder sein ästhetisches Vermögen, sondern daß er ein verantwortliches Wesen ist, ein Wesen, das geschaffen ist für die Gemeinschaft und die Verbundenheit mit seinen Mitmenschen, allen Bewohnern des Himmels und schließlich mit Gott selbst. Alle menschlichen Begabungen, die ihn von den Tieren unterscheiden, sind auf die Verwirklichung dieses Ziels angelegt. Wie Brunner sagt: »Nicht die Freiheit, nicht die geistige Schöpferkraft, nicht die Vernunft sind das Eigentlich-Menschliche. Sie sind vielmehr die Verwirklichungsbedingungen seines eigentlichen Menschseins, das in der Liebe besteht. Ihren Sinn tragen sie nicht in sich selbst, ihr Sinn ist die Liebe, die wahre Gemeinschaft.«[17] Der Mensch ist also geschaffen, in der und für die Gemeinschaft zu leben. Seine Begabungen sind Mittel zu diesem Zweck.

Die menschliche Fähigkeit, in der und für die Gemeinschaft zu leben, ist das Ebenbild Gottes. Dieses Muster in der menschlichen Natur ist ein Abbild Gottes im Menschen, eines Gottes, der, wie die Lehre der Dreifaltigkeit feststellt, als drei Personen in einer in vollkommener Gemeinschaft mit Sich selbst ist. Der vollkommene Gehorsam und die Liebe des Sohnes für den Vater und die des Vaters für den Sohn ist für uns das Vorbild für jede Gemeinschaft.

Weil der Mensch ein für die Gemeinschaft geschaffenes Geschöpf ist und weil der vollkommene Ausdruck seines Wesens das Erwidern von Gottes Gegebensein, das gehegte Leben in göttlicher Gnade ist, hat es den Anschein, als müsse die Sünde eine Zurückweisung des wahren menschlichen Zwecks sein. Sünde muß also der Mißbrauch, die Abweichung und die Zerstörung der Gemeinschaft sein und dasjenige, was alle verantwortungsbewußten Beziehungen mit den Mitmenschen durch-

17 Brunner, *Man in Revolt*, S. 74 [dt. S. 63].

trennt. Sünde zerstört den Grundstein der Gemeinschaft. Sie wirft einen in den Abgrund der Isolation und Einsamkeit, wo der Mensch aufhört, Mensch zu sein. Die Sünde zerstört alles Menschliche; sie verwandelt den Menschen nicht in eine bloße Bestie, sondern in etwas viel Düstereres: Sie verwandelt den Menschen in einen satanischen Geist, der nur vom Geschenk der Geschöpflichkeit im Zaum gehalten wird. Das menschliche Vermögen zum Guten gründet in der *Imago Dei*; das menschliche Vermögen zum Schlechten gründet in der Möglichkeit der Zerstörung ebenjener Ebenbildlichkeit. Weil der Mensch Person und dadurch Geist ist, kann er in einem Maße böse sein, das die begehrliche Selbstsucht der Natur bei weitem übersteigt.

Die Sünde zeigt sich auf zwei Arten: (a) Geltungssucht und (b) Selbstsucht. Alle großen Sünden fallen unter die erste Kategorie. Der Geltungssüchtige ist der Sünder par excellence. Geltungssucht ist das perverse Verlangen nach Größe und die finstere Gier nach Selbstverehrung. Sie zeigt sich auf die subtilste Art ebenso wie auf die offensichtlichste. Der offen Geltungssüchtige ist ein Mann der Arroganz, des Stolzes und der Prahlerei; er schätzt sich selbst, ist überheblich, boshaft, hinterlistig und so weiter. Der subtil Geltungssüchtige ist ein Mann großer Empfindlichkeit und vorgetäuschter Bescheidenheit, mit scheuen und vorsichtigen Umgangsformen und unirritierbarer Selbstgefälligkeit. Letzteres nennt Leon den »uranischen« Geltungssüchtigen. Es reicht ihm, sich selbst zu verehren, er strebt nicht nach Ehrerbietung seitens anderer. Ersterer ist der gebieterische Geltungssüchtige; er wütet herum und versucht ganz offen, andere zu kommandieren, um so seine Macht zu zeigen. Geltungssucht, die sich auf ungezählte Weisen zeigt, ist die große Sünde. Sie ist an sich Sünde und die Ursache anderer Sünden. Geltungssucht ist per se die Zerstörung der Gemeinschaft. Sie ist die anscheinend unauslöschbare Verdorbenheit, die menschliche Beziehungen infiziert. Sie ist immer gegenwärtig. Niemand ist frei von ihr. Sie ist eine Sünde, weil sie die Zurückweisung all dessen ist, was der Mensch sein sollte und sein muß. Sie zerstört Verantwortlichkeit und damit Gemeinschaft; sie verachtet Gegebenheit und ist fürderhin die Verneinung der Liebe. Sie bedeutet die Vernichtung der Gnade.

In der Spur der Geltungssucht folgen viele andere Sünden. Die Selbstsucht zielt darauf ab, andere Menschen zu benutzen, und wird im Denken des Sünders durch eine vorangegangene Selbstverehrung gerechtfertigt, eine Selbstverehrung, die andere Leute mißbrauchen will. Selbstsucht benutzt den anderen, das »Du«, lediglich; Geltungssucht hingegen mißbraucht das »Du«. Geltungssucht versucht das »Du« unter sich zu stellen, das »Du« zu einem Bewunderer oder zu einem Objekt der Bewunderung zu machen. Wurde der andere erst einmal mißbraucht, kann er auch gebraucht, benutzt werden.

Der Kapitalist zum Beispiel scheint seine Angestellten lediglich zu benutzen. Er behandelt sie wie Zahnräder in der Maschine, die sein Vermögen mehrt. Er scheint also nur selbstsüchtig zu sein und nichts außer konkretem Reichtum und körperlichen Annehmlichkeiten zu erstreben – Ziele, für die seine Angestellten Mittel sind. Dieses Benutzen der Personen wird aber durch ihren stillschweigenden Mißbrauch gerechtfertigt. Im Denken des Kapitalisten sind diese Personen minderwertig, während er überlegen ist. Die Angestellten werden ferner nicht als Mittel einer konkreten Selbstsucht verwendet; nein, das Ziel ist nicht bloß ein begehrliches, sondern ein geistiges. Der Kapitalist ist stolz auf seinen Reichtum; er stellt ihn gern zur Schau. Er liebt es, auf seinem Anwesen umherzustolzieren, und klopft sich innerlich für seinen Erfolg auf die Schulter. Er stellt sich sein Anwesen als ein Königreich vor, in dem er die wichtigste Figur ist. Er hält sich viele Diener, nicht damit sie seinen Bedürfnissen dienen, sondern damit mehr Menschen ihm gehorchen müssen. Alle seine Tätigkeiten unterstützen den Aufbau dieses hübschen Königreiches, aufgrund dessen seine verzehrende Eitelkeit sich selbst beglückwünschen kann. Sein ganzes Lebenswerk, die fieberhafte Rastlosigkeit, die unendlichen geschäftlichen Sorgen, all die Anstrengungen, die Körper, Geist und Seele erschöpfen, sind auf diesen unbestimmten Zweck der stillen, stolzen Selbstverehrung gerichtet. Diesem sündhaften Streben liegt die geltungssüchtige Lüge zugrunde, daß er eine besondere und anderen überlegene Person ist.[18] Die rein selbstsüchtige Sünde, andere Menschen zu benutzen, personale Beziehungen in natürliche umzuwandeln, wird durch die tiefste aller Sünden gerechtfertigt, die Lüge des Geltungssüchtigen.

Bezüglich dieser Beschreibung des Kapitalisten sollten wir anmerken, daß wir keine besondere Abneigung gegen den Kapitalismus haben. Wir verbreiten keine marxistische Propaganda. Die Sünde, Leute als bloße Mittel zu benutzen, wie Kant sagen würde, ist in allen Erfahrungsbereichen zu finden. Sie infiziert Menschen in den niedersten Gesellschaftsschichten ebenso wie in den höheren. Die Sünde ist nicht einer gesellschaftlichen Gruppe vorbehalten. Sie ist universal.

3. Mit der Einsicht im Hinterkopf, daß die Geltungssucht eine Sünde ist, weil sie die Gemeinschaft ablehnt, werden wir nun einige Merkmale der Geltungssucht untersuchen, um zu zeigen, wie die Sünde die Gemeinschaft verneint.

(i) Das erste, was einem zum Geltungssüchtigen in den Sinn kommt, ist seine Weigerung, Dinge mit anderen zu teilen. Er will alles für sich behalten, nicht weil er alles braucht oder seine Begierden einen derartigen Egoismus verlangen, sondern er will alles haben, weil ihm dies als Ausweis seiner Überlegenheit gilt. Wenn andere Leute haben, was er hat, verliert er seine Besonderheit. Das Zeichen seiner Überlegenheit wäre verschwunden. Augustinus hat hierzu ein scharfsinniges Argument parat. Er erklärt den Mord von Remus durch Romulus wie folgt: »Beide aber können den Ruhm nicht haben, den jeder für sich hätte haben können. Denn wer in der Herrschaft aufblüht, wird seinen Ruhm verringert sehen, wenn er sie mit einem Partner tei-

18 Vgl. Niebuhr, *Nature and Destiny of Man*, S. 203-207.

len muß. Daher tötet der eine den anderen, um alles zu haben.«[19]

Diese Weigerung zu teilen zeigt sich überall. Die Kultur der italienischen Renaissance, die heute, nach dem naiven viktorianischen Enthusiasmus des 19. Jahrhunderts, eine nüchternere Behandlung erfährt, wird nun in weiten Teilen als Distinktionsmerkmal einer Klasse angesehen. Als das Drucken der Klassiker in ganz Italien billig und einfach wurde, nahm die Nachfrage nach den Klassikern entschieden ab.[20] Warum sollte man Humanist sein, wenn alle es werden konnten? Wer der Tradition von Poggio und Valla folgte, mußte etwas anderes als die Klassiker auftun, um seine Idiosynkrasien zu kennzeichnen.

(ii) Als direkte Konsequenz des obigen Merkmals entwickelt sich das Phänomen der geschlossenen Gruppe. Je geschlossener die Gruppe, desto mehr sagt sie unserem Stolz und unserer Eitelkeit zu. Es macht keinen Spaß, Mitgleid einer Gruppe zu sein, der jeder beitreten kann. Also werden Restriktionen und Bedingungen erlassen. Man muß ein Gelehrter, ein Gentleman, ein guter Sportler oder ein versierter Trinker sein. Sobald man in der Gruppe ist, mißbilligt und verachtet man tendenziell alle, die nicht Teil der Gruppe sind. Die auf der anderen Seite der Umzäunung gelten als Tölpel, Schafsköpfe, Idioten und Nichtsnutze. Kurzum: Alle außerhalb der Gruppe sind minderwertig, alle in der Gruppe überlegen. Dieses Phänomen zeigt sich überall. Das Grundmotiv in Collegeclubs, Altherrenclubs, Sportvereinen sowie in nationalen und ethnischen Gruppierungen ist die geltungssüchtige Befriedigung, einer überlegenen Gruppe anzugehören.

Die ideale geschlossene Gruppe ist natürlich die eines Einzelnen, in welcher der Geltungssüchtige das einzige Mitglied ist. Alle Gruppen neigen zu dieser idealen geschlossenen Gruppe,

---

19 Augustinus, *City of God*, Buch XV, Kapitel 5, *PNF* II, S. 286.

20 Joseph R. Strayer und Dana C. Munro, *The Middle Ages, 395-1500*, New York 1942, S. 531.

weil jede Person in der Gruppe danach strebt. Je »feiner« die Gruppe ist, desto mehr Regeln und strenge Reglementierungen werden aufgestellt, um Gründe für den Ausschluß von Mitgliedern zu schaffen, wodurch die Gruppe verkleinert und ihre Reinheit und Ehre erhalten werden. Folglich gibt es keinen besseren Weg, den Stolz auf eine Gruppenzugehörigkeit zu zerstören, als jeden aufzunehmen. Ebendiese Technik nutzt das Christentum, indem es die universelle Vaterschaft Gottes verkündet. Sobald ein Mensch die universelle Vaterschaft erkennt, erkennt er, daß es keinen Raum für Stolz gibt. Es gibt kein auserwähltes Volk, »denn es ist kein Ansehen der Person vor Gott.«[21]

Die Entwicklung der geschlossenen Gruppe ist ein charakteristischer Faktor in der westlichen Zivilisation gewesen. Geschlossene Gruppen reißen diese Zivilisation nun in Stücke. Die Entwicklung vollzog sich in mehreren Etappen: (a) die religiöse geschlossene Gruppe, deren Musterbeispiel die römische Kirche ist, die jeden außerhalb der Umzäunung als Ketzer bezeichnete; (b) die kulturelle geschlossene Gruppe, wie die bereits erwähnten italienischen Humanisten oder das Phänomen kultureller Distinktionen im 18. Jahrhundert; (c) der Marxismus, bei dem die Determinante auf der ökonomischen Ebene liegt und eine Gruppe durch ihren ökonomischen Status determiniert wird; und schließlich (d) wird die Determinante eine biologische. Im Nazismus entdecken wir, daß es die Sorte des Blutes in unseren Venen ist, die uns entweder verdammt oder auszeichnet.[22]

Diese letzte geschlossene Gruppe stellt Stolz in seiner dämonischsten Form dar. Sie besitzt ein Kriterium, das andere nach Belieben ausschließt und eine Restriktion erläßt, die jenseits unseres Einflusses liegt. Wer kein Katholik war, konnte es werden. Wer kein gebildeter Franzose war, konnte es vielleicht auch

21 Römer 2:11.

22 Ich schulde diesen Hinweis Prof. Harbison [vermutlich E. Harris Harbison (1907-1964), ein Reformationshistoriker und von 1933-1964 Mitglied des Princeton History Department, A. d. Hg.].

werden. Man kann aber nicht auf Wunsch zum »Arier« werden. Man wird kraft Geburt aus- oder eingeschlossen. Im Nazismus begegnet uns also die Idee der geschlossenen Gruppe in ihrer vollen Ausprägung. Die Gruppe ist mit stählerner Sicherheit geschlossen, und folglich kennt die Geltungssucht ihrer Mitglieder keine Grenzen. In Gruppen, die keine solch stählernen Restriktionen aufweisen, entfaltet sich die Geltungssucht nicht in diesem Ausmaß, weil man nie sicher sein kann, ob nicht diejenigen, die man heute verachtet, morgen Mitglieder der Gruppe sein werden. Wenn die Gruppe aber mit absoluter Gewißheit vorbestimmt ist,[23] kennt die Geltungssucht keine Grenzen. Ich glaube, daß die Absolutheit des Kriteriums den Stolz der Nazis ermöglicht. Wie könnten wir ansonsten die um die Mitgliedschaft in der Gruppe kreisende Geltungssucht erklären, wo doch die Mitglieder der Gruppe gar nicht selbst für ihren Einschluß verantwortlich sind, sondern sie durch Geburt erlangt haben?

Es hat sich folgerichtig eine komplizierte Theologie der Geltungssucht entwickelt, die im Werk des offiziellen »Naziphilosophen« Alfred Rosenberg klar erkennbar ist. Sein Buch *Der Mythus des 20. Jahrhunderts* ist die Rechtfertigung des Nazi-Unsinns. Die Geschichte ist für ihn ein andauernder Krieg der Rassenseelen. Jede Rasse habe ihre eigene Seele, und jedes Mitglied einer Rasse sei ein Ausdruck dieser Seele. Die Rassenseele sei das absolute Selbst des Deutschen Idealismus in Einzelteile zerlegt, damit jede Rasse ein solches Selbst haben kann. Die arische Rassenseele sei allen anderen überlegen. Sie sei der Schöpfer aller Kultur gewesen. Kürzlich sei sie aber in einen Schlaf gefallen und habe sich überwältigen lassen von den Juden, der Demokratie, dem Kapitalismus, dem Kommunismus und so weiter, was für die Deutschen alles aufs gleiche hinauskommt. Wie der Klappentext des Buches sagt: »Der Mythus des 20. Jahrhunderts ist der Mythus des Blutes, der unter dem Zeichen des

23 Dies könnte die Tendenz zum Stolz im Calvinismus erklären.

Hakenkreuzes die rassische Weltrevolution entfesselt. Er ist das Erwachen der Rassenseele, die nach einem langen Schlaf siegreich das Rassenchaos beendet.«[24] Die glorreichen Arier von der versunkenen Insel Atlantis würden erneut ihren Wert unter Beweis stellen.

Das alles klingt nach unglaublichem Unfug. Aber weil es Unfug ist, wird es von der Geltungssucht geglaubt und akzeptiert. Die Besonderheit der Rassenseelen ermöglicht den voll entfalteten Stolz. Sie ermöglicht den Anspruch auf Überlegenheit. Wir haben es hier mit einer verdrehten Form der *Eigentümlichkeit** zu tun, die in der Deutschen Romantik betont wurde.[25] Die deutsche Neigung, sich eine Welt voller noumenaler und absoluter Selbste, absoluter Ichs, Nicht-Ichs, Weltgeister und so weiter vorzustellen, hat der menschlichen Geltungssucht die bemerkenswerteste Theologie geschenkt, eine Theologie, die die Todsünde des Menschen intellektuell zu rechtfertigen versucht. Jeder kleine Deutsche stellt sich ohne Zweifel vor, daß die Rassenseele in ihm arbeitet, daß er zu dieser überlegenen Rassenseele gehört und irgendwie mit ihr identifiziert wird.[26] Er rechtfertigt also gegenüber sich selbst die geschlossene Gruppe, und er benutzt die Gruppe, vielleicht unbewußt, als Mittel zur eigenen geltungssüchtigen Befriedigung. Die Gruppe als Mittel zu seiner Ehre kann ihn mit einer weitaus größeren Kraft ausstatten, als er allein zu erlangen imstande wäre. Durch die umfassende Identifikation mit der Gruppe teilt er ihren Ruhm. So ist

---

24 Zitiert nach Peter Vierecks ausgezeichneter Studie *Metapolitics*, New York 1941, S. 229. Zu Rosenbergs Ideen vgl. die letzten hundert Seiten des Buches.

* Im Original deutsch. A. d. Ü.

25 Vgl. Arthur O. Lovejoy, »The Meaning of Romanticism for the Historian of Ideas«, in: *Journal of the History of Ideas*, Band 2, Nr. 3 (Juni 1941).

26 Zur Tendenz des Idealismus, das Selbst mit dem absoluten Selbst zu identifizieren, vgl. Johann Gottlieb Fichte, *The Vocation of Man*, Open Court 1940, das Ende von Buch 3 [dt.: *Die Bestimmung des Menschen*, Hamburg 2000].

die geschlossene Gruppe als Vehikel der Geltungssucht klar zu erkennen.[27]

(iii) Neben diesem dauerhaften Phänomen der Entwicklung von geschlossenen Gruppen gibt der Stolz auch seine Fehler nie zu, sondern versucht sie anderen in die Schuhe zu schieben. So bricht er durch die Leugnung der eigenen Schuld und die falsche Verurteilung anderer die Gemeinschaft entzwei. Wenn etwas mit den Plänen des stolzen Mannes falsch läuft, findet er die Ursache immer in einem äußeren Ereignis. Aufgeblasene Generäle erklären eine Niederlage immer als die Folge schlechten Wetters oder der Langsamkeit irgendeines Untergebenen. Die deutsche Dolchstoßtheorie, durch welche die Wehrmacht* ihre Niederlage im Ersten Weltkrieg zu erklären suchte, ist ein typisches Beispiel. Die deutsche Unbesiegbarkeit wurde landauf, landab gepredigt. Das Scheitern konnte nur als Stoß in den Rücken erklärt werden, ausgeführt von Juden, Kapitalisten und Kommunisten. Die Deutschen konnten sich nicht zu der Einsicht durchringen, daß sie im Gefecht geschlagen wurden. Die Nazi-Propaganda hat diese Theorie benutzt, um den Haß auf ihnen genehme Feinde im Innern zu schüren und die deutsche Bevölkerung in einen Zustand der Raserei zu versetzen. Der ganze Komplex der so hervorgerufenen Gefühle basiert auf der Geltungssucht, die ihre Fehler immer abstreitet.

Augustinus, wie immer scharfsinnig in seiner Analyse des Stolzes, bemerkt, wie Adam die Schuld für den Sündenfall Eva aufbürden wollte: »[...] ihr Stolz versucht aber, ihr Böses einem anderen zuzuschieben, der Mann auf die Frau, und die Frau auf die Schlange. Dies allerdings beschuldigt sie mit Schlimmeren, statt sie zu entlasten.« Der »Stolz, der den Menschen dazu verführt, seine Schuld zu verbergen, ist viel verwerflicher als die

27 Leon, *The Ethics of Power*, S. 144 f.

* Im Original deutsch. Rawls scheint hier sowohl das deutsche Heer im Ersten Weltkrieg, als auch die Reichswehr der Weimarer Republik und die 1935 gebildete Wehrmacht zu meinen. A. d. Ü.

Schuld selbst«.[28] Dieses Abstreiten der eigenen Fehler und der eigenen Schuld durch den Stolz ist eines seiner zerstörerischsten Merkmale. Als Schutz und Mittel, seine abgeschottete Selbstgerechtigkeit zu erhalten, muß er andere verfluchen und ihnen die Schuld zuschieben, wodurch er jede Gemeinschaft zerstört.

(iv) Wir sollten die bemerkenswerte Raffinesse der Geltungssucht weiter untersuchen, die heimtückische Art, auf die sie in personale Beziehungen eindringt und heimlich unsere besten Bemühungen vergiftet. Bevor wir die Raffinesse des Stolzes nicht erkannt haben, werden wir die Deutlichkeit seiner Allgegenwart und sein anhaltendes Vergiften der Gesellschaft nicht sehen. William Temple hat geschrieben: »Wie abgrundtief unsere Selbstzentriertheit ist, zeigt sich daran, daß sogar unsere Erlösung von ihr in vielen Lebenslagen ein Anlaß zur Selbstwertschätzung sein kann. Das ist der Dämon des geistigen Stolzes, und die meisten von uns sind nicht annähernd gut genug, um ihm auch nur entgegenzutreten, der aber, so versichern uns die Heiligen, auf der letzten Stufe der Leiter der Perfektion gleichsam auf uns wartet, um uns dort zu ergreifen und hinabzustürzen.«[29] Stolz dehnt sich bis in die höchsten Sphären des Geistigen aus, bis in die besten Bemühungen der Personalität. Sogar sich selbst vom Stolz zu heilen ist eine Angelegenheit des Stolzes. Wir stehen wahrhaft von Angesicht zu Angesicht einem Dämon gegenüber. Wir dürfen Stolz daher nie zulassen. Er muß die Zielscheibe aller unserer Angriffe sein. Einen bestimmten angemessenen Stolz zuzulassen, legitimen Stolz zu rechtfertigen, wie manche es tun, heißt, die Niederlage einzugestehen, bevor wir überhaupt angefangen haben. Angesichts eines so raffinierten Feindes wie dem Stolz darf es keine Kompromisse geben. Wann immer wir stolz sind, sind wir im Dialog mit dem Teufel und seinen Engeln.

Dieses Merkmal des Stolzes sollte uns vor Augen führen, wo die gefährlichste Geltungssucht zu finden ist, namentlich in

---

28 Augustinus, *City of God*, Buch XIV, Kapitel 14, *PNF* II, S. 274.
29 William Temple, *Nature, Man and God*, London 1934, S. 389 f.

unseren besten Taten und im Besten in uns. Es gibt immer die Neigung, die unteren Schichten der Gesellschaft die schlimmsten Sünder zu nennen. Die Straßenmädchen, die Bettler, die Ausgestoßenen, die Räuber und Trinker sind die üblichen Sündenböcke. Die wirklichen Sünder sind aber diejenigen, die stolz darauf sind, anders zu sein, jene, die sich in ihrem Erfolg aalen und auf diejenigen herabblicken, die keine aufrechten Mitglieder der Gesellschaft sind. Die Bibel versteht diese Wahrheit eindeutig. Jeder kennt die Passage im Evangelium nach Lukas,[30] die uns von dem Pharisäer berichtet, der in den Tempel ging und Gott dafür dankte, daß er nicht wie die anderen Menschen gierig, verlogen oder ehebrecherisch war. Christus aber sagt uns, daß es nicht dieser Mensch war, sondern der Steuereintreiber, der sich fürchtete, seine Augen zu Gott zu heben und nur um Erbarmen bat, der dann mit Gottes Absolution nach Hause zurückkehrte. Denn Rechtschaffenheit verhüllt allzu leicht die Sünde der Selbstgerechtigkeit, und dieser größeren Sünde machte sich der Pharisäer schuldig. Diese Art der Geltungssucht, die eine Sünde inmitten all des Guten ist, ist die gefährlichste und giftigste. Wie Whale es ausdrückt: »Es gibt keine Sünde von so subtiler Gefährlichkeit wie die Selbstgenügsamkeit des moralisch religiösen Menschen.«[31] Diese Raffiniertheit der Sünde ermöglicht es ihr, das Beste wie das Schlechteste in uns zu verderben. Die Sünde hat nichts mit irgendeinem dauerhaften Rückstand zu tun, der uns nach unten zieht; sie entspringt nicht der Unvollkommenheit. Sie ist die Selbstverderbnis des reinen Geistes; die Selbstzerstörung der Besten und Vollkommensten.

(v) Die Standarddefinition der Sünde wurde seit Beginn des christlichen Zeitalters etwas anders formuliert, als wir es vorgeschlagen haben. Als Sünde haben wir bezeichnet: Die Abweichung von sowie den Mißbrauch und die Zerstörung der Ge-

---

30 Lukas 18:10-14.

31 John S. Whale, *Christian Doctrine*, Cambridge 1941, S. 39.

meinschaft. Der klassischen Aussage zufolge ist die Sünde ein Aufstand gegen Gott. Sünde ist die Auflehnung gegen und die Leugnung von Gott. Letztlich stimmen wir mit dieser Definition völlig überein, wie wir in einem späteren Unterpunkt dieses Abschnitts zeigen werden.[32] Zunächst wollen wir aber darauf hinweisen, daß für uns wie auch für die Tradition die Sünde den Charakter eines Aufstandes hat. Gleichwohl tendiert die herkömmliche Definition der Sünde als Aufstand dazu, die Raffinessen der Sünde zu übersehen. Sünde kann die offene Mißachtung und daher ein Aufstand sein; und häufig ist sie das auch. Aber wenn wir das Wort »Aufstand« in seinem gewöhnlichen Sinn nehmen, ist nicht alle Sünde ein Aufstand. Sünde kann eine hinterlistigere Handlung sein, etwa ein Betrug, eine Scheinheiligkeit, die stille Selbstverehrung, die Gleichgültigkeit gegenüber Gott und den Mitmenschen. Kurz gesagt, die Geltungssucht kann einen stillen und ruhigen Weg genausogut wie einen offenen oder gewalttätigen nehmen. Daher halten wir es für klug, diejenigen Vorkommnisse, bei denen die Sünde ein Aufstand ist, vollständig zu vermerken, aber ebenso darauf hinzuweisen, daß der Einfallsreichtum des Geistes dergestalt ist, daß er viel raffiniertere und heimtückischere Arten zu sündigen findet. Es besteht allerdings kein Zweifel, daß die Geltungssucht letztlich insofern ein Aufstand ist, als sie die Verleugnung der Gemeinschaft, die Leugnung und Zurückweisung der *Imago Dei* und die Negation von Gottes Ruf ist.

4. Wir sollten nun zusammenfassen, was wir über die Geltungssucht gesagt haben, die für uns die Hauptsünde ist und der Grund, in dem das Böse wurzelt, von dem alle geringern Übel ausgehen. Wir haben die folgenden Merkmale aufgeführt und kurz besprochen: (a) Geltungssucht verweigert das Teilen. (b) Geltungssucht will eine geschlossene Gruppe entwickeln, deren Ideal das eigene Selbst ist. Geltungssucht mißbraucht die

32 Unterpunkt 5.

Gemeinschaft daher für ihre eigenen Ziele. (c) Geltungssucht kann keine Kritik tolerieren und versucht daher, anderen die Schuld zuzuschieben. (d) Geltungssucht besitzt eine bemerkenswerte und heimtückische Raffinesse, die den Geist dazu befähigt, das Beste in sich zu verderben. (e) Geltungssucht ist letztlich eine Art Aufstand und Negation, auch wenn ihre Techniken häufig still und behutsam sind. Unsere Analyse der Geltungssucht war keineswegs vollständig. Wir haben lediglich an der Oberfläche gekratzt. Wie Augustinus bemerkte: »Der Mensch ist eine große Tiefe«,[33] und diese Tiefen zu erforschen, liegt jenseits unserer Möglichkeiten. Gleichwohl geben die fünf genannten Merkmale der Geltungssucht uns einen Hinweis, warum die Sünde Sünde ist. Alle manifesten Handlungen der Geltungssucht und alle inneren Zustände der Sünde verweisen auf eine Sache: Zurückweisung, Zerstörung und Mißbrauch der Gemeinschaft um des Selbst willens. Die Gemeinschaft wird nicht einer konkreten Begierde wegen, nicht für eine selbstsüchtige Befriedigung, sondern zur Befriedigung der Geltungssucht zerstört. Gemeinschaft wird der puren perversen Selbstliebe geopfert. Der Geltungssüchtige liebt einfach sich selbst. Er strebt nach nichts anderem. Er dreht sich vollständig um sich selbst, in zufriedener Selbstverehrung. Im Ergebnis werden Gemeinschaft und Brüderlichkeit zurückgewiesen. Andere Personen sind außerhalb; sie werden zu bloßen Mitteln oder möglichen Bewunderern oder zu Personen, die es zu bewundern gilt.

Wir können daher sagen, daß die Geltungssucht eine Sünde ist, weil sie die Negation und Zerstörung der geistigen Gemeinschaft ist, für die der Mensch geschaffen wurde. Der Mensch wurde nach Gottes Ebenbild geschaffen, was bedeutete, daß der Mensch als ein verantwortungsvolles Wesen, als ein gemeinschaftliches Wesen und als ein Wesen geschaffen wurde, das Seinem Schöpfer Rede und Antwort stehen muß. Diese Fähigkeit, Rede und Antwort zu stehen, war ein Geschenk Gottes an den

33 Augustinus, *Confessions*, Buch IV, Kapitel 14, *PNF* I, S. 75.

Menschen, kein Gesetz, das ihm auferlegt wurde.[34] Es war Teil der Großzügigkeit der Schöpfung, daß der Mensch an der himmlischen Gemeinschaft teilhaben soll, nachdem er zunächst in der irdischen Gemeinschaft gedient hat. Die Zurückweisung der Gemeinschaft ist folglich die Zurückweisung des menschlichen Zweckes und seines Schöpfers. Daher ist die Geltungssucht eine Sünde.

5. Wir haben Sünde als die Zurückweisung der Gemeinschaft definiert. Man könnte fragen, warum wir eine derartige Zurückweisung als Sünde bezeichnen. Wieso kann sie nicht einfach böse genannt werden? Warum das Wort »Sünde« verwenden? »Sünde« ist ein Wort, das wir nur in Relation zu Gott verwenden. Wenn es keinen Gott im christlichen Sinne gäbe, wäre es uns nicht erlaubt, das Wort »Sünde« zu verwenden. Naturalisten und Humanisten mögen den Ausdruck nicht und finden wenig Verwendung für ihn. Wir scheinen ihn aber in einem ausschließlich humanistischen Kontext verwendet zu haben. Wir haben unterstellt, daß wir Menschen gegenüber sündigen. Wenn wir aber nur Menschen gegenüber sündigen, in welchem Sinn können wir von einer Sünde gegenüber Gott sprechen? Kurz gesagt, welche legitimen Gründe haben wir angesichts unser personalistischen Definition der Sünde, das Wort »Sünde« überhaupt zu verwenden?

Um diese Frage zu beantworten, müssen wir uns eines der Merkmale personaler Beziehungen in Erinnerung rufen, nämlich, daß sie einen Nexus bilden. Wir haben angemerkt, daß wir aus einer Gruppe von natürlichen Objekten eines dem anderen vorziehen können, ohne daß dies die internen Beziehungen der Gruppe und die zu uns stören würde. Empirische Fakten zeigen aber, daß dies in personalen Beziehungen nicht der Fall ist. Man kann nicht ein Familienmitglied mögen oder schlecht behandeln, ohne damit zugleich die Beziehungen zwischen sich und den übrigen Familienmitgliedern zu verändern. Ferner: Hat ein

---

34 Brunner, *Man in Revolt*, S. 98 [dt. S. 88 f.].

Familienmitglied eine derartige Bindung zu einer Person außerhalb der Familie, so ändern sich auch die Beziehungen der Familienmitglieder untereinander.

All diese Beobachtungen erscheinen trivial. Sie sind für jedermann völlig offensichtlich. Dennoch zeigen sie, daß wir sündigen, wenn wir einander schlecht behandeln oder mißbrauchen, weil eine derartige Handlung unmittelbar eine Beziehung zu Gott berührt. Man kann keine Ehefrau traktieren, ohne damit auch ihren Ehemann zu treffen. Ebensowenig können wir andere Menschen als bloße Mittel benutzen und sie tyrannisieren, ohne uns damit unmittelbar in eine Beziehung zu Gott zu setzen. Personale Beziehungen operieren nicht in einem Vakuum. Die Beziehung zu einer Person berührt die Beziehungen zu anderen. Aus der Tatsache, daß wir alle mit Gott verbunden sind, da wir Personen nach Seinem Ebenbild sind, scheint zu folgen, daß das Böse, das wir uns gegenseitig antun, zu einer Sünde in unserer Beziehung zu Gott wird. Die Zurückweisung eines anderen, die Negation der Gemeinschaft ist daher auch eine Zurückweisung Gottes. Der Mißbrauch unseres Nächsten impliziert eine Sünde gegen Gott. Wenn wir auf richtige Weise mit Gott verbunden wären, würden wir uns unserem Nächsten gegenüber nicht versündigen. Die *Imago Dei*, die unser gesamtes Potential zum Guten ermöglicht, macht jedes personale Böse sofort zu einer Sünde.

Der nexusgleiche Charakter personaler Beziehungen wird eindeutig in den Evangelien verkündet: »Darum, wenn du deine Gabe auf dem Altar opferst, und dort kommt dir in den Sinn, daß dein Bruder etwas gegen dich hat, so laß dort vor dem Altar deine Gabe und gehe zuerst hin und versöhne dich mit deinem Bruder und dann komm und opfere deine Gabe.«[35] »Wenn ihr aber den Menschen nicht vergebt, so wird euch euer Vater eure Verfehlungen auch nicht vergeben.«[36] »Es wäre besser für ihn, daß man

35 Matthäus 5:23-24.

36 Matthäus 6:15.

einen Mühlstein an seinen Hals hängte und würfe ihn ins Meer, denn daß er einen dieser Kleinen zum Abfall verführt.«[37]

Die Tatsache, daß alle personalen Beziehungen einen solchen Nexus bilden, macht eine Trennung zwischen Religion und Ethik unmöglich. Was oberflächlich wie eine rein in der ethischen Sphäre angesiedelte Handlung erscheint, besitzt religiöse Bedeutung, weil Gott der Souverän der Gemeinschaft ist und keine Handlung von der Beziehung zu Ihm getrennt werden kann. Keine Person kann dieser Verbindung entkommen. Kraft ihrer Ebenbildlichkeit wird sie als Teil der Gemeinschaft reklamiert; und weil Gott der höchste Bezug der Gemeinschaft ist, ist jede Sünde eine Sünde in Beziehung zu Gott. Somit haben wir unsere Verwendung des Wortes »Sünde« gerechtfertigt, indem wir gezeigt haben, daß sämtliche Handlungen gegen unsere Mitmenschen, obschon sie den Anschein haben, nur in einem humanistischen Kontext stattzufinden, in Wirklichkeit in Beziehung zu Gott stehen. Die klassische Definition der Sünde ist folglich korrekt. Jede Sünde ist ein Aufstand gegen und eine Zurückweisung von Gott und dadurch der wahren Gemeinschaft, die zwischen allen Personen und Ihm existieren sollte.

Abschnitt III

1. Wir haben versucht zu erläutern, was Sünde ist. Wir haben sie als die Zurückweisung und Verneinung der Gemeinschaft bezeichnet. Nun ist es an der Zeit zu überlegen, was aus der Sünde folgt. Wir sollten uns fragen: »Wohin führt die Sünde?« Die Antwort auf diese Frage ergibt sich aus unserer vorangegangenen Analyse. Wenn der Mensch ein in und für die Gemeinschaft geschaffenes Wesen ist und wenn Sünde die Zerstörung der Gemeinschaft ist, so folgt, daß die Konsequenz der Sünde *Alleinsein* ist. Allein zu sein ist der schlimmste, die Seele zerreißende Zustand, in den eine menschliche Person geraten kann.

37 Lukas 17:2.

Dieses Alleinsein, dieses Abgeschlossensein, welches die individuelle Person in sich selbst einsperrt, die sie von ihren Mitmenschen isoliert und verlassen inmitten des wahnsinnigen Wracks einer Gemeinschaft zurückläßt, ist die unmittelbare Folge und das unvermeidbare Ziel der Sünde. Wenn Sünde Zerstörung ist, ist das Ergebnis Alleinsein.

Alleinsein bedeutet den Tod der Persönlichkeit. »[J]eder, der sündigt, soll sterben.«[38] Isolation ist der Tod des Geistes, denn der Geist ist in seinem Kern gemeinschaftlich. Er ist gemeinschaftlich kraft der *Imago Dei*. Die *Imago Dei* ist gemeinschaftlich, weil Gott gemeinschaftlich ist, Drei Personen in Einer, jede der anderen gleich, weil diese vollkommene Gemeinschaft von der vollkommenen Liebe und dem vollkommenen Glauben zusammengehalten wird und die Liebe nach Gleichheit mit jenen Personen strebt, auf die ihre Gegebenheit gerichtet ist.[39] Die Gemeinschaft zu zerstören, in der die menschliche Person leben soll, heißt, den nährenden Grund ihres Lebens zu zerstören. Das führt dazu, daß die Ebenbildlichkeit in isolierter Einsamkeit und schrankenloser Verzweiflung abgewürgt wird.

Jene Spötter des Christentums,[40] die ihm die Behauptung vorwerfen, der Mensch sei nichts als schwach und erbärmlich und deshalb in Zeiten der Not auf Hilfe von außen angewiesen, haben es fertiggebracht, den Punkt völlig zu verfehlen. Der Mensch ist nicht schwach, weil er ein Mensch ist. Der Mensch als Mensch, als ein Tier, ist gescheit und gewitzt; er ist der Herr der Schöpfung. Daß der Mensch insofern der Natur unterworfen ist, als er sterblich ist und Nahrung und Unterkunft bedarf, ist eine nutzlose Binsenweisheit. Wir alle wissen, daß das der Fall ist. Der ganze Punkt der christlichen Glaubenslehre von der menschlichen Abhängigkeit dreht sich überhaupt nicht um seine *körperliche* Schwäche. Sie dreht sich vielmehr um die Tatsache, daß der

38 Hesekiel 18:4.

39 Vgl. Søren Kierkegaard, *Philosophical Fragments*, Princeton 1936, S. 19.

40 Ich meine Denker wie Nietzsche.

Mensch von der Gemeinschaft abhängig ist, nicht weil er Staub vom Staub ist, sondern weil der Mensch von Natur aus ein gemeinschaftliches Wesen ist. Der Mensch ist abhängig von Gott, weil er nach Gottes Ebenbild geschaffen wurde. Tiere sind nicht abhängig von Gott. Der Mensch ist von seinen Brüdern abhängig, weil seine gemeinschaftliche Natur der Verbundenheit mit anderen bedarf. Wenn man einen Fisch aus dem Wasser nimmt, stirbt er; zieht man den Menschen aus der Gemeinschaft heraus, stirbt er ebenfalls. Das Alleinsein, zu dem die Sünde führt, ist der geistige Tod, an dessen Grenze wir sündhaften Menschen alle leben. Das ist der Abgrund, an dem entlang wir uns immer bewegen. Einige von uns sind schon hinabgestürzt; andere sitzen an seinem Rand und lassen ihre Füße über dem Abgrund baumeln.

T. S. Eliot hat uns eine Darstellung des Alleinseins geschenkt, und ich kann nicht widerstehen, sie im ganzen zu zitieren:

> … nur ist hier
> Das weiße, schale Angesicht des Todes, stummer Diener Gottes,
> Und hinter dem Angesicht des Todes das Gericht,
> Und hinter dem Gericht die Lücke, gräßlicher als alle tätigen
> Gestalten der Hölle,
> Leere, Abwesenheit, Geschiedensein von Gott;
> Das Grauen der mühelosen Reise, in das leere Land,
> Das kein Land ist, nur Leere, Abwesenheit, die Lücke,
> Wo die, die Menschen waren, den Verstand nicht länger wenden,
> Auf Ablenkung, Wahnvorstellung, Flucht in den Traum, Vorwand,
> Wo die Seele nicht mehr getäuscht wird, weil es weder Objekte noch
> Töne gibt,
> Keine Farben, keine Formen, um die Seele zu zerstreuen und zu
> verwirren,
> Von der Selbstbefreiung, faulend für immer vereint, das Nichts mit
> dem Nichts.
> Nicht was wir Tod nennen, sondern was hinter dem Tod nicht Tod ist,
> Fürchten wir, fürchten wir.[41]

---

41 T.S. Eliot, »Murder in the Cathedral«, in: *The Complete Poems and Plays*, New York 1958, Teil II, Szene 1, S. 210 [dt. zitiert nach: T. S. Eliot, »Mord im Dom«, in: *Die Dramen* (= Werke I), Frankfurt/M. 1966].

Das Alleinsein, von dem wir sprechen, ist ein geistiges Alleinsein; es entstammt nicht der Natur. Der natürliche Mensch fühlt dieses Alleinsein nie.[42] Wir sind in uns eingeschlossen, »faulend für immer vereint, das Nichts mit dem Nichts.« Wir sind an »nichts« gebunden, weil das Ziel der Geltungssucht das Streben nach dem Selbst, die bloße Selbstliebe ist. Das Ziel ist unbestimmt, ungenau und daher, poetisch gesprochen, »nichts«. Die Griechen hatten recht: Wir sind Gefangene. Das Gefängnis ist allerdings nicht der Körper, sondern der Geist, der in sich selbst eingeschlossen ist durch seine willentliche und perverse Selbstliebe.

Alleinsein ist die Strafe für die Sünde, und der Geist in der Verzweiflung seiner Geschlossenheit erntet seine eigene Aussaat. Begleiterscheinung dieser geistigen Strafe ist häufig ein Schmerz, der in Form von Kriegen, Krankheiten, Aufständen, Morden und so weiter daherkommt, allesamt Früchte der Zerstörung der Gemeinschaft.

Alleinsein ist Alleinsein, denn die *Imago Dei* bleibt. Die Gottebenbildlichkeit kann nie zerstört, sondern allenfalls überdeckt, verunstaltet, zurückgewiesen werden; und dennoch bleibt die Ebenbildlichkeit bestehen und der Mensch ist nach wie vor ein gemeinschaftliches Wesen, ungeachtet dieser Zurückweisung. Wenn das nicht der Fall wäre, wäre Alleinsein ja keine Strafe. Wenn die Ebenbildlichkeit zerstört wäre, wäre der Mensch ein Tier, ein rein natürliches Geschöpf und daher nicht mehr allein. Der Mensch versucht sich von der Gemeinschaft zu befreien. Er ertränkt sich in Ablenkung. Aber ohne Erfolg. Der Mensch ist der Mensch; die Ebenbildlichkeit bleibt, und Gott erhebt von oben weiterhin Anspruch auf ihn und wird eines Tages in sein Alleinsein hineinplatzen, seine Geschlossenheit zerschmettern und ihn zurück in die Gemeinschaft führen.[43]

---

42 Vgl. Søren Kierkegaard, *The Sickness unto Death*, Princeton 1954, Einleitung, S. 14.

43 Die Wiederherstellung der Gemeinschaft ist der Gegenstand des letzten Kapitels.

2. Bevor wir dieses Kapitel abschließen, sollten wir festhalten, daß es zwei verschiedene Formen des Alleinseins gibt: (a) selbstsüchtiges Alleinsein und (b) geltungssüchtiges Alleinsein.

(a) Mit selbstsüchtigem Alleinsein meinen wir das Alleinsein der Persönlichkeit in einer Welt, in der es keine personalen Beziehungen gibt und in der alle personalen Beziehungen in natürliche Beziehungen verwandelt wurden. Das ist die Welt, wie sie viele Denker, die sich ihrem Charakter und ihrer Philosophie nach stark unterscheiden, vor Augen haben. Die Welten von Platon, Aristoteles, Epikur, Augustinus, Thomas von Aquin, Hobbes, Locke, des modernen Evolutionismus und des psychologischen Determinismus sind allesamt Welten des selbstsüchtigen Alleinseins – Entwürfe des guten Handelns und des natürlichen Kosmos, wie wir sie oben untersucht haben. Die Objekte, um die sich die Systeme jeweils drehen, können variieren. Einige umfassen Objekte wie Gott, den Einen, die Idee des Guten; andere beschränken sich auf irdischere Dinge wie die Natur, die Schönheit, Speis und Trank, Bedürfnisse und so weiter. Für uns bilden sie aber alle den »natürlichen Kosmos« und haben daher keinen Raum für Gemeinschaft, Personalität und Geist. Folglich ist die menschliche Person in einer derartigen Welt allein. Die Gemeinschaft ist verloren und das Leben hat seinen »Sinn« verloren, denn Leben heißt, in Gemeinschaft zu sein.

Wir sollten alle bereitwillig einräumen, daß die uns bekannte Welt in Wirklichkeit ein Kosmos des selbstsüchtigen Alleinseins ist. Diese Tatsache zuzugeben heißt, seine Augen für die Sünde in der Welt zu öffnen. Aber im Anschluß daran zu sagen, daß dies der »natürliche« und ordnungsgemäße Zustand der Welt ist und daß die Welt *immer* so sein wird, das dürfen wir nie behaupten. Unsere Welt ist eine Welt der Sünde – ja; daß sie immer so sein wird – nein. Wer diese selbstsüchtige Ordnung der Dinge als die normale Ordnung akzeptiert, begeht geistigen Selbstmord. Personalität kann niemals in einer selbstsüchtigen, natürlichen Welt guter Handlungen leben. Sie zu zwingen, in einer solchen Welt zu leben, bedeutet, sie zu isolieren, abzuwürgen und zu töten.

Über dieses Thema hatte Thomas Huxley einiges zu sagen. Huxley ist kein großer Denker, aber eine Sache hat er sehr deutlich erkannt: daß die evolutionistische und darwinistische Ethik auf dem Holzweg war. Durch die Betonung des *survival of the fittest* haben Spencer und Darwin die Frage der menschlichen Gesellschaft vollständig verfehlt. Huxley sah, daß der bloße Kampf der Weg der Natur war und der Mensch nur im Widerspruch zur Natur und durch das Bilden von Gesellschaften zu dem geworden ist, was er ist. »Gesetze und moralische Gebote sind auf das Ziel gerichtet, den kosmischen Prozeß zu zügeln und das Individuum an seine Pflicht gegenüber der Gemeinschaft zu erinnern, deren Schutz und Einfluß er, wenn nicht sein Dasein als solches, so doch zumindest das Leben von etwas Besserem als einem Wilden verdankt. Unter Vernachlässigung dieser schlichten Einsicht versucht der fanatische Individualismus unserer Zeit, die Analogie der kosmischen Natur auf die Gesellschaft anzuwenden.«[44]

Huxley würde schwerlich dieselben Schlüsse ziehen wie wir; er aber hat klar gesehen, daß die Natur nicht gemeinschaftlich ist und der Mensch in ein System von Beziehungen eingebunden ist, die einen anderen Charakter haben als jene der Natur. Er hat auch gesehen, daß die Übertragung der Welt der reinen Natur auf die Gesellschaft den Tod all dessen, was personal ist, bedeutet und daher den Tod des Menschen. Personale Beziehungen in natürliche zu verwandeln ist Sünde; angesichts eines vollständig naturalisierten Kosmos ist die menschliche Person allein, isoliert und verzweifelt. Durch ihre Sünde hat sie eine Welt geschaffen, in der ihre Personalität keine Gemeinschaft finden kann und ihr Dasein daher seinen Sinn verloren hat.[45]

Die Welt des selbstsüchtigen Alleinseins ist eine Welt, in der

---

44 Thomas Henry Huxley, *Evolution and Ethics and other Essays*, New York 1895, S. 82.

45 Der Nazismus kann als Aufstand gegen das selbstsüchtige Alleinsein des Kapitalismus und Sozialismus aufgefaßt werden. Vgl. Peter F. Drucker, *The End of Economic Man*, New York 1939.

alle Beziehungen durch die Sünde zu natürlichen gemacht wurden. Der Mensch steht nie Personen, sondern immer Objekten gegenüber. In einer derartigen Welt ist er verloren, allein, fehl am Platz, nicht gewollt. Inmitten der Atome, der Impulse, des Verlangens, der nichtpersonalen Ziele eines solchen Kosmos irrt er orientierungslos umher. Wie eine Pflanze ohne Wasser muß er entweder verkümmern und sterben oder aufbegehren.[46]

(b) Die zweite Art des Alleinseins ist das geltungssüchtige Alleinsein, das aus Stolz, Prahlerei, dämonischer Zurückweisung, Neid, Eifersucht und so weiter entsteht. Weil Geltungssucht hinter jeder Sünde steht und weil die Umwandlung personaler Beziehungen in natürliche durch eine Form des Stolzes gerechtfertigt wird, folgt, daß selbstsüchtiges Alleinsein von geltungssüchtigem Alleinsein begleitet wird. Selbstsüchtiges Alleinsein ist die objektive, äußerliche Maske des geltungssüchtigen Alleinseins.

Geltungssüchtiges Alleinsein ist ein Alleinsein in einer anderen Art von Kosmos. Die Geltungssucht bewahrt sogar noch das Personsein, weil Stolz in einer nichtpersonalen Welt sinnlos ist. Die Geltungssucht erhält also die Personalität in der Welt aufrecht, und zwar zum Zwecke der eigenen Ehre. Es ist keine Ehre, von Objekten bewundert zu werden. Die Welt des Alleinseins wird in der Vorstellung des Geltungssüchtigen demzufolge eine andere sein als diejenige, die sich die bloße Selbstsucht ausmalt. Die Welt des Geltungssüchtigen wird eine personale, keine natürliche sein. Sie wird dämonisch, kraftvoll, vielleicht gewalttätig sein, nie aber das mechanische Wirken toter Atome oder das natürliche Streben nach guten Taten. Die Welt des Geltungssüchtigen wird eine der in sich geschlossenen geistigen Bestimmung, des Eingeschlossenseins sein. Er überträgt das Dämonische auf das Universum und schafft so einen blinden und rasenden Kosmos des Alleinseins. Wenn das übertrieben klingt, wird vielleicht das folgende Zitat von Nietzsche den Punkt veranschaulichen:

46 Vgl. die vorangehende Fußnote.

Und wißt ihr auch, was mir »die Welt« ist? Soll ich sie euch in meinem Spiegel zeigen? Diese Welt: ein Ungeheuer von Kraft, ohne Anfang, ohne Ende, [...] vielmehr als Kraft überall, als Spiel von Kräften und Kraftwellen zugleich Eins und Vieles, hier sich häufend und dort sich mindernd, ein Meer in sich selber stürmender und fluthender Kräfte, ewig sich wandelnd, ewig zurücklaufend, mit ungeheuren Jahren der Wiederkehr, mit einer Ebbe und Fluth seiner Gestaltungen, aus den einfachsten in die vielfältigsten hinaustreibend, aus dem Stillsten, Starrsten, Kältesten hinaus in das Glühendste, Wildeste, Sich-selber-Widersprechendste [...]: diese meine *dionysische* Welt [des Ewig-sich-selber-Schaffens, von Rawls ausgelassen] des Ewig-sich-selber-Zerstörens, diese Geheimniss-Welt der doppelten Wollüste, dies mein »Jenseits von Gut und Böse« ohne Ziel, wenn nicht im Glück des Kreises ein Ziel liegt ohne Willen, wenn nicht ein Ring zu sich selber guten Willen hat,– wollt ihr einen Namen für diese Welt? Eine *Lösung* für all ihre Rätsel? Ein Licht auch für euch, ihr Verborgensten, Stärksten, Unerschrockensten, Mitternächtlichsten? – *Diese Welt ist der Wille zur Macht – und nichts ausserdem!* Und auch ihr selber seid dieser Wille zur Macht – und Nichts ausserdem.[47]

Man beachte zunächst, daß dieser Kosmos nicht der Kosmos atomistischer Bewegungen gemäß des natürlichen Prinzips der Kausalität ist. Nein, hier haben wir es mit der Welt des Dämons, des Monsters, der geistigen Bestie zu tun. Dieses Bild des Kosmos ist schriftlicher Ausdruck der Raserei eines Geltungssüchtigen. Man findet die Betonung der Macht, der Kraft, des Willens, des Zorns, des kreativen Irrsinns und dergleichen. Diese Welt ist eine des Alleinseins, weil sie vollständig selbstzentriert ist. Sie umkreist sich selbst. Sie hat keine Ziele, keine Absicht, keinen Zweck, es sei denn, die zirkuläre Bewegung ist selbst ein Ziel, wie Nietzsche sagt. Die Kette der geistigen Bestimmtheit ist geschlossen, sie entwickelt und wirbelt sich wahnhaft aus sich selbst. Die Welt ist ein gigantisches Monster, der Wille zur Macht.

Nietzsche hat uns die innere Funktionsweise des in seinem

---

47 Friedrich Nietzsche, *The Will to Power,* in: *Complete* Works, Edinburgh 1909-1923, Abschnitt 1067 [dt.: *Der Wille zur Macht.* Drittes und viertes Buch, Leipzig 1922, S. 401 f.].

Alleinsein rasenden Geltungssüchtigen gezeigt. Die Welt, in der er lebt, ist die oben dargestellte Welt eines Monsters. Die Gemeinschaft wurde zerstört, die Welt wurde dämonisch, Kräfte wirbeln wahnhaft, und der Geist erschöpft sich verzweifelt in seinem selbstgeschaffenen Alleinsein. Das ist die Folge der Sünde, die wahrhaft Sünde ist. Ein derartiger geistiger Zustand ist ein Vorspiel des Todes, des geistigen Nihilismus. Das Ende ist nah; das Zerschmettern am Boden des Abgrunds steht unmittelbar bevor. Das Alleinsein endet im Tod.

Kapitel fünf
Die Bedeutung des Glaubens

Abschnitt I

1. In diesem Kapitel wollen wir die Bedeutung des Glaubens behandeln sowie die Früchte der Personalität, die aus dem Glauben erwachsen. Diese Erörterung ist das Gegenstück zu dem Kapitel über die Bedeutung der Sünde. So wie uns die Sünde von der Gemeinschaft und somit auch der Personalität abtrennt und sie zerstört, gliedert uns der Glaube in die Gemeinschaft ein und stellt sie wieder her. Die eigentliche Antithese besteht zwischen Sünde und Glaube. Sünde ist jene Geschlossenheit, welche die Früchte schlechter Taten trägt, wohingegen Glaube die Offenheit ist, die zur vollständigen Fülle des gemeinschaftlichen Lebens erblüht.

2. Damit entsteht das Problem, wie der Sünder zu einem Mann des Glaubens bekehrt werden kann. Das ist das Problem der Erlösung. Mit der Frage: »Wie kann der Mensch gerettet werden?« meinen wir lediglich: Wie kann der Mensch in die Gemeinschaft zurückgeführt werden? Wie kann er aus der Geschlossenheit für die Offenheit zurückgewonnen werden? Und wie kann die sichtbare menschliche Gemeinschaft in die Gemeinschaft aller Personen, deren Teil sie ist, und schließlich mit Gott, dem Herrscher des Universums, integriert werden? Kurzum: Das Problem der Erlösung ist eines der Gemeinschaftlichkeit und der Personalität. Erlösung ist somit im Grunde ein geistiger Prozeß.

Das Problem der Erlösung entspricht dem, was wir zuvor über den Menschen gesagt haben. Der Mensch ist ein personales und gemeinschaftliches Wesen, und diese Gemeinschaftlichkeit und Personalität sind das eigentliche Merkmal, das den Menschen von den anderen Tieren in der Natur unterscheidet. Nicht nur die äußere Schale der menschlichen Natur ist personal und gemeinschaftlich, sondern die Gemeinschaftlichkeit bildet den Kern des menschlichen Wesens. Die menschliche Sozialität ist nicht infolge einer gewissen Zweckmäßigkeit im Evolutionsprozeß entstanden; sie ist auch keine Eigenschaft, die der entwickelten menschlichen Natur später angeheftet worden ist. Gemeinschaftlichkeit ist also kein Nebenprodukt der Naturkräfte oder einer Vereinbarung zum gegenseitigen Vorteil, sondern die Essenz des menschlichen Seins und all jener Wesen, mit denen er so eng verbunden ist.

Das Problem der Erlösung dreht sich daher um Personalität und Gemeinschaft, und nicht um die natürlichen Aspekte des Menschen. Insofern der Mensch eine begehrliche Seite hat, muß diese in die ganze Fülle seines personalen Seins eingefügt werden. Der Prozeß der Erlösung kann aber nicht bei seinen begehrlichen und natürlichen Aspekten beginnen. Er muß vielmehr an der Wurzel seines Seins, in seinem eigentlichen Kern beginnen, und erst wenn diese Essenz des Menschen gewonnen wurde, kann auch sein übriges Wesen zur Ordnung zurückgeführt werden. Das Problem der Erlösung besteht darin, des Inneren der Personalität habhaft zu werden und es dann von »innen nach außen zu kehren«.

Weil die Frage der Erlösung eine personale und gemeinschaftliche ist, muß auch die Handlung der Erlösung personal und gemeinschaftlich sein. Bei dieser Deduktion geht es nicht um strikte Logik, aber je stärker wir uns mit der Erfahrung befassen, desto besser erkennen wir, daß diese Deduktion ihr entspricht. Kurz gesagt: Eine Analyse unserer Erfahrung führt zu der Erkenntnis, daß nur das personale Handeln unsere personalen Probleme lösen kann, daß heißt ein Handeln, das von anderen gemeinsam mit uns vollzogen wird. Wir können unsere personalen Probleme nicht mit natürlichen Methoden und der Reglementierung unserer nichtpersonalen Natur lösen. Personalität kann nur durch Personalität wiederhergestellt werden und Gemeinschaft nur durch Gemeinschaft. Diese Wahrheit entlarvt die meisten modernen Methoden als oberflächlich, denn der moderne Weg ist, die Handlung der Erlösung in ökonomischen Reformen und der Ausbildung der Intelligenz zu suchen. So nützlich diese Methoden auch sein mögen, sie sind bei weitem nicht hinreichend. Sie erkennen nicht, daß die Handlung der Erlösung personal und gemeinschaftlich sein muß. Es obliegt also uns, zu zeigen, warum das personale Handeln von einer anderen Person kommen muß, vom »anderen«, um so die christliche Wahrheit zu beweisen, daß kein Mensch sich allein retten kann.[1]

Zusammengefaßt schließen wir also, daß das Problem der Erlösung ein personales und gemeinschaftliches ist, weil der Mensch seinem Wesen nach personal und gemeinschaftlich ist, und des weiteren, daß die Handlung der Erlösung ebenso eine personale und gemeinschaftliche sein muß. Mit diesen drei Aussagen im Hinterkopf sollten wir in der Lage sein zu verstehen, was der Prozeß der Erlösung und Bekehrung wirklich ist und was sein Ziel ist.

3. Bevor wir im Detail zu unserer eigenen Darstellung übergehen, sollten wir kurz einige andere diesbezügliche Auffassungen untersuchen. Im Zuge dessen werden wir auch verdeutlichen, was wir mit Erlösung meinen.

(i) Erstens gibt es die Auffassung der naturalistischen Denker, die wir bereits in einiger Ausführlichkeit untersucht haben. Für sie ist Erlösung, wie wir gesehen haben, der Prozeß, in dem die begehrlichen Sehnsüchte der Natur auf die ihnen entsprechenden Objekte gelenkt werden. Das gute Leben besteht darin, das Verlangen in die richtigen Kanäle der Impulse und des Handelns zu lenken. Das Problem der Erlösung ist demzufolge ein natürliches Problem, eines der Veredelung der Begierden, des Suchens und Anleitens des Verlangens und des Erfüllens und Vervollständigens der natürlichen Natur als ganzer. Wir weisen

1 Die Beweislast von Abschnitt II ist es, diese Wahrheit zu zeigen.

diese Sicht der Dinge zurück, weil sie oberflächlich ist, und sie ist oberflächlich, weil sie keinen Ort für die innere Essenz des menschlichen Wesens kennt – für seine Personalität und Gemeinschaftlichkeit. Es ist uns einerlei, ob der betreffende Philosoph christlich oder heidnisch ist. Augustinus irrt in diesem Punkt ebenso schwer wie Platon und Thomas von Aquin ebenso wie Aristoteles.

(ii) Des weiteren kennt die moderne Welt eine recht einflußreiche Konzeption der Erlösung, die sie mit Wirtschaftsreformen gleichsetzt. Diese Konzeption hat eine lange Geschichte, die spätestens mit Locke beginnt, der als das Hauptziel des Gesellschaftsvertrages den Schutz des Privateigentums sah. Das Hauptziel der Gesellschaft war also auf irgendeine Art ökonomisch. Diese Idee entwickelt sich bei Adam Smith, Malthus, Ricardo und Cobden weiter bis hin zu Marx, der alles vom Ökonomischen abhängig macht. Zwar weisen wir diese Theorie zurück, wollen damit aber nicht die vielen wertvollen Einsichten, die sie uns geschenkt hat, verwerfen. Die Menschen handeln aus wirtschaftlichen Erwägungen, niemand will das bestreiten. Der Mensch ist allerdings nicht in erster Linie ein ökonomisches Wesen, und die nichtökonomischen Bestandteile des Menschen sind so beherrschend, daß sie nicht nur häufig gegen die Voraussagen des Ökonomen aufbegehren, sondern in die ganze ökonomische Struktur einsickern und sie durch die Sünde der Geltungssucht verderben.

(iii) Zu den modernen oberflächlichen Auffassungen gehört auch jene, der zufolge der Mensch ein biologisches Tier ist und Erlösung daher darin besteht, ihn tierähnlicher zu machen. Die wissenschaftliche Theorie des *survival of the fittest* hat dieser Auffassung beträchtlichen Vorschub geleistet, obwohl sie seinerzeit schon durch die wirtschaftlichen Kämpfe nahegelegt wurde. Das Geschäftsleben wurde buchstäblich zu einem Überleben der Stärksten. Verfechter dieser biologischen Theorie verfügen über alle möglichen Methoden, um ein Utopia zu erschaffen. Eine der oberflächlichsten ist die Eugenik. Das Programm besteht darin, Personen je nach ihren Fortpflanzungsmöglichkeiten entweder zu sterilisieren oder sie zur Fortpflanzung zu ermutigen bzw. sie davon abzuhalten. Im Nazismus vermischt sich diese Methode mit dem geistig-emotionalen Obskurantismus deutscher Provenienz sowie einem großen Schuß Geltungssucht und Verzweiflung. Eine andere Methode, den Menschen wieder gesund zu machen, wurde von den Freudianern vorgeschlagen. Das Ziel besteht darin, all unsere Begierden frei walten zu lassen. Uns wird gesagt, es gibt keine Neurose, wenn das Sexualleben normal ist. Wir weisen diese biologische Vorstellung des Menschen aus denselben Gründen zurück, aus denen wir die beiden zuvor erwähnten zurückgewiesen haben: Der Mensch ist eben nicht biologisch, sondern gemeinschaftlich; er ist kein Tier, sondern eine Person.

(iv) Verglichen mit vielen anderen modernen Theorien ist der Nazismus wirklich eine umfassende Theorie des Menschen. Er übersteigt in seinem Verständnis der menschlichen Natur bei weitem die Theorien vom ökonomischen und biologischen Menschen. Nazismus und Faschismus begreifen, daß der Mensch etwas anderes als ein Tier oder ein reiner Geschäftsmann ist. Statt dessen sind sie der Ansicht, der Mensch sei heroisch – ein Heiliger, ein Streiter, ein Krieger und ein Soldat.[2] Wir weisen jedwede Theorie dieser Art zurück, weil sie der Sünde zuarbeitet. Der Nazismus gedeiht aufgrund der Tatsache, daß es Sünde in der Welt gibt. Er ist von großem Reiz für die Geltungssucht. Diese Tatsache erklärt die beträchtliche Macht der Bewegung. Sie erkennt, daß der Mensch irgendwie Geist ist und kein Tier mit reiner Begierde. Der Nazismus ist tiefgründig, aber tiefgründig in dem Sinne, in dem der Teufel tiefgründig ist. Er hat ein Gespür für Spiritualität, kennt aber nur die Spiritualität der Geltungssucht, die in die Zerstörung führt. Die Nazimethode

2 Eine klassische Bekundung ist von Benito Mussolini, »The Political and Social Doctrine of Fascism«, in: *Contemporary Civilization Source Books*, New York 1941.

der Erlösung ist daher schlußendlich Selbstzerstörung, da sie auf der Sünde beruht, die zum Alleinsein und in den Untergang führt.

Es wäre uns leicht möglich, noch weitere moderne Erlösungstheorien zu erwähnen, etwa die Flucht-in-die-Natur-Theorie von Rousseau, die Anleitung durch die Vernunft, wie sie Dewey vorschlägt, und so weiter. Das würde unsere Argumentation aber unnötig verlängern. Was wir zeigen wollen, ist, daß wenige moderne Theorien tiefgründig sind, weil sie die zugrundeliegenden und entscheidenden Probleme nicht wirklich erkennen. Ökonomische Theorien wie der Kommunismus stellen die ungezügelten Mißstände in unserem gesellschaftlichen System klar heraus; Dewey diagnostiziert den Mangel an intelligenter Kooperation und intelligentem Wirtschaftsbetrieb auf scharfsinnige Weise. Diesen Theorien gelingt es aber nicht, zum eigentlichen Kern des Problems vorzudringen, das, wie wir bemerkt haben, in der Schaffung der Gemeinschaft besteht.

4. Diese modernen Methoden übersehen die wirkliche Schwierigkeit, weil sie auf oberflächlichen Anthropologien beruhen. Solange wir nicht wissen, was der Mensch ist, ist es kaum sinnvoll, über das Problem der Erlösung zu sprechen. Die erste Aufgabe der ethischen Theorie ist es daher, die Natur des Menschen selbst zu untersuchen. Moralphilosophen würden gut daran tun, zunächst eine anthropologischen Analyse zu unternehmen, bevor sie etwas anderes tun. Wenn wir uns selbst nicht verstehen, bleibt die Diskussion des Guten und des Richtigen in der Schwebe und der Realität entrückt. Aus diesem Grund haben wir immer die Personalität und Gemeinschaftlichkeit des Menschen betont und zum wiederholten Male festgestellt, bis es fast zu bemüht wirkte, daß das Wesen des Menschen von ebenjener Art ist. Wir haben diesen Punkt betont, weil er so einfach ist und doch zugleich so leicht vergessen werden kann. Obwohl das Christentum von allen Seiten für eine sehr einfache Religion gehalten wird, ist es überraschend, wie wenige Leute es verstehen.

5. Wir können nun einiges von dem Schutt wegräumen, der die Diskussionen des Themas der Erlösung verstopft. Wir weisen zwei Begriffe zurück:

(i) Der erste überflüssige Begriff ist, wie wir bereits angedeutet haben, der Begriff des Guten als ein Objekt des Verlangens. Wir bleiben dabei, daß Objekte des Verlangens rein gar nichts mit Erlösung zu tun haben außer insofern, als sie zum natürlichen Wesen des Menschen dazugehören, das aber erst berücksichtigt wird, wenn Personalität und Gemeinschaft in Ordnung gebracht sind. Gemeinschaft im vollen Sinn, die himmlische Gemeinschaft also, ist der Zweck an sich. Sie ist das Ziel der Schöpfung, und auch wenn es richtig sein mag, daß das natürliche Sein des Menschen in ihr erfüllt wird, ist dieses Erfüllen gegenüber der Gemeinschaft selbst zweitrangig. Alle Begriffe des natürlichen Kosmos werden von daher aus unserer Darstellung verbannt. Darunter sind: Begierde, Verlangen, Objekte, Bedürfnisse, Wünsche, Impulse, Instinkte und so weiter.

(ii) Der zweite Begriff, der über Bord geht, ist der des Willens. Das Verwerfen dieses Begriffs ist ein schwieriger Schritt, weil er lange eine der beliebtesten Ideen vieler Theologen war. Wir müssen ihn aber aus den folgenden Gründen zurückweisen: (a) Der Begriff wird mit dem natürlichen Kosmos assoziiert. Dies mag vielleicht unbeabsichtigt sein, aber es bleibt eine Tatsache, daß Thomas von Aquin ihn explizit als das definierte, was das Gute wählt. Für Augustinus bedeutete er dasselbe. Der Begriff wurde so zu einem der beliebtesten Ausdrücke der naturalistischen Auffassung, und aus diesem Grund ist er für uns gefährlich. (b) Zweitens und am schwerwiegendsten: Der Begriff ist irreführend, weil ihm eine falsche Darstellung personaler Erfahrung zugrunde liegt. Personalität ist nicht etwas, das will. Es ist angemessener zu sagen, daß unsere natürliche Natur einen Willen hat.

Dieser Punkt mag etwas dunkel erscheinen; die nachfolgenden Ausführungen dienen seiner Erhellung. Unser natürliches Wesen wird frustriert, als Person werden wir aber enttäuscht;

Begierden werden befriedigt, als Personen sind wir glücklich und froh; Impulse und Instinkte treiben uns in einem bestimmten Sinne voran, Personalität aber sehnt sich nach etwas, und wo die Natur jagt, da strebt die Personalität. Wenn diese Sätze die Besonderheit des geistigen gegenüber dem natürlichen Wesen verdeutlichen, dann trifft »Wille« unsere natürlichen Aspekte besser als unsere geistigen.

Sobald wir diese Unangemessenheit des Begriffs des »Willens« anerkennen, wird uns klar, daß die geistige Gegenwart die unnachahmliche Besonderheit des personalen Bewußtseins ist. Im Gegensatz zur Natur ist der Geist auf eine Art zart und ungreifbar; er hofft und genießt, leidet und sehnt sich nach etwas, und zwar auf eine unkonkrete, fast unbestimmte Weise. Selbst wenn der Geist sündigt und sogar sich selbst im stärksten Maße dämonisch erscheint, ist er sich seiner Verletzlichkeit bewußt. Diese Ausführungen sind undeutlich und vage, und wir sollten uns daher nicht zu lange mit ihnen aufhalten. Dessen ungeachtet ist der traditionelle Begriff des Willens als das, was das Gute wählt, etwas unglücklich. Darüber hinaus ist die traditionelle Auseinandersetzung mit dieser Frage seitens Augustinus und Thomas von Aquin für uns von nur geringem Wert. Das Problem des »freien Willens«, wie es sich uns heute stellt, haben sie nicht in den Griff bekommen; und brächte man den Begriff in seinem naturalistischen Sinn zum Einsatz, würde er nur die Argumentation vernebeln. Daher erscheint es mir am vernünftigsten, den Begriff ganz fallenzulassen oder ihn auf eine Weise neu zu definieren, die zur Sphäre der Personalität paßt. Wir haben die erste Alternative gewählt.

6. Wir beschließen diesen Abschnitt mit dem freimütigen Eingeständnis, daß unsere Ergebnisse negativ sind. Erreicht wurde lediglich, das Problem der Erlösung unter Abgrenzung zu falschen Darstellungen herauszuarbeiten. Zusätzlich haben wir verneint, daß bestimmte Begriffe für unser Thema von Belang sind. Die vor uns liegende Aufgabe besteht nun darin, kurz die

Bedeutung der Bekehrung und des Glaubens auszuführen. Wir nehmen also den Faden vom Ende des letzten Kapitels wieder auf. Sünde, so haben wir festgestellt, führt zum Alleinsein, und Alleinsein ist gleichbedeutend mit Tod. Was auch immer der Tod für viele bedeuten mag – für uns verweist er auf eine Trennung von der Gemeinschaft. Wenn wir über den Tod nachdenken, erkennen wir, daß wir damit tatsächlich diese Trennung meinen. Wenn wir uns nämlich vorstellen, wir wären tot, gehen wir zugleich davon aus, daß wir nicht mehr Mitglied der Gemeinschaft sind. Das Problem ist daher, wie dieser »tote« Mensch, der Sünder, in die Gemeinschaft zurückgeführt werden und wie eine Gruppe von »toten« Menschen für das Leben zurückgewonnen werden kann, um eine Gemeinschaft zu bilden? Wie kann die Menschheit, verwickelt in den geschlossenen Zirkel geltungssüchtiger Selbstverehrung, diesem »entrissen« und in die Gemeinschaft wiedereingegliedert werden? Die Beantwortung dieser Frage steht nun vor uns, und sie muß in den Begriffen erfolgen, in denen auch die Frage gestellt wurde: in Begriffen der Personalität und Gemeinschaft.

Abschnitt II

1. In diesem Abschnitt möchten wir den inneren Zustand des Menschen, der ein Sünder ist, beschreiben sowie die psychologischen Hürden, die ihn daran hindern, aus eigenem Antrieb in die Gemeinschaft einzutreten. Diesen Zustand wollen wir die Phase der »Hemmnis« nennen. Wenn der Sünder, auf sich allein gestellt, in die Gemeinschaft zurückzukehren versucht, stößt er auf Hürden und Hindernisse, die den Gang seiner Handlungen blockieren. Er findet plötzlich heraus, daß er seine personale Handlungsspontaneität (die nicht mit dem »freien Willen« zu verwechseln ist) verloren hat. Sein Leben wird durch ihn selbst blockiert, und alle Versuche, eine Gemeinschaft mit anderen zu bilden, enden in Enttäuschung und Scheitern. Als Fazit bleibt,

daß er sich allein nicht retten kann; Erlösung ist ein gemeinschaftlicher Prozeß und kann nicht einseitig erreicht werden. Weil der Mensch gleichzeitig von Gott und sich selbst entfremdet ist, zeigt sich das personale Problem der Errichtung einer Gemeinschaft in einer äußerst akuten Form.

Wenn wir also annehmen, daß der Zustand des Sünders einer des geltungssüchtigen Alleinseins ist und er in sich eingeschlossen ist, welche Hemmnisse werden dann seine Bemühungen zunichte machen, die Gemeinschaft wiederherzustellen? Welche Mauern zementieren die Entfremdung des Menschen von Gott?

2. Das erste Hemmnis, das den Menschen von Gott trennt, ist der innere Spannungszustand, der aus dem Wissen um die eigenen Verfehlungen entsteht. Ganz gleichgültig, wie tief der Mensch sich in die Sünde gestoßen hat und wie sehr er von der Gemeinschaft getrennt ist, er wird sich in einem Spannungszustand wiederfinden, sobald er versucht, in die Gemeinschaft zurückzukehren. Er mag gefühlt haben, daß er kein Gewissen mehr besitzt, er mag geglaubt haben, daß er stark und unabhängig und unnahbar war, aber sobald er versucht zurückzukehren, sobald er versucht, wirkliche Verbundenheit mit einer anderen Person wiederzubegründen, gerät er in das, was wir »Spannungszustand« genannt haben. In seinen Handlungen beklommen, geht er vielleicht einen Schritt zu weit oder nicht weit genug; sein innerer Zustand ist einer der Verwirrung und Unsicherheit. Er weiß, daß er sich falsch verhalten hat, aber er kennt das Ausmaß seiner Sünde nicht. War der anderen Person sein Fehlverhalten überhaupt bewußt? Macht er sich vielleicht zu große Sorgen in bezug auf seine Sünde? Vielleicht geht er davon aus, daß der »andere« sein Fehlverhalten nicht bemerkt hat. Aber er ist sich nicht sicher. Dieses Bewußtsein ihrer Verfehlung, das sich bei der isolierten Person unmittelbar beim Versuch einstellt, durch eigene Anstrengungen in die Gemeinschaft zurückzukehren – es stürzt das Selbst in einen Zustand der Verwirrung, Unsicherheit und Spannung.

Diese Spannung ist das unmittelbare Hemmnis zwischen Mensch und Gott sowie zwischen Mensch und Mensch. Sie ist die Ursache für viele unserer befangenen und zögerlichen Handlungen, für viele peinliche und angespannte Situationen. In der Beziehung zwischen dem Menschen und Gott wird sie zur größten Schwierigkeit. Was denkt Gott? Ist Ihm die Sünde bekannt, und wenn ja, was denkt Er? All diese Fragen bilden zusammen mit der inneren Spannung einen Gefühlskomplex, der Handlungsspontaneität und Handlungsfülle unmöglich macht. Das erste Hemmnis liegt damit im Kern des Sünders selbst. Die Wurzel seines Seins ist beunruhigt und ängstlich. In der Tiefe seiner Seele ist er beklommen und unsicher. Er sehnt sich nach Gemeinschaft, doch das Wissen um seine Verfehlung schafft in ihm einen Limbus verräterischer Ängstlichkeit, der seine Bemühungen zunichte macht. Er bleibt in sich eingeschlossen; trotz all seiner Bemühungen ist er immer noch allein.

Die Sünde des Menschen, welche ihn zum Alleinsein führt, verfolgt ihn also auch bei seinem Versuch, in die Gemeinschaft zurückzukehren. Sein Fehlverhalten wirft ihn in einen Zustand der Ängstlichkeit und Spannung. Diese Ängstlichkeit ist eine weitere Folge der Sünde. Auf diese Art verwurzelt sich die Sünde in der Persönlichkeit und wirft alle Bemühungen, die Gemeinschaft wiederherzustellen, über den Haufen.

3. Das zweite große Hemmnis ist die Unkenntnis. Man stelle sich eine Person vor, welche die Gemeinschaft wiederherzustellen sucht und die von den »anderen« keine Antwort bekommt. Angenommen, während all unserer Bemühungen bleibt der »andere« stumm und gibt keine Antwort – was können wir dann tun? Wenn die andere Person sich nicht ihrerseits öffnet, sind unsere Bemühungen zum Scheitern verurteilt. In genau dieser Verfassung findet sich der Mensch jedoch wieder, wenn Gott sich nicht offenbart. Der Mensch versucht auf seine fehlgeleitete Art, zu Gott zurückzukehren, aber er ist nicht nur ängstlich, sondern auch unwissend. Gott antwortet nicht auf seinen Ruf.

Die Jahreszeiten kommen und gehen, die Sonne scheint, der Regen fällt, der Weg der Natur setzt seinen unveränderlichen Lauf fort. Und Gott schweigt.

Wie unwissend ist der Mensch angesichts des Schweigens Gottes! Was kann der Mensch tun, was kann er wissen? Zur Bürde seines Alleinseins kommt die Last seiner Unkenntnis hinzu. Verzweifelt klopft er an die Tür des Universums; er fleht Gott an, bekommt aber keine Antwort. Er ist nicht nur allein, sondern lebt im Unbekannten.

Die Vernunftbegabung des Menschen kann in dieser Situation nichts zu seiner Rettung beitragen. Die natürliche Theologie ist angesichts der Personalität Gottes hilflos. Warum? Weil alles Wissen über andere Personen ein Wissen ist, das uns von ihnen gegeben wurde. Personales Wissen ist offenbartes Wissen. Es entsteht durch Kommunikation in der Gemeinschaft. Natürliche Objekte offenbaren ihre Natur unmittelbar; Personen aber müssen einwilligen, um Wissen über sich selbst preiszugeben. Durch vernünftiges Überlegen kann der Mensch daher sehr wenig über Gott erfahren. Selbst wenn wir davon ausgehen, daß einige der traditionellen Gottesbeweise gültig sind, sagen diese nichts über Gott als Person. Sie können uns vielleicht sagen, daß Er intelligent, mächtig und ewig ist. Aber nicht mehr. Gott bleibt der große Unbekannte, und der Mensch liegt vor Ihm in Blindheit und Unkenntnis.

Der Mensch muß daher warten, bis Gott zu ihm spricht. Er muß auf Seine Worte warten. Durch eigenes Bemühen kann er nicht in die unerschöpflichen Geheimnisse von Gottes Selbst vordringen. Das natürliche Wissen des Menschen endet im Verlangen nach Wissen über Gott selbst. Der bloße Hinweis darauf, daß Gott existiert und Seine Erhabenheit den Himmel beherrscht, ist kein Heilmittel gegen das sehnsüchtige Alleinsein des Menschen. Der Mensch will etwas über Gott selbst wissen. Was denkt Er, wie verhält Er sich? Ist Er wütend, straft Er? Weil der Mensch Personalität besitzt, muß er etwas über die Personalität Gottes erfahren. Der Mensch will nicht in Seine Privatsphäre eindringen oder sollte dies wenigstens nicht tun; aber er will *etwas* über Seine Person erfahren. Der Mensch braucht dieses Wissen über Gott, um wiederhergestellt werden zu können. Wenn der »andere« sich nicht selbst offenbart, muß die Gründung der Gemeinschaft scheitern. Derartiges Wissen über Gott kann nur von Gott selbst kommen: »Denn welcher Mensch weiß, was im Menschen ist, als allein der Geist des Menschen, der in ihm ist? So weiß auch niemand, was in Gott ist, als allein der Geist Gottes.«[3]

Zur Ängstlichkeit des Menschen hinzu kommt also noch seine Unkenntnis. Vor Gott ist er nicht nur ängstlich, sondern unwissend. Wenn er nach Gott ruft, finden selbst seine aufrichtigsten Bemühungen keine Beachtung. Die Natur zeigt weiterhin das schreckliche Antlitz unveränderter Stille. Diese Unkenntnis hält den Menschen weiter in seinem Alleinsein gefangen. Das Geheimnis Gottes bleibt unbekannt, und der Mensch ist weiterhin isoliert und entfremdet. Der Stachel des Alleinseins ist nun Gottes Schweigen; der Mensch ist von Seinem Wort abgeschnitten. Die Leere des Schweigens kann nur durch das Wort gefüllt werden, das nur Er geben kann.

4. Als Folge der beiden genannten Hemmnisse errichtet der Mensch ein drittes: das Hemmnis der falschen Vorstellung. Der Mensch liest seine eigenen Gefühle und Sünden in das geheime Leben Gottes hinein. Er stellt sich Gott wütend vor und lebt innerlich ein Leben von jemandem, der sich vor dem Gott des Zorns fürchtet und vor Ihm zittert. Das Unglück der Welt, das in Wirklichkeit die Folge der Sünde ist, stellt er sich als eine Folge aktiver Bestrafung durch Gott vor. Der Sünder malt sich also aus, daß er bestraft wird und Gott wütend ist. Er lebt daher mit der Last der Furcht vor Gott.

Der Glaube, daß Gott wütend ist, ergibt sich sowohl aus des Menschen Unwissenheit als auch daraus, daß er seine eigenen Fehler in Gottes Natur hineinliest. Wir sollten daher nie diesen

---

3 1 Korinther 2:11.

Fehler machen und uns Gott wütend vorstellen. Paulus ist diesbezüglich sehr tiefgründig. Für Paulus war es richtig zu sagen, daß Gott liebevoll, barmherzig, rechtschaffen, gerecht und so weiter ist, aber an keiner Stelle in seinen Schriften macht er Gott zum Subjekt des Verbs »wütend sein«. Er verwendet den theologischen Begriff »Zorn« zwar häufig, aber in einer subtilen und nichtpersonalen Weise. Zorn verweist für Paulus auf den objektiven Prozeß, in dem die Sünde ihre eigene Vergeltung in der Welt schafft. Zorn ist die Konsequenz und Folge der menschlichen Sünde; es ist die Bestrafung der Sünde durch sich selbst.[4] Den Zorn Gottes zu erfahren, bedeutet daher nicht, Ihm in die Hände zu fallen und aktiv von Ihm bestraft zu werden, sondern vielmehr, Ihm zu entgleiten und im Alleinsein der Sünde zu verbleiben, die ihrer eigenen Verzweiflung zuarbeitet. Zorn, so wie Paulus den Begriff verwendet, ist also derjenige Prozeß, in dem die Sünde sich selbst bestraft und ihre eigene Vergeltung schafft. Wenn Paulus sagt: »Gottes Zorn wird vom Himmel her offenbart über alles gottlose Wesen und alle Ungerechtigkeit der Menschen, die die Wahrheit durch Ungerechtigkeit niederhalten«,[5] so meint er damit: Gott »hat [...] sie [...] dahingegeben«[6] und der Sünde gestattet, ihre Ernte einzufahren. Zorn ist nicht die Haltung Gottes den Menschen gegenüber, sondern die unvermeidliche Folge der Sünde in der Welt.

Der Sünder besitzt allerdings nicht die Weisheit von Paulus. Er glaubt daher, daß Gott als Person wütend ist. Er schafft so ein unüberwindbares Hemmnis zwischen sich und Gott. Im Verbund mit den vorangegangenen Schwierigkeiten schafft dieses dritte Hemmnis eine aussichtslose Situation.

Der Mensch kann noch auf eine andere Art sein Wesen in Gott hineinlesen, indem er sich nämlich Gott als gleichgültig vorstellt. Gott wird nicht als wütend, sondern als unnahbar an-

---

4 C.H. Dodd, *The Epistle of Paul to the Romans*, New York 1932, S. 21-23.

5 Römer 1:18.

6 Römer 1:24.

gesehen. Dies ist der Gott des »Urnings« oder des stillen und selbstgefälligen Geltungssüchtigen. Ein ausgezeichnetes Beispiel für diese Vorstellung findet sich bei Aristoteles, der sich Gott als ein Wesen ausmalt, das nur um Seine eigene Vollkommenheit kreist und den Rest der Welt keines Blickes würdigt.[7] Auch diese Vorstellung errichtet ein unüberwindbares Hemmnis zwischen Mensch und Gott. Der Mensch wird mit Sicherheit daran scheitern, eine Gemeinschaft aufzubauen, wenn er sich Gott als einen verherrlichten Geltungssüchtigen vorstellt.

Das dritte Hemmnis besteht daher in einer falschen Vorstellung von Gott in Begriffen des Zorns oder der Gleichgültigkeit. Zu den Hemmnissen der Unkenntnis und der Spannung kommt so das Hemmnis der falschen Vorstellung hinzu, das im sündhaften Wesen des Menschen wurzelt. Der Mensch stellt sich Gott in seinen eigenen Begriffen vor, das heißt in Begriffen der Sünde.

5. Aus dem Hemmnis der falschen Vorstellung (insbesondere dem Begriff des Zorns) entsteht das Hemmnis der Handelsgrundlage. Dieses manifestiert sich im Hemmnis des Legalismus in der Religion und in Vertragstheorien in der Politik. Beide entspringen einem Mangel an Vertrauen und Glauben, und daher ist das Aushandeln eine Methode, die der Sünder verwendet, um den »anderen« zu binden und sich selbst zu schützen. Das Aushandeln hat seinen Ursprung in der Furcht, und Furcht ist unter allen Gefühlen das am stärksten selbstzentrierte. Die Methode des Legalismus zu verwenden bedeutet also, uns tiefer in das Alleinsein und die Abgeschiedenheit zu stoßen.

Um zu verdeutlichen, was wir meinen, werden wir kurz die politische Theorie von Hobbes untersuchen, denn nirgendwo in der politischen Theorie zeigt sich die Furcht als Grundlage der Vertragstheorie deutlicher. Hobbes' grundlegende Annahme ist ein radikaler Individualismus. Gesellschaft ist für ihn ato-

7 Aristoteles, *Metaphysics*, Buch XII.

mistisch, ein Aggregat von Individuen. Aber Hobbes geht über den bloßen Atomismus hinaus; er beschreibt das innere Wesen dieser »Atome«. Er sagt uns, daß Menschen nicht gesellschaftstauglich geboren werden und nicht sozial an sich sind. Menschen streben nicht in die Gesellschaft um dieser selbst willen, sondern weil sie sich etwas davon versprechen, namentlich Ehre und Profit. Die Gesellschaft ist entweder für den Gewinn da oder für den Ruhm. Die »Atome« dieser Gesellschaft sind keine »gleichgültigen« Atome, sondern Bündel von Neid und Prahlerei. Alle Menschen wollen von Natur aus einander jagen und verletzen, weil sie anderen überlegen sein wollen oder um eines selbstsüchtigen Gewinns willen. Die Menschen bilden demnach Gesellschaften nicht aus einem Wohlwollen heraus, sondern aus gegenseitiger Furcht. Er schreibt: »Wir müssen daher beschließen, daß der Ursprung aller großen und fortdauernden Gesellschaften nicht im gegenseitigen guten Willen besteht, den die Menschen füreinander hatten, sondern in der gegenseitigen Furcht, die sie voreinander hatten.«[8]

Die Menschen, sogar in den besten Gesellschaften, leben in einem Zustand des Mißtrauens: »Diejenigen, die schlafen gehen, verschließen ihre Türen; diejenigen, die reisen, tragen ihr Schwert bei sich, weil sie Diebe fürchten. Königreiche bewachen ihre Küsten und Grenzen mit Festungen und Burgen; Städte sind von Mauern umgeben; und alles aus Furcht vor benachbarten Königreichen und Städten.«[9] Der Naturzustand des Menschen ist also der Krieg aller gegen alle und das Leben ist von einer »scheußlichen, tierischen«[10] Art. Um diesen armseligen Zustand zu beenden, schaffen die Menschen einen gemeinsamen Souverän, um sie einzuschüchtern, ein Vorgang, der zum wechselseitigen Vorteil aller ist. Der Vertrag wird also auf einer Handelsgrundlage geschlossen. »Der letzte Grund, der Zweck,

8 Thomas Hobbes, *De Cive [On the Citizen]*, Cambridge 1998, Kapitel I, Abschnitt 2.

9 Ebd.

10 Thomas Hobbes, *Leviathan*, Cambridge 1996, Kapitel XIII.

oder Entwurf der Menschen, die natürlicherweise die Freiheit und die Herrschaft über andere lieben, zur Einführung dieser Selbstbeschränkung, unter der wir sie in den Gemeinwesen leben sehen, ist Vorsorge des eigenen Schutzes und dadurch eines zufriedeneren Lebens. [...] [Und die einschüchternde Gewalt soll] sie durch die Furcht vor der Bestrafung an die Erfüllung der Verträge und die Beachtung [...] der Naturgesetze binden.«[11]

Wir befinden uns also in einer Handels-Vertrags-Gesellschaft, aber wir sollten festhalten, daß diese aus den folgenden Gründen überhaupt keine Gemeinschaft ist: (a) Erstens und am offensichtlichsten haben wir es mit einem Arrangement zum gegenseitigen Vorteil zu tun, das die Gesellschaft als bloßes Mittel benutzt; (b) zweitens und am wichtigsten leben die Mitglieder dieser Gesellschaft in Furcht vor und Mißtrauen gegen einander. Furcht ist aber, wie William Temple bemerkt, das am stärksten auf sich selbst bezogene Gefühl,[12] weshalb auf dieser Grundlage eine Gemeinschaft erst gar nicht entsteht. Denn vermutlich wird nichts die Gesellschaft schneller auseinanderreißen als gegenseitige Furcht. Wenn die Menschen sich nicht trauen können, löst sich Gemeinschaft sofort auf. Der Versuch, eine Gemeinschaft auf Furcht aufzubauen, ist daher zwecklos.

Derselbe Handelsvorgang kann auf die Religion übertragen werden. Die Menschen versuchen, den Gott des Zorns zu besänftigen, den sie in ihren verdüsterten Köpfen geschaffen haben. Durch gute Taten hoffen sie, Seiner Strafe zu entkommen. Sie versuchen, Gott zu stellen und mit Ihm zu schachern. Jedes »Verdienstprinzip« der Erlösung zeigt daher nur einen offenkundigen Mangel an Glauben – ein Punkt, der nur selten hervorgehoben wurde. Der Pelagianismus und seine »Semispielarten« werden in der Regel als der Versuch des Menschen interpretiert, seine Freiheit einzufordern und seine Fähigkeit, tugendhaft zu handeln, geltend zu machen. Auch wenn diese

11 Ebd., Kapitel XVII.

12 Temple, *Nature, Man and God*, S. 460.

Interpretation eine nicht abzustreitende Wahrheit enthält, so besteht der wahre Kern des pelagianischen Irrtums in fehlendem Glauben und Vertrauen. Der Mensch möchte seine Verdienste vor der göttlichen Erwählung zur Schau stellen; er will die Erwählung durch seine Verdienste lenken, weil er dem Wählenden nicht traut. Ihn schaudert, wenn er andere Menschen von der Erwählung sprechen hört; er fürchtet sich, denn es fehlt ihm an Glauben. Er weiß nicht, daß Gott überaus gerecht und barmherzig ist; mit der Vorstellung eines zornigen Gottes versucht er sein Schicksal zu bestimmen, versucht er eine Belohnung durch einen Verdienst oder durch einen Ablaß zu erlangen. Eine genauere Untersuchung dieser Ablaßidee würde einen Mangel an Glauben und den inneren Zustand der Furcht ans Licht bringen.

Christen sollten daher nicht versuchen, die Erwählung an Verdienste zu koppeln. Warum? Weil Verdienst, wie wir später sehen werden, für das Schaffen einer Gemeinschaft unerheblich ist. Der Glauben trägt als Früchte gute Taten und Kameradschaft; man kann aber keinen Glauben schaffen, indem man im vorhinein gute Taten geltend macht. Wir müssen vom unbedingten Vorrang von Gottes Erwählung ausgehen; und wir können dies ganz ohne Furcht, weil wir Gottes Wort gehört haben. Wir wissen, daß Seine Wahl gerecht sein wird. Wir haben keine Furcht, weil Seine Liebe die Furcht vertrieben hat.

Die Idee von Belohnung und Verdienst ist also nur ein weiteres Hemmnis, das der Mensch zwischen sich und Gott sowie sich und anderen Menschen schafft. Sogar angesichts des Gotteswortes in Gestalt des Kreuzes besteht der Mensch weiterhin auf seinen eitlen Vorstellungen. Sein Irrtum ist derartig groß, daß er sogar das Kreuz zu einem neuen Gesetz und einer neuen Regel des Gehorchens und Belohntwerdens macht. Der Mensch begeht diese Irrtümer, weil er allein und entfremdet ist. Er versteht die wahre Natur der Gemeinschaft noch nicht. Wie wir später sehen werden, entstehen diese Irrtümer, die die traditionellen Lehren der Erwählung infizieren, dadurch, daß diese Fragen vom Standpunkt des Individualismus angegangen werden.

Mißverständnisse bezüglich der Erwählung gehen daher aus jenen Hemmnissen hervor, die aus der Sünde entstehen.

6. All diesen Hemmnissen liegt noch die Sünde der Geltungssucht zugrunde. Der Mensch ist seiner Geschlossenheit nicht entkommen, und so ist der Stolz immer noch in ihm. Er ist noch nicht offen, sondern in sich selbst eingeschlossen. Sünde infiziert also weiterhin all seine Bemühungen und verurteilt all sein Streben zum Scheitern.

Das beste Beispiel dafür, daß die menschlichen Bemühungen, sich zu retten, durch die Sünde infiziert sind, ist der Stolz derjenigen, die glauben, daß sie gemäß des Handelsprinzips der Erlösung erfolgreich waren. Im Römerbrief urteilt Paulus streng über diejenigen, die sich selbst als Hüter des Gesetzes preisen. Er greift diejenigen an, die sich ihrer guten Taten rühmen, und er kritisiert die Juden ebensosehr wie die Heiden. Der Jude findet dadurch Genugtuung, daß er den Namen »Jude« trägt; er baut auf das Gesetz, betrachtet sich als »Leiter der Blinden« und als »ein Licht derer, die in der Finsternis sind.«[13] Paulus selbst kennt den Stolz des Juden aus seiner vorchristlichen Phase. Er berichtet uns, wie er danach trachtete, »nach der Gerechtigkeit, die das Gesetz fordert, [...] untadelig«[14] zu sein. Nach seiner Bekehrung erkannte Paulus, daß das Ideal seiner religiösen Bestrebungen im Grunde die sündhafte Haltung prahlerischen Selbstvertrauens war.[15] Der Apostel wußte, wie schnell Gerechtigkeit im Gesetz von Stolz infiziert werden konnte. Er wußte, daß die besten Bemühungen im Judentum so verdorben wurden – nicht die schlechtesten, sondern die besten. Somit finden wir also sogar in den intensivsten religiösen Bestrebungen die Sünde des Stolzes, die uns erneut in das Alleinsein zurückwirft. Dasselbe gilt auch andernorts von der Gerechtigkeit im Gesetz, und leider

13 Römer 2:19.
14 Philipper 3:6.
15 Vgl. Dodd, *Epistle of Paul to the Romans*, S. 62.

ist sie immer noch da. Der Mensch darf sich keinen Verdienst selbst zuschreiben. Wenn der Pelagianismus durch einen Mangel an Glauben gekennzeichnet ist, so ist er auch durch seinen Stolz verdammt.

Die Sünde des Stolzes und die stille Selbstgefälligkeit sind also fester Bestandteil aller menschlichen Bestrebungen, sich selbst zu retten. Der Sünder muß also nicht nur mit den Hemmnissen zwischen sich und dem »anderen« ringen, sondern seine Geltungssucht kommt ständig ins Spiel und macht seine Bemühungen zunichte. Die Sünde schafft die Hemmnisse; und die Sünde vereitelt alle Versuche, sie zu überwinden. Der Mensch ist von außen abgeschlossen und von innen eingeschlossen.

7. Wir ziehen daraus den Schluß, daß der Mensch sich nicht selbst retten kann. Er kann sich nicht selbst retten, denn Erlösung setzt immer Gemeinschaft voraus, und ist die Sünde erst einmal da, kann allein Gott die Gemeinschaft wiederherstellen. Der Sünder selbst ist hilflos, wie wir zu zeigen versucht haben. Erlösung hängt daher von Gott ab. Wenn Er schweigt, muß der Mensch in seiner Blindheit und seinem Alleinsein verharren. Der Mensch hängt vom Erbarmen Gottes ab, auch wenn ihm in seiner geltungssüchtigen Geschlossenheit nicht bewußt ist, daß er von Seinem Erbarmen abhängt. Sein Stolz sagt ihm, daß er selbst Macht besitzt. Das ist die Quelle seines Stolzes und die Ursache seines Scheiterns. Diese falsche Erfindung der Sünde ist aber schwach und löst sich angesichts der Eindringlichkeit von Gottes Wort auf.

Bevor wir diesen Abschnitt beschließen, ein Wort zum Wesen unserer Analyse. Wir haben die Fragestellung in Begriffen der Gemeinschaft und der Personalität untersucht, nicht in Begriffen des an falsche Objekte gefesselten Willens oder in Begriffen anstößiger Begehrlichkeiten. Das natürliche Wesen des Menschen ist nicht gefesselt; die Freiheit des Willens, seine Objekte zu wählen, besteht unvermindert. Der Ansatz des natürlichen Kosmos ist falsch; er verfehlt den Kern der Sache. Wenn Freiheit verlorengeht, dann in der Sphäre der personalen Beziehungen. Der Mensch ist nicht länger in dem Sinne vor Gott frei, daß er für Gott offen wäre. Dieser Freiheitsverlust entspringt aber nicht irgendeinem merkwürdigen körperlichen Defizit wie etwa der Wollust, sondern entstammt dem Wesen natürlicher Beziehungen. Die natürliche Freiheit bleibt bestehen, doch die geistige Freiheit wurde zerstört. Der Mensch verfügt nicht mehr über die spontane Offenheit seiner Gemeinschaft. Der Mensch liegt in Ketten, ja – aber nicht die Natur fesselt ihn, sondern die Geschlossenheit seines Geistes.

Abschnitt III

1. Das Christentum hat geltend gemacht, daß dem Sünder manchmal etwas sehr Sonderbares widerfährt, und dieses Erlebnis haben die Theologen »Bekehrung« genannt. In diesem Abschnitt wollen wir die Bedeutung der Bekehrung untersuchen und ihr grundlegendes Prinzip aufdecken. Für die meisten Menschen verweist das Wort »Bekehrung« auf eine ungewöhnliche Art der Erfahrung, und sie neigen dazu, die »Bekehrten« für Mystiker zu halten. Wir halten die Gleichsetzung von Bekehrung mit Mystizismus für unglücklich und glauben, daß an Bekehrung nichts Mystisches ist. Auch wenn sie ein intensives Erlebnis ist, ist sie keines, das der Vernunft widerspricht. Sie kann im Gegenteil anhand der Gemeinschaft erläutert werden; sie ist für die Analyse offen und gibt der Erfahrung eine voll verständliche Bedeutung. Sie widerspricht nicht dem Geist, sondern erhellt ihn.

2. Was ist das Bekehrungserlebnis? Bekehrung ist jenes intensive Erlebnis, dem Wort Gottes ausgeliefert zu sein. Offenbarung bedeutet, daß das Wort Gottes zu uns spricht;[16] in der

16 Vgl. Brunner, *Theology of Crisis*, S. 32.

Bekehrung erleben wir, wie das Wort Gottes in die Geschlossenheit der Sünde eindringt und seine Mauern zurückbiegt. Offenbarung ist eine Handlung Gottes; sie ist Seine Einkehr bei uns und Sein Sprechen zu uns; sie ist das Hineinplatzen Seiner Gegenwart in das Alleinsein der Sünde. Das Erlebnis der Bekehrung ist die Erfahrung der Sünde während dieses Hineinplatzen Gottes. Bekehrung hat also eine dialektische Qualität. Sie stellt auf eine Art eine doppelte Handlung dar – ein Hineinplatzen und ein Zurückbiegen, ein Aufgebrochenwerden und ein Zurückgebogenwerden. Gott ist oben, der Mensch ist unten; Gott zeigt Seine Macht, der Mensch offenbart seine Schwäche; Gott zeigt Seine Liebe, der Mensch enthüllt seine Sünden; Gott handelt in Seiner Gerechtigkeit, der Mensch wird in seiner Niederträchtigkeit bloßgestellt. Das Bekehrungserlebnis ist also die intensive Erfahrung eines Kontrastes. Die Offenheit Gottes und die Geschlossenheit des Menschen werden Seite an Seite gestellt, und angesichts dieses Kontrastes löst sich die Sünde in Flachheit auf.

Bevor wir eine detailliertere Analyse des Erlebnisses des Ausgeliefertseins oder der Bekehrung darlegen werden, sollten wir einige Bemerkungen über die Wichtigkeit und das Wesen dieses Schrittes in der christlichen Erfahrung machen.

(i) Es ist ohne Zweifel wahr, daß ein umfassendes Verständnis der Bekehrung vollkommen unerläßlich für das Verständnis des Christentums ist. Dieses Erlebnis ist die eigentliche Quelle der Lehre von der Erwählung gewesen, und jedwede Lehre dieser Art, die nicht direkt aus ihr entspringt, bleibt rein akademisch. Deshalb ist die Bekehrung entscheidend, weil ihr Wesen der Mutterschoß der christlichen Theologie ist. Erst in diesem Erlebnis bekommen Offenbarung, Sünde und Glaube ihre volle Bedeutung und Kontur.

(ii) Die Bekehrung bildet daher die Synthese der christlichen Erfahrung. Die wahre Einheit des Neuen Testamentes liegt nicht in den Evangelien oder den Paulusbriefen, sondern in der Apostelgeschichte. Die Evangelien verkörpern das Wort; Christus ist die Offenbarung des Wortes; und das Kreuz ist das Symbol des

Wortes. Die Paulusbriefe und die Briefe der anderen Apostel stehen für die Antwort auf das Wort, die Annahme des Wortes und das Leben des Wortes in den Herzen der neuen Gemeinschaft. In der Apostelgeschichte jedoch wird die doppelte Handlung auf ihrem Höhepunkt dargestellt: das Wort, wie es bekehrt, das Wort, wie es in das Alleinsein der Sünde der Welt hineinplatzt und die Welt wiederherstellt. In der Verallgemeinerung der Geschichte von Paulus' Reise nach Damaskus liegt der Kernpunkt des Neuen Testamentes. Auf dem Weg nach Damaskus wurde die doppelte Handlung zu einer Einheit. Das Kreuz löste die Sünde auf und stellte den Glauben wieder her. Die Missionen, die Gründung neuer Kirchengemeinden und das Verbreiten der »frohen Botschaft« durch die Apostel zeigen, wie das Wort seine Aufgabe der Wiederherstellung vollendet und sein Vorhaben erfüllt, die Gemeinschaft, die letztlich zu allen Zeiten mit Gott ist, wiederzubegründen.

(iii) Wir sollten ferner feststellen, daß eine bestimmte Schwierigkeit bei der Untersuchung des Bekehrungserlebnisses besteht. Obgleich es eine bestimmte Dialektik aufweist, das heißt die Dialektik des Kontrastes, ist die Bekehrung gleichzeitig eine formlose und unbestimmte Erfahrung. Alles löst sich sozusagen auf, und eine Qualität der Flachheit bzw. des Ausgeliefertseins, wie wir es genannt haben, folgt. Das Erlebnis ist schwer von außen zu beschreiben, und was es bedeutet, läßt sich häufig am besten mittels dessen beschreiben, was ihm vorausging und was auf es folgt. Wo immer es notwendig ist, sprechen wir von der Bekehrung anhand des ihr Nachfolgenden und des ihr Vorausgehenden.

(iv) Bekehrung muß kein plötzliches Erlebnis sein. Sie muß sich nicht so schnell wie bei Paulus vollziehen. Wir dürfen nicht vergessen, daß Paulus' Erwählung besonders wunderbar war, weil Paulus besondere Autorität verliehen und er mit einer wichtigen Aufgabe betraut wurde. Seine Bekehrung hatte daher einen plötzlichen und augenblicksartigen Charakter. Andere von uns werden hingegen über einen viel längeren Zeitraum hinweg bekehrt. Wir leben in der vagen Gegenwart des Ausgeliefertseins; das Wort liegt im Grenzbewußtsein unserer Handlungen. Der Prozeß kann bei uns daher schrittweise sein, was er normalerweise auch ist; oder er kann plötzlich sein. In beiden Fällen hat das Bekehrungserlebnis dieselbe Qualität. Während der Kontrast für Paulus unmittelbar und schlüssig war, ist er für uns stockend und tastend. Während der Apostel sich sofort ganz »auflöste«, leben wir viele Monate mit dem unbehaglichen Bewußtsein des »Aufgelöstwerdens«. Es sollte daher keinen scharfen Kontrast zwischen den einmal Geborenen und den zweimal Geborenen geben, wenn wir mit letzteren jene meinen, die so wunderbar erwählt wurden wie die Apostel. Wenn jemand von uns seine Erfahrung untersucht und diese Erfahrung aufrichtig christlich ist, dann sollten wir alle übereinstimmen. Auch wenn wir vielleicht nie eine plötzliche Bekehrung wie die von Paulus erlebt haben, können wir Paulus trotzdem verstehen und mit ihm übereinstimmen.

3. Das erste Merkmal, das in bezug auf die Bekehrung hervorgehoben werden sollte, ist ihre Flachheit. Bekehrung ist die Erfahrung des Ausgebreitetseins und Aufgebogenwerdens. Sie hat die Qualität des vollständigen Enthülltseins vor dem anderen, »vor dem keine Geheimnisse bewahrt werden«.* Bekehrung hat die Qualität des Aufgelöstwerdens, des Zerschmettertwerdens und des Geschwächtwerdens. Es ist eine Zeit, in welcher der Geist vor dem anderen hilflos gemacht wird. Es ist die Zeit des Schluchzens, der hängenden Köpfe, der hängenden Schultern; der inneren Reue und der akuten Gewissensbisse. Vor Gott liegt der Geist einfach offen, niedergebeugt und entblößt. Der Geist hat nichts zu sagen; er kann sich nicht beschweren. Es gibt kein lautes Jammern, kein Schreien, kein Weinen. Die Person wird einfach aufgerissen; sie ist enthüllt, nackt. Es gibt nichts mehr zu sagen.

* Englisch: »From whom no secrets are hid« entstammt dem ersten Ritus der Eucharistie des *Book of Common Prayer* der Episcopal Church. A. d. Ü.

Die Bibel ist diesbezüglich wunderbar klar. Sehen wir uns zum Beispiel die Verleugnung durch Petrus an. Der Herr hat Petrus gesagt, daß dieser Ihn dreimal verleugnen würde. Petrus stritt ab, daß er seinen Herrn jemals verleugnen würde, aber wie vorhergesagt hatte Petrus Unrecht. Nach dem Prozeß traf eine der Mägde des Hohenpriesters Petrus und sagte zu ihm, er sei einer der Schüler Jesu, aber Petrus stritt das ab. Sie sagte dasselbe noch zweimal, aber stets wies Petrus diesen Vorwurf von sich, »[u]nd alsbald krähte der Hahn zum zweiten Mal. Da gedachte Petrus an das Wort, das Jesus zu ihm sagte: Ehe der Hahn zweimal kräht, wirst du mich dreimal verleugnen. Und er fing an zu weinen.«[17] Petrus beschwert sich nicht, denn er weiß, daß er nichts sagen kann. Christi Worte wurden ihm in ihrer ganzen Fülle offenbart, und der Gegensatz bei ihm selbst läßt ihn sprachlos zurück.

Die Bekehrung des Paulus ist ein perfektes Beispiel dafür, was es heißt, »stumm geschlagen« zu werden. »Als er aber auf dem Wege war und in die Nähe von Damaskus kam, umleuchtete ihn plötzlich ein Licht vom Himmel; und er fiel auf die Erde und hörte eine Stimme, die sprach zu ihm: Saul, Saul, was verfolgst du mich? Er aber sprach: Herr, wer bist du? Der sprach: Ich bin Jesus, den du verfolgst. Steh auf und geh in die Stadt; da wird man dir sagen, was du tun sollst. Die Männer aber, die seine Gefährten waren, standen sprachlos da; denn sie hörten zwar die Stimme, aber sahen niemand. Saulus aber richtete sich auf von der Erde; und als er seine Augen aufschlug, sah er nichts: Sie nahmen ihn aber bei der Hand und führten ihn nach Damaskus; und er konnte drei Tage nicht sehen und aß nicht und trank nicht.«[18]

Man beachte den Wortlaut des letzten Satzes dieser Passage, denn er drückt deutlich den wesentlichen Inhalt von Paulus' Gefühlen aus. Paulus sagt nichts; er hat keine Antwort. Kein

---

17 Markus 14:72.

18 Apostelgeschichte 9:3-9.

Schreien, kein Jammern. Paulus geht für drei Tage nach Damaskus und rührt weder Speis noch Trank an. Seine Augen sind verdunkelt, er kann nichts sehen. Diese Beschreibung des Ausgeliefertseins ist vollkommen. Sie vermittelt, was Paulus fühlte – sein vollständiges Unterworfensein, seine akute Reue, sein Leid, seine Buße, sein Entblößtsein vor dem Erbarmen Gottes. Dies sind die drei wichtigsten Tage im Leben des Paulus, und uns wird nichts weiter über sie gesagt, als daß Paulus weder aß noch trank und daß er blind war. Die Sparsamkeit der Beschreibung steht für die Tiefe und Fülle des Erlebnisses. Es gibt keine angemessenen Beschreibungen, um Paulus' Zustand zu beschreiben, außer: »[a]n ihren Früchten sollt ihr sie erkennen«,* und kein Erlebnis barg üppigere Früchte als die drei Tages des Apostels in Damaskus.

»Flachheit« ist also das erste Merkmal des Bekehrungserlebnisses, das zu erwähnen ist. Sie ist durch ein bestimmtes Zurückgebogenwerden gekennzeichnet, das einem durchdringenden Gefühl des Entblößtseins entspricht, einem feinen Gespür dafür, daß man vor dem »Anderen« darniederliegt, gebeugt in Reue.

4. Das Bekehrungserlebnis zeichnet sich durch einen akuten und scharfen Gegensatz zwischen der Boshaftigkeit des Selbst und dem großzügigen Erbarmen Gottes aus. Die barmherzige Liebe Gottes bahnt sich ihren Weg in die geltungssüchtige Selbstliebe der Sünde. Vollständige Güte und vollständige Niedertracht liegen sozusagen Seite an Seite; und das Gute arbeitet daran, das Schlechte zu erlösen und es zurückzurufen. Erbarmen trifft Sünde und überwindet sie; und im Herzen des Sünders ist der Gegensatz zwischen der Güte Gottes und der Boshaftigkeit des Selbst überwältigend. Gottes großzügiges Erbarmen wird gegen Paulus' verzehrende Boshaftigkeit gesetzt. Denn Paulus »schnaubte noch mit Drohen und Morden gegen die Jünger des

* Matthäus 7:16. A. d. Ü.

Herrn«,[19] er war noch immer der stolze Pharisäer, der sich seiner rechtschaffenen Gesetzestreue rühmte, und verdiente daher das Erbarmen Gottes nicht. Dennoch wurde er von Gott gerade im Augenblick seiner Auflehnung gegen Ihn erwählt. Christus hielt sein Wort: »Denn wenn ihr liebt, die euch lieben, was werdet ihr für Lohn haben? Tun nicht dasselbe auch die Zöllner? Und wenn ihr nur zu euren Brüdern freundlich seid, was tut ihr Besonderes? Tun nicht dasselbe auch die Heiden?«[20] Das Prinzip der Bergpredigt, das im Grunde genommen besagt, analog zu Gottes freiem und großzügigem Erbarmen zu handeln, ist leibhaftig in der Erwählung von Paulus. Gott sucht diejenigen, die ihn nicht lieben, und er erwählt diejenigen, die Feuer und Zorn gegen ihn speien. Paulus selbst hat diesen Gegensatz in aller Deutlichkeit wahrgenommen – den Gegensatz zwischen Gottes Erbarmen und seiner eigenen Ungerechtigkeit; und dieser Wahrnehmung folgt die Auflösung seiner Sünden. Die Hindernisse und Hemmnisse der Sünde und das ganze Lügengebäude der Geltungssucht zerbröseln in die Flachheit des Entblößtseins. Angesichts von Gottes Erbarmen und im blanken Gegensatz zu seiner Sünde ist Paulus gebrochen und hilflos, sprachlos sogar vor sich selbst.

5. Obwohl Paulus »aufgelöst« ist, lebt Paulus noch immer. Paulus ist, obwohl er sprachlos geschlagen und niedergebeugt vor Gott ist, immer noch Paulus. Seine Person bildet ungeachtet ihrer Gebrochenheit weiterhin einen Zusammenhang; und die Existenz seines Geistes scheint durch Hilfe von außerhalb mitgetragen zu werden. Ohne Zweifel, in seiner Reue wünscht Paulus zu sterben, er möchte aufhören zu existieren, seiner Schande entkommen, selbst wenn es durch den Tod ist. Und doch, er lebt immer noch, er wird immer noch mitgeschleppt. Vielleicht macht dieser Fortbestand des Selbst inmitten seiner Auflösung

19 Apostelgeschichte 9:1.
20 Matthäus 5:46-47.

dem Sünder seine Abhängigkeit von der Gemeinschaft und von Gott bewußt. Zum ersten Mal befreit von den Mühlsteinen der Sünde, nimmt das Selbst alles im Himmel und auf Erden als ein Geschenk Gottes wahr und ebenso jede Minute seines Lebens. Das Selbst ist also bereit, das Gegebensein zu sehen, wo immer es zu finden ist. Die menschliche Person erkennt, daß alles, was sie hat, ein Geschenk ist, und sie nichts hat, was ihr nicht geschenkt worden ist. Ihre Eltern haben sie großgezogen, ihre Freunde haben ihr geholfen; das Land versorgt sie mit Essen, und die Natur unterstützt ihr Leben. Hinter diesen irdischen Geschenken sieht sie nun, daß die Totalität dessen, was sie besessen und genossen hat, ein Geschenk Gottes gewesen ist. Sie versteht nun ihre gemeinschaftliche Natur und begreift, daß die Sünde des Stolzes die Gemeinschaft zerstört. Aus dem Gefühl des Aufgelöstwerdens heraus wächst also diese Wahrnehmung des Gegebenseins, des großzügigen Erbarmens und der Liebe Gottes, die sogar angesichts des Verleugnens gibt, und die Einsicht in die Abhängigkeit von Gott.

Auf ebendiese Weise, indem es das Lügengebäude der Sünde einreißt, offenbart sich das Wort. Es offenbart sich im Kontrast zur Sünde, die es auflöst, und führt so dem gebrochenen Selbst das großzügige Erbarmen Gottes in seiner überfließenden Spontaneität und der ganzen Fülle seines Gegebenseins vor Augen. Die Sünde kann angesichts der Gnade des Wortes nur zerstört werden. Die Lüge der Unabhängigkeit und der Geist der Leugnung werden in Stücke geschlagen. Das Hinein-Kommen des Wortes hat die Sünden derart offengelegt, daß sie kein Versteck mehr haben. Die Hemmnisse sind weg, und das Gegebensein Gottes ist allgegenwärtig.

6. Bis hierhin hat das Bekehrungserlebnis als Ganzes zu einer Verurteilung des Selbst geführt. Die Offenbarung des Wortes richtet über das Selbst. Der Geist nimmt seine eigene Sündhaftigkeit mit schneidender Klarheit wahr und erfährt ebenso klar die immerwährende Güte Gottes. Die Liebe und das Erbarmen

Gottes richten, indem sie in einen Kontrast zur Verdorbenheit des Selbst gestellt werden. Gott verurteilt nicht aktiv in Form einer Bestrafung, sondern Er spricht zu uns in einer Weise, so daß unsere Sünden uns richten. Es ist die Gegenwart unserer Sünde im Gegensatz zum Erbarmen Gottes, die verdammt. Indem Gott sich uns in Seiner vollkommenen Güte zeigt, zwingt Er unsere Sünde, uns in uns selbst zu richten. Die Darbietung der Liebe und des Erbarmens ist das am meisten treffende aller Urteile. Urteil und Erbarmen sind also eng miteinander verbunden. Es ist das Erbarmen und nicht der Zorn, das die stärkste Verdammung ist. Gott zwingt uns somit durch Sein Urteil der Liebe und des Erbarmens, uns selbst zu richten. Das Wort Gottes, symbolisiert durch das Kreuz, ist das strengste Urteil und zugleich der vollkommenste Ausdruck Seines Erbarmens. Gerechtigkeit und Erbarmen sind nicht disparat, sondern miteinander verbunden. Das Gegebensein von Gottes Liebe richtet, erlöst und verbindet.

Sobald die menschliche Person realisiert hat, daß die Offenbarung des Wortes eine Verurteilung des Selbst ist, verwirft sie alle Gedanken an das eigene Verdienst. Sie sieht, daß das Gegebensein Gottes allem vorausgeht und daß sie nichts besitzt, was nicht gegeben worden ist. Sie weiß, daß das, was sie bekommen hat, von einem »anderen« gegeben wurde, und daß letztlich alle guten Dinge Geschenke Gottes sind. Angesichts dieses Gegebenseins Gottes, angesichts Seines vollkommenen und rechtschaffenen Erbarmens weiß sie daher, daß sie kein Verdienst hat. Sie kann nie mehr hoffen, mit ihren guten Taten, ihren Talenten und Leistungen prahlen zu können, denn sie weiß, daß dies Geschenke sind.

Je mehr sie ihr Leben betrachtet, je mehr sie mit vollständiger Aufrichtigkeit in sich geht, desto deutlicher nimmt sie wahr, daß alles, was sie hat, ein Geschenk ist. War sie ein aufrichtiger Mensch in den Augen der Gesellschaft, so wird sie nun zu sich sagen: »Du warst also ein gebildeter Mensch, ja, aber wer hat für deine Erziehung bezahlt; Du warst also ein guter und aufrechter

Mensch, ja, aber wer hat Dir gute Manieren beigebracht und Dich in die glückliche Lage versetzt, nicht stehlen zu müssen; Du warst also ein liebender Mensch und nicht hartherzig, ja, aber wer hat Dich in einer guten Familie erzogen, wer hat Dir Fürsorge und Zuneigung gezeigt, als Du jung warst, damit Du im Erwachsenenalter Liebenswürdigkeit schätzen würdest – mußt Du nicht zugeben, daß alles, was Du hast, Dir gegeben wurde? Dann sei dankbar und höre auf mit der Prahlerei.« Einen Menschen, der so aufrichtig ist, daß das Wort Gottes trotz all seiner Güte ihn nicht verurteilen wird, gibt es somit nicht. Es gibt keine Güte, die neben der Güte Gottes nicht zum »schmutzigen Lumpen« wird. Es gibt niemanden, der im Angesicht Gottes dem Urteil Seines Erbarmens entkommen kann. Im Lichte seines Gegebenseins kann niemand dankbar genug sein.

Daher gilt: »Laßt uns lieben; denn er hat uns zuerst geliebt.«[21] Alle Güte, alle Liebenswürdigkeit, alle Rechtschaffenheit wird von Gott gegeben. Weil Er zuerst gehandelt hat, können wir handeln; weil Er uns gibt, können wir geben; weil Er umsorgt, können wir umsorgen. Gemeinschaft muß daher durch den »anderen«, der zu uns kommt, geschaffen werden, indem uns gegeben wird, und erst dann können wir aus der Geschlossenheit in die Offenheit gezogen werden. Kein Mensch kann daher gute Taten als seine eigenen geltend machen, denn die Bedingung der Möglichkeit seiner Güte ist, daß jemand ihm gibt.

Der Geist nimmt nun wahr, daß Gott ihn nicht infolge eines Verdienstes liebt. »Christus [ist] für uns gestorben [...], als wir noch Sünder waren.«[22] Wir nähern uns damit dem Kern der Sache – Gott gab uns, als wir es nicht verdienten. Selbst wenn wir ein Verdienst haben, ist dies der Fall, weil Er es uns erst gibt; aber auch wenn das Verdienst verloren sein sollte, kommt Er immer noch zu uns. Erbarmen wäre kein Erbarmen, wenn dem nicht so wäre. Gott möchte also kein Verdienst, das Er beloh-

---

21 1 Johannes 4:19.
22 Römer 5:8.

nen kann. Er will nicht, daß wir in einen Wettbewerb eintreten oder gute Taten als Verhandlungsmasse für spätere Segnungen anhäufen. Er will eine Gemeinschaft schaffen, die alle Zeitalter durchsteht, eine Gemeinschaft, die nicht durch jene, die mit ihren guten Taten prahlen, zerrissen wird. Er will eine Gemeinschaft, die durch Glauben zusammengehalten wird und in Danksagung frohlockt. Gute Taten als Verdienst zu vollbringen, dient nur dem Dämon des geistigen Stolzes. Güte muß aus Glauben und Danksagung erwachsen. Güte muß so gebend sein wie Gott. Sie muß versuchen, die Verlorenen zurückzubringen, indem ihnen zuerst gegeben wird, so wie Gott uns zuerst gegeben hat. In der Gemeinschaft zu sein heißt, auf diese Art zu leben, und um eine solche Gemeinschaft zu schaffen, ist Christus auf die Welt gekommen. Dementsprechend wird Sünde weggeschmolzen und verworfen und mit ihr die Quelle des geistigen Stolzes, Verdienst. Es gibt kein Verdienst vor Gott; und es sollte vor Ihm kein Verdienst geben. Wahre Gemeinschaft zählt nicht die Verdienste ihrer Mitglieder. Verdienst ist eine Vorstellung, die in der Sünde wurzelt und deren man sich besser entledigt.

Vor Gott wird das Verdienst also zusammen mit den anderen Fehlern des Stolzes weggewischt. Die Vorstellung des Verdienstes beizubehalten heißt, das Christentum auf den Kopf zu stellen. Gott kam, als der Mensch Ihn am dringlichsten brauchte. Christus ist nicht gekommen, um Verdienstorden zu verteilen, sondern um die Sünde zu zerstören. Das Wort zu empfangen heißt nicht, belohnt, sondern verurteilt zu werden. Gottes Ruf ist kein Aufruf zum Preisen, sondern ein Ruf zur Reue.

7. Der Geist erkennt also die wahre Exzellenz und Güte Gottes. Die ganze Furcht, alle falschen Vorstellungen von Gott sind weggewischt. Gott hat gesprochen; und obwohl Sein Wort durch seine Gegenwart ein schreckliches Urteil für uns darstellt, ruft es uns auch zur Reue. Das Wort ruft, es verurteilt nicht nur; es bekundet Gottes Vergebung ebenso wie Seine beharrliche

Rechtschaffenheit. Aus der Gegenwart von Gottes Wort erwächst also die Quelle neuen Lebens. Der daniederliegende Geist kann sich nun in Zuversicht und Vertrauen wieder aufrichten. Das Lügengebäude der Sünde wurde aufgelöst, und Seine Vergebung ruft uns wieder einmal zurück in die Gemeinschaft. Das Selbst ist nun offen. Es kennt Gott und geht in Glauben und Danksagung.

Aus dem Bekehrungserlebnis erwächst zudem die wahre Vorstellung von Gott. Man nehme zum Beispiel die Doktrin der Schöpfung. Sie bedeutet vor allem zweierlei: erstens, daß der Mensch von Gott abhängig ist, und zweitens, daß alles ein Geschenk Gottes ist. Diese beiden Wahrheiten lernt man im Erlebnis Seines Wortes. Die Schöpfung ist keine notwendige Emanation Gottes. Er war nicht angehalten, die Welt zu erschaffen, sondern schuf die Welt aus Seiner großzügigen Liebe heraus. Die Schöpfung war ein Gnadenakt; dieses Gottesgeschenk ist ebenso unverdient und ebensowenig verursacht wie Sein Wort. Es wurzelt in Seinem freien und spontanen Gegebensein. Wir hören vom ewig-gegenwärtigen Gegebensein durch die Gegenwart Seines Wortes. Gleichzeitig erfahren wir unsere untrennbare Abhängigkeit von Ihm.

»Rationale Theologie« kann sich daher nicht von der Offenbarung des Wortes lösen. Die Vernunft kann uns nicht sagen, ob Gott Schöpfer ist oder Ewigkeit, allmächtig und so weiter. Er selbst kann uns das aber sagen. Indem wir Sein Wort in seiner Gegenwart uns gegenüber erkennen, nehmen wir Sein Gegebensein hinter allem wahr, wir erkennen, wie es die Welt aufrechterhält, sie erstrebt, und so wissen wir, daß er über und oberhalb der Welt ist, unabhängig von ihr in Seinem Sein und daher ewig. Das Wesen Gottes, soweit es für uns überhaupt begreifbar ist, entdeckt man nicht durch das Spielen mit metaphysischen Kategorien, sondern es wird uns unmißverständlich im Erfahren Seines Wortes gezeigt. Wenn Gott aus dem Himmel zu einem spricht, so wie er zu Paulus gesprochen hat, wird man mehr über Ihn wissen, als die Vernunft uns sagen kann. Wir wollen die Vernunft nicht herabsetzen, aber Vernunft ist ein schlechter Führer, wenn sie nicht vom Glauben geleitet wird.

8. Das Bekehrungserlebnis kann also in der Erkenntnis der Exzellenz und Herrlichkeit Gottes, Seines großzügigen Erbarmens und Seiner vollkommenen Gerechtigkeit zusammengefaßt werden. Die falschen Vorstellungen sind weggeschmolzen; der Stolz wurde zerstört, zusammen mit der Falschheit, ein Verdienst zu beanspruchen. Und obwohl die Versuchungen des Geistes groß waren, obwohl das Urteil traf und das alte sündhafte Selbst aufgelöst wurde, fängt ein neues Leben an. Die Welt zerbricht nicht bloß, sie setzt sich auch wieder zusammen. Gott ruft eben auch, denn Sein Sprechen ist eine Berufung. Der Geist richtet sich somit im Glauben auf, wenn er den Ruf vernimmt und die Vergebung Gottes kennt. Eine Neuheit des Lebens ist in ihn geflossen und er lebt erneut, Gott und den Menschen gegenüber offen. Durch das Aufrichten kehrt der Geist im Glauben in die Gemeinschaft zurück.

Abschnitt IV

1. Der Geist kehrt im Glauben in die Gemeinschaft zurück – so endete unsere Auseinandersetzung mit dem Bekehrungserlebnis. Was aber meinen wir mit Glaube? Wir müssen nun die volle Bedeutung der Rückkehr durch Glauben und der Früchte des Glaubens untersuchen. Mit unserer Behandlung der Sünde im Hinterkopf wird der Leser den Gegensatz zwischen der Sünde als Geschlossenheit und dem Glauben als Offenheit erkennen. Sünde ist die Trennung von der Gemeinschaft; Glaube ist die Eingliederung in die Gemeinschaft. Geltungssucht bringt die Früchte hervor, die den Menschen von Gott und vom Menschen trennen. Glaube ist jene Offenheit, aus der die christliche Liebe erwächst, welche die Gemeinschaft unter Gott zusammenhält.

2. Das Selbst ist niedergeschlagen, wie wir festgestellt haben, und zwar durch die Konfrontation mit dem Wort und das Urteil des Wortes. Es gibt aber mehr als das reine Urteil, denn Gottes Wort ist auch ein Ruf zur Rückkehr. Das Bekehrungserlebnis ist insofern negativ, als es die Struktur der Sünde auflöst, und insofern positiv, als es eine Erwählung in die Gemeinschaft ist. Gott kommt zu uns und führt und ruft uns durch Sein Wort in die Gemeinschaft zurück. Das Selbst wurzelt wieder in der Macht, die es aufrechterhält,[23] und getrennt von der es tot und allein ist. Bekehrung führt also zur Wiederherstellung als ein Sohn Gottes. Alle Menschen haben Gott zum Vater, aber nicht alle Menschen sind Seine Söhne. Sie sind nicht Seine Söhne, weil sie sich abgewendet haben, und erst wenn das Wort ihr Geschlossensein durchdringt, werden sie als Söhne wiedereingesetzt. Bekehrung führt also zur Wiederherstellung der Sohnschaft vor Gott. Der Mensch wird durch den Glauben gerechtfertigt; er wird vor Gott wiederaufgeschlossen. Der erste Aspekt der Erwählung besteht also darin, offen gegenüber Gott zu sein, in die richtige Beziehung zu Ihm gestellt zu werden. Die Hemmnisse wurden aufgelöst und die Sünde des Menschen verurteilt. Die personale Beziehung wurde durch das Wort wiederaufgebaut und das Selbst ist offen im Glauben. Zu Gott zurückgeführt zu werden, ist also der erste Aspekt der Erwählung.

Der zweite Aspekt der Erwählung ist, zu seinen Mitmenschen zurückgeführt zu werden und an ihrer Rückführung zu arbeiten. Es darf nicht vergessen werden, daß die Erwählung diesen dialektischen Charakter hat. Sie verändert die Beziehungen sowohl vertikal als auch horizontal, sowohl zu Gott als auch zu den Menschen. Der erwählte und zur Sohnschaft zurückgeführte Mensch wird dadurch nicht aus der irdischen Gemeinschaft herausgehoben; er wird nicht von seinen Mitmenschen abgesondert und in den Himmel eingelassen. Er wird vielmehr fester in die irdische Gemeinschaft eingepflanzt. Er wurde nicht um

23 Vgl. Kierkegaards Definition des Glaubens in *The Sickness unto Death*.

seiner selbst willen erwählt, sondern um anderer willen. Er wurde gewählt, um die »frohe Botschaft« zu verbreiten und anderen von Gottes Erbarmen zu berichten. Die Erwählten sind nicht diejenigen, die Gott willkürlich dazu bestimmt hat, sein Erbarmen zu bekunden. Es sind vielmehr diejenigen, die für die Aufgabe der Erneuerung der Gemeinschaft ausgesucht wurden. Sie haben für den Herrn zu arbeiten und zu erdulden.

Als Bestätigung dessen möge dienen, was Er zu Ananias über Paulus sagte: »[d]ieser ist mein auserwähltes Werkzeug, daß er meinen Namen trage vor Heiden und vor Königen und vor das Volk Israel. Ich will ihm zeigen, wieviel er leiden muß um meines Namens willen.«[24] Paulus selbst wußte um diesen dialektischen Charakter der Erwählung: »Denn Christus ist mein Leben, und Sterben ist mein Gewinn. Wenn ich aber weiterleben soll im Fleisch, so dient mir das dazu, mehr Frucht zu schaffen; und so weiß ich nicht, was ich wählen soll. Denn es setzt mir beides hart zu: ich habe Lust, aus der Welt zu scheiden und bei Christus zu sein, was auch viel besser wäre; aber es ist nötiger, im Fleisch zu bleiben, um euretwillen. Und in solcher Zuversicht weiß ich, daß ich bleiben und bei euch allen sein werde, euch zur Förderung und zur Freude im Glauben, damit euer Rühmen in Christus Jesus größer werde durch mich, wenn ich wieder zu euch komme.«[25]

Paulus weiß also, daß seine Erwählung nicht bedeutet, daß er davonrennen und aus der irdischen Gemeinschaft entschwinden kann. Sie bedeutet das genaue Gegenteil, nämlich, daß er in dieser Gemeinschaft für die Errichtung von Gottes Gemeinschaft arbeiten muß. Er ist erwählt, um das Wort zu predigen; Gott wird ihn als Mittel für weitere Erwählungen benutzen. »Und er sprach zu ihnen: Gehet hin in alle Welt und prediget das Evangelium aller Kreatur.«[26] Die Erwählung hat also diese doppelte Achse. Wenn wir diese Doppelnatur der Erwählung

---

24 Apostelgeschichte 9:15-16.
25 Philipper 1:21-26.
26 Markus 16:15.

und die dialektische Vereinigung der beiden aus dem Blick verlieren, dann wird das Wort Gottes zu einer rein eskapistischen und individuellen Doktrin oder aber zu einem säkularen sozialen Evangelium.

Wir sollten noch weiteres zum Grundprinzip der Erwählung anmerken. Der Zweck hinter der Erwählung, das Ziel, das die Ankunft des Wortes im Blick hat, ist die Wiederherstellung der Gemeinschaft und letztlich die Bildung der himmlischen Gemeinschaft, die alle Zeiten überdauern soll. Der Erwählungsprozeß ist kurzum durch das Ziel geleitet, auf das hin sich die Schöpfung bewegt: das himmlische Königreich. Das Hereinbrechen des Wortes ist daher kein willkürliches Phänomen, das sich einigen bemerkbar macht und anderen verbirgt. Das Wort arbeitet vielmehr daran, die Gemeinschaft wiederherzustellen und die Menschen unter Gott zusammenzubringen. Gottes Leitmotiv bei der Erwählung ist daher nicht das Erstreben Seiner eigenen Herrlichkeit. Gottes Motiv in den Dienst von Gottes Ehre zu stellen heißt, aus Gott einen Geltungssüchtigen zu machen. Gott arbeitet vielmehr am Aufbau Seiner Gemeinschaft, dem himmlischen Königreich. Natürlich wird Seine Gemeinschaft Seine Herrlichkeit offenbaren, aber Seine eigene Herrlichkeit zu sehen, ist nicht Sein Motiv. Das Grundprinzip, das Ziel und der ganze Zweck der Erwählung ist die himmlische Gemeinschaft, die am Ende aller Zeiten hereinbrechen wird, um die Welt, wie wir sie kennen, zu vervollständigen und erfüllen. Die Erwählung ist also ein gemeinschaftlicher Prozeß, der auf ein gemeinschaftliches Ziel zusteuert. Sie will die Offenheit wiederherstellen, die Sünde zerstören und die Menschen durch den Glauben vereinen.

3. Wir sollten nun drei falsche Auffassungen erwähnen, die in vielen traditionellen Untersuchungen der Erwählung für Unordnung und Verwirrung gesorgt haben.

(i) Wenn man dem Begriff der Erwählung aus dem Neuen Testament, dem wir in vollem Sinne zustimmen, mit der griechischen Auffassung von Gott als einem vollkommen statischem

Wesen verbindet, dann ist es schwierig, viele schroffe Schlußfolgerungen im Stile der Prädestinationslehre zu vermeiden. Beide Vorstellungen werden zum ersten Mal von Augustinus verknüpft, mit allseits bekannten Ergebnissen. Um diese Schwierigkeit zu vermeiden, muß man einfach die griechische Auffassung loswerden, die dem Christentum fremd ist. Wenn dem platonischen Gegensatz zwischen dem Veränderlichen und dem Unveränderlichen gestattet wird, in die christliche Theologie einzudringen, ergibt sich daraus eine Vorstellung der Erwählung, die ebenso falsch ist wie der Pelagianismus. Wenn Pelagius das Kreuz Christi jedweder Wirkung beraubte, so tat Augustinus dies ebenso.

(ii) Traditionelle Theorien der Prädestination sind außerdem von einem radikalen Individualismus infiziert. Wir haben bereits gesehen, daß der natürliche Kosmos von Augustinus und Thomas von Aquin notwendigerweise individualistisch ist, auch wenn diese Schlußfolgerung nicht ausgesprochen wird. Aufgrund dieses Individualismus stellt man sich die Erlösung als die Wahl eines Individuums hier und eines anderen dort vor. Gesellschaft gilt als ein bloßes Aggregat unabhängiger Einheiten, von denen Gott willkürlich einige auswählt, um Seine Gerechtigkeit, andere hingegen, um Sein Erbarmen zu zeigen. Nur eine vom Individualismus infizierte Theologie kann sich die Funktionsweise der Erwählung so vorstellen.

(iii) Der dritte Fehler besteht darin, den Zweck der Erwählung mißzuverstehen. Er wird entweder als der Versuch begriffen, Individuen zu retten, oder als Gottes Wirken zugunsten Seiner eigenen Herrlichkeit. Die biblische Auffassung, wenn ich sie recht verstehe, besagt aber, daß Gott versucht, eine Gemeinschaft zu schaffen. Die Schöpfung bewegt sich auf das Königreich des Himmels zu, und aus diesem Grund kam Gott zu uns herab. Von daher ist es weder Zweck noch Absicht Seines Erwählens, hier und da vereinzelte Personen zu retten, sondern eine Gemeinschaft Seiner Schöpfungen zu schaffen und zu versammeln, die nicht ein bloßes Aggregat ist, sondern eine im vollen Sinne durch Glauben und Liebe vereinte Gemeinschaft.

Daher glauben wir nicht, daß die Doktrin der Erwählung zu den deterministischen Prädestinationslehren von Augustinus und Thomas von Aquin führt. Ihre Vorstellungen sind vermischt mit griechischem Statizismus und Individualismus und daher nicht richtig. Zuflucht vor dieser Art der Theologie bietet nicht ein Semipelagianismus, sondern das richtige Verständnis der biblischen Gnadenlehre. Wenn man die gemeinschaftliche Dialektik der Erwählung versteht, kann man die traditionellen Schwierigkeiten vermeiden.

4. Die Erwählten werden ausgesucht, um die Gemeinschaft wiederzubegründen. Die Wiederherstellung der Gemeinschaft ist ihre primäre Absicht bzw. sollte es sein. Sie sollen zu den »Gottlosen« gehen und ihnen die »frohe Botschaft« verkünden. Die Wiederherstellung der Gemeinschaft beginnt also augenblicklich. Gottes Wort war nicht in erster Linie die Offenbarung einer ewigen Wahrheit (das ist eine griechische Vorstellung). Gottes Wort ist etwas Aktives. Es durchdringt einige, rettet sie, erwählt sie und arbeitet sich durch ihre Handlungen in den Rest der Gemeinschaft vor. Das Wort ist wesentlich eine Botschaft, eine »Kunde von großer Freude«, die allen verkündet werden soll. Das Wort ist der Ruf zur Rückkehr in die Gemeinschaft. Es ist daher die Pflicht der Erwählten, dafür zu sorgen, daß das Wort weit und breit gepredigt wird, damit alle es hören können. Es ist die Aufgabe der Erwählten, in Zusammenarbeit mit dem Heiligen Geist, die Gemeinschaft, die durch Sünde zerstört wurde, wiederzubegründen und wiederherzustellen.

Das Wort ist kein ethisches Gebot. Wie wir gesehen haben, ist es das zu uns sprechende Wort Gottes selbst, das die Sünde zerstört, den inneren Geist transformiert und ihn unmittelbar für die und im Sinne der Gemeinschaft öffnet. Das grundlegende Prinzip der christlichen »Ethik« ist also folgendes: Der Mensch kann nicht dadurch gerettet werden, daß man ihn etwas lehrt; die Gemeinschaft kann nicht dadurch wiederhergestellt werden, daß man über sie redet. Vielmehr muß der Mensch zuerst in die Gemeinschaft gebracht und zurückgeführt werden, um die Gemeinschaft wiederherzustellen. Dies mag wie ein Paradox klingen, aber genau das geschieht mit den von Gott Erwählten. Sie sind jene unmittelbar Bekehrten, die dadurch in die Gemeinschaft gestellt werden; und durch ihre Bemühungen, zusammen mit dem Heiligen Geist, können andere in die Gemeinschaft gebracht werden. Der Mensch kann nicht durch ethische Gebote in die Gemeinschaft gelockt werden. Er muß zunächst geöffnet werden und durch den »anderen« in die Gemeinschaft gestellt werden. Das ist die eigentliche Pointe von Jesus' Lehren. Er fängt nicht mit einem ethischen Gebot an, sondern vielmehr damit, daß er Menschen in Gottes Königreich führt. Aus dem Familienleben Gottes entspringen die richtigen Beziehungen. Zwar gibt es Gebote in Jesus' und Paulus' Lehren, aber sie erwachsen aus einer tieferen Quelle, nämlich dem Leben Gottes in uns oder der Ankunft Seines Wortes bei uns.

Weil das Bekehrungserlebnis den Sünder in Gottes Familienleben gebracht hat, folgt, daß er nun sein Leben im richtigen Verhältnis zu anderen führt. Er kennt seine vollen gemeinschaftlichen Verpflichtungen gegenüber den Menschen ebenso wie gegenüber Gott. Daher erwachsen aus dem Bekehrungserlebnis jene Handlungen, welche die Gemeinschaft wiederherstellen und wiederaufbauen. Verpflichtungen sind nun also erfüllt. Das Gegebensein Gottes hat sich auf Handlungen anderen gegenüber übertragen und das Prinzip des Verhaltens wird zur Analogie der Gnade. In den Worten Luthers:

Wenn wir erkennen, was uns Übergroßes und Kostbares gegeben ist, wird sogleich – wie Paulus sagt – »durch den Geist die Liebe in unsere Herzen ausgegossen« (Römer 5:5), durch die wir frei, heiter, allmächtig, tatkräftig und Sieger über alle Nöte, dem Nächsten dienstbar und nichtsdestoweniger doch Herren aller Dinge sind. Die aber nicht erkennen, was ihnen durch Christus geschenkt ist, für die ist Christus vergeblich geboren, sie gehen mit Werken einher und kommen nie dazu, jene Dinge zu schmecken und zu fühlen. Wie also unser Nächster in Not ist und unseres Überflusses bedarf, so waren auch wir vor

Gott in Not und bedurften seiner Barmherzigkeit. Deswegen, wie der himmlische Vater uns in Christus umsonst geholfen hat, so müssen wir um seines Leibes und seiner Werke willen unserem Nächsten umsonst helfen und ein jeder dem anderen eine Art Christus werden, so daß wir einander Christus sind und Christus derselbe in allen. Das sind wahrhaft Christen.[27]

Auf diese Weise soll uns also das Beispiel des Gegebenseins und des Erbarmens Gottes in unserem gemeinschaftlichen Leben leiten, und weil wir tatsächlich das Wort erfahren haben und von Gott tatsächlich in die richtige Beziehung der Sohnschaft mit Ihm aufgenommen wurden, können wir unseren Verpflichtungen nachkommen. Sein Wort gehört zu haben, führt dann also zur Wiederherstellung der Gemeinschaft auch mit anderen, und wir handeln analog zu seiner Gnade oder versuchen dies wenigstens. Folglich ist der christliche Mensch nicht nur offen und daher frei, sondern er ist ein Diener aller. Gemeinschaft beinhaltet Verantwortlichkeit und Verpflichtungen, und weil er nun in die Gemeinschaft zurückgeführt wurde, ist er verantwortlich. Wie Gott ihm gegeben hat, gibt er anderen. Wie Gott ihn in die Gemeinschaft gerufen hat, ruft er andere. So wird die Gemeinschaft, die das Wort versammeln will, in den Herzen der Gläubigen und jenen gebildet, die diese für Gott mit Seiner Hilfe zurückgewinnen wollen.

5. Die Offenheit, die wir Glaube genannt haben, ist die grundlegende Einstellung derjenigen in der Gemeinschaft. Um jemandem gegenüber offen sein zu können, muß man bereits glauben, und Glaube ist Offenheit. Personen in Gemeinschaft sind somit einander gegenüber offen. Aber aus dem Glauben erwachsen stärkere Bindungen; seine Früchte sind Nächstenliebe, Güte, Verzicht und Liebe. Und die größte von diesen ist, wie Paulus

---

27 Martin Luther, *Treatise on Christian Liberty*, in: *Works*, Band 2, Philadelphia 1915, S. 338 [dt.: »Traktat von der christlichen Freiheit«, in: Martin Luther: *Die reformatorischen Grundschriften in vier Bänden*, Band 4: *Die Freiheit eines Christen*, München 1983, S. 9-47, hier S. 36 f.].

sagt, die Liebe. Weil es viel Verwirrung bezüglich der Frage der christlichen Liebe gegeben hat, sollten wir einige Bemerkungen über sie machen.

(i) Sie ist zunächst nicht mit Begierde und Verlangen zu verwechseln, die sich auf Objekte beziehen und konkrete nichtpersonale Vorgänge anstreben. Verlangen ist, wie wir gesehen haben, weder gegen noch für das Soziale. Die christliche Liebe aber ist in erster Linie gemeinschaftlich. Sie bezieht sich auf eine andere Person. Christliche Liebe ist daher eine rein geistige Angelegenheit.

(ii) Verlangen ist selbstsüchtig; es erstrebt ein Objekt für das Selbst. Es ist von einer Haltung des Erstrebens und Erlangens geprägt. Das Verlangen führt uns dazu, etwas zu erwerben. Die christliche Liebe andererseits erstrebt nichts für sich; in ihr manifestiert sich der Geist des Gebens. Obwohl natürlich Zuneigung bei der Liebe im Spiel ist, ist Liebe vor allem ein Geben. Ihr Zweck besteht darin, der anderen Person als Person etwas zu geben. Wie die Gnade gedeiht sie auf das Prächtigste in der Verleihung von Geschenken an den anderen.

(iii) Die christliche Liebe schließt die ganze Person in ihr Geben ein. Das Verlangen erfaßt gewissermaßen nur einen »Teil« der Person, das heißt, es hat nur insofern mit Personalität zu tun, als daß es daran anschließt. Liebe aber schließt die Person in ihrer Gesamtheit in ihr Geben ein und zielt auch auf die volle Personalität des anderen. Kurz gesagt: Liebe ist ein intensiver und vollständiger personaler Kontakt. Sie kratzt nicht nur an der Oberfläche der involvierten Person. Wie der Glaube, aus dem sie erwächst, drückt sie das Zentrum des Geistes aus. Obwohl sie ein Geben ist, übersieht die Liebe daher nicht die Personalität des Gebenden. Das Selbst wird beim Geben nicht zerstört, sondern es wird vervollständigt. Es wird allerdings weder in einem begehrlichen noch, natürlich, in einem geltungssüchtigen Sinne vervollständigt, das heißt, es wird nicht verherrlicht. Der Geist vervollständigt sich im Glauben und in der Liebe, weil er von Natur aus gemeinschaftlich ist und Glaube und Liebe in all ihrer Intensität ihm angemessen sind.

(iv) Am besten versteht man die christliche Liebe allerdings vor dem Hintergrund des Bekehrungserlebnisses. Liebe von Verlangen zu unterscheiden heißt, ein einfaches Gefühl von einem anderen zu unterscheiden. Die christliche Liebe ist aber eine ungemein komplexe Sache. Sie ist komplex, weil sie aus einem komplexen Erlebnis erwächst, nämlich dem der Bekehrung, in dem Urteil und Erbarmen im Gegensatz zueinander stehen, aber dennoch verbunden sind, und in dem die großzügige Güte Gottes die Schändlichkeit des Selbst entblößt und so weiter. Kurzum: die christliche Liebe kann nicht losgelöst vom Wort verstanden werden. Die Kenntnis des Wortes und das Verurteiltwerden durch das Wort geben der Liebe ihren Charakter. Denn die christliche Liebe ist eine Frucht des Glaubens, die uns durch das Hereinbrechen des Wortes gegeben wird. Liebe kann daher nicht losgelöst von der Totalität des ihr vorausgehenden Erlebnisses verstanden werden. Sie kennt alle Versuchungen des Geistes – Sünde, Alleinsein, Geschlossenheit, die Hemmnisse, das Entblößtsein, Verurteilung und schließlich Glaube. Sobald die christliche Liebe von ihrem Hintergrund losgelöst wird, wird sie zu etwas rein Sentimentalem. Sie ist dann überhaupt nicht mehr dieselbe, sondern wird unreife, formlose Sentimentalität.

Die christliche Liebe hingegen, in ihrer ganzen Fülle und geprägt von dem Kontext, aus dem sie erwächst, ist fest, reif, nüchtern und dennoch echt und vollständig in ihrem Gegebensein. Wenn man die christliche Liebe also in ihrem richtigen Erfahrungszusammenhang und ihrem rationalen und theologischen Kontext betrachtet, sieht man, daß sie nicht das ist, was viele Leute denken. Sie besitzt einen typischen christlichen Charakter, weil sie aus einer christlichen Erfahrung erwächst. Sie losgelöst von diesem Hintergrund zu diskutieren heißt, ihre Bedeutung komplett zu verlieren. Die christliche Liebe im Lichte ihres vollständigen Kontextes zu erforschen ist der beste Weg, den wir kennen, um sie gegen den Vorwurf der Sentimentalität zu verteidigen. Nichts an Paulus ist sentimental, und wer würde behaupten, Gnade sei sentimental?

Diese aus dem Glauben erwachsende typisch christliche Liebe vereint also die christliche Gemeinschaft unter Gott. Diese Liebe schaut auf zu Gott in gläubiger Dankbarkeit sie kennt das volle Ausmaß ihrer Verpflichtungen und Aufgaben, sie hat die volle Verantwortung für ihr gemeinschaftliches Wesen akzeptiert und gibt sich anderen hin, so wie sich der Gottessohn dem Leiden am Kreuz hingegeben hat – *diese* Liebe zieht ihren Reichtum aus der Totalität der christlichen Erfahrung und vereint die wiederhergestellte Gemeinschaft unter Gott in gläubiger Dankbarkeit.

6. Wir kommen nun zum Schluß unserer Abhandlung. Wir haben die Kategorien des natürlichen Kosmos verworfen und Sünde und Glaube in Begriffen der Gemeinschaft erklärt; dabei verwendeten wir Ausdrücke wie »Offenheit«, »Geschlossenheit«, »Alleinsein«, »Zusammensein« und so weiter. Es ist die Sünde, die einen von der Gemeinschaft trennt. Glaube und Liebe schweißen die Gemeinschaft zusammen. Es bleibt nur zu sagen, daß Glaube und Liebe nicht nur eine temporäre Bedeutung haben, sondern eine Bedeutung, die für alle Zeiten besteht. Glaube zu haben heißt, von Gott erwählt und vor Ihm wiederhergestellt zu werden und daher auch, daß die Erwählten Pilger auf ihrem Weg zu Ihm sind. Auf diesem Weg sollen sie aber mit Seiner Hilfe all jene einsammeln, die noch zurückbleiben, um so zu helfen, die ganze Schöpfung zu Ihm zu bringen. Die Schöpfung bewegt sich auf diesen großen Tag zu, mit Sicherheit belastet durch die Sturheit der menschlichen Sünde, aber schließlich sind mit Gott alle Dinge möglich.

Der Tag mag nicht so weit weg sein, wie wir denken. Wer weiß schon, wie schnell Gott Seine Erwählten bei Sich versammeln wird? Steht nicht geschrieben, »dass der Tag des Herrn kommen wird wie ein Dieb in der Nacht«?[28] Wir dürfen uns also auf den Tag freuen, der nicht so weit entfernt sein mag, an dem Christus

28 1 Thessalonicher 5:2.

in Seiner Herrlichkeit erscheinen und die himmlische Gemeinschaft unter Gott begründet wird. Dann wird die Sünde zerstört worden und die Menschen werden füreinander offen sein, während sie zu Gott frohlockend und danksagend aufschauen. Die ganze Schöpfung wird vereint sein und alle Geschöpfe Gottes werden zu Seinen Füßen knien. Diese unter Gott vereinigte Gemeinschaft aller ist das Ziel, zu dem Gott Seine Schöpfung bewegt. Diese Gemeinschaft ist ein weiteres Seiner großzügigen Geschenke, das vollkommenste und gnädigste von allen.

Literaturverzeichnis

Rawls unterteilt sein Literaturverzeichnis in drei Teile: »Naturalismus«, »Unsere eigene Auffassung« und »Sonstiges.« Die Titel der ersten beiden Kategorien sind unten aufgeführt, gefolgt von vollständigeren bibliographischen Informationen über diese Titel und alle weiteren Werke, auf die verwiesen wird. [Zusätze des Übersetzers, unter anderem deutsche Ausgaben und Buchtitel betreffend, stehen in eckigen Klammern.]

Teil 1: Hauptquellen für den Naturalismus

1. Platon:
Phaedrus [*Phaidros*]
Symposium [*Symposion, Gastmahl*]
Republic [*Politeia, Staat*]
Protagoras

2. Aristoteles:
Nicomachean Ethics [*Nikomachische Ethik*]
Politics [*Politik*]
Metaphysics [*Metaphysik*]

3. Augustinus: (Alle aufgeführten Werke sind in *PNF* enthalten)
Confessions [*Confessiones, Bekenntnisse*]
The City of God [*De Civitate Dei, Vom Gottesstaat*]
Homilies of the Gospel of John [*Ioannis Evangelii Tractatus, Predigten über das Johannisevangelium*]
Enchiridion [*Handbüchlein*]
On the Trinity [*De Trinitate, Über die Trinität*]
Morals of the Catholic Church [*De moribus ecclesiae catholicae, Die Lebensführung der Katholischen Kirche*]
The Spirit and the Letter [*De Spiritu et Littera, Über den Geist und den Buchstaben*]
Nature and Grace [*De Natura et Gratia, Über Natur und Gnade*]

On Grace and Free Will [*De Gratia et Libero Arbitrio, Gnade und freier Wille*]
Man's Perfection in Righteousness [*De Perfectione Justitiae Hominis, Die Vollendung der menschlichen Gerechtigkeit*]
Disputation Against Fortunatus the Manichean [*Acta contra Fortunatum Manichaeum, Akten der Verhandlung gegen den Manichäer Fortunatus*]
Reply to Faustus the Manichean [*Contra Faustum Manichaeum, Gegen den Manichäer Faustus*]
On the Good of Marriage [*De Bono Conjugali, Das Gut der Ehe*]
Marriage and Concupiscence [*De Nuptiis et Concupiscentia, Über Ehe und Begehrlichkeit*]

4. Thomas von Aquin:
Summa Theologica: Treatise on God, Treatise on the Last End [*Summe der Theologie: Gott, der Dreifaltige; Ziel und Handeln des Menschen*]
Summa Contra Gentiles: Book III [*Summe gegen die Heiden:* Buch III]

Teil 2: Hauptquellen für unsere eigene Auffassung

1. Die Bibel (immer das letzte Wort in religiösen Dingen)

2. Luther:
Babylonian Captivity of the Church [*Von der babylonischen Gefangenschaft der Kirche*]
On Christian Liberty [*Traktat von der christlichen Freiheit*]

3. Brunner, Emil:
Man in Revolt [*Der Mensch im Widerspruch*]
The Mediator [*Der Mittler*]
The Theology of Crisis

4. Leon, Philip:
The Ethics of Power

5. Niebuhr, Reinhold:
The Nature and Destiny of Man

6. Nygren, Anders:
Agape and Eros

Nachfolgend eine vollständige Liste der zitierten Literatur:

A Select Library of the Nicene and Post-Nicene Fathers of the Christian Church, 14 Bände, hg. v. Philip Schaff, Grand Rapids 1983-1986. [*PNF*]

Abingdon Bible Commentary, hg. v. Frederick C. Eiselen, Edwin Lewis, David G. Downey, New York 1929.

Aischylos: *The Suppliant Maidens, the Persians, the Seven against Thebes of Aeschylus*, London 1908.

Ante-Nicene Fathers: Translations of the Writings of the Fathers down to A. D. 325, 10 Bände, hg. v. Alexander Roberts und James Donaldson, Grand Rapids 1986. [*ANF*]

Aquin, Thomas von: *Summa Contra Gentiles*, London 1923-1940.

– *Summa Theologica*, London 1920-1943.

Aristoteles: *The Basic Works of Aristotle*, New York 1941.

Augustinus: *The City of God*, Edinburgh 1909.

Barker, Ernest: *The Political thought of Plato and Aristotle*, London 1906.

Berdyaev, Nicolas: *Freedom and Spirit*, London 1935.

Blanshard, Brand: *The Nature of Thought*, New York 1940.

Brunner, Emil: *Man in Revolt*, New York 1937 [*Der Mensch im Widerspruch*, Berlin 1937].

– *The Mediator: A Study of the Central Doctrine of the Christian Faith*, London 1934 [*Der Mittler. Zur Besinnung über die Christusglauben*, Tübingen 1927].

– *The Theology of Crisis*, New York 1929.

Burnaby, J.: *Amor Dei: A Study of the Religion of St. Augustine*, London 1938.
Demos, Raphael: *The Philosophy of Plato*, New York 1939.
Dodd, C. H.: *The Epistle of Paul to the Romans*, New York 1932.
Drucker, Peter F.: *The End of Economic Man*, New York 1939.
Eliot, T.S.: »Murder in the Cathedral«, in: *The Complete Poems and Plays*, New York 1958.
Fichte, Johann Gottlieb: *The Vocation of Man*, Open Court 1940 [*Die Bestimmung des Menschen*, Hamburg 2000].
Fortescue, A.: »Article on Docetism«, in: *Encyclopaedia of Religion and Ethics.*
Gilson, Etienne: *The Spirit of Medieval Philosophy*, New York 1940.
Hastings, James (Hg.): *Encyclopaedia of Religion and Ethics*, New York 1908-1927.
Hobbes, Thomas: *De Cive [On the Citizen]*, Cambridge 1998.
– *Leviathan*, Cambridge 1996.
Howard, W.F., »Article on First Corinthians«, in: *Abingdon Bible Commentary.*
Huxley, Thomas Henry: *Evolution and Ethics and other Essays*, New York 1895.
Irenaeus: *Against Heresies*, in: *ANF.*
Kierkegaard, Søren: *Concluding Unscientific Postscript*, Princeton 1941.
– *Philosophical Fragments*, Princeton 1936.
– *The Sickness unto Death*, Princeton 1954.
Leon, Philip: *The Ethics of Power*, London 1935.
– *Plato*, New York 1940.
Lovejoy, Arthur O.: »The Meaning of Romanticism for the Historian of Ideas,« in: *Journal of the History of Ideas*, Band 2, Nr. 3 (Juni 1941).
Mackintosh, H. R.: *Types of Modern Theology*, London 1937.
McGiffert, Arthur Cushman: *A History of Christian Thought*, New York 1933.
Mussolini, Benito: »The Political and Social Doctrine of Fas-

cism«, in: *Contemporary Civilization Source Books*, New York 1941.
Nettleship, Richard Lewis: *Lectures on the Republic of Plato*, London 1937.
Niebuhr, Reinhold: *The Nature and Destiny of Man*, New York 1941.
Nietzsche, Friedrich: *The Will to Power*, in: *Complete Works*, hg. O. Levy, Edinburgh 1909-1923 [*Der Wille zur Macht*, Leipzig 1922].
Nygren, Anders: *Agape and Eros*, Philadelphia 1953.
Origenes: *De Principiis*, in: *ANF*.
Platon: *Phaedrus, Ion, Gorgias, and Symposium, with passages from the Republic and Laws*, New York 1938.
– *Laches, Protagoras, Meno, Euthydemus*, London 1924.
– *The Republic*, Oxford 1941.
Rosenberg, Alfred: *The Myth of the Twentieth Century*, 1930 [*Der Mythus des 20. Jahrhunderts*, München 1930].
Rousseau, Jean-Jacques: »Discourse on the Origin of Inequality«, in: *The Social Contract and Discourses*, London 1915.
Schopenhauer, Arthur: *The World as Will and Idea*, London 1883 [*Die Welt als Wille und Vorstellung*, Zürich 1988].
Scott, E.F.: »Article on Gnosticism«, in: *Encyclopaedia of Religion and Ethics.*
Strayer, Joseph R., Dana C. Munro: *The Middle Ages, 395-1500*, New York 1942.
Taylor, A.E.: *Plato, the Man and His Works*, New York 1936.
– *The Problem of Evil*, London 1929.
Temple, William: *Nature, Man and God*, London 1934.
Tertullian: *Agains Marcion*, in: *ANF*.
– *On the Resurrection of the Flesh*, in: *ANF*.
Viereck, Peter: *Metapolitics*, New York 1941.
Warfield, Benjamin Breckenridge: *Studies in Tertullian and Augustine*, New York 1930.
Whale, John S.: *Christian Doctrine*, Cambridge 1941.
Williams, N.P.: *The Grace of God*, New York 1930.

Über meine Religion

(1997)

1. Meine Religion ist allein für mich von Interesse, weil ihre verschiedenen Phasen und deren Abfolge nicht ungewöhnlich oder besonders aufschlußreich sind. Ich wurde in eine Familie mit konventioneller Religiosität hineingeboren. Meine Mutter war eine Episcopalian, mein Vater war ein Southern Methodist, meine Eltern sind aber zur selben Gemeinde der Episkopalkirche in Baltimore gegangen. Ich hatte nie das Gefühl, daß einer der beiden mehr als nur konventionell religiös war. Auch ich war nur konventionell religiös, bis zu meinen letzten beiden Jahren in Princeton.

Dann änderten sich die Dinge. Ich befaßte mich tiefgreifend mit Theologie und ihrer Glaubenslehre – zum Beispiel mit den verschiedenen Auffassungen der Trinität und wie eine derartige, offensichtlich dunkle Vorstellung verschiedenartige Formen des Christentums darstellen konnte. Ich hatte sogar in Erwägung gezogen, das Priesterseminar zu besuchen, mich aber dann entschieden abzuwarten, bis der Krieg vorbei war: Ich konnte mich nicht davon überzeugen, daß meine Motive aufrichtig waren, und hatte ohnehin das Gefühl, meinen Dienst an der Waffe ableisten zu sollen, wie es so viele meiner Freunde und Klassenkameraden taten. Diese Phase hielt die meiste Zeit des Krieges an, aber all das veränderte sich ungefähr im letzten Kriegsjahr. Seitdem habe ich mich selbst als nicht mehr orthodox begriffen, wie ich es ausdrückte, was vage genug ist, denn meine Ansichten blieben nicht immer dieselben.

Ich habe mich oft gefragt, warum sich meine religiösen Überzeugungen änderten, vor allem während des Krieges. Ich begann als gläubiger, orthodox-episkopaler Christ, gab diesen Glauben aber bis zum Juni 1945 gänzlich auf. Weder behaupte ich zu verstehen, warum meine Überzeugungen sich änderten, noch glaube ich, daß es möglich ist, solche Wandlungsprozesse vollständig zu begreifen. Wir können aufzeichnen, was passiert ist, Geschichten erzählen und Vermutungen anstellen, aber es bleiben eben Erinnerungen, Geschichten und Vermutungen. Es mag sein, daß an ihnen etwas dran ist, wahrscheinlich aber nicht.

Drei Ereignisse stechen in meiner Erinnerung hervor: Kilei Ridge; Deacons Tod; das Hören vom und das Nachdenken über den Holocaust. Das erste ereignete sich ungefähr Mitte Dezember 1944. Der Kampf der F-Kompanie des 128. Infanterie-Regimentes der 32. Division um die Erhebung oberhalb der Stadt Limon auf Leyte war vorüber und die Kompanie hielt einfach das Territorium. Eines Tages kam ein lutherischer Pastor hoch und hielt während seines Gottesdienstes eine kurze Predigt, in der er sagte, Gott hätte unsere Kugeln auf die Japaner gelenkt, während er uns vor den ihren schützte. Ich weiß nicht, warum mich das so wütend machte, aber es tat es ganz gewiß. Ich machte dem Pastor (der ein First Lieutenant [Oberleutnant] war) Vorwürfe, daß er wider besseres Wissen, wie ich annahm – immerhin war er Lutheraner –, Dinge sagte, die einfach falsch waren. Welchen Grund hätte er dafür haben können außer jenem, die Truppen beruhigen zu wollen? Die christliche Glaubenslehre sollte man dafür nicht benutzen, obwohl mir natürlich völlig klar war, daß man es tat.

Der zweite Vorfall – Deacons Tod – ereignete sich im Mai 1945 hoch oben auf dem Villa-Verde-Pfad auf Luzon. Deacon war ein großartiger Mann; wir wurden Freunde und teilten ein Zelt im Regiment. Eines Tages kam der First Sergeant [Oberfeldwebel] zu uns und suchte nach zwei Freiwilligen; einen, um mit dem Colonel japanische Stellungen auszuspähen, den anderen, um im nahe gelegenen kleinen Feldhospital Blut für einen verwundeten Soldaten zu spenden. Wir meldeten uns beide, und wer was tun würde, hing von der richtigen Blutgruppe ab. Da meine die richtige war und Deacons nicht, ging er mit dem Colonel. Sie müssen dann von den Japanern entdeckt worden sein, denn bald flogen 150 Mörsergranaten in ihre Richtung. Sie sprangen in ein Schützenloch, wurden aber sofort getötet, als auch dort eine Granante einschlug. Ich war völlig am Boden zerstört und bekam den Vorfall nicht aus meinem Kopf. Ich weiß nicht, warum jenseits meiner Zuneigung zu Deacon gerade dieser Vorfall mich so berührte. Der Tod war ja ein übliches Vorkommnis.

Dieser hat mich aber, glaube ich, auf eine Weise verändert, auf die ich gleich zu sprechen kommen will.

Das dritte Ereignis ist eigentlich mehr als ein Ereignis, da es sich über einen längeren Zeitraum erstreckte. Es begann, meiner Erinnerung nach, in Asingan im April, wo das Regiment sich von der Front erholte und Nachschub bekam. Wir gingen abends ins Armeekino, wo auch Nachrichten des Armee-Informationsdienstes gezeigt wurden. Hier hörte ich wohl das erste Mal vom Holocaust, als die allerersten Berichte von amerikanischen Truppen, die auf die Konzentrationslager gestoßen waren, die Runde machten. Natürlich war vieles schon lange vorher bekannt, aber das war kein weit verbreitetes Wissen unter den Soldaten im Feld.

Diese Ereignisse, besonders das dritte, als es allgemein bekannt wurde, beeinflußten mich auf dieselbe Art. Ich begann mich zu fragen, ob Beten überhaupt möglich ist. Wie konnte ich beten und Gott für mich oder meine Familie oder mein Land oder irgend etwas anderes, was ich schätzte und mir wichtig war, um Hilfe bitten, wenn Gott Millionen von Juden nicht vor Hitler retten würde? Wenn Lincoln den Bürgerkrieg als Strafe Gottes für die Sünde der Sklaverei interpretiert, gleichermaßen verdient für den Norden wie den Süden, haben wir es mit einem Gott zu tun, der gerecht handelt. Den Holocaust aber kann man so nicht interpretieren, und alle in diese Richtung gehenden Versuche, die ich gelesen habe, sind gräßlich und böse. Um die Geschichte als Ausdruck des Willens Gottes interpretieren zu können, muß Gottes Wille mit dem einhergehen, was wir für die grundlegendsten Vorstellungen von Gerechtigkeit halten. Denn was kann die grundlegendste Gerechtigkeit sonst sein? So kam ich bald dazu, die Vorstellung von der Überlegenheit des göttlichen Willens als ebenso gräßlich und böse abzulehnen.

2. In den darauffolgenden Monaten und Jahren entwickelte sich bei mir eine immer stärker werdende Ablehnung in bezug auf viele der wichtigsten Glaubenssätze des Christentums, das mir mehr und mehr fremd wurde. Meine Schwierigkeiten wa-

ren immer moralischer Natur, denn mein Fideismus blieb stets fest gegen alle Zweifel an der Existenz Gottes. Die sogenannten Gottesbeweise von Thomas von Aquin und anderen bewiesen auf jeden Fall nichts von religiöser Bedeutung. Das schien klar. Anders verhält es sich mit den Ideen von Recht und Gerechtigkeit, die sich in der christlichen Glaubenslehre äußern.

Ich kam zu der Überzeugung, daß viele Glaubenssätze moralisch falsch waren, in manchen Fällen sogar abscheulich. Etwa die Lehren von der Erbsünde, von Himmel und Hölle, von der Erlösung durch den wahren Glauben auf Grundlage der Akzeptanz der priesterlichen Autorität. Wenn man keine Ausnahme bei sich selbst machte und daher annahm, man würde gerettet werden, erschien mir die Prädestinationslehre, sobald man sie durchdacht und ihre Bedeutung verstanden hatte, entsetzlich. Die doppelte Prädestination, wie sie am drastischsten bei Augustinus und Calvin formuliert wurde, schien mir besonders entsetzlich, obwohl ich eingestehen mußte, daß sie genauso bei Thomas von Aquin und Luther vorkam und tatsächlich nur eine Folge der Prädestination selbst war. Es wurde mir unmöglich, diese Glaubenslehren ernst zu nehmen, allerdings nicht, weil es nur schwache oder zweifelhafte Beweise für sie gab, sondern weil sie Gott als ein Monster darstellen, das allein von Gottes eigener Kraft und Herrlichkeit angetrieben ist. Als ob solch armselige und entstellte Marionetten, als die die Menschen beschrieben wurden, überhaupt irgend etwas verherrlichen könnten! Ich kam auch zu der Überzeugung, daß nur wenige Menschen diese Glaubenssätze wirklich akzeptieren oder auch nur verstehen. Für die meisten ist Religion völlig konventionell, sie spendet Hoffnung und Trost in schweren Zeiten.

In den ersten Jahren nach dem Krieg interessierte ich mich sehr für die Geschichte der Inquisition und ihre Entwicklung. Ich habe diverse Bücher darüber gelesen, unter anderem Teile von Henry Leas Geschichte der Inquisition im Mittelalter, Lord Actons Besprechung dieses Buches und Actons eigene Ansichten über die Korruptheit priesterlicher und politischer Macht. Ich gewann den Eindruck, daß der große Fluch des Christentums seit den Anfangstagen von Irenäus und Tertullian die Verfolgung von Andersgläubigen als Ketzer war. Das schien etwas Neues zu sein: Die griechische und die römische Religion waren jeweils Zivilreligionen, die dazu dienten, Loyalität zur *polis* oder dem Kaiser insbesondere in Zeiten des Krieges oder der Krise herzustellen. Darauf bestanden sie, aber jenseits dessen konnte die Zivilgesellschaft weitgehend frei agieren, und so blühten und gedeihten viele verschiedene Religionen in der *polis* und im Kaiserreich. Zur Geschichte der Kirche gehört auch die Geschichte ihrer langen historischen Verflechtung mit dem Staat und ihres Umgangs mit politischer Macht, um ihre Vormachtstellung zu festigen und andere Religionen zu unterdrücken.

Als Religion der ewigen Erlösung durch den wahren Glauben sah die Kirche sich zum Kampf gegen die Ketzerei berechtigt. Ich bin daher zu der Überzeugung gelangt, daß die Verweigerung von religiöser Freiheit und von Gewissensfreiheit etwas sehr Böses ist. Damit wurde der Anspruch der Päpste auf Unfehlbarkeit für mich unhaltbar. Es ist zwar richtig, daß die Kirche Unfehlbarkeit nur in Fragen des Glaubens und der Moral beansprucht; die Glaubenslehre besagt nicht, daß der Papst als Mensch unfehlbar ist, sondern daß Gott es so einrichtet, daß der Mensch, der Papst ist, nichts Falsches sagt. Aber wenn Religions- und Gewissensfreiheit keine Fragen des Glaubens und der Moral sind, welche sind es dann? Diese Freiheiten wurden zu Fixpunkten meiner moralischen und politischen Ansichten. Schließlich wurden sie auch zentrale politische Bausteine meiner Auffassung von konstitutioneller Demokratie, in Institutionen verwirklicht aufgrund der Trennung von Kirche und Staat.

Soweit das Christentum ernst genommen wird, so dämmerte es mir, kann es eine verderbliche Wirkung auf den Charakter haben. Das Christentum ist eine einzelgängerische Religion. Jeder wird individuell gerettet oder verdammt, und man richtet seine Aufmerksamkeit natürlicherweise auf die eigene Rettung, so daß alles andere unwichtig erscheint. Aber auch wenn es wenigstens bis zu einem gewissen Grad unmöglich ist, sich nicht um sich selbst zu sorgen – was auch richtig ist –, haben genaugenommen unsere eigene einzelne Seele und ihre Rettung keine besondere Bedeutung für das zivilisierte Leben im großen und ganzen, was uns nicht selten vor Augen geführt wird. Wie wichtig ist etwa meine Rettung verglichen damit, mein Leben aufs Spiel zu setzen, um Hitler zu ermorden, wenn ich dazu die Gelegenheit gehabt hätte? Sie ist vollkommen unwichtig. Natürlich müßte man eine solche Gelegenheit nutzen, und man könnte es auch, wenngleich niemand, wie Kant feststellte, im voraus sicher wäre, daß er es täte. Ich erwähne den Fall der Ermordung Hitlers: Ich habe viel über jene Zeiten nachgedacht und mich gefragt, ob ich die Courage und den Mumm gehabt hätte, es zu tun. Solche Taten auszuführen ist gewiß keine einfache Sache. Es erschien mir aber als ein gravierender Fehler, daß es in den Reihen des deutschen Widerstands derart viele Skrupel mit Blick auf die Frage eines Attentats bzw. des Tötens überhaupt bzw. des Angriffs auf das Staatsoberhaupt gegeben hat. Stauffenberg hatte recht: Das enorme Böse, das Hitler angerichtet hat, wiegt so viel schwerer als diese Bedenken, daß es nicht einfach ist, ihre Gedankengänge nachzuvollziehen und nicht zu unterstellen, daß noch andere Motive eine Rolle spielten, die sie nicht erwähnen wollten.

3. Von den vielen Texten, die ich über Religion gelesen habe, haben mich wenige so sehr berührt wie Bodins Auffassungen und die Art und Weise, wie er sie in seinem *Kolloquium der Sieben*[1] zum Ausdruck bringt. Drei Dinge sind bei Bodin besonders bemerkenswert. Zum einen war er, soweit wir wissen, sein ganzes Leben lang ein gläubiger Katholik. Er bat um eine katholische Beerdigung und war ein führendes Mitglied der *Politiques*. Er gehörte nicht zu jenen, die – wie etwa Spinoza – zur Toleranz

1 Jean Bodin, *Colloquium of the Seven about the Secrets of the Sublime*, Princeton 1975.

kamen, nachdem sie ihrer Religion den Rücken gekehrt oder die Religion gewechselt haben. Für Bodin ist Toleranz ein Bestandteil und eine Folge der Harmonie der Natur, wie sie sich in Gottes Schöpfung ausdrückt. Auch wenn er die politische Bedeutung der Toleranz erkannte und der Überzeugung war, daß der Staat sie immer aufrechterhalten sollte, war sein Glaube an die Toleranz religiös motiviert und nicht bloß politisch.

Ein weiteres Merkmal von Bodins Denken war, daß es falsch wäre, die Religion einer anderen Person anzugreifen, besonders dann, wenn man nicht zugleich den Versuch unternimmt, einen Ersatz, eine bessere Alternative anzubieten. Am Ende des *Kolloquiums* beschließen die sieben Sprecher, ihre Versuche aufzugeben, gegenseitig ihre religiösen Überzeugungen anzufechten, und ermutigen einander statt dessen, ihre religiösen Auffassungen zu beschreiben, so daß alle lernen mögen, was die anderen denken, um so bestmöglichst verstehen zu können, was ihre Überzeugungen sind. Während also der freundliche und wohlwollende Austausch über unsere Überzeugungen als wichtiger Bestandteil des religiösen Lebens anerkannt wird, so gilt das nicht für Streit und Auseinandersetzung. Welchem Zweck würden Streit und Auseinandersetzung angesichts der Harmonie und Vielfältigkeit der Religionen auch dienen?

Schließlich identifiziert Bodin natürlich Grenzen, innerhalb deren Religionen erst zulässig sind. Er diskutiert diese Grenzen nicht so klar, wie er es könnte, aber eine von ihnen ist offensichtlich eine bekräftigte religiöse Toleranz als Teil einer Glaubenslehre und unabhängig von politischen Ideen. Und von diesem Punkt aus könnten wir die Schritte des politischen Liberalismus gehen und feststellen, daß die Religionen der Sieben alle vernünftig sind; und wir können die Idee der öffentlichen Vernunft samt ihrer Vorstellung vom Geltungsbereich des Politischen anerkennen. Ein Teil der Bedeutung dessen ist, daß die Religion einer Person oft nicht besser oder schlechter ist als diese Person selbst und daß die Idee des Vernünftigen oder eine ihr analoge Idee immer vorausgesetzt werden muß.

4. Es ist klar, daß der Atheismus ebenjene Auffassung ist, die Bodin nicht hinnehmen kann. Seiner Ansicht nach beinhaltet der Atheismus nicht nur die Vorstellung, daß es Gott nicht gibt, sondern er lehnt auch die Prinzipien von Recht und Gerechtigkeit ab. Die Existenz Gottes zu verneinen, so Bodin, bedeutet gleichzeitig, diese Prinzipien zu verwerfen, weil die Menschen das Recht und die Gerechtigkeit seines Erachtens nur dann anerkennen, wenn sie an Gott glauben und göttliche Strafen fürchten. Die Leugnung Gottes führe somit zu einer gräßlichen sozialen Welt, in der niemand irgendwelche Grenzen des Eigeninteresses anerkennt, es sei denn aus taktischen bzw. strategischen Erwägungen heraus. Sobald wir Bodins Annahmen, nicht unüblich zu seiner Zeit, in Frage stellen, muß der nichtvoluntaristische Theismus (als Gegensatz zum Atheismus) solche Folgen nicht einschließen und ist mit dem Glauben an Gott vereinbar. Wenn wir sagen, daß Gottes Wille die Quelle allen Seins sowie der moralischen und politischen Werte ist, dann impliziert die Leugnung der Existenz Gottes auch die Leugnung dieser Werte. Wenn wir aber sagen, daß Grund und Inhalt dieser Werte die Vernunft Gottes ist oder wenigstens der Vernunft Gottes bekannt sind, dann spielt Gottes Wille nur die untergeordnete Rolle, jene göttlichen Intentionen, die in der Vernunft begründet sind, zu sanktionieren. In diesem Fall führt die Leugnung der Existenz Gottes nur zur Leugnung der göttlichen Sanktionen, nicht aber zur Leugnung der Werte selbst.

Wir müssen überlegen, wie die Beziehung zwischen Gottes Vernunft auf der einen und moralischen und politischen Werten auf der anderen Seite gedacht werden kann. Vielleicht können wir dies sagen: Gottes Vernunft und unsere Vernunft sind in manchen Hinsichten ähnlich, in anderen Hinsichten nicht. So ist Gottes Vernunft insofern anders, als ihr Vermögen das unsrige bei weitem übertrifft: Sie umfaßt alle möglichen Informationen und kennt alle möglichen Schlußfolgerungen; sie begreift zum Beispiel unmittelbar alle Relationen zwischen den Zahlen und alle Fakten über sie. Gott weiß unmittelbar, daß der Fermatsche Satz wahr ist und muß sich nicht wie wir mit der Erarbeitung neuer mathematischer Theoreme abmühen, um dies zu beweisen. Doch Gottes Vernunft ist, glaube ich, insofern dieselbe wie unsere, als sie dieselben Schlußfolgerungen als gültig und dieselben Fakten als wahr anerkennt, die auch wir als gültig und wahr anerkennen. Darüber hinaus dürfen wir annehmen, daß Gottes Vernunft mit der unsrigen im Einklang steht: Soweit wir eine Sachlage verstehen können, führen Gottes Vorstellung von Vernünftigkeit und unsere zu demselben Urteil.

Gehen wir einmal davon aus, daß diese Bemerkungen einigermaßen Hand und Fuß haben. Wenn wir nun die Existenz Gottes leugnen, leugnen wir die Existenz einer Vernunft mit göttlichem Vermögen; aber leugnen wir auch die Korrektheit des Inhalts der Vernunft? Dieser Punkt ist sehr umstritten. Ich für meinen Teil kann nicht erkennen, inwiefern Inhalt und Gültigkeit der Vernunft davon abhängen können sollen, ob es Gott gibt oder nicht, wenn wir uns Gott als ein Wesen mit einem Willen denken. Wir können nicht die Gültigkeit derjenigen Schlußfolgerungen oder die Wahrheit derjenigen Fakten leugnen, die als wahr anerkannt sind. Wenn wir das tun, untergraben wir unsere Überlegungen zu allem und könnten genausogut ins Blaue hinein drauflos plappern.

Nehmen wir also an, daß das vernünftige Denken in seinen grundlegendsten Formen invariant gegenüber den verschiedenen Arten von Wesen ist, die es ausüben. Daher determiniert Gottes Wesen, wie groß auch immer seine Kräfte sein mögen, nicht die grundlegenden Strukturen der Vernunft. Darüber hinaus ist der Gehalt der Urteile praktischer Vernunft abhängig von den sozialen Tatsachen darüber, wie menschliche Wesen auf die Gesellschaft und aufeinander bezogen sind. Die göttliche praktische Vernunft wird sich ebenso wie die unsrige auf diese Tatsachen beziehen; und das gilt auch dann, wenn diese Tatsachen selbst das Ergebnis von Gottes Schöpfung sind. Wenn diese Tatsachen in unserer sozialen Welt gegeben sind, was sie unleugbar sind, muß das grundlegende Urteil der Vernunft dasselbe sein, unabhängig davon, ob es von Gott oder von uns stammt. Dieser unveränderliche Inhalt der Vernünftigkeit – ohne den unser Denken zusammenbricht – läßt nichts anderes zu, wie fromm auch immer es scheinen mag, alles dem göttlichen Willen zuzuschreiben.

Ich stimme also mit Bodin bis zu folgendem Punkt überein: Der Atheismus (so wie er ihn versteht) ist eine Katastrophe, aber der Nontheismus muß, politisch gesprochen, nicht gefürchtet werden. Der Nontheismus ist vereinbar mit dem religiösen Glauben; und sogar der Atheismus muß toleriert werden, denn in Religionen sind Überzeugungen nicht strafbar; strafbar können nur Taten sein.

Nachwort

Jürgen Habermas

Das »gute Leben« eine »abscheuliche Phrase«

Welche Bedeutung hat die religiöse Ethik des jungen Rawls für dessen Politische Theorie?

Wir schulden dem Herausgeber Thomas Nagel und den Nachlaßverwaltern Margaret Rawls und T.M. Scanlon Dank für die Veröffentlichung dieser ungewöhnlichen Arbeit, die John Rawls als schriftliche Prüfungsleistung für das Bachelor-Examen im Dezember 1942 beim philosophischen Fachbereich der Princeton University eingereicht hat. Der aufschlußreiche Kommentar, mit dem Joshua Cohen und Thomas Nagel den Text erschließen, sowie die theologische Einordnung des Textes in die zeitgenössische Diskussion der Theologie, die Robert M. Adams vornimmt, lassen für weitere Kommentare wenig Raum. Ich beschränke mich auf vier Bemerkungen.[1]

Die hochgemute, für einen einundzwanzigjährigen Studenten reife Schrift verdient zunächst Interesse als ein überraschendes Zeugnis für die Biographie des Werkes und der Person des bedeutendsten politischen Theoretikers des 20. Jahrhunderts (1). Die philosophische Substanz der Abschlußarbeit besteht in einer kommunikationstheoretisch entfalteten religiösen Ethik, die schon alle wesentlichen Aspekte einer auf den absoluten Wert des Individuums zugeschnittenen, egalitär-universalistischen Sollensethik enthält (2). Der posthum eröffnete biographische Einblick in die Anfänge des Werkes bietet zugleich ein herausragendes Beispiel für die philosophische Übersetzung religiöser Motive. Wie durch ein Brennglas vergrößert liegen hier die religiösen Wurzeln einer deontologischen, auf Vernunft allein gegründeten Konzeption frei (3). Die Abschlußarbeit des Studen-

1 Seitenangaben im Text beziehen sich auf diese Ausgabe.

ten enthält auch Motive für die spätere Erkenntnis, daß die Säkularisierung der Staatsgewalt nicht mit der Säkularisierung der Bürgergesellschaft verwechselt werden darf. Rawls' einzigartige Stellung in der Tradition des Vernunftrechts verdankt sich der systematischen Berücksichtigung des weltanschaulichen Pluralismus (4).

(1) Wer die erste Vorlesung zum 1993 erschienenen *Politischen Liberalismus* unvorbereitet aufschlägt, wird über die umstandslose Einführung starker normativer Grundbegriffe erstaunt sein. Das theoretische Gebäude ruht auf zwei Säulen, die durch einen Architrav verbunden sind. Die Idee der *wohlgeordneten Gesellschaft* und der *politische Begriff der Person* werden über die Idee der *Gerechtigkeit als Fairneß* miteinander verschränkt. Rawls stipuliert, daß alle Bürger sowohl mit einem klaren Sensorium für Gerechtigkeit wie mit der Fähigkeit ausgestattet sind, einen eigenen Lebensentwurf zu entwickeln und rational zu verfolgen; dafür soll die Grundstruktur der Gesellschaft faire Bedingungen der Kooperation gewährleisten. Das Personen- und das Gesellschaftskonzept greifen ineinander, indem sie symmetrisch auf dieselbe Konzeption der Gerechtigkeit verweisen. Diese wiederum kann dann auf die Zustimmung aller Bürger rechnen, wenn sie genau die gesellschaftlichen Rahmenbedingungen rechtfertigt, die für jeden der Beteiligten gleichermaßen gut oder vorteilhaft sind.

In der *Theorie der Gerechtigkeit* hatte Rawls diese Weichenstellungen in ähnlich dogmatischer Weise vorgenommen. Schon dort hatte er die normativ aufgeladenen Begriffe »Person« und »Gesellschaft« zu einer Konzeption des gerechten Zusammenlebens verfugt. Als Kontrast dient ihm hier das von der klassischen Ökonomie entwickelte Bild der »Privatgesellschaft« selbstinteressierter Marktteilnehmer: »Die soziale Natur des Menschen zeigt sich am besten als Gegensatz zur privaten Gesellschaft. Die Menschen haben gemeinsame letzte Ziele und betrachten ihre gemeinsamen Institutionen und Tätigkeiten als gut an sich. Sie brauchen einander als Partner in Lebensformen, die um ihrer selbst willen gewählt werden, und Erfolg und Freude der anderen sind notwendigerweise Ergänzungen des eigenen Wohles.«[2] Was die Personen ihrer Natur nach sind und sein sollen, folgt aus Imperativen der gesellschaftlichen Kooperation, in der alle aufeinander angewiesen sind.

Das zwischen »Person« und »Gesellschaft« ausgespannte Netz normativer Begriffe soll sich allerdings an den Alltagsintuitionen einer an Rechtsstaat und Demokratie gewöhnten Bevölkerung validieren lassen.[3] In den Vorlesungen zur *Geschichte der Moralphilosophie* dient Kant als Vorbild für diese Anknüpfung an den Common sense. Hier erklärt Rawls auch den Kategorischen Imperativ selbst als ein Verfahren zur Begründung moralischer Urteile, in dessen *Form* sich nur die – von Kant ausbuchstabierte – *Substanz* des gesunden Menschenverstandes widerspiegele: Uns allen schwebt die Intuition eines gesetzmäßig geordneten sozialen Ganzen aus freien und gleichen Personen vor, wobei diese sowohl als »vernünftige« wie als »zweckrational überlegende« Wesen vorgestellt werden.[4] Und Hegel zitiert Rawls als Quelle für die Vorstellung, daß sich Menschen allein in sozialer Umgebung zu Personen heranbilden: »Der Begriff der Person und der Begriff der Gesellschaft passen zusammen; jeder der beiden bedarf des jeweils anderen, und keiner von ihnen hat allein Bestand.«[5]

Nun zeigt die neuentdeckte historische Quelle, daß sich Rawls nicht erst durch Kant und Hegel von diesen Prämissen hat überzeugen lassen müssen. Schon der Student hatte sich die Gemeinschaftserfahrungen des Mitglieds einer episkopalischen Gemeinde in ähnlichen Begriffen zurechtgelegt. Von den Grundüberzeugungen dieser allerdings ganz aus christlichem Geist entworfenen Ethik zehren auch noch die scheinbar dogmatischen

2 John Rawls, *Eine Theorie der Gerechtigkeit*, Frankfurt/M. 1975, S. 567.

3 Zur Methode des Überlegungsgleichgewichts vgl. ebd., S. 68-72.

4 John Rawls, *Geschichte der Moralphilosophie*, Frankfurt/M. 2004, S. 314-322.

5 Ebd., S. 472.

Anfänge der ausgearbeiteten Politischen Theorie. Schon der junge Rawls wendet sich gegen den falsch verstandenen Individualismus der Vertragstheorien, welche den Gesellschaftszustand aus dem aufgeklärten Selbstinteresse unabhängiger Individuen hervorgehen lassen: »Sie sehen nicht, daß eine Person losgelöst von der Gemeinschaft nicht mehr Person ist und eine wahre Gemeinschaft das Individuum nicht absorbiert, sondern seine Personalität erst ermöglicht.[...] Die Versöhnung der Person und der Gemeinschaft, also des Individuums und der Gesellschaft kann daher durch die Analyse der Begriffe selbst verstanden werden. Sie bedingen sich gegenseitig. Das eine kann nicht ohne das andere existieren.« (155)

Gewiß, hier nennt Rawls die Probleme der Politik noch in einem Atemzug mit denen der Ethik (135, 156) und begreift die normative Struktur der Gesellschaft aus dem religiösen Zusammenhang von Sünde und Konversion. Als Modell, an dem er das richtige Verhältnis von Individuum und Gesellschaft abliest, dient ihm die Kultusgemeinde – der praktizierte Glauben einer Religionsgemeinschaft. Aus dieser Perspektive gelangen nur Face-to-face-Beziehungen in den Blick. Alle Konflikte sind von Haus aus moralischer Natur; daher fehlt die institutionelle Dimension für die Beilegung gesellschaftlicher Konflikte und vernünftigerweise zu erwartender Dissense. Aber ungeachtet dieser höchst selektiven Sicht führen die religiös konnotierten Begriffe »Person« und »Gemeinschaft« bereits jenen normativen Gehalt mit sich, der in die Grundbausteine der ausgearbeiteten Politischen Theorie eingehen wird. Schon hier begegnet uns die charakteristische Verbindung eines kompromißlosen Individualismus verantwortlicher Lebensführung mit der vorbehaltlos egalitären Inklusion aller einzelnen in das soziale Netz von reziproken Anerkennungsbeziehungen.

Am Modell der Glaubensgemeinschaft hebt Rawls sogar eine wichtige Dimension hervor, die er später aus den Augen verlieren wird. Im Mittelpunkt der Analyse stehen *kommunikativ vermittelte* Interaktionen: »Eine Person nimmt mit einer anderen

Person nicht direkt Kontakt auf – weil die Beschaffenheit der Umstände dies unmöglich macht –, sondern vermittels Zeichen, also Worten, Gesichtsausdrücken, Gesten und so weiter. Personale Beziehungen setzen eine derartige selbstoffenbarende Handlung voraus, ansonsten kann kein Kontakt zwischen den Personen entstehen.« (144) Zwar interessiert sich Rawls ausschließlich für die sittlichen Implikationen dieser Beziehungen und erklärt nicht, was es mit der Natur der Kommunikation als solcher auf sich hat; aber indem er »personale« von »natürlichen« Beziehungen anhand der pragmatischen Einstellungen unterscheidet, die Sprecher und Adressaten zueinander einnehmen, führt er die moralphilosophische Untersuchung unter kommunikationstheoretischen Gesichtspunkten ein. Erstaunlicherweise läßt er dabei die einschlägigen Arbeiten des amerikanischen Pragmatismus außer acht, obwohl diese Tradition mit dem Werk von Josiah Royce auch eine theologische Anknüpfung geboten hätte.[6] Die Pragmatisten hatten ganz ähnliche Vorstellungen von der individuierenden Kraft der Sozialisation und dem internen Zusammenhang von Person, Gemeinschaft und Kommunikation entwickelt.

In interpersonalen Beziehungen hält Rawls die *verständigungsorientierte Einstellung*, die ein Sprecher als erste Person gegenüber einem Adressaten als zweiter Person einnimmt, für moralisch geboten. Ich-Du-Beziehungen sind »personal« auch in dem weiteren Sinne des Einblicks in eine unverwechselbar individuelle Natur, die einer dem anderen in der Rolle einer ersten Person jeweils gewährt. Die *objektivierende Einstellung* eines Beobachters oder einer dritten Person ist hingegen für die kognitive Erfassung von Sachverhalten und für den kognitiv angeleiteten praktischen Eingriff ins kausal geregelte, also unpersönliche Naturgeschehen angemessen. Moralisch unbedenk-

6 Die kurze Kritik, die Rawls im Vorbeigehen am Pragmatismus übt (215), verrät die verkürzende instrumentalistische Lesart, die seinerzeit in Europa vorherrschte.

lich ist die selbstbezogene, von jeweils eigenen Präferenzen geleitete Zwecktätigkeit, solange die Bedürfnisbefriedigung den persönlichen Charakter der Ich-Du-Beziehungen nicht stört: »Der Mensch hat natürliche Begierden und Verlangen [...] Dieses Verlangen ist gut und seine Objekte sind gut.« (147)

Dieser »natürliche« Egoismus schlägt jedoch in einen moralisch verwerflichen Egoismus um, sobald der Handelnde eine objektivierende Einstellung nicht nur gegenüber Naturgegenständen, sondern auch gegenüber Personen einnimmt und dabei den vergegenständlichten anderen als bloßes Mittel zu eigenen Zwecken manipuliert: »Der Selbstsüchtige behandelt andere Menschen wie ein beliebiges Objekt, er benutzt sie als Instrument zu seiner Triebbefriedigung und zerstört dadurch die Gemeinschaft.« (150) Dieses Instrumentalisierungsverbot liest sich wie eine kommunitaristische Begründung des Kategorischen Imperativs (in dessen zweiter Formulierung).[7] Von der »egoistischen« Verkehrung der Ich-Du-Beziehung unterscheidet Rawls eine weitere, noch intensivere Form der unmoralischen Selbstbezogenheit, den »Egotismus«. Dieser läßt die interpersonale Beziehung ihrer Art nach intakt, aber er höhlt sie durch eine verweigerte Reziprozität von Anerkennung gewissermaßen von innen aus.

Der Egotismus (Geltungssucht) ist das Gegenbild zu »fellowship«, das heißt zum solidarischen Umgang miteinander. Eine perverse Selbstanbetung, die sich im degradierten anderen nur spiegeln möchte, zerreißt das soziale Band zwischen den Genossen. Sie kann sich auch in Haß und Verachtung manifestieren. Aber Geltungssucht und Selbsterhöhung, die elitäre Sucht nach Ruhm, Ehre und differentieller Anerkennung eigener Verdienste bilden im Tugendkatalog des jungen Rawls die eigentlichen Antipoden zur gebotenen Nächstenliebe. Sie enthüllen den Kern des destruktiven Potentials der Eigenliebe – die Erniedrigung und

7 »Die Sünde, Leute als bloße Mittel zu benutzen, wie Kant sagen würde, ist in allen Erfahrungsbereichen zu finden« (231).

Entwürdigung eines anderen. Der Egoismus, der die Natur interpersonaler Beziehungen *verkehrt* und durch eine objektivierende Beziehung *ersetzt*, indem er den anderen als Mittel zur Befriedigung eigener Wünsche instrumentalisiert, hat gewissermaßen ein geringeres Gewicht als der Egotismus: Dieser kann *nur innerhalb* interpersonaler Beziehungen, nämlich unter einseitiger Ausnutzung des reziproken Angewiesenseins aufeinander seine Bosheit entfalten. Das Böse hat seinen Ursprung im Geistigen selbst, während die Natur, »das Fleisch«, von Haus aus unschuldig ist.

(2) Letztlich sind Geltungssucht und Hochmut natürlich Chiffren für die Abkehr von Gott. Sie verleugnen die Gottesebenbildlichkeit des Menschen. Die Absage an die Gemeinschaft mit Gott ist die Destruktion von Gemeinschaft überhaupt. Diese besitzt nämlich eine triadische Struktur, die sich aus zwei komplementären Beziehungsmustern zusammensetzt. Das mittelpunktlose, aber inklusive Netz der horizontalen Beziehungen aller Personen untereinander wird überwölbt von dem Gewebe der vertikalen, auf den einheitsstiftenden Bezugspunkt konzentrisch zulaufenden Beziehungen der jeweils einzelnen Person zu Gott: »Letztlich hängen alle personalen Beziehungen deshalb so miteinander zusammen, weil wir alle vor Gott existieren und durch diese Verbindung mit ihm alle miteinander verbunden sind, auch wenn wir uns vielleicht noch nie begegnet sind. Da personale Beziehungen einen solchen Nexus bilden, schlußfolgern wir, daß Religion und Ethik nicht voneinander zu trennen sind.« (142)

Der individuelle Bezug zu Gott und das wechselseitige Wissen vom individuellen Gottesbezug der jeweils anderen sind zusammengenommen für das innere Forum des Gewissens ebenso konstitutiv wie für die Zugehörigkeit zum »Volke Gottes« (von dem Kant in seiner Religionsphilosophie spricht). Die Mitglieder dieser Gemeinschaft *verbindet* das moralische Bewußtsein ihrer jeweils persönlichen Verantwortung gegenüber *demselben* allwissenden, zugleich unparteilich und gnädig urteilenden Gott, der sie am Tage des Jüngsten Gerichts als unvertretbare einzelne im Lichte des christlichen Gebots der Nächstenliebe für ihren Lebensweg und alle ihnen zurechenbaren Handlungen zur Rechenschaft ziehen wird: »[W]ir wissen, daß wir vor jemand anderem existieren und daß dieser jemand uns beurteilt.« (142) Mit dem Konzept einer im Angesicht Gottes existierenden Gemeinschaft der Gläubigen ist zugleich die normative Dimension des Richtigen und des Falschen definiert. Die moralische Verfehlung des göttlichen Gebots bedeutet die egozentrische Absonderung von Gott, also nicht nur Schuld, sondern Sünde. Sünde wiegt schwerer als ein moralischer Fehler. Sie bedeutet ein verfehltes Leben, das den kommunikativen Zusammenhang der Gemeinschaft als solchen beschädigt. Aus seinem verfehlten Leben errettet den Sündigen nur die Konversion zum rechten Glauben, und das ist die Rückkehr in die Solidarität der Gemeinschaft.

In unserem Zusammenhang ist diese monotheistisch gedeutete triadische Struktur der Gemeinde von großer Bedeutung. Sie bestimmt nämlich die vier Aspekte, die nicht nur für die religiöse Ethik des jungen Rawls wesentlich sind, sondern gleichermaßen für die säkulare, »aus Vernunft allein« begründete Sollensethik Kantischer Prägung wesentlich bleiben – und somit auch für Rawls' spätere Politische Theorie. Aus der Beschreibung der triadischen Struktur der Glaubensgemeinschaft wird der deontologische und individualistische Sinn jenes egalitären Universalismus verständlich, der Rawls' untrügliche moralische Sensibilität zeitlebens geprägt hat.

(a) Der deontologische Sinn »unbedingt« gültiger moralischer Gebote ergibt sich aus der Transzendenz Gottes, der dem kausalen Nexus des innerweltlich Seienden enthoben ist und seinen Geboten die vernünftige, von Willkür und Zwang freie Autorität von »Wahrheiten« verleiht.[8] Das Kategorische der Sollgeltung schließt ein konsequentialistisches Verständnis der Ge-

8 Rawls legt sich schon mit den ersten Sätzen der *Theorie der Gerechtigkeit* auf die Wahrheitsanalogie der Gerechtigkeit fest: »Die Gerechtigkeit ist die erste Tugend sozialer Institutionen, so wie die Wahrheit bei Gedan-

bote aus. Die Gläubigen dürfen die Befolgung moralischer Gebote nicht an die Bedingung persönlichen Heils knüpfen. Kant löst das Problem dadurch, daß der moralisch Handelnde nicht Glück, sondern »Glückswürdigkeit« erwirbt. Auch der junge Rawls will die subjektive Entkoppelung der moralischen Lebensführung von der individuellen Heilserwartung nicht um den irrationalen Preis einer calvinistisch gedeuteten Gnadenwahl erreichen. Statt dessen stellt er sich als Ziel des Schöpfungsprozesses eine Gemeinschaft aus Schöpfer und Geschöpfen vor, die erst zustande kommt, wenn alle Mitglieder die moralischen Gebote durchgängig erfüllen. Auf diese Weise wird die individuelle Erlösung bedeutungsgleich mit der Herstellung einer *community in the full sense*: »[...] und auch wenn es richtig sein mag, daß das natürliche Sein des Menschen in ihr erfüllt wird, ist dieses Erfüllen gegenüber der Gemeinschaft selbst zweitrangig« (258).

Die deontologische Auffassung der Moral macht eine strenge Unterscheidung zwischen der moralischen Sollgeltung und der Attraktivität erstrebenswerter Güter nötig. Dieser Vorrang der Pflicht vor der Neigung (den die Politische Theorie im Vorrang des Gerechten vor dem Guten widerspiegelt) ergibt sich beim jungen Rawls aus der moralischen Deutung formalpragmatischer Überlegungen. Die Moral hat ihren Sitz in interpersonalen Beziehungen, und diese verlangen von den kommunikativ Handelnden die gegenseitige Einstellung auf den jeweils anderen als einer zweiten Person. Demgegenüber läßt sich ein selbstbezogen und zwecktätig handelnder Aktor in der Verfolgung eigener Präferenzen gar nicht erst auf interpersonale Beziehungen ein. Er greift in der objektivierenden Einstellung einer dritten Person in das natürliche Geschehen mit dem Ziel ein, eigene

kensystemen. Eine noch so elegante und mit sparsamen Mitteln arbeitende Theorie muß fallengelassen oder abgeändert werden, wenn sie nicht wahr ist; ebenso müssen noch so gut funktionierende und wohlabgestimmte Gesetze und Institutionen abgeändert oder abgeschafft werden, wenn sie ungerecht sind.« Rawls, *Theorie der Gerechtigkeit*, S. 19.

Bedürfnisse, die ihm als einer ersten Person gegenwärtig sind, zu befriedigen. In dieser Dimension der Ich-es-Beziehungen bleibt die Person selbst dem natürlichen, von Haus aus moralisch indifferenten Geschehen verhaftet. Als »natürliche« Person erhebt sie sich gar nicht erst in den Bereich der moralisch empfindlichen Ich-Du-Beziehungen. Aus dieser Sicht berühren klassische Ethiken, die sich, vom teleologischen Handlungsmodell ausgehend, an der klugen Optimierung erstrebenswerter Güter orientieren, gar nicht erst die Dimension des Sittlichen:[9] »Wir glauben nicht, daß das sogenannte ›gute Leben‹ (eine abscheuliche Phrase) darin besteht, irgendein Objekt zu erstreben, sondern daß es etwas völlig anderes, eine Sache personaler Beziehungen ist« (193). Wie bei Adorno darf auch bei Rawls nicht vom »guten Leben« die Rede sein, sondern allenfalls vom »verfehlten«.[10]

(b) Die religiöse Ethik betont neben dem deontologischen als zweiten Aspekt die unvergleichliche Würde der einzelnen Person. Der Adressat der Heilsbotschaft ist das Individuum. Dieses bildet sich zwar nur auf dem Wege der Sozialisation, also innerhalb einer Gemeinschaft, zur Person heran; es kann sich aber, wenn es im Angesicht des transzendenten Gottes Rechenschaft ablegen muß, in seiner Rolle als Urheber moralisch verantwortlichen Handelns nicht vertreten lassen. Dieser Bürde des *unvertretbaren* Adressaten entspricht andererseits die Unantastbarkeit und Integrität der einzelnen Person, die sich von allen übrigen Personen als ein *unverwechselbares* Individuum unterscheidet. Diese Einzigartigkeit schützt die Person davor, als austauschbare Größe in ein Kalkül einzugehen, welches das

9 Die Polemik gegen die griechischen und mittelalterlichen Ethiken findet ein Echo im Einleitungskapitel der Vorlesungen zur Moralphilosophie, vgl. Rawls, *Geschichte der Moralphilosophie*, Einleitung, S. 25 ff.

10 Auch wenn Adorno (vgl. die »Zueignung« in: T.W. Adorno, *Minima Moralia*, Frankfurt/M. 1950, S. 7 ff.) der deontologischen Intuition nur im Rahmen einer gesellschaftstheoretisch weiter ausgreifenden Entfremdungskritik Raum gegeben hat.

Wohl und Wehe eines Individuums mit dem anderer Individuen verrechnet. Die Einwände gegen den Utilitarismus, die Rawls in der *Theorie der Gerechtigkeit* vorträgt,[11] sind in seiner religiösen Ethik angelegt. Hier ergeben sich die entscheidenden Merkmale der Individualität wiederum aus der Struktur einer Gemeinschaft von Personen, die sich in performativer Einstellung auf einen *nichtaustauschbaren* anderen beziehen, indem sie sich reziprok Unvertretbarkeit und Unverwechselbarkeit zuschreiben, da »jede personale Beziehung, die eine Person zu einer anderen unterhält, einzigartig ist, während natürliche Beziehungen ohne weiteres *austauschbar* sind. Wenn mehrere Äpfel auf einem Tisch liegen, ist ein Apfel so gut wie der andere, vorausgesetzt, daß alle unserem Geschmack genügen. In personalen Beziehungen sollten wir nicht nur jede Beziehung als einzigartig betrachten, sondern wir erkennen die *Einzigartigkeit* der personalen Beziehungen«. (143, Hervorhebungen J. H.)[12]

(c) und (d) Der deontologische und individualistische Sinn der Moral werden durch zwei weitere, in Kants Ethik ebenfalls aufgehobene Aspekte ergänzt – durch die Forderungen nach radikaler Gleichbehandlung und vollständiger Inklusion. Im Bild des Jüngsten Gerichts, wenn Gott die paradoxe Aufgabe lösen wird, über das Tun und Lassen eines jeden in Würdigung der jeweils individuellen Lebensgeschichte ein differentielles, zugleich gerechtes und doch gnädiges (letztlich erlösendes) Urteil zu sprechen, verdichtet sich auch ein egalitärer Universalismus.

---

11 Rawls, *Theorie der Gerechtigkeit*, S. 27-28; 186-220.

12 In diesem Zusammenhang polemisiert Rawls übrigens implizit gegen das griechische Denken, indem er den christlichen Begriff der lebensgeschichtlich individuierten »Person«, welche die Anonymität der römischen *persona* abgestreift hat, dem Begriff des Individuums gegenüberstellt, weil dieses ursprünglich griechische Konzept auf alle raumzeitlich individuierten Gegenstände Anwendung findet: »Alle Personen sind Einzeldinge, das heißt abgegrenzte und klar unterscheidbare Einheiten, aber nicht alle Einzeldinge sind Personen. Personalität entspricht möglicherweise dem, was wir ›Geist‹ (*spirit*) nennen. Wenn wir vom geistigen Leben sprechen, scheinen wir das Leben als Person zu meinen« (136).

Die Empfindlichkeit des jungen Rawls für Verletzungen des Egalitarismus zeigt sich in dem hohen Stellenwert, den der Stolz in seinem Katalog der Untugenden einnimmt. Stolz gilt nicht nur dann, wenn er zur hybriden Abkehr von Gott führt, als Sünde. Rawls verwirft ebenso die soziale Selbsterhöhung, den meritokratischen Stolz auf eigene Verdienste.

Dieser Stolz gefährdet die reziproke Anerkennung der gleichen Würde eines jeden, wenn er anerkennungswürdige Leistungen dem vergleichsweise höheren Wert, also der Überlegenheit der leistungsfähigen *Person selbst* zugeschrieben haben möchte. Erfolge setzen auch dann, wenn sie nur auf eigene Leistungen zurückgehen, Begabungen und Fähigkeiten voraus. Gleichviel, ob ein Schöpfergott oder die Lotterie der Natur über die Verteilung dieser Ressourcen entscheidet, die Begünstigten dürfen sich die Verfügbarkeit eines solchen Potentials nicht als Verdienst anrechnen. Genau diese Unterscheidung hat ein triumphierender Marktliberalismus inzwischen verwischt. Daß einige Personen aufgrund ihrer Erfolge und Leistungen einer funktional verstandenen »Elite« zugerechnet werden können und andere nicht, begründet keine Differenz in der Achtung und in der Behandlung, die jeder Person aufgrund ihrer menschlichen Würde gleichermaßen gebührt.[13] Rawls hat übrigens dieses Ethos der Gleichbehandlung und der persönlichen Bescheidenheit unauffällig »gelebt«. Wer ihm je *in propria persona* begegnet ist, und sei es noch so flüchtig, dem ist die Selbstverständlichkeit dieses Habitus aufgefallen – sowenig versteht dieser sich von selbst.

Der christliche Glaube an die Existenz eines einzigen Gottes, vor dem *alle* Menschen gleich sind, impliziert neben der egalitären Auffassung von der gleichen Würde eines jeden zugleich die Entgrenzung einer auf vollständige Inklusion angelegten Bundesgenossenschaft. Der junge Rawls verteidigt diesen Universa-

13 Der Gegenbegriff zur substantialisierten Elite ist der *loser*, ein Begriff, der erst in den letzten Jahrzehnen seine Karriere angetreten hat; vgl. dazu den schönen Essay von Ingo Schulze »Über den Begriff ›Verlierer‹«, in: ders., *Was wollen wir?*, Berlin 2009, S. 280-286.

lismus gegen die zeitdiagnostisch aufgespießten Erscheinungsformen der ethnozentrischen Abschließung des Eigenen vom Anderen. In der Exklusion oder Unterdrückung inkriminierter Rassen und Klassen, fremder Konfessionen, Völker und Kulturen (231 ff.) erkennt er einen kollektivistisch verallgemeinerten Egotismus: »Die Entwicklung der geschlossenen Gruppe ist ein charakteristischer Faktor in der westlichen Zivilisation gewesen. Geschlossene Gruppen reißen diese Zivilisation nun in Stücke.« (233) Nur wenige Jahre nach Abfassung der Examensschrift wird der egalitäre Universalismus in der Allgemeinen Menschenrechtserklärung der Vereinten Nationen einen völkerrechtlich neuen und folgenreichen Ausdruck finden. Anders als die christliche Glaubensgemeinschaft kann sich freilich eine Rechtsgemeinschaft nicht länger auf die Brüderlichkeitsethik der Nächstenliebe verlassen; sie muß sich auf die rechtliche Implementierung vernünftig begründeter moralischer Überzeugungen stützen, die für säkulare wie religiöse Bürger gleichermaßen akzeptabel sind.

(3) In der Werkgeschichte von John Rawls wiederholt sich eine philosophische Umformung religiöser Gedanken, wie sie als erster Kant vorgenommen hat. Die Grundzüge der religiösen Gemeinschaftsethik können auf der säkularen Grundlage praktischer Vernunft in einer individualistisch angelegten, egalitär-universalistischen Sollensethik aufgehoben werden, weil das triadische Beziehungsmuster der monotheistischen Glaubensgemeinschaft auch im »Reich der Zwecke« – das heißt in der universalen Gemeinschaft der Intelligenzen, die sich aus Einsicht an selbstgegebene moralische Gesetze binden – erhalten bleibt. Auch hier stehen die Personen *nicht unmittelbar* in Beziehung zu anderen Personen. Vielmehr sind alle interpersonalen Beziehungen durch den Bezug eines jeden Beteiligten zur Autorität eines unparteilichen Dritten vermittelt – zur Autorität des aus Vernunft begründeten Sittengesetzes. An die Stelle der Beziehung des Individuums zu dem einen, Zusammenhang stiftenden transzendenten Gott tritt jetzt der alle verbindende mo-

ralische Gesichtspunkt, unter dem die autonom handelnden Subjekte *selber* gewissenhaft prüfen, wie sie sich im Konfliktfall zu verhalten haben.

Aber weil das Sittengesetz kategorische Geltung beansprucht, wird die transzendente Spannung nicht *eingezogen*, sondern der praktischen Vernunft internalisiert: »Der Blickwinkel der Ewigkeit ist nicht der eines bestimmten Ortes außerhalb der Welt, auch nicht der eines transzendenten Wesens; vielmehr ist er eine bestimmte Form des Denkens und Empfindens, die sich vernunftgeleitete Menschen in der Welt zu eigen machen können.«[14] Die Transzendenz bricht nicht länger aus einem Jenseits in die Welt ein, sondern operiert *in der Welt* als eine ideenentwerfende, von innen alles innerweltliche Geschehen *transzendierende Kraft*. Die anthropozentrische Umkehr der Bewegungsrichtung nimmt den spontanen Vernunftideen nichts von ihrer Objektivität. Diese bleiben der Willkür und dem Zufall entzogen. Die triadische Grundstruktur der Gemeinschaft moralisch verantwortlicher Personen bleibt also vom Übergang zur Vernunftmoral unberührt.[15]

In der *Theorie der Gerechtigkeit* verkörpert sich die zum moralischen Gesichtspunkt sublimierte Transzendenz in der Gestalt des »Urzustandes«. So nennt Rawls die Situation der Bera-

---

14 Rawls, *Theorie der Gerechtigkeit*, S. 637 f.

15 Zu dieser Kontinuität bietet der Weg der Abstraktion, den Rawls selber aus dem Rückblick von 1997 mit Bezugnahme auf Bodin erwähnt, keine einleuchtende Alternative: »Wenn wir sagen, daß Gottes Wille die Quelle allen Seins sowie der moralischen und politischen Werte ist, dann impliziert die Leugnung der Existenz Gottes auch die Leugnung dieser Werte. Wenn wir aber sagen, daß Grund und Inhalt dieser Werte die Vernunft Gottes ist oder wenigstens der Vernunft Gottes bekannt sind, dann spielt Gottes Wille nur die untergeordnete Rolle, jene göttlichen Intentionen, die in der Vernunft begründet sind, zu sanktionieren. In diesem Fall führt die Leugnung der Existenz Gottes nur zur Leugnung der göttlichen Sanktionen, nicht aber zur Leugnung der Werte selbst« (310). Diese Überlegung setzt einen thomistischen Begriff eines aus Vernunft handelnden Gottes voraus, gegen den sich die Polemik des jungen Rawls gerade gerichtet hatte.

tung über die richtige Konzeption der Gerechtigkeit. Diese Situation oder dieser Zustand, so Rawls, ist durch Merkmale wie die gleiche Ausstattung, die gleiche Informationsbeschränkung und die gleiche Rolle der beteiligten Parteien in der Weise strukturell festgelegt, »daß die Grundsätze, die in ihm gewählt würden, welcher Art sie auch seien, moralisch richtig sind«.[16] Auch unter methodischen Gesichtspunkten findet die Transformation des Gottesstandpunktes in eine strukturell erzeugte Argumentationsperspektive, die selbstinteressierte Teilnehmer zum moralischen Gebrauch ihrer praktischen Vernunft nötigt, einen Anknüpfungspunkt im theologischen Denken des jungen Rawls. Denn in der gleichen Art, wie Rawls seinerzeit Gott aus der performativen Sicht einer zweiten, in der Kommunikationsgemeinschaft *begegnenden* Person begriffen hatte, erschließt er nun auch das moralisch Gesollte in der performativen Einstellung einer Person, die sich in Konflikte verstrickt sieht und dabei kommunikativ *erfährt*, was sie anderen Personen schuldet oder verdankt. An der schroffen Auseinandersetzung mit der objektivierenden Sicht der natürlichen Theologie zeigt sich, daß Rawls seit seinen theologischen Anfängen mit der Rekonstruktion eines aus der Teilnehmerperspektive gegenwärtigen impliziten Wissens vertraut ist.[17]

---

16 Rawls, *Theorie der Gerechtigkeit*, S. 142.

17 Der instruktive Aufsatz von Robert M. Adams (»Die theologische Ethik des jungen Rawls und ihr Hintergrund«, in diesem Band S. 35-121) beschreibt den zeitgenössischen theologischen Kontext. Der junge Rawls stand vor allem unter dem Einfluß der von Kierkegaard geprägten dialektischen Theologie und der ebenfalls durch Emil Brunner vermittelten Dialogphilosophie Martin Bubers. Beide Traditionen entwickeln theologische Aussagen aus dem existentiell-religiösen Erfahrungszusammenhang der kommunikativen Begegnung mit den oder dem anderen. Auf diesen performativ gegenwärtigen Hintergrund beruft sich Rawls, wenn er die Persönlichkeit Gottes von allen ontologischen Konnotationen befreit und als »Postulat« aus dem Erfahrungshorizont des sittlichen Zusammenlebens ableitet: »Was für eine Art von Wesenheit Gott ist – ob er also all die metaphysischen Qualitäten besitzt, die ihm zugeschrieben

Natürlich gibt es auch persönliche Motive für die Umstellung vom theologischen Entwurf des »richtigen Lebens« in der christlichen Gemeinde auf die nüchtern-argumentative Begründung der Institutionen einer »wohlgeordneten Gesellschaft«. Über den Verlust des Glaubens versucht sich Rawls in einer privaten Aufzeichnung aus dem Jahre 1997 (»Über meine Religion«) Rechenschaft zu geben. Demnach sind die religiösen Überzeugungen des moralisch sensiblen jungen Mannes an persönlichen Kriegserlebnissen zerbrochen – an der politischen Verkehrung der universalistischen Heilsbotschaft durch einen Militärpfarrer und an der bedrückenden Erfahrung der unbegreiflich kontingenten Verschonung des eigenen Lebens vom tödlichen Schicksal eines engen Kameraden. Nach dem Kriege, als er vom Holocaust erfährt, hadert Rawls auch mit der Frage der Theodizee: »Wo war Gott in Auschwitz?«. Ein weiteres Motiv ist bezeichnend für seine strenge moralische Gesinnung, nämlich der Zweifel, ob die Gründe für moralisches Handeln hinreichend von den selbstbezogenen Motiven einer Suche nach dem persönlichen Heil getrennt werden können: »unsere eigene einzelne Seele und ihre Rettung [haben] keine besondere Bedeutung für das zivilisierte Leben im großen und ganzen« (308).

In das Bild einer zivilisierten Gesellschaft trägt die *Theorie der Gerechtigkeit* alle jene Züge der gesellschaftlichen Arbeitsteilung, der politischen Macht und des staatlich sanktionierten Rechts ein, die dem rein moralisch geregelten Zusammenleben der religiösen Gemeinschaft gefehlt hatten. Der Verkehr in einer komplexen Gesellschaft und erst recht die Regelung von Verteilungskonflikten erfordern gerechte und als legitim anerkannte

werden –, maßen wir uns nicht an zu wissen. Es ist zweifelhaft, ob die natürliche Theologie uns sehr viel dazu sagen kann« (135 f.). Dieselbe nachmetaphysische Enthaltsamkeit gegenüber ontologischen Aussagen, welche in der Reflexion auf den eigenen lebensweltlichen Hintergrund keinen Halt finden, klingt in der polemischen Bemerkung des »Vorwortes« gegen natürliche Theologie an, wo es heißt, daß ein »Pfund von Aristoteles« gegen eine »Unze der Bibel« nicht aufzuwiegen sei.

Institutionen der gesellschaftlichen Kooperation. Schon für den jungen Rawls hatte die subjektive Bedürfnisnatur, der Präferenzen und Neigungen entspringen, nichts Böses bedeutet; aber diese Quelle für die je eigene Konzeption des Guten erfährt in der Politischen Theorie eine unerhörte Aufwertung. Denn die subjektiven Freiheiten, die jedem den gleichen Spielraum für die Ausbildung und die Realisierung eines mehr oder weniger vernünftig entworfenen individuellen Lebensplans sichern, bilden fortan den Kern des politischen Liberalismus. Allerdings genießt die Gerechtigkeit insofern Vorrang, als die Institutionen so eingerichtet sein müssen, daß eine faire Verteilung der Grundgüter zustande kommt. Denn diese gewährleistet erst, daß gleiche subjektive Rechte für alle Bürger den gleichen Wert haben.

Was Gerechtigkeit als Fairneß *bedeutet*, wird weder durch Gottes Wort offenbart noch als angeborene Idee eingegeben. Die Konzeption des Gerechten muß, um allen Bürgern einleuchten zu können, aus der gemeinsamen Menschenvernunft konstruktiv entworfen werden. Der richtige Gebrauch der praktischen Vernunft besteht darin, regelungsbedürftige interpersonale Beziehungen unter dem moralischen Gesichtspunkt zu betrachten. Diesem Statthalter der Transzendenz müssen sich, ob der moralische Gesichtspunkt nun als »Urzustand« modelliert oder in anderer Weise expliziert wird, alle Beteiligten fügen. Der moralische Gesichtspunkt gewährt den konstruktiven Überlegungen der praktischen Vernunft ein Äquivalent für die Art von *Objektivität*, welche die theoretische Vernunft aufgrund der Referenz auf Gegenstände in einer unabhängig existierenden Welt beanspruchen kann.

Allerdings schweigt sich die *Theorie der Gerechtigkeit* über die Religion aus; nach entsprechenden Eintragungen sucht man im Register vergeblich. Wäre dies das letzte Wort des Autors geblieben, hätte die Entdeckung der Abschlußarbeit einen begrenzten biographischen Wert. Die eigentliche Bedeutung des Fundes sehe ich in etwas anderem. Infolge seiner religiösen Jugenderfahrungen hat sich Rawls von dem Vakuum beunruhigen lassen, das eine verdrängte Religion im vernunftrechtlichen Aufklärungsdenken hinterlassen hat. In den beiden Jahrzehnten seit der Veröffentlichung der *Theorie der Gerechtigkeit* beschäftigt Rawls die Frage, ob die uns allen gemeinsame praktische Vernunft, die zur Konstruktion eines Begriffs politischer Gerechtigkeit ausreicht, genügend Substanz besitzt, um einer mit Religion verschwisterten Moral das Wasser zu reichen. Schließlich gelangt er zu der Auffassung, daß die liberale Gerechtigkeitskonzeption in einem Gemeinwesen erst dann Fleisch und Blut gewinnt, wenn sie in religiösen und weltanschaulichen Kontexten Halt findet.

Die handgreiflichen Evidenzen der zeitgenössischen US-Gesellschaft, in der die Religionsgemeinschaften ihre Vitalität und eine wichtige Rolle in der politischen Öffentlichkeit behalten haben, sind gewiß ein Motiv für die Fortbildung der *Theorie der Gerechtigkeit* zum *Politischen Liberalismus* gewesen. Politisch regelungsbedürftige Konflikte entstehen eben nicht nur aus gesellschaftlichen Interessengegensätzen und entsprechenden Verteilungsproblemen; sie gehen ebenso zurück auf Wertkonflikte zwischen verschiedenen kulturellen Lebensformen und auf vernünftigerweise zu erwartende Dissense zwischen Glaubensgemeinschaften. Gleichwohl reicht die Relevanz der nun wahrgenommenen »Tatsache des Pluralismus« als Erklärung für die weitere Theorieentwicklung nicht aus, denn diese weist über die Toleranzproblematik hinaus. Die Behandlung des Toleranzproblems nötigt nicht per se zu einer Selbsteinschränkung der praktischen Vernunft auf Fragen der politischen Gerechtigkeit.[18]

Im *Politischen Liberalismus* ändert sich nicht viel am Inhalt der Konzeption von Gerechtigkeit als Fairneß, wohl aber an deren Stellung im Rahmen der *erweiterten* Theorie. Rawls beansprucht für die »richtige« politische Konzeption der Gerechtigkeit fortan den Status einer »freistehenden«, auch von moralphilosophischen Auffassungen unabhängigen Theorie, die jedoch

18 Siehe Rainer Forst, *Toleranz im Konflikt*, Frankfurt/M. 2003.

auf die Zustimmung aller »vernünftigen« Religions- und Weltanschauungsgruppen angewiesen ist. Ich vermute, daß dieser Schritt in einer – zeitweise zurückgetretenen – religiösen Auffassung seiner Jugend verwurzelt ist. In der Abschlußarbeit des Studenten hatte es geheißen: »[W]ir alle [existieren] vor Gott [...] und [sind] durch diese Verbindung mit ihm alle miteinander verbunden [...]. Da personale Beziehungen einen solchen Nexus bilden, schlußfolgern wir, *daß Religion und Ethik nicht voneinander zu trennen sind*« (142, Hervorhebung J. H.). Angesichts der politischen Herausforderung des weltanschaulichen Pluralismus mag für Rawls eine Verallgemeinerung dieser Aussage erneut Relevanz gewonnen haben: Moralische Überzeugungen lassen sich, wenn sie ihre existentiell tragende und motivierende Kraft nicht einbüßen sollen, vom dichten Kontext einer »umfassenden« religiösen oder metaphysischen Lehre nicht abtrennen.

(4) Mit diesem Zug wächst der Religion eine neue Bedeutung für die moralischen Grundlagen einer liberalen Ordnung zu. Im Gegensatz zu den Klassikern der vernunftrechtlichen Tradition, die aus dem Begriff des Politischen jeden Bezug zur Religion gestrichen hatten, erkennt Rawls, daß sich mit der Säkularisierung der Staatsgewalt das Problem der gesellschaftlichen Rolle der Religion nicht erledigt hat. Die Säkularisierung des Staates bedeutet keine Säkularisierung der Gesellschaft. Daraus erklärt sich jener Hauch von Paradoxie, der in religiösen Kreisen bis heute ein unterschwelliges Ressentiment gegen die Rechtfertigung der Verfassungsprinzipien »aus Vernunft allein« wachgehalten hat.[19] Eine liberale Verfassung ist zwar dafür gemacht, allen Religionsgemeinschaften den gleichen Freiraum in der Zivilgesellschaft zu sichern; sie soll aber gleichzeitig die staatlichen Körperschaften, die kollektiv verbindliche Beschlüsse fassen, gegen alle religiösen Einflüsse abschirmen. Dieselben Per-

19 Vgl. Charles Taylor, »Die Bedeutung des Säkularismus«, in: Rainer Forst/Martin Hartmann/Rahel Jaeggi/Martin Saar (Hg.), *Sozialphilosophie und Kritik*, Frankfurt/M. 2009, S. 672-696.

sonen, die ausdrücklich dazu ermächtigt werden, ihre Religion zu praktizieren und ein frommes Leben zu führen, sollen sich in der Rolle von Staatsbürgern an einem demokratischen Prozeß beteiligen, dessen Ergebnisse von allen religiösen Beimengungen frei bleiben müssen.

Der Laizismus löst diesen Gegensatz mit einer vollständigen Privatisierung der Religion auf. Aber solange Religionsgemeinschaften in Zivilgesellschaft und politischer Öffentlichkeit eine vitale Rolle spielen, entspringt die deliberative Politik dem öffentlichen Vernunftgebrauch der religiösen nicht weniger als der nichtreligiösen Bürger. Obwohl Rawls im Hinblick auf die Rolle der Religion in der Öffentlichkeit eine zurückhaltende Position vertritt, ist er der Auffassung, daß die *Rechtfertigung* liberaler *Verfassungsgrundsätze* auf einen kognitiven Beitrag der Glaubensgemeinschaften angewiesen ist. Die allen Bürgern gemeinsame praktische Vernunft soll das Legitimationsproblem nur in der Arbeitsteilung mit religiösen und metaphysischen Lehren bewältigen können. Denn den Bürgern leuchtet ein »vernünftig« begründetes Konzept der Gerechtigkeit erst im Kontext ihres *umfassenderen* Selbst- und Weltverständnisses ein; es muß sich jeweils ihrem eigenen Weltbild wie ein Modul einsetzen lassen und in der Art eines »überlappenden Konsenses« allgemeine Zustimmung finden. Diese Idee bildet jetzt den Kern des *Politischen Liberalismus.*

Rawls modelliert den verfassungsgebenden Akt als eine Folge von drei Schritten:[20] Die Philosophen sorgen für eine Auswahl zwischen mehreren vernünftig begründeten politischen Konzeptionen. Jeder Bürger prüft sodann, ob eine dieser konkurrierenden Auffassungen mit seiner umfassenderen persönlichen Weltsicht im Einklang steht. Nachdem die Ergebnisse dieser privat vorgenommenen Einzelprüfungen veröffentlicht worden sind, stellt sich bei gegenseitiger Inspektion heraus, ob sich die

20 John Rawls, »Reply to Habermas«, in: *The Journal of Philosophy*, Bd. XCII, Nr. 3 (1995), S. 132-180, hier S. 142 f.

Wertorientierungen der in der Gesellschaft existierenden Glaubensgemeinschaften soweit überlappen, daß im Hinblick auf eine der liberalen Gerechtigkeitsvorstellungen Konsens festgestellt werden kann. Diese kognitive Arbeitsteilung zwischen vernünftiger Einsicht und Glaubensgewißheit verleiht den in der Gesellschaft faktisch verbreiteten religiösen und metaphysischen Weltbildern eine Art Bestätigungsrecht. Dem »vernünftig« begründeten Modul soll erst aus den weltanschaulichen Kontexten »Wahrheit« zuwachsen.[21]

Diese problematische Entgegensetzung von öffentlicher Vernunft und privater Wahrheit[22] gewinnt vor dem Hintergrund der Auffassung des jungen Rawls immerhin eine gewisse Plausibilität. Jedenfalls wird die Vernunft dadurch, daß Rawls die Moral ihres Allgemeinheitsanspruches entkleidet und der Religion zuschlägt, entscheidend geschwächt. Für diese kontraintuitive Entkernung der praktischen Vernunft entrichtet Rawls allerdings einen Preis.[23] Es bleibt unklar, ob der überlappende Konsens der Glaubensgemeinschaften nur für die faktische Anerkennung, also die *Stabilität* einer in Kraft gesetzten Verfassung nötig ist – oder auch für die Anerkennungswürdigkeit, also die *Geltung* der Verfassungsprinzipien selbst. Rawls stellt näm-

---

21 John Rawls, *Politischer Liberalismus*, Frankfurt/M. 1998, S. 214.

22 Jürgen Habermas, »›Vernünftig‹ versus ›wahr‹ oder die Moral der Weltbilder«, in: ders., *Die Einbeziehung des Anderen*, Frankfurt/M. 1996, S. 95-127.

23 Das Kontraintuitive dieses Zuges zeigt sich an der Verwischung des Unterschieds zwischen politischer und moralischer Gerechtigkeit in § 2 des *Politischen Liberalismus*: »Das erste Merkmal betrifft den Gegenstand einer politischen Konzeption. Auch wenn eine solche Konzeption natürlich eine moralische Konzeption ist, ist sie doch eine moralische Konzeption, die für bestimmte Gegenstände ausgearbeitet worden ist, namentlich für politische, soziale und wirtschaftliche Institutionen.« Dazu die Fußnote: »Wenn ich eine Konzeption moralisch nenne, so meine ich damit unter anderem, daß ihr Inhalt durch bestimmte Ideale, Grundsätze und Standards bestimmt wird und daß diese Normen bestimmte, in diesem Fall politische Werte ausdrücken« (Rawls, *Politischer Liberalismus*, S. 76).

lich für das Zustandekommen des überlappenden Konsenses die Bedingung auf, daß nur die Stimmen der »vernünftigen«, also nichtfundamentalistischen Glaubensgemeinschaften »zählen« dürfen. »Vernünftig« nennt er genau die Personen, die sich der Fehlbarkeit des menschlichen Geistes (der *burdens of argument*) bewußt und die in ihrer Rolle als Mitgesetzgeber bereit sind, beim öffentlichen Gebrauch der Vernunft die Perspektive des jeweils anderen einzunehmen.[24] So bleibt am Ende unentschieden, welche der beiden Autoritäten für die Rechtfertigung des politischen Konzepts der Gerechtigkeit das *letzte* Wort behalten soll – Glauben oder Wissen.

Auch für Rawls ist die Säkularisierung der Staatsgewalt eine ausgemachte Sache. Die liberale Verfassung verlangt daher eine weltanschaulich neutrale Rechtfertigung. Andererseits darf diese das kognitive Potential der in der Gesellschaft existierenden Glaubensmächte nicht ignorieren, sie darf deren Beitrag zur demokratischen Meinungs- und Willensbildung nicht schon an der zivilgesellschaftlichen Basis abschneiden. Wie immer man die Position beurteilt, die Rawls selbst bezieht, er hat erst die Relevanz deutlich gemacht, welche die Glaubensgemeinschaften für den säkularen Verfassungsstaat nach wie vor haben. Weil Rawls die eigene religiöse Sozialisation nicht verdrängt, sondern *verarbeitet* hat, verstehen wir jetzt besser, warum er in der Reihe der großen politischen Philosophen als erster den weltanschaulichen Pluralismus ernst genommen und eine fruchtbare Debatte über die Stellung der Religion in der Öffentlichkeit angestoßen hat.[25]

---

24 John Rawls, »The Idea of Public Reason Revisited«, in: *The University of Chicago Law Review* 64 (1997), S. 765-807, hier S. 771; vgl. J.W. Boettcher, »What is reasonableness?«, in: *Philosophy & Social Criticism*, Bd. 30 (2004), S. 597-621, hier S. 604ff.

25 Jürgen Habermas, »Religion in der Öffentlichkeit. Kognitive Voraussetzungen für den ›öffentlichen Vernunftgebrauch‹ religiöser und säkularer Bürger«, in: ders., *Zwischen Naturalismus und Religion*, Frankfurt/M. 2005, S. 119-154.

Register

Verzeichnis der Bibelstellen

John Rawls
im Suhrkamp Verlag

Eine Theorie der Gerechtigkeit. stw 271. 688 Seiten

Die Idee des politischen Liberalismus. Aufsätze 1978-1989. stw 1123. 420 Seiten

Politischer Liberalismus. stw 1642. 540 Seiten

Geschichte der Moralphilosophie. Hume – Leibniz – Kant – Hegel. stw 1726. 486 Seiten

Gerechtigkeit als Fairneß. Ein Neuentwurf. stw 1804. 316 Seiten

Geschichte der politischen Philosophie. stw 2022. 671 Seiten

Über Sünde, Glaube und Religion. Mit einem Nachwort von Jürgen Habermas. stw 2333. 352 Seiten

NF 183/1/11.20

Politische Theorie
im Suhrkamp Verlag
Eine Auswahl

NF 112/1/5.19

Hauke Brunkhorst. Solidarität. Von der Bürgerfreundschaft zur globalen Rechtsgenossenschaft. stw 1560. 247 Seiten

Hauke Brunkhorst (Hg.). Demokratischer Experimentalismus. Politik in der komplexen Gesellschaft. stw 1369. 397 Seiten

Hauke Brunkhorst/Wolfgang R. Köhler/Matthias Lutz-Bachmann (Hg.). Recht auf Menschenrechte. Menschenrechte, Demokratie und internationale Politik. stw 1441. 352 Seiten

Hauke Brunkhorst/Peter Niesen (Hg.). Das Recht der Republik. stw 1392. 403 Seiten

Judith Butler
- Antigones Verlangen: Verwandtschaft zwischen Leben und Tod. Übersetzt von Reiner Ansén. es 2187. 160 Seiten
- Gefährdetes Leben. Politische Essays. Übersetzt von Karin Wördemann. es 2393. 179 Seiten
- Haß spricht. Zur politischen Performation. es 2414. 263 Seiten
- Körper von Gewicht. Die diskursiven Grenzen des Geschlechts. Übersetzt von Karin Wördemann. es 1737. 400 Seiten
- Kritik der ethischen Gewalt. Übersetzt von Reiner Ansén. Adorno-Vorlesungen 2002. stw 1792. 180 Seiten
- Psyche der Macht. Das Subjekt der Unterwerfung. Übersetzt von Reiner Ansén. es 1744. 260 Seiten
- Das Unbehagen der Geschlechter. Übersetzt von Kathrina Menke. es 1722. 240 Seiten

Christine Chwaszcza/Wolfgang Kersting (Hg.). Politische Philosophie der internationalen Beziehungen. stw 1365. 604 Seiten

NF 112/2/5.19

Iris Därmann. Figuren des Politischen. stw 1911. 304 Seiten

Nicole Deitelhoff. Überzeugung in der Politik. Grundzüge einer Diskurstheorie internationalen Regierens. stw 1821. 347 Seiten

Jacques Derrida
- Das andere Kap. Die vertagte Demokratie. Zwei Essays zu Europa. Übersetzt von Alexander García Düttmann. es 1769. 97 Seiten
- Schurken. Übersetzt von Horst Brühmann. 224 Seiten. Gebunden. stw 1778. 219 Seiten

Andreas Folkers/Thomas Lemke (Hg.). Biopolitik. Ein Reader. stw 2080. 526 Seiten

Michel Foucault
- Geschichte der Gouvernementalität. Band 1: Sicherheit, Territorium, Bevölkerung. stw 1808. 600 Seiten. Band 2: Die Geburt der Biopolitik. stw 1809. 517 Seiten
- Die Regierung der Lebenden. Vorlesungen am Collège de France 1979-1980. Übersetzt von Andrea Hemminger. 496 Seiten. Gebunden

Dieter Gosewinkel. Schutz und Freiheit? Staatsbürgerschaft in Europa im 20. und 21. Jahrhundert. stw 2167. 772 Seiten

Armin Grunwald. Technik und Politikberatung. Philosophische Perspektiven. stw 1901. 403 Seiten

Marion Heinz/Sidonie Kellerer (Hg.). Martin Heideggers »Schwarze Hefte«. Eine philosophisch-politische Debatte. stw 2178. 445 Seiten

Rahel Jaeggi/Daniel Loick. Nach Marx. Philosophie, Kritik, Praxis. stw 2066. 518 Seiten

NF 112/3/5.19

Hans Joas/Martin Kohli (Hg.). Der Zusammenbruch der DDR. es 1777. 325 Seiten

Matthias Kettner (Hg.). Angewandte Ethik als Politikum. stw 1458. 416 Seiten

Ekkehart Krippendorff
- Kritik der Außenpolitik. es 2139. 240 Seiten
- Staat und Krieg. Die historische Logik politischer Unvernunft. es 1305. 436 Seiten

Thomas Khurana/Dirk Quadflieg/Francesca Raimondi/ Juliane Rebentisch/Dirk Setton (Hg.). Negativität. Kunst, Recht, Politik. stw 2267. 487 Seiten.

Skadi Siiri Krause. Eine neue Politische Wissenschaft für eine neue Welt. Alexis de Tocqueville im Spiegel seiner Zeit. stw 2227. 595 Seiten

Geoffroy de Lagasnerie. Die Kunst der Revolte. Snowden, Assange, Manning. Übersetzt von Jürgen Schröder. Gebunden. 158 Seiten

Ernst-Joachim Lampe (Hg.). Zur Entwicklung von Rechtsbewußtsein. stw 1315. 520 Seiten

Niklas Luhmann. Die Wirtschaft der Gesellschaft. stw 1152. 356 Seiten

Avishai Margalit
- Politik der Würde. Über Achtung und Verachtung. Übersetzt von Gunnar Schmidt und Anne Vonderstein. stw 2041. 277 Seiten
- Über Kompromisse – und faule Kompromisse. Übersetzt von Michael Bischoff. 251 Seiten. Gebunden

NF 112/4/5.19

Ingeborg Maus
- Justiz als gesellschaftliches Über-Ich. Zur Position der Rechtsprechnung in der Demokratie. stw 2229. 266 Seiten
- Menschenrechte, Demokratie und Frieden. Perspektiven globaler Organisation. stw 2113. 238 Seiten

Ulrich Menzel/Dieter Senghaas. Europas Entwicklung und die Dritte Welt. Eine Bestandsaufnahme. es 1393. 295 Seiten

Ulrich Menzel u. a. (Hg.). Die Neue Weltwirtschaft. Entstofflichung und Entgrenzung der Ökonomie. es 1983. 336 Seiten

Gabriele Metzler. Der Staat der Historiker. Staatsvorstellungen deutscher Historiker seit 1945. stw 2269. 371 Seiten

David Miller. Fremde in unserer Mitte. Politische Philosophie der Einwanderung. Übersetzt von Frank Lachmann. stw 2291. 330 Seiten

Jan-Werner Müller. Das demokratische Zeitalter. Eine politische Ideengeschichte Europas im 20. Jahrhundert. Übersetzt von Michael Adrian. stw 2243. 509 Seiten

Thomas Nagel. Eine Abhandlung über Gleichheit und Parteilichkeit. Übersetzt von Michael Gebauer. stw 2166. 243 Seiten

Julian Nida-Rümelin. Demokratie als Kooperation. stw 1430. 224 Seiten

Peter Niesen/Benjamin Herborth (Hg). Anarchie der kommunikativen Freiheit. Jürgen Habermas und die Theorie der internationalen Politik. stw 1820. 464 Seiten

NF 112/5/5.19

Martha C. Nussbaum. Politische Emotionen. Warum Liebe für Gerechtigkeit wichtig ist. Übersetzt von Ilse Utz. stw 2172. 623 Seiten

Claus Offe. Selbstbetrachtung aus der Ferne. Tocqueville, Weber und Adorno in den Vereinigten Staaten. Kartoniert. 144 Seiten

Bernhard Peters. Der Sinn von Öffentlichkeit. Herausgegeben von Hartmut Weßler. Mit einem Vorwort von Jürgen Habermas. stw 1836. 410 Seiten

Karl Polanyi. The Great Transformation. Politische und ökonomische Ursprünge von Gesellschaften und Wirtschaftssystemen. Übersetzt von Heinrich Jelinek. stw 260. 394 Seiten

John Rawls
- Gerechtigkeit als Fairneß. Ein Neuentwurf. stw 1804. 316 Seiten
- Geschichte der politischen Philosophie. Herausgegeben von Samuel Freeman. Übersetzt von Joachim Schulte. stw 2022. 671 Seiten

Hartmut Rosa. Beschleunigung. Die Veränderung der Zeitstrukturen in der Moderne. stw 1760. 537 Seiten

Pierre Rosanvallon. Die Gesellschaft der Gleichen. Übersetzt von Michael Halfbrodt. stw 2239. 384 Seiten

Dieter Senghaas
- Friedensprojekt Europa. es 1717. 226 Seiten
- Konfliktformationen im internationalen System. Weltpolitische Betrachtungen. es 1509. 230 Seiten
- Weltwirtschaftsordnung und Enwicklungspolitik. Plädoyer für Dissoziation. es 856. 358 Seiten

NF 112/6/5.19

Dieter Senghaas (Hg.). Frieden machen. es 2000. 592 Seiten

Quentin Skinner. Freiheit und Pflicht. Thomas Hobbes' politische Theorie. Frankfurter Adorno-Vorlesungen 2005. Institut für Sozialforschung an der Johann Wolfgang Goethe-Universität, Frankfurt am Main. Aus dem Englischen von Karin Wördemann. Broschur. 141 Seiten

Horst Steinmann/Andreas Georg Scherer (Hg.). Zwischen Universalismus und Relativismus. Philosophische Grundlagenprobleme des interkulturellen Managements. stw 1380. 424 Seiten

Wolfgang Streeck. Gekaufte Zeit. Die vertagte Krise des demokratischen Kapitalismus. 271 Seiten. Gebunden

Cass. R. Sunstein. Gesetze der Angst. Jenseits des Vorsorgeprinzips. Aus dem Amerikanischen von Robin Celikates und Eva Engels. Gebunden. 344 Seiten

Dieter Thomä. Puer robustus. Eine Philosophie des Störenfrieds. stw 2275. 783 Seiten

Helmut Willke. Dezentrierte Demokratie. Prolegomena zur Revision politischer Steuerung. stw 2182. 207 Seiten

NF 112/7/5.19